U0450181

国家社会科学基金重大项目"21世纪世界马克思主义发展状况与前景研究"(16ZDA001)
复旦大学马克思主义学院"望道书库"
教育部人文社会科学重点研究基地复旦大学当代国外马克思主义研究中心

21世纪世界马克思主义研究丛书
主编 王凤才

多重视角中的马克思
21世纪世界马克思主义发展趋向

下卷

Marx in Multiple Perspectives

The Development Trend of
World Marxism in the 21st Century

王凤才 ■ 等 著

中国社会科学出版社

下卷目录

第三篇 21世纪原苏东国家马克思主义研究

第九章 可替代道路的抉择
——21世纪俄罗斯马克思主义发展趋向 …………（323）
- 一 21世纪俄罗斯马克思主义现实指向 …………（324）
- 二 基于俄罗斯现代化道路反思的历史唯物主义重建……（328）
- 三 政治经济学批判传统的回归 …………（333）
- 四 苏联模式社会主义批判性反思 …………（338）
- 五 晚期资本主义批判性剖析 …………（341）
- 六 21世纪社会主义理论探索 …………（345）
- 七 21世纪社会主义道路探索 …………（352）

第十章 马克思主义回归与复兴
——21世纪中东欧马克思主义的演变与发展 …………（359）
- 一 21世纪中东欧马克思主义发展状况 …………（360）
- 二 21世纪中东欧马克思主义核心议题 …………（366）
- 三 21世纪中东欧新马克思主义理论家 …………（375）
- 四 21世纪中东欧左翼思潮与运动 …………（396）

第四篇 21世纪非洲—拉美国家马克思主义研究

第十一章 马克思主义在非洲
——历史、现状与展望 …………（405）
- 一 马克思主义在非洲的传播与发展过程 …………（406）

二　马克思主义与非洲文化—宗教传统的关联 …………………… (408)
　三　非洲社会主义运动批判性反思 ………………………………… (411)
　四　民族主义、阶级斗争和抵抗运动 ……………………………… (420)
　五　南非问题与"后隔离时代" ……………………………………… (423)
　六　非洲马克思主义发展前景 ……………………………………… (426)

第十二章　多样性与本土化相向而行
　　　　　——21世纪拉美马克思主义发展趋向 …………………… (433)
　一　马克思主义经典著作编辑出版研究 …………………………… (434)
　二　《资本论》与经典马克思主义研究 …………………………… (435)
　三　批判理论与西方马克思主义研究 ……………………………… (437)
　四　托派与拉美马克思主义本土化研究 …………………………… (440)
　五　资本主义危机与当代资本主义批判 …………………………… (442)
　六　21世纪社会主义理论探索 ……………………………………… (444)

第五篇　21世纪亚洲国家马克思主义研究

第十三章　各具特色的马克思主义研究
　　　　　——日本、韩国和印度 ………………………………………… (461)
　第一节　日本 …………………………………………………………… (461)
　第二节　韩国 …………………………………………………………… (489)
　第三节　印度 …………………………………………………………… (511)

第十四章　坚持与创新中的马克思主义
　　　　　——越南和老挝 ………………………………………………… (530)
　第一节　越南 …………………………………………………………… (530)
　第二节　老挝 …………………………………………………………… (556)

第十五章　继往开来
　　　　　——21世纪中国马克思主义新发展 ………………………… (571)
　一　马克思主义基本原理研究 ……………………………………… (572)
　二　中国化马克思主义研究 ………………………………………… (591)

三　中国马克思主义现实关切问题研究 …………………（603）
四　21世纪中国马克思主义新发展 ……………………（620）
五　如何发展21世纪中国马克思主义 …………………（629）

结　语 ……………………………………………………（647）

附　录 ……………………………………………………（668）

参考文献 …………………………………………………（716）

后　记 ……………………………………………………（745）

第三篇

21世纪原苏东国家马克思主义研究

第九章　可替代道路的抉择
——21世纪俄罗斯马克思主义发展趋向

如果说19世纪马克思主义的大本营在欧洲，那么20世纪马克思主义的主阵地则在苏俄—中国。如果说欧洲马克思主义在很大程度上还偏重于理论探索，即使实践也没有取得实质性成功，那么苏俄马克思主义则缔造了世界上第一个社会主义国家，并构筑了世界社会主义阵营（"华沙条约组织"），并与以美国为首的世界资本主义阵营（"北大西洋公约组织"）对峙，形成了长达几十年的冷战和对峙。① 苏联解体给予苏联马克思主义研究以沉重打击，使原来在意识形态和学术领域占据主导地位的马克思主义迅速边缘化，陷入了前所未有的低谷。当然，俄罗斯马克思主义并未完全消失，就像俄罗斯科学院远东研究所布罗夫所说，"马克思主义在当代俄罗斯并不过时"②。在俄罗斯，既有俄国第一个马克思主义者普列汉诺夫的思想遗产，又有曾经作为苏联东欧甚至世界社会主义指导思想的列宁主义和斯大林主义；此外，还有一大批属于不同派别的马克思主义学者③。21世纪以来，俄罗斯马克思主义研究经过长期的学术化积淀，形成了独特的现实关怀与问题意识；资本逻辑全球化视域下俄罗斯现代化困境及其道路抉择被提升为时代主题；21世纪世界社会主义运动发展趋势的理论探索再度主题化，因而，21世纪俄罗斯马克思主义的基本取向与现实展开需要在资本主义世界体系的内

---

① "华沙条约组织"（1955年5月14日—1991年7月1日）；"北大西洋公约组织"（1949年8月24日— ）。1991年7月1日，华约解散意味着冷战结束。2017年3月28日，美国批准从南斯拉夫—南联盟独立出来的黑山共和国加入北约，至此，北约达27个成员国。

② [俄]布罗夫：《马克思主义在当代俄罗斯并不过时——俄国马克思主义研究概况与主要流派》，李燕译，《国外社会科学》2013年5期。

③ 上述内容由本书主编撰写，特此说明。

生性对抗中被重新评估。

一 21世纪俄罗斯马克思主义现实指向

第一，21世纪俄罗斯马克思主义研究状况。

在当代世界马克思主义总体格局中，俄罗斯马克思主义表现出强烈的现实指向。马克思主义与俄罗斯民族历史命运之间的内在关联及其对世界历史的深远影响，至今仍然无法简单地下一定论。对俄国、苏联以及当代俄罗斯左翼知识分子而言，马克思主义构成了理解和把握俄罗斯历史道路与社会现实的重要视域以及方法，为资本逻辑全球化背景下俄罗斯民族复兴提供了可替代性的道路选择与思想资源。马克思主义在俄罗斯，经历了苏联解体后全盘否定的极端化阶段、20世纪90年代中期的恢复阶段之后，21世纪以来俄罗斯马克思主义研究日趋活跃，形成了关于马克思主义不同的阐释路径和价值立场，在正统派的自我反思立场与学院派的回归马克思诉求之间展开了充分的思想交锋与理论探讨。其中，以布兹加林、科尔加诺夫等人为代表的"后苏联批判的马克思主义"最具影响力和现实感。

经过20年的努力，马克思主义在俄罗斯高等院校、科研机构以及政治团体中重新赢得了一定的民众基础，并延续了马克思主义研究传统。有关马克思主义的著作持续一版再版，纪念性学术会议、左翼政党活动、各大高校学报和研究机构期刊的马克思主义研究文章数量增加。例如，URSS出版社从2003年起出版"对马克思主义的思考""苏联时期马克思主义意识形态""苏联时期马克思主义政治经济学""马克思恩格斯的科学社会主义理论"等系列丛书，每年都有针对性地再版马克思恩格斯等经典作家的著作，翻译和引入当代学者们关于马克思主义的研究性著作，出版当代俄罗斯马克思主义学者的最新著作，尤其重视苏联马克思主义学者以及第二国际理论家著作的再版，旨在全面继承和发展马克思主义遗产和苏联传统，为俄罗斯民族寻找未来发展道路提供思想资源。另外，《抉择》成为后苏联批判的马克思主义的主要理论期刊，《哲学问题》《自由思想》《哲学科学》《哲学与社会》《经济学问题》等持续刊载关于马克思主义、社会主义的研究性文章。概言之，可以将这些出版物大致分为四类：19世纪思想家和第二国际理论家著作的出版和再版，苏联时期马克思主义的研究著作，当代俄罗斯学者研究马克思主义的著作，当代国外马克思主义著作的翻译和出版。

第二，21世纪俄罗斯马克思主义的问题关切。

21世纪俄罗斯马克思主义的问题关切首先立足于俄罗斯民族复兴。在整个世界体系中，俄罗斯是最具独特性与矛盾性的民族国家之一。1836年，恰达耶夫①发表《哲学书简》，提出了"俄罗斯有没有未来"这个极具颠覆性的论断。他敏锐地意识到，过去悬而未决的问题会越来越成为俄罗斯今天的沉重负担。赫尔岑高度评价恰达耶夫，认为俄罗斯思想史正是从这个书简开始的。此后100多年来，俄国知识分子正是基于这个论断确立了自身的使命和思想立场。整个20世纪直至今天，俄国的"西方派"与"斯拉夫派"知识分子之间的论争、俄国1905年革命前后左中右三派之间的政治斗争、二月革命与十月革命的历史抉择，以及苏维埃共产党内部不同政治立场的冲突，其背后的真正原因恰恰是纵贯近代俄国、苏联以及俄罗斯历史实践的现代化问题。对赫尔岑、列宁、卢森堡、伊里因科夫、奥伊泽尔曼等人的思想的当代阐释，使俄罗斯民族历史道路的抉择问题再度主题化。

俄罗斯作为非典型欧洲资本主义国家开启现代化进程，以及从资本主义向社会主义过渡，作为历时态展开的线性过程被交织着压缩在共时态时空之中，形成了一系列的累积性与结构性矛盾，使俄罗斯民族复兴之路充满了不确定性。俄罗斯左翼学者将全球化、后工业社会发展趋势与俄罗斯民族特异性之间的冲突与张力提升为时代主题，这就使恰达耶夫的论断在21世纪资本逻辑全球化视域中再度开启，也为21世纪俄罗斯左翼思潮确立了基本的问题意识与研究领域。苏联解体后，俄罗斯马克思主义研究更加学术化，通过回归历史唯物主义的基本立场和思想方法积极地参与到上述问题的讨论之中，从而使之逐渐恢复了在思想领域和公共话语中的影响力。

2008年全球金融危机爆发以后，围绕"全球化背景下俄罗斯超越危机的潜力""苏联与后苏联的现代化教训及加速发展战略"等主题，俄罗斯左翼学者展开了具有影响力的积极讨论与深入对话，具体论题涉及现代经济危机的性质、原因及其与马克思时代古典经济危机的比较；

---

① 恰达耶夫（К Чаадаеву，1794—1856），俄国作家、哲学家。

国际和俄罗斯应对危机的方案设计与实施经验；作为社会科学方法论的辩证法、实证主义和后现代主义的比较研究；全球化与知识型经济的形成过程以及加速发展的可能性、必要性；21世纪俄罗斯追求新的工业化还是向知识型经济飞跃；加速发展的目的、手段和资源等。基于对苏联解体后俄罗斯资本主义道路发展困境的深刻洞见，左翼学者普遍认为，由于俄罗斯独特的历史传统、地缘政治等因素，以及从苏联到后苏联时代发展进程的断裂，导致俄罗斯在今天并没有成熟地实现向现代化国家转型，因此必须走一条创新发展之路，即以人的全面发展为目的，提高劳动主体的创造能力，超越后工业社会弊端，构建知识型社会。

俄罗斯的现代化进程在更广泛的意义上被推进到国家政治生活和经济生活领域，但这不仅要承受弥合历史断裂的累积性压力，而且还要不得不面对金融垄断资本主义或后工业社会经过扩张性经济增长后爆发的一系列矛盾冲突。П.布拉科夫认为，目前俄罗斯的国家权力仅仅从表层将现代化等于同技术手段进步以及经济增长，并且在根本上遏制公民社会以及个体自由的自觉性成长，复杂的时代境遇与内外压力使俄罗斯的现代化努力陷入了停滞状态。在分析上述困境产生的原因时，他指出，由启蒙运动开启、理性秩序构建的资本主义民主政治、自由市场以及个性自由与俄罗斯东正教末世论信仰、农业文明的超稳定社会结构、君主专制集权、集体主义与平均主义价值观的历史传统相去甚远；东欧广阔平原的集体农业生产形成了粗放型的发展模式，也构建了民间稳定的、自给自足的社会心理；宗法专制主义意识形态增强了民众乌托邦式的社会正义幻想，对财富的积累形成了自我克制的态度，构成了推动个体主义、理性主义的抵制力量，上述差距导致了俄罗斯强烈的欧化愿望与深刻的文明自卑感。西方文明的现代化是从社会底部自下而上生成，而不是从国家顶层自上而下构建的，在根本上需要理性的、具有创造力的自由个体聚合而成的社会文化心理作为支撑[①]。

Д.葛兰宁将俄罗斯现代化进程中产生的一系列困难归结于当前国家权力结构与社会文化状况，在历史线性发展范式的蛊惑下，以特有传统概念包装了"共同未来"的愿景和"文明国家"的理想状态，强行

---

① П. Булдаков, Модернизация и Россия. Между прогрессом и застоем? *Вопросы философии*, 2015, No. 12.

将俄罗斯作为"完美西方"的追随者,从而简化了现代化的实质性内涵,回避了俄罗斯的独特社会现实和历史传统。因此,必须对俄罗斯现代化理念进行批判性反思,而这就需要重新思考17—20世纪全球的动态过程[①]。

Д. 葛兰宁指出,沃勒斯坦的世界体系论为分析当今俄罗斯的现代化困境提供了重要视角,即通过长时段的历史分析以及对资本主义世界经济体系的本质、结构、运动趋势的理论自觉,克服盲目的西方化心理,正视俄罗斯所处的外围或边缘化地位,寻求适合本民族的现代化路径。[②]"现代化"作为资本主义物质生产方式在世界范围内的拓展和征服过程,也是世界性经济体系同步展开与历史构建的过程,在全球劳动分工基础上形成了中心—边缘—半边缘的经济结构与角色分工,这种结构性的不平等恰恰是维持资本积累的必要条件。处于世界经济中心区与世界经济边缘区的分化,以及不发达国家对发达国家的抵抗构成了资本主义世界体系内的"反体系运动"。在现代化进程中,俄罗斯作为处于半边缘或外围地区的国家,受到了客观与主观方面条件的限制:前者表现在其已经失去了历史发展的"首发机会",无法在自身文化体系中植入"现代性";后者表现在国家统治精英不愿意在根本上实现现代化,而仅仅追求技术或经济层面的"西方化"。就此而言,俄罗斯摆脱现代化困境的出发点在于拒斥欧洲中心主义,确立世界动态变化周期、多中心非线性历史发展的立场。

对俄罗斯、东欧等国家而言,国家权力在现代化进程中发挥了更为重要的主导作用,它既是现代化的积极推动者,也构成了现代化的内在阻力,形成了官僚政治与自由市场畸形发展的现代化模式,Д. 葛兰宁称之为外源性现代化。目前,俄罗斯的现代化策略只是单纯在技术层面上学习西方模式,西方化所主导的现代化意识形态使政治精英失去了理解复杂社会结构与矛盾冲突的敏感性。因而,俄罗斯左翼学者需要广泛关注下述问题并展开积极对话,如从殖民主义世界体系中摆脱出来的传统国家(亚非拉丁国家)知识分子所推动的后殖民主义理论、新马克

---

① Д. Гранин, Модернизация России: в колее "зависимого развития", *Вопросы Философии*, 2014, №3.

② Д. Гранин, Модернизация России: в колее "зависимого развития", *Вопросы Философии*, 2014, №3.

思主义所提出的依附性发展理论，以及不发达的发展理论等。

二 基于俄罗斯现代化道路反思的历史唯物主义重建

对当代俄罗斯马克思主义学者而言，苏联时期形成的马克思主义理论体系，是必须卸下的沉重历史负担。因此，"破旧立新"就成为他们的重要任务。实际上，当今俄罗斯学界关于马克思主义的一系列讨论和研究，都无法在根本上离开苏联社会主义实践及其思想理论体系，或者说，新思想必须通过对旧体系的积极扬弃才能够现实地生成和开展出来。1985—1991年戈尔巴乔夫改革期间，苏联学界在"新思维"的推动下，便已经公开反思教科书模式对马克思主义哲学整体性的割裂及第二国际庸俗唯物主义的客体化倾向，并将"人的活动"作为历史唯物主义的基础和起点，展开关于人的需求、人的解放、社会发展阶段与形态、活动的客观决定性与主观能动性等问题的讨论。

如果说戈尔巴乔夫改革期间对历史唯物主义基本立场的回归，仍然立足于抽象的普遍主义预设；那么苏联解体后对特殊民族国家具体历史道路的研究便具有了反思与重建历史唯物主义的现实意义；而这一努力旨在回应社会主义政治实践的困境与革命主体性的消解问题。这样，历史唯物主义作为社会哲学的整体性高度与历史性视域被重新确立起来："所有现代非马克思主义流派和社会哲学思潮，只是将社会—历史之现实性的个别方面和观点作为自己研究的对象，并不能够建立起统一完整的知识体系，马克思主义曾经是也仍然是统一完整的社会哲学理论，包含并反映系统而完整的功能作用和社会发展理论。继续发展完整的社会哲学理论——这不是'取消'马克思主义社会哲学的内容，把他的结论附加到另外的理论体系当中——而是深化和丰富马克思社会哲学本身的问题研究。"[①]

第一，经济决定论的哲学基础及其局限性剖析。

俄罗斯学者指出，如果说历史唯物主义是对资本主义的理论否定，那么科学社会主义就是对资本主义的实践否定，后者在很大程度上决定

---

① Ю. К. Плетников, *Материалистическое понимание истории и проблемы теории социализма*, М: Альфа-М, 2008, c7.

了前者的问题域和语义场。因而，深入探讨科学社会主义理论向社会主义政党意识形态及其革命实践转化的困难性，就成为俄罗斯学界重建历史唯物主义的独特进路，这深刻地表现为对经济决定论（经济还原论、经济唯物主义）的哲学基础、表现形式，以及与历史唯物主义核心范畴之间本质界限的剖析上。

帕金认为，将历史唯物主义狭隘化为经济决定论或经济中心论，恰恰是无产阶级政党的政治实践陷入困境的重要原因；大多数的马克思主义者，甚至包括列宁都忽视了马克思在《资本论》中所揭示的现代经济理论（资本主义物质生产方式的镜像）的局限性，以考茨基为代表的正统马克思主义将经济规律作为"自然历史进程"的简单预设，消解了无产阶级主体性与革命性的政治逻辑。就历史唯物主义的根本性质而言，马克思并没有试图建立关于社会—历史逻辑一以贯之的观念体系，他对"矛盾"的范畴界定与运用方式，恰恰表明人们的实际生活过程构成了思想理论与意识形态的现实基础。然而，马克思的追随者却将他的某一具体论断作为普遍性公式，将现实的社会关系及其矛盾运动排除在了思想之外。历史唯物主义使社会科学超出了立足于自我意识的观念论范围以及抽象的人的出发点，即从实际生活过程出发来理解人的自我活动方式。当前，研究俄国革命作为特殊的历史实践的意义在于，它为理解人类社会的整体运动提供了自我反思的经验性材料。[1]

普拉霍洛夫将人类社会生活服从经济活动原则的态度称为经济主义世界观，它预设了理性的经济人这一抽象的出发点以及人类社会经济发展的无限潜能，将财富增长作为解决贫困失业、社会矛盾冲突的根本路径或手段，作为现代性意识形态或者国家政策的价值取向具有偶像崇拜和排他性[2]。随着市场这只看不见的手向社会生活其他领域的扩张与渗透，经济主义不断摧毁使市场效率得以实现的社会基础。苏联解体后，俄罗斯所依循的经济主义意识形态"无法在好与坏之间做出选择，只能

---

[1] И. К. Патин, Марксизм историческое самопознание, *Вопросы философии*, 2009, No. 7.

[2] М. М. Прохоров, Философские основания экономики и экономизм, *Философия и общество*, 2014, No. 2.

在坏与更坏之间做出选择"①。这样,国家的政治生活、社会以及个体就全部成为经济活动的手段。从叶利钦时代到普京时代的显著变化表现为构建"垂直权力",通过政府管制推行这一经济主义意识形态。这一方面导致了国家主义复兴;另一方面又使俄罗斯的社会矛盾不断激化。普拉霍洛夫进一步指出,经济主义的哲学基础植根于机械决定论,即采取还原论方式简化人的行为动机,依循单一线性的因果叙事消除社会现实的多重复杂运动。

谢苗诺夫认同波兰尼的基本判断,即以自由市场为枢轴的经济活动方式对社会的支配性只适用于资本主义社会,在前资本主义社会中人与人之间的物质交往是按照风俗习惯等建立起来的一系列传统规范。因此,经济人类学方法对历史唯物主义具有补充作用,该领域的研究使得对资本主义社会与前资本主义社会经济活动的具体方式进行比较成为可能。马克思将物质生活本身作为人类的第一个历史活动,物质生产方式在特定社会历史阶段形成了不同的经济形态与交往方式,波兰尼与马克思强调19世纪工业革命以来的现代社会转型表现为:现代经济活动方式对政治、伦理、宗法等传统附属物的驱逐与剥离,经济主义恰恰构成了现代资本主义意识形态的重要维度②。

第二,历史领域中实证主义立场批判。

在苏联学界,长期存在着两种对马克思主义的伪科学诠释:一种是将马克思主义作为理想主义的乌托邦或未来必然达到的世界图景;另一种则是向着实证主义与保守主义的退却。从根本上说来,上述两种倾向都意味着对人类社会历史进程的(非辩证的)形而上学立场。斯拉温认为,对俄罗斯马克思主义来说,迫切需要对上述立场做出根本的、彻底的阐明,批判社会科学领域中的自然主义意识形态,即企图以自然范畴或规律把握人类社会历史的解释范式,马克思恩格斯等经典作家始终在与这种立场作斗争。例如,恩格斯批判马尔萨斯将达尔文主义运用于经济领域解释人与自身再生产条件之间的对立,将生存竞争的自然法则作为人类社会生活的内在规律;列宁批评波格丹诺夫和谢尔盖·苏沃洛

---

① М. М. Прохоров, Философские основания экономики и экономизм, *Философия и общество*, 2014, No. 2.

② Ю. И. Семенов, Экономика и общество: способы детерминации, *Философия и общество*, 2014, No. 3.

夫试图以自然主义取代历史唯物主义的方法论错误，导致社会民主党在欧洲革命中的机会主义政治倾向，其本质在于放弃了辩证法对实在主体（社会现实）的把握，代之以客观主义和进化论立场以巩固资产阶级意识形态，从而完全否定从资本主义到共产主义的历史运动，使无产阶级政治实践陷入停滞。[1]

19世纪末20世纪初，欧洲社会民主党理论家伯恩施坦与考茨基的基本立场与方法论基础恰恰是实证主义的，他们拒绝运用辩证法分析资产阶级社会的内在矛盾运动与发展趋势。例如，伯恩施坦对资产阶级社会采取纯粹进化论的解释，否定以突变的或革命的形式消灭资本主义而进入社会主义的可能性。斯拉温指出，工人阶级坚持国际主义是至关重要的，而且需要通过现实运动对抗资本逻辑全球化的后果。在大多数发达国家，社会冲突、民族冲突、种族冲突不断升级，中小型企业的历史命运受到跨国公司以及国际垄断资本的摧毁，"新俄罗斯"经济体濒临破产，无法承受与国际寡头资本竞争的压力。发达国家的经验表明，伯恩施坦所诉诸的中小企或小资产阶级在垄断资本帝国之下，既无法生存，更无法承担社会改良的重任。尽管考茨基尖锐地公开批评伯恩施坦对马克思主义的修正，但最终转向了与伯恩施坦相同的立场，在第一次世界大战期间放弃了国际主义，成了对无产阶级专政思想和布尔什维克政策进行批评的第一个批评家。所以说，尽管考茨基与伯恩施坦在具体观点上有差别，但在对社会历史发展以及社会主义理论的认识问题上，考茨基和伯恩施坦的共同立场恰恰在于都接受了达尔文进化论及其实证主义的哲学基础。卢森堡以最激进的方式批评伯恩施坦与考茨基的政治立场，尤其是德国社会民主党在第一次世界大战所处地位的问题。历史辩证法意味着，工人阶级在人类社会及其政党斗争中开始越来越多地自觉承担起主体角色。

第三，马克思的历史发展理论与文明形态论的当代论争。

苏联解体后，俄罗斯在整个资本主义世界体系中的特异性，促使俄罗斯学者转向研究马克思的历史发展理论与特定民族国家社会现实相结合的具体化路径。近年来，关于马克思的历史发展理论与文明形态论的

---

[1] Б. Славин, Ещё раз о марксистском понимании истории, *Альтернативы*, 2016, No. 2.

比较，则是俄罗斯学界比较重视的问题。就马克思与汤因比、斯宾格勒、亨廷顿等在历史发展方向、文明形态冲突等问题上的分歧，俄罗斯学者展开了积极的论争，这对分析俄罗斯独特的文明样式与民族复兴道路具有重要意义。例如，布兹加林认为，上述理论立场之间不只是学术观点的论争，在根本上是历史唯物主义与新自由主义之间的对立，包括俄罗斯在内的非西方国家需要超越欧洲中心主义意识形态、依循自身的历史传统探索新文明类型的可替代性道路①。舍普琴科反对布兹加林将两种理论立场对立起来的做法，认为将马克思的历史发展理论与文明形态论结合起来，对丰富历史唯物主义的总体架构，以便更为深刻地揭示21世纪世界历史进程的复杂逻辑，克服对马克思历史发展单线论的解释模式是极其必要的。② 舍普琴科指出，沃勒斯坦、阿明与阿瑞吉的世界体系论对于把握当今西方文明与非西方文明形态之间的复杂关系、丰富马克思的历史发展理论具有方法论意义，尤其是在资本逻辑全球化的深层结构中揭示特殊文明类型国家所遭遇的现代性困境。资本主义世界体系不断构建并维系着中心与外围的区分系统，中心是一系列紧密互动的欧洲国家，与外围国家建立了贸易和金融联系，以及国际（国家间）社会分工；外围对中心而言成为必要的存在，在不平衡的全球化结构中这些非西方国家无法完成追赶和升级的现代化任务，作为欠发达的依赖型资本主义国家则会陷入发展的恶性循环。后苏联资本主义转轨的历史实践以及新欧亚主义意识形态的内在冲突，意味着外部附加或接合的方式并不能够使其完成向现代文明形态的转型，反而会导致与本土文化传统之间的冲突。俄罗斯首先需要承认自身无法成为西方文明的特异性，社会主义制度不可能自上而下的构建，而只能通过民主和公民社会的内部发展来实现。③

在斯拉温看来，与抽象的文明形态论不同，历史唯物主义是关于现实的人及其历史发展的科学，通过对资本主义物质生产方式这一特殊社

---

① А. В. Бузгалин, Цивилизационный подход и "провалы" марксизма: Человек и культура, *Вопросы философии*, 2014, No. 11.

② В. Н. Шевченко, Цивилизационный подход под огнем критики, *Вопросы философии*, 2016, No. 2.

③ В. Н. Шевченко, Цивилизационный подход под огнем критики, *Вопросы философии*, 2016, No. 2.

会经济形态内在结构的解剖和透视，马克思试图对人类社会历史发展的图景及其未来趋势提供某种总体性的阐释，人类历史被展现为不同类型社会经济形态螺旋式上升的过程[①]。兹洛宾则强调马克思是在哲学意义上使用"历史的"这一范畴的。将"自然历史"解释为"自然的"消解了人作为历史活动的主体性存在，人的活动被阈限于社会经济结构的强制性逻辑。事实上，马克思的历史发展理论是社会进步与个体发展、客观规律与人的活动之间的辩证。这就意味着，需要建立一种具体的、历史的社会分析方法论，对不同历史阶段人的活动之社会、政治和精神及其心态等进行研究，从而克服历史文化研究中对个人的现实发展与活动方式的抽象化倾向。这一问题在马克思主义理论体系中表现为历史哲学，即通过"新的实证科学"使描述实际的社会生活过程成为可能：历史无非是人追求自己目的的活动，社会历史进程的内在规律建立在人的创造性活动的连续性基础上。兹洛宾认为，以人类中心主义为核心的现代文明进程陷入了自我解体的危机，即人作为创造性活动的主体构成了对自然的支配地位，同时也割裂了人类历史发展的自然历史进程的连续性。俄罗斯面临着再次成为世界体系中"最薄弱环节"的危险，因此有意识地寻求克服全球危机的路径成为当今迫切的现实任务。[②]

三 政治经济学批判传统的回归

俄罗斯马克思主义不仅具有强烈的现实指向，而且也呈现出学术化取向，尤其是注重马克思的政治经济学批判路径。2008年爆发的全球金融危机也暴露出俄罗斯能源依赖型经济模式的弊端，正视并反思它在资本主义世界体系中所处的外围地位，促使俄罗斯学界转向马克思的政治经济学批判：一方面重新定位政治经济学及其方法论在马克思思想体系中的地位；另一方面将辩证法运用于研究俄罗斯的经济现实与发展道路之中，形成了新政治经济学。关于资本主义内生性矛盾以及当今全球化悖论的研究、新自由主义经济学及其在俄罗斯经济政策实践运用中的

[①] Б. Славин, Ещё раз о марксистском понимании истории, *Альтернативы*, 2016, No. 2.

[②] Н. Злобин, Коммунизм как культура, *Альтернативы*, 2016, No. 2.

批判、苏联时期马克思主义经济学家思想的再讨论等成为近十年的核心议题。

第一，马克思的政治经济学批判的地位问题。

俄罗斯学者强调，政治经济学在整个马克思思想体系中的枢纽地位必须得到重新确认，关键在于澄清以社会—历史批判理论为取向的政治经济学与资产阶级实证科学之间的原则界限。马克思将经济学作为批判的理论手段，以揭示资本主义社会物质生产方式的现实运动及其内在矛盾，"批判作为一种简单否定的态度，只是摧毁、抛弃。而批判作为德国古典哲学传统的精神核心，目的在于清除附着于某事物之上的外在性和偶然性……从本质上揭示以斯密和李嘉图为主要代表的英国古典政治经济学派的资产阶级立场，这一立场恰恰是其未能发现资本秘密（资本对剩余价值的无偿占有）的根本原因"[①]。因此，作为勾连历史唯物主义与科学社会主义的政治经济学批判，在马克思思想体系中具有整体性高度。

例如，梅茹耶夫以康德的方式解释"批判"一词在马克思的政治经济学中的意义，强调马克思的政治经济学批判应该在社会—历史范围内被理解，即作为历史的、特殊的认识论方法，而不是作为普遍的科学认识形式。普拉霍洛夫指出，马克思从人类社会生活的整体性立场研究特定历史阶段的经济活动方式，并且将人对物的依赖性作为必须扬弃的社会发展阶段。马克思为经济学构建了社会哲学基础，即通过辩证法扬弃现代性意识形态以达到人的社会化生活本身，即人类社会或社会化的人类。然而，基于实证主义立场的经济学家拒绝对经济活动本身作出价值判断和社会—历史的审视，而是对经济活动做纯粹技术性分析和工程学研究，这就导致了孤立个体与社会整体的分离[②]。帕金也认为，马克思恩格斯在政治经济学中发现了真正的历史科学，他们并非单纯研究社会现象或经济事实，而是从现实的社会关系及其矛盾运动出发，研究人类社会历史实践在资本主义阶段的特殊展开方式，这一立场使经济理论与

---

① Ю. К. Плетников, *Материалистическое понимание истории и проблемы теории социализма*, М: Альфа - М, 2008, c9.

② М. М. Прохоров, Философские основания экономики и экономизм, *Философия и общество*, 2014, No. 2.

社会现实之间不可逾越的鸿沟消失了。① 科伦塔耶夫将劳动作为马克思政治经济学批判的核心范畴，该体系的科学性体现在其本质上触及到了劳动与资本的内在关系及其对立，对资本主义的扬弃指明了向共产主义过渡的必然性。共产主义社会的劳动组织方式被确立起来②。

布兹加林、科尔加诺夫将马克思主义政治经济学作为后苏联时代批判俄罗斯资本主义道路、寻求可替代性发展模式的思想资源和理论支撑，旨在构建区别于西方主流经济学的新经济学范式，即对当今俄罗斯而言应该构建怎样的社会—经济理论，推动俄罗斯经济发展的有效政策和最佳方案是什么③？他们认为，现代经济学的学科范式遭到了危机，现代主流经济学对目前世界范围内的深刻变化，尤其是资本主义的全球性、系统性危机已经失去了解释力，以及防止破坏性结果的能力。新政治经济学研究立足于经济学科学的基础理论变革和经济政策实践，在批判新自由主义经济政策及其意识形态的同时，关注经济关系形成的诸多社会因素，在经济政策方面坚持社会公平正义原则，追求"社会、人与环境"的整体协调发展，通过重构经济学科的社会—历史基础解决当下资本主义全球性危机。

概言之，俄罗斯学者从四个方面确立了马克思的政治经济学相对于西方主流经济学的理论优势：（1）与作为实证科学的经济学研究抽象的一般的经济现象不同，马克思的政治经济学研究具体的、历史的以及有边界的经济系统；（2）马克思的政治经济学并非"经济帝国主义"，它反对将效用最大化的理性行为和市场经济优胜劣汰的竞争原则推行到政治或其他领域；它以哲学和社会人文科学的方法研究经济与社会、政治、文化领域之间的关系；（3）马克思的政治经济学研究经济主体、社会结构、社会变迁及其决定性因素，它认为经济利益的矛盾冲突形成了不同的社会阶层和阶级，以利益关系为核心分析经济进程以及主体行为仍然是主要的视角；（4）马克思的政治经济学分析经济与技术、经

---

① И. К. Патин, Марксизм историческое самопознание, *Вопросы философии*, 2009, No. 7.

② А. П. Колонтаев, *Трут человека в теории марксизма. Путь к коммунистической утопии*, М: Компанания Спутник, 2008, c4.

③ М. Воейков, Экономическая теория, социальная демократия и исторический опыт России, *Альтернативы*, 2013, No. 1.

济与政治、社会与自然之间的内在关系,而在传统经济学教科书中,很少能够找到经济系统依赖于底层的技术参数和一定社会政治关系的描述,马克思的政治经济学在这方面存在着明显的优势。

第二,马克思的政治经济学批判的方法论问题。

资本主义社会经济政策有效性的弱化与失灵,在俄罗斯学界引发了马克思的政治经济学批判方法论的复兴。21 世纪全球经济发展所遭遇的困境,也充分暴露出当代经济学世界观和方法论的缺陷和危机,基于各种精致的数理模型和分析工具而建立的一般经济理论将市场活动领域孤立起来,并使其日益抽象化和碎片化。[①] 因而,寻求资本主义社会经济发展模式的替代性选择,就需要洞见到马克思的经济理论立足于人类社会长期发展的辩证本质,即在把握资本主义社会根本矛盾的基础上,运用否定辩证法对资本主义社会现实和发展道路进行研究。

由于在苏联传统政治经济学体系中预设了资本主义终结,尚未深入到资本主义现存关系本质层面的矛盾对立和历史发展中考虑问题,马尔卡诺夫强调辩证法在社会—经济领域中的运用与贯彻是对马克思政治经济学批判传统的恢复,这一方法得益于马克思对《精神现象学》中"自我意识异化"的"否定辩证法"的扬弃。在《精神现象学》中,黑格尔为历史运动找到了一种抽象、逻辑的表达,并在资本主义总体框架内表达了新时代的私有财产的本质、人的自我创造活动、人的劳动本质。马克思对黑格尔否定辩证法的运用,始于对资本主义经济事实的辩证分析:私有财产作为现存关系的普遍颠倒,不过是异化劳动同自身的矛盾,即在私有财产中潜在地包含着作为私有财产的劳动和作为私有财产的资本之间的相互关系,一种能动的、内在的矛盾对立关系。马克思所提出的对资本主义的替代可能,即真正的共产主义正是从资本与劳动内在对立的张力中产生出来的,矛盾状态的解决恰恰是"私有财产"之积极的扬弃。[②]

布兹加林和科尔加诺夫合著的《全球资本》,是近年来俄罗斯学界在研究《资本论》、解剖全球资本主义经济本质方面具有代表性的著

[①] A. Некипелов, Кризис общей экономической теории: вызовы политической экономии будущего, *Альтернативы*, 2013, No. 1.

[②] К. В. Молчанов, О некоторых базовых диалектических положениях теории иного капиталистического развития, *Проблемы современной экономики*, 2015, No. 2.

作。全书分为两卷：《方法论：实证主义、后现代主义和经济帝国主义》（第1卷）、《理论：资本的全球霸权及其限制》（第2卷）。他们认为，21世纪全球社会—经济危机表现为：商品—市场总产品越来越具有拟仿性质；货币—虚拟金融资本霸权导致了劳动活动以及人的自由时间、创造潜能的全面异化；资本积累，即剥夺性的占有构成了市场和资本的社会限制；资本逻辑全球化导致了帝国主义与畸形的全球化；俄罗斯作为非典型的资本主义应寻求摆脱自身发展困境以及可替代的道路选择。在他们看来，新自由主义经济学的理论困境意味着20世纪占据主导地位的实证主义和后现代主义在方法论上的衰落；马克思政治经济学批判的回归意味着辩证法对社会现实的本质把握；应对当前全球化的非线性变动过程，需要重新研究异化的积极扬弃这一马克思主义经典问题，探索如何提高人的社会创造性活动的能力。[1]

在谢苗诺夫看来，政治经济学在狭义上是指资本主义政治经济学，在广义上是指研究人类社会物质生产和产品交换规律的科学。因而，广义的政治经济学不作为单一的、具有普世意义的经济理论或者一般经济理论，就本质而言它是历史的科学，涉及不同的社会关系及其生产方式，必须首先研究历史发展过程各个阶段社会生产和交换的特殊规律，在此基础上才有可能建立适用于一般生产和交换的科学。一个合理的抽象能够把不同历史阶段的共同规定性提炼出来，但这个一般的经济范畴却是由许多不同的规定性组成的。马克思恩格斯与一般经济学家的区别就在于通过特殊规律的比较把握其内在的本质性差异，并非仅仅停留在一般的抽象规定方面，其目的在于对经济关系的现实运动进行科学的叙述与阐释。谢苗诺夫基于上述抽象的方法力图阐明"劳动与生产""作为生产与消费相统一的社会生产""占有关系—分配方式""所有权、占有、支配和使用""分配和交换关系""社会产品分配""社会经济和劳动组织关系"等不同抽象规定及其相互作用，通过作为社会生产总体的各个环节及其相互关系对社会发展的经济基础加以说明[2]。简言之，谢苗诺夫立足于历史唯物主义，讨论了研究经济基础及其一般范畴的抽

---

[1] А. Бузгалин, "Капитал" - XXI. Пролегомены, *Альтернативы*, 2016, No. 2.
[2] Ю. И. Семенов, Экономика как базис общества. общий категориальный аппарат скачать, *Философия и общество*, 2014, No. 1.

象方法问题。

在关于资本主义经济危机问题上，Л. 巴尼奇和 С. 戈金反对以非历史的和机械决定论的方式将马克思眼中的经济危机限定为周期性经济危机；他们认为基于资本主义社会关系结构研究经济危机的整体性方法论原则，即使在马克思主义学者那里也没有被充分认识到。[①] 资本主义经济危机并非表现为某种线性趋势或无限循环，而是表现为资本实现其自身的各种障碍以及克服障碍所引起的各经济层次和部门之间比例关系的变化，其中包含着社会发生深刻性转变的潜在可能。资本主义经济危机是以多重方式显现的，周期性危机与结构性危机重叠并发。从根本上说，马克思将资本主义理解为结构性矛盾的发展过程，强调资本与劳动之间的对抗，研究在这一对抗过程中如何形成了资本全球化体系中不同经济体之间以及发达资本主义国家内部各经济层次和部门之间的深层次结构性变化以及潜在趋势。每一个结构性危机的转折点，即危机的发生与资本主义历史进程以及特定的社会经济结构之间的内在关系与张力，都构成了推动资本主义发展的关键环节。因此，不仅需要追问经济危机的根源，更为重要的是寻求经济危机的持续性和不确定性导致的重大社会政治变革的潜在趋势。

四 苏联模式社会主义批判性反思

苏联解体后，对苏联模式社会主义的批判性反思，锻造了俄罗斯马克思主义独特的研究路径：拒斥后现代主义消解历史宏大叙事的悲观态度和新自由主义的市场极权主义倾向，运用马克思主义矛盾分析方法把握苏联模式社会主义的突变性质与非线性特征，将对苏联社会主义经济、政治、文化的矛盾分析与根源解剖作为向社会主义过渡理论探索的思想资源。

布兹加林认为，苏联模式社会主义的形成与消亡是辩证统一的。苏维埃政权是团结民间力量、实现自身迅速崛起的原因，也是它走向崩溃瓦解的隐患和症结所在。体制内外的矛盾冲突、政治经济结构不平衡以

---

① Лео Панич/Сэм Гиндин, Капиталистические кризисы и нынешний кризис, Альтернативы, 2012, No. 2.

及政策的不稳定性，导致了苏联模式的"突变"。① 布兹加林改变了传统的定性研究或归因方法，形成了关于苏联模式社会主义的过程性和矛盾性的溯因分析，认为一系列内外矛盾的运动、演化与累积导致了苏联社会主义朝着不确定方向发展；由于缺乏对社会主要矛盾的把握、破解与克服能力，苏联时期所采取的一系列政治经济改革政策只能够被动地应对各种矛盾冲突；然而，累积性、结构性矛盾的不断叠加导致苏联社会主义积重难返。所以，要对苏联模式社会主义的经验教训进行具体研究，以便为后发国家建设社会主义提供经验教训。

布兹加林将"发达社会主义"理论与实践作为导致"突变"的起点，并深入分析了在支配性矛盾推动下苏联各历史时期的阶段性转折与展开过程。尽管后苏联时代已经远离了"发达社会主义"，但俄罗斯学者对其性质、矛盾和潜力产生了很大的兴趣。这是由于"发达社会主义"作为从资本主义向社会主义过渡、从必然王国向自由王国转变的初级社会发展形式，它一方面在科学、教育、艺术等领域解放了人的社会创造性，社会革命所激发的个体主体的创造力使超越资本主义的计划经济、社会公正、苏联精神文化处于萌芽状态；另一方面由于极权统治与官僚主义在现实中对群众社会创造性活动与新事物萌芽的压制，致使它偏离了最初的发展轨道，甚至加剧了对抗性矛盾，或者说已有的僵化政治经济体制无法包容蓬勃发展的社会活力。因此，关于"发达社会主义"演化的分期可以根据上述支配性矛盾的辩证运动进行界定和分析。在布兹加林看来，20世纪20年代的苏联作为"发达社会主义"第一阶段是矛盾尖锐化的开端。由于强烈的社会热情，基层民主运动得到了发展，但斯大林主义中断了列宁试图解决苏联体制内部矛盾的努力，限制了形成全民民主的新型社会关系的潜在趋势，顶层的官僚化和底层的解放运动以及不利的外部条件等现实矛盾，导致第二阶段陷入了困境之中。20世纪30—50年代包括卫国战争期间，政治自由与异议受到一定程度的压制，底层民众的社会创造活力未被充分发挥与实现出来。

赫鲁晓夫解冻时期（1953—1958），苏联试图再一次解决苏联体制

---

① А. В. Бузгалин, Почему СССР Не Хочет Становиться Прошлым?, *Философские Науки*, 2012, No. 1.

的支配性矛盾，推动政治—经济改革与社会、文化、科学、技术创新水平的内在融合以及协调统一，然而却无法在根本上为社会创造活力提供适当的政治制度与经济组织形式。① 不过，布兹加林强调，解冻时期的历史成就与建设经验是不能被忽视的：公民意识的觉醒、革命情绪与自由思想的复兴，部分地恢复公民创造活动的社会空间；出现自上而下的对党和国家专政权力的限制，尤其是对特权阶层利益的限制；社会生活的物质基础、科学技术、文化艺术以及不同形式的社会自组织获得了加速发展；"全民国家"的政治改革将国家职能交给社会组织，吸引公民直接参与公共事务和社会活动；在经济体制上实行"权力下放"，把生产与经济管理结合起来，即对国家经济结构实行分权制度和非官僚化，通过经济结构的调整，将大量资源转移到公众设施建设之中，解决了民众诸多迫切的现实生活问题。

总之，尽管解冻时期的改革具有矛盾性和局限性，但群众追求自由王国所释放的热情在很大程度上对社会主义经济建设形成了促进作用，被认为最成功的第八个五年计划（1965—1970）恰恰得益于解冻所产生的惯性。然而，同样重要的是解冻时期的反面教训，即政治—经济体制在整体框架上仍然是僵化的，各个领域强化了意识形态控制，资源集中在特权阶层手中。解冻所释放的社会创造活力的萌芽最终转变为异化的、反常的形式，转向效率下滑并发生质变，"短缺经济"成为嵌入苏维埃制度的一颗定时炸弹。制度改革的失败作为转折点，标志着"停滞"时期的开始。

科尔加诺夫对"停滞"时期苏联计划经济模式的深层矛盾演进与最终走向停滞和崩溃的内在根源进行了深入研究。② 他指出，20世纪50年代苏联经济表现出强劲的增长趋势甚至超过斯大林工业化时期，早期追求简单目标的高度计划经济模式无法适应这一迅速积累的成果；就是说，苏联经济陷入了"新""旧"产业技术结构之间的矛盾：一些具有较高潜能的新兴技术产业需要更多支持，而计划经济体制并非以经济效益和资源的市场流动性为原则，资源的简单化、平均化分配加剧了各部

---

① А. В. Бузгалин, Советский полдень: свет и тени (Заметки о потенциале и противоречиях "оттепели" 1960 – х), Альтернативы, 2016, No. 3.

② А. П. Колонтаев, Развитие Противоречий Советской Модоели Плановой Экономики В Эпоху "ЗАСТОЯ", Альтернативы, 2012, No. 1.

门发展之间的不平衡。与此同时，城市居民生活水平和教育程度迅速提高，相对于50年代刚刚进入城市的农民而言，城市化提高了苏联人民的独立性和自主性，对消费品的种类及其质量有了更高需求，消费结构也发生了变化，计划经济体制越来越不能满足人们的现实需求。在生产劳动过程中，高度集权、自上而下的管理机制无法鼓励技术进步以及调动劳动者的积极性，从而导致劳动纪律松懈、体制僵化、效率低下，以至于新兴部门与工人群体的创造性都受到了很大限制。

概言之，计划经济体制的高效性是不可否认的，但经济结构的高度集权导致计划经济体制无法适应经济形势的变化。工业化初期计划经济体制的高效优势是通过向精英阶层的妥协实现的，通过官僚架构的规划管理体制，精英阶层能够以简单的目标和等级森严的系统自上而下地控制整个社会经济活动，发挥计划经济体制优势，并迅速实现工业化。然而，当权力集中而缺少公共利益机制的制约时，依靠精英阶层的自我约束无法控制其个人权力的膨胀，自上而下、高度集中的管理体制是苏联社会主义经济体系瓦解的重要原因。苏联模式社会主义实践失败的悖论在于：一方面，在当时的历史状况下并不具备通过最广泛的政治权利和自由确保尽快发展无产阶级的参政能力、确保在无产阶级民主基础上实现无产阶级专政的现实基础；另一方面，为了迅速稳定和发展新生的革命政权采取的限制民主和权力集中措施又使苏联陷入集权主义困境。[1]

五 晚期资本主义批判性剖析

基于俄罗斯国家转轨后新自由主义政策改革的失败，俄罗斯学者认为，目前俄罗斯仍处于在整个资本主义体系的"外围"或"边缘"地位，资本逻辑全球化视域下俄罗斯的现代化困境及其道路抉择——从必然王国向自由王国的转化——被提升为时代主题。在这个问题上，俄罗斯学者聚焦于马克思的历史发展理论在特定民族国家社会现实领域中的具体展开，通过分析俄罗斯的现代化进程以及在发展道路问题上各种思潮的论争，阐发马克思的历史发展理论；承续马克思在政治经济学批判

---

[1] А. П. Колонтаев, Роза Люксембург и проблема своевременности социалистической революции в России: современные рефлексии, *Альтернативы*, 2012, № 2.

中揭示资本逻辑历史限度的思想方法,通过从抽象上升为具体的方法论架构分析和把握当代资本主义世界体系的内在矛盾及演化;立足于人类历史发展的辩证本质,依循马克思社会—历史分析方法把握后期资本主义的总体趋势与系统危机,社会矛盾的特殊表现形式以及向社会主义过渡的现实可能性。①

第一,孔德拉绍夫总结了最近十年来"后苏联批判的马克思主义"学派在后期资本主义批判中对马克思历史科学及其方法论的运用与发展,强调重建马克思社会—历史分析方法的实践意义,即如何通过对特定民族国家社会自我运动的分析,使马克思的历史发展理论获得具体贯彻。他认为,在马克思的实践观中,有三个重要方面需要加以重申:(1)社会历史过程的主体是活动着的、现存社会的现实个人,社会源于人通过劳动的自我产生活动;(2)在社会实践总体性结构中,马克思从未割裂物质和精神,因为在人的感性—对象性活动中两者是辩证的总体;(3)实践是辩证的主客体关系和相互作用,并构成了社会生活的本质,现存社会物质生活资料的生产与再生产作为人的基本活动方式,经济基础与上层建筑的相互作用在这一现实的活动领域中得以展开。②

孔德拉绍夫指出,马克思辩证地运用了多因素分析方法来解释并揭示主导社会发展的决定性关系,"社会存在决定意识"表达了对特定社会历史运动及其实践总体性结构进行多重因素分析的基本原理。特定社会作为一个复杂的结构整体存在着主导结构和等级关系,个别实践在社会主导结构所确定的范围内根据差异逻辑而具体展开,所有社会实践领域都是内在统一的,经济实践仅在"最终分析"意义上决定社会—历史进程的总趋势,在特定社会历史阶段非经济因素(政治、宗教、战争等)通过与经济因素的相互作用发挥影响。一方面,马克思尽管寻求人类社会历史发展的必然性,但这种必然性并非固定在"铁律"之中。社会过程与自然过程不同,它仅仅可以显示特定实践活动方式的规律性,并通过科学的抽象证明这些因素在特定条件下以一定方式发挥作

---

① П. Кондрашов, Наброски к праксеологическому истолкованию материалистического понимания истории, Альтернативы, 2017, No. 2.

② П. Кондрашов, Наброски к праксеологическому истолкованию материалистического понимания истории, Альтернативы, 2017, No. 2.

用。然而，科学抽象必须以对现实生活和历史进程的具体研究为基础和前提。另一方面，在未来社会生活中发挥主导作用的不是劳动（资本所支配的人的活动），而是自由自觉的人类活动，在自由王国，劳动成为人的自我实现方式。

因此，马克思哲学应该被视为社会—历史实践理论。在这一框架中，物质和精神因素在本体论上是平等的，历史发展动力在各个阶段以不同方式呈现出来，同时再现社会物质生活的生产与再生产方式。基于上述分析，孔德拉绍夫将马克思的方法论定义为积极有效的多因素论，当运用各种因素解释一定历史阶段上的特定社会现象时，这些因素相互作用并处于复杂的系统整体中，个别部分体现着与整体的辩证统一。从特定社会阶段抽象出一般的普遍原理或公式，将其运用于全部人类社会历史进程，而取消具体的、历史的本质差异和特定社会的自我运动，这恰恰是对马克思的历史发展理论的形而上学把握。或者说，马克思的分析方法力图使思想再现社会结构的复杂整体与历史运动趋势成为可能。正是在上述意义上，阿尔都塞强烈反对关于马克思的"一元论"解释，B. 奥尔曼则要求回归"被遗忘的因素论"。

第二，马克思的社会—历史分析方法意味着，以社会要素和结构关系完全成熟而具有典范形式的社会形态为出发点，通过对历史的透视而由结果返归原因，方能使思想再现和把握社会运动的内在逻辑成为可能。资本主义的历史运动在全球化范围内构建了非线性和多维性的社会有机整体，这就使得"后苏联批判的马克思主义"学派更多地聚焦于分析经济因素与非经济因素相互作用的结构性、过程性与矛盾性。

与当代英美马克思主义研究传统不同，俄罗斯学者反对在哲学社会科学领域中占据主导地位的实证主义与后现代主义方法论，以马克思"革命的"辩证法在政治经济学思想体系中的贯彻和运用为基本立场，通过从抽象上升为具体的方法论架构分析和把握当代资本主义体系的矛盾演化及其现实运动，立足于人类社会长期发展的辩证本质，研究后期资本主义社会矛盾的特殊表现形式及其向社会主义过渡的现实性。

正是在区别于当代西方马克思主义研究路径的基础上，布兹加林等人强调"后苏联批判的马克思主义"学派重写"21世纪资本论"的独特性，即依循并延续苏联时期马克思主义学者伊里因科夫的阐释传统，突出从抽象上升为具体、历史—发生的方法论在《资本论》体系中的关键性地位，将 20 世纪以来人类进入非线性（社会时间）和不均衡时代（社会空间）的社会状况，把握为资本主义社会经济形态衰落与社会主义复兴过程同步展开的变革过程；在方法论上坚持运用《资本论》的逻辑结构与概念辩证，通过使商品、货币、资本以及生产关系等抽象范畴获得新的、具体的规定性，从而呈现晚期资本主义社会关系及其现实运动，对抗经济帝国主义在理论与实践中的扩张；参照马克思分析劳动从属于资本的方法，揭示晚期资本主义特殊物质生产关系形成的社会基础与经济机制、具体矛盾演化及其内在限制。在他们看来，新自由主义的全面胜利与资本主义生产关系自我否定要素生成与积累之间的此消彼长，意味着人的创造性活动的深层异化同样构成对自我异化的积极扬弃。就此而言，马克思的方法论运用不仅能够反映现阶段资本主义的现实状况，而且要求把握其动态演进的内生性对抗，基于对立冲突的深层解剖，积极寻求革命性转化的现实条件与可能路径；进而从质的层面上把握后期资本主义的内在趋势，即后期资本主义社会非线性矛盾运动以及辩证过程。

第三，对后期资本主义性质与矛盾的分析，使马克思的历史发展理论在社会现实领域获得了具体贯彻。晚期资本主义阶段不仅呈现出社会发展的多态性和非线性特征，而且对"精神因素"或"主观因素"具有强烈依赖性，即个人在历史中的作用、智力劳动或非物质劳动的创造性、个体的文化素质与精神状态等；但个体的日常生活植根于整个社会复合体的基础之中，并成为可能发生革命的源生领域。上述转变在根本上取决于资本主义社会生产力的发展与这种制度本身的内在矛盾，资本逻辑在广度（新自由主义的全球化）和深度（大写的人之社会生活、精神文化与自然等各个领域）的扩张中不断制造出一系列分离、对立和冲突：全球范围内社会化、网络化结构的发展与生产者之间的原子化趋势，企业操纵与政府监管的冲突、智力活动的创造性增强与拟仿市场扩张之间的矛盾，不断破坏和瓦解着现有的社会基础与价值关系、转化和积累深层的结构性矛盾。因此，晚期资本主义的"衰落"不仅是一个阶段性的时间概念，而且也意味着当前资本主义的累积性矛盾和自我否定趋势的不断深化与加强，即越来越走向自己的对立面。在激进变革时代的马克思主义研究需要运用具体的多因素分析方法，尤其应关注特定社会历史阶段的复杂性、多维性、替代性和非线性。①

六 21世纪社会主义理论探索

在研究后工业社会性质与资本逻辑全球化本质的基础上，俄罗斯学者推动的"21世纪社会主义复兴运动"具有了时代性与现实性。尽管在替代性选择、革命主体、社会主义还是社会民主主义等问题上存在着诸多论争，但这一运动使俄罗斯的现代化方案重新具有了21世纪世界社会主义运动的要素，其价值取向、基本立场以及现实道路需要在资本主义世界体系的内生性对抗中被重新估量和评价。

第一，后工业社会的左翼政治运动。

2011年3月，俄罗斯联邦国家杜马召开了主题为"是否存在左翼思想的危机？"圆桌会议，就非典型资本主义国家的社会转型与历史道路问题展开了激烈辩论。例如，后工业社会研究中心主任、《自由思想》总编伊诺泽姆采夫在"伟大思想的危机"中指出，对左翼运动或社会主义思想的传统认识已不再适用于当今现实生活。尽管近年来世界范围内的左翼思想和社会主义运动表面上处于上升趋势，但实质上却是在整体衰退的。在这里，伊诺泽姆采夫对左翼运动提出了三点质疑。（1）20世纪左翼运动的政治实践大部分失败了，苏维埃社会主义实践沦为极权主义和专制主义，而其他社会主义国家为经济发展付出了巨大的代价，以国有化方式发展基础产业的弊端使其制度缺陷日益暴露出来，当今民众已对社会主义失去了信心。（2）发达资本主义国家的经济和社会形势发生了显著改变，从传统工业社会过渡到了知识社会；尤其是20世纪70年代，资本主义社会政治—经济结构转型，后工业社会使传统工业无产阶级的数量迅速减少，其生存状况社会地位也发生了改变，阶级之间的界限日渐模糊，信息化社会改变了个体交往方式，工人之间的原子化倾向使其很难作为整体被组织起来，左翼运动的革命主体被瓦解了。（3）现代左翼运动领导人的立场是循规蹈矩的，其政策无非是通过社会改革，为民众争取最低生活保障和社会福利，追求选民的支持高于一切，而非致力于探求社会可持续发展的途径；左翼党人同样

---

① А. В. Бузгалин, "Капитал" – XXI. Пролегомены, Альтернативы, 2016, No. 2.

缺少国际主义姿态。

然而，伊诺泽姆采夫的观点却遭到了布兹加林的大力驳斥。（1）关于左翼主体问题，大多数学者依然认为西欧和第三世界社会民主党和前共产党构成了左翼核心力量；近十年来，"左翼"是由反对行动的积极参与者、社会运动理论家、思想家以及公共领域的代表构成的。（2）关于左翼运动与财富再分配之间的关系问题。不可否认，第三世界社会民主党的任务仍然与争取民主和公民社会、自由和社会福利、社会最低保障等相关，然而，由于整个世界正从社会民主标准退缩，无论是第三世界国家还是西欧发达资本主义国家，更重要的任务是迈向知识型社会，保障公众受教育以及个人创造能力的发挥。（3）关于后工业社会发展趋势问题。左翼学者认为收入分配并非关键问题，而且从来也不局限于此；而是立足于把握与克服构成后工业社会核心支点的智力创造性活动与资本逻辑以及市场化原则之间的矛盾冲突。（4）关于食利者阶层与社会民主模式的再现实化问题。关键在于通过有选择性的、间接的社会和政府调控或更激进的方法，遏制金融资本无限度的扩张和制造虚拟财富。（5）关于教育及其在社会分化中的作用问题。教育的不平等关系被一代又一代地复制，成为后工业社会社会分化的主要原因。（6）关于左翼的理论基础问题。即社会发展过程不是线性的，而是多场景的、矛盾的，包括曲折和倒退、历史过程的逆转与回归。今天，我们再次处于迈向新社会的起点。因此，布兹加林强调，马克思主义者必须关注左翼政治实践，而不是在理论上消除社会主义的现实性。

布兹加林与科尔加诺夫在主张回归历史唯物主义基本立场的同时，以马克思的政治经济学批判为方法论支撑与思想资源，建立了社会变迁动态演进的政治—经济分析架构，旨在切中和把握苏联社会主义政治经济结构不平衡的深层根源与矛盾转化，以及资本逻辑全球化背景下俄罗斯作为"边缘资本主义"的发展悖论，从世界格局整体性运动的潜在趋势与力量博弈中寻求"后危机时代"——后期资本主义阶段全球性危机具有非典型性质——的替代性选择。在经济领域中，主张通过选择性调控和宏观规划限制市场边界与资本权力，通过优先发展社会成员的创造性活动开启"知识社会"道路[1];在政治领域中,批判从古典资本主义到新自由主义西方民主政治被资本力量穿透的"拟仿"性质,将全民民主——十月革命胜利,以及苏联社会主义建设历史成就所依赖的基层广泛自治、全民参与等——作为当今构建新型民主政治的出发点和历史经验[2];在社会领域中,将探索社会化生存的新型组织模式作为 21 世纪人类发展的核心主题,尤其关注全球左翼运动能否承担改变世界格局的任务[3]。

沃耶伊科夫在批判伊诺泽姆采夫的同时,也批评了布兹加林。他认为,伊诺泽姆采夫对左翼运动的理解仍然停留在 19 世纪末 20 世纪初的传统观念上,即消灭私有财产、消除贫困、追求平等与民主等。实际上,经过 20 世纪社会主义政党及社会民主主义政党的努力,上述目标已经部分地实现了;而布兹加林则试图在新左派的现代诠释与传统观念之间进行调和,并最终回到传统观念立场上;因而,他们两者都缺少历史的方法。沃耶伊科夫强调,应该在后工业社会背景下重新确立左翼运动的实质与目标,即能否将左翼运动等同于以社会主义取代资本主义的激进革命。激进主义与改良主义政治运动取决于一系列条件,欧洲的历史经验表明,激进主义政治运动在资产阶级革命时期是成功的;而在革命后时期改良主义是有效的。西方发达国家已经不存在激进左翼运动复兴的可能,20 世纪最后几十年,欧洲社会民主主义政党与民众耗尽了曾经的革命热情,在不转变社会根本性质的前提下,改善社会生活、减少经济、社会分化以及内部紧张成为大多数人的普遍诉求。当然,沃耶伊科夫尽管否认社会主义激进革命的可能性,但却认为从资本主义到社会主义的渐进改良是可能的。正如德国社会民主党人的口号"支持市场经济,反对市场社会",这意味着经济发展是以社会为取向的,这一渐进过程的主要问题在于,如何为社会主义社会发展出适当的物质和技术基础,社会主义必须将国家经济政策的重点立足于解决社会发展和人道

---

[1] А. В. Бузгалин, П. М. Линке (Ред.), *Кризис. альтернативы будущего (глобальный контекст и российская специфика)*, М.: Культурная революция, 2010.

[2] А. В. Бузгалин, Демократия. Свобода. Революция: альтернативы правому консерватизму и неолиберализму у есть! (уроки Февраля 1917 - го), *Альтернативы*, 2017, №. 1.

[3] А. В. Бузгалин, Л. Ожогиной Кто сегодня творит историю. альтерглобализм и Россия, М.: Культурная революция, 2010.

主义的现实化问题。

另外,斯拉文反对伊诺泽姆采夫对后工业社会工人生存状况的解释。斯拉文指出,"后工业社会"不过是在传统工业社会矛盾的基础上,增加了新的社会矛盾而已。只要以资本为原则的雇佣劳动这一生产方式没有改变,那么工资数量、劳动程度、知识水平并不能改变工人的阶级地位。左翼运动正是以劳动与资本的内在矛盾为基础的。只要资本原则没有改变,就不可能消解社会主义与资本主义的对立。当代左翼运动危机的产生根源恰恰在于试图取消上述的原则性对立,机会主义的左翼政党组织为争取政治经济权利、社会保障而斗争,却试图回避资本原则,疏远现代工人阶级。因而,当代左翼思潮和左翼运动的危机,根本上是政治实践的危机,如斯大林的极权主义模式、当代左翼政党的机会主义斗争策略,而非社会主义理论的危机。关于左翼运动的未来发展,斯拉文认同列宁的理论,认为在东方及欠发达资本主义国家有更大的空间和潜力,如中国、古巴的社会主义改革,拉美国家、北非人民和阿拉伯世界的觉醒。

第二,21世纪社会主义复兴运动。

Л. 巴尼奇和 С. 戈金在考察资本主义历史发展进程和金融资本主义内在矛盾的基础上,分析了当前的社会结构性危机以及21世纪社会主义发展趋势。在他们看来,当前社会的结构性危机,一是源于金融资本与实体经济之间的矛盾;二是源于资本主义全球化体系内部,美国、欧洲及第三世界发展中国家发展的不平衡性。在当前社会的结构性危机中,他们看到了潜在革命主体的发展,即工人阶级,资本权力在广度和深度上的扩张与无产阶级的大规模崛起是相伴而生的。尤其是在当前财政紧缩的政策背景下,需要进一步推动工会组织、积极鼓励和支持保护工人财产和储蓄,通过工作或社会活动进行抵抗;积极推进银行国有化,将金融系统置于公共权力的控制之下,基于民主和福利国家原则对资本进行再分配;控制国际金融资本流动,以及国内的项目投资;在根本上改变经济结构和政治结构,通过建立政党和工人运动克服并超越资本主义国家和市场的限度。在21世纪,社会主义将是从根本上解决资本主义结构性危机并实现社会转型的关键[①]。

2013年4月13日，莫斯科公民论坛为纪念马克思诞辰195周年主办了题为"马克思主义与工人阶级"的国际会议。莫斯科公民论坛是由政治团体"新共产主义者"和"马克思主义研究中心"基金创办的，旨在突出社会主义生产方式的优越性，探索实现社会主义现代化的道路和方案。会议围绕着"作为科学世界观的马克思主义""马克思主义与苏联""当代世界与社会主义"等核心问题进行了深入讨论，其政治目的在于团结俄罗斯的工人运动。另外，会议的一个突出主题是探讨金融垄断资本主义阶段社会化劳动的特点及趋势，其中，分析了工人阶级的生存状况及其结构变化，认为"中间阶层""创意劳动"使传统工人阶级的界限日益模糊，但资本与劳动二元对立的社会关系格局从未改变；当代工人阶级的组织结构与智力结构发生了深刻变化，使其更加具有独立性和批判性，与知识分子结合成为积极的左派，即新工人阶级。会议指出，如果没有工人阶级以及工人运动，马克思主义将是空洞而缺乏现实基础的。因此，应该坚持阶级斗争的原则、步骤和方法，实现工人在经济活动中对生产和分配的参与管理和控制，进而发展到对国家政权进行控制，将工人阶级的可持续发展作为新的社会基础，认为这是克服资本主义回归社会主义道路的基本条件。

不过，谢苗诺夫认为当前关于社会主义的讨论越来越沦为政治话语，苏联模式社会主义仍然是21世纪社会主义实践无法回避的主题。谢苗诺夫强调，苏联的经验教训迫使我们在今天仍然必须直面如下根本性问题：回答革命的主要原因和推动因素，对马克思社会主义思想进行全面和深入研究，明确社会主义的本质不是政治的而是社会的；解决社会主义所有制与变革私有制方式的问题，确立以劳动为中心的社会组织形式，回应阶级消灭问题，明确社会主义是以人自身的发展为中心的社会和谐发展形式。

《21世纪社会主义：理论问题与俄罗斯的经验评价》（2016）一书，在讨论社会主义在苏联时期经验教训的基础上，对21世纪社会主义的可能性及其现实图景进行了理论分析。将自己归于"后苏联批判的马克

[①] Лео Панич/Сэм Гиндин, Капиталистические кризисы и нынешний кризис, Альтернативы, 2012, No. 2.

思主义"学派的爱波斯坦指出，面对诸多论争，坚持和捍卫马克思的立场和方法是极其重要的；因而主张放弃关于社会主义的某些乌托邦观念，同时拒绝右翼学者对十月革命社会主义性质以及苏联实现发达社会生产力标准的否定，尤其是关于苏联社会主义的简单定性，如"国家资本主义""党国官僚的统治""国家领导阶层和工人阶级之间的对抗性矛盾"等都是值得商榷的。爱波斯坦将20世纪30—80年代的苏联称为"早期社会主义"，并分析了社会主义实践模式在20世纪出现和发展的现实条件，认为苏联在很大程度上实现了建立在劳动者自我管理基础上的公有制与社会化劳动。因而，对21世纪社会主义来说，苏联社会主义经验就意味着以国家公有制及其社会生产的民主化重新界定并回答什么是社会主义，以及社会主义不同模式等问题。

在布兹加林看来，当今盛行的实证主义与后现代主义在思想方法上具有非历史的特征，无法在根本上触及和把握晚期资本主义全球化体系的根本困境与内在矛盾，更无从发现瓦解旧世界、开创新世界的现实力量以及这种力量的历史生成，而当前左翼运动向着社会民主主义的倒退也使其越来越失去革命性。马克思革命的辩证法——历史性原则在社会现实领域中的具体贯彻与运用——为把握当代资本主义世界体系与左翼运动之间的力量博弈与矛盾转化确立了科学方法论，运用矛盾分析法切中全球化进程中劳动与资本之间的内生性对抗关系，以及发生革命性变革的潜在趋势成为当今学界面临的迫切需要完成的思想任务。这样，对后期资本主义性质的辩证分析便具有了重要意义。一方面，金融垄断资本导致全球矛盾冲突加剧，晚期资本主义阶段——"晚期"的界定，具有"落幕"或"夕阳"的性质，而非单纯的时间术语——表现出社会的过渡性质、全球的网状结构化及历史进程的非线性特征。与此同时，另一种客观趋势正在生成，即由必然王国向自由王国转化、向社会主义过渡的趋势，表现为人的社会创造性活动与自主性程度不断提高及其在更为广泛和深层领域中日益被资本整合与穿透之间的深刻矛盾，即劳动与资本的对抗形式在后期资本主义这一特定历史阶段被推向了更高层次。[1] 马克思将这种从个人的社会生活条件中产生出来的对抗当作社会生产过程的最后一个对抗形式，也就是说，"在资产阶级社会的胎胞里

---

[1] А. В. Бузгалин, "Капитал" - XXI. Пролегомены, Альтернативы, 2016, No. 2.

发展的生产力，同时又创造着解决这种对抗的物质条件。因此，人类社会的史前时期就以这种社会形态而告终"①。

这样，新的社会化生存方式的形成，与积极扬弃并实质性超越资本主义的历史限度作为内在勾连的同一历史进程现实展开，或者说，自我异化的扬弃与自我异化必然被设定在同一历史轨道之中，这恰恰符合马克思基于革命的辩证法对共产主义现实运动与历史生成的基本判断。建立在主体创造性活动基础上的社会化生产方式——马克思所谓普遍的社会交往与自由个性的发展——为个体解放提供了自由的空间与时间，在资本主义历史阶段所积累起来的发达的科学技术、成熟的市场协作、宏观经济规划等为 21 世纪社会主义复兴奠定了必要的社会基础。如何深刻把握从必然王国向自由王国的转变，即向社会主义过渡这一非线性历史运动的矛盾对抗与现实转化，避免落入苏联社会主义的窠臼或对资本主义的修正，成为当代俄罗斯马克思主义学术演进与政治实践的旨归。

总之，由十月革命开启的苏联社会主义实践，作为科学社会主义理论一场声势浩大的社会实验，构成了当代俄罗斯马克思主义的现实土壤与思想资源。在这一独特的历史境遇中展开的"21 世纪社会主义复兴运动"，远远超出了学术或理论的旨趣，在根本上具有寻求俄罗斯民族复兴道路的实践意义；或者说，与苏联社会主义实践密切联系在一起的俄罗斯马克思主义必然具有不同于西方马克思主义——典型欧洲资本主义国家的马克思主义——的独特研究进路和思想理论。围绕着"21 世纪社会主义"这一主题所展开的，是如何理解社会主义的性质、如何在资本逻辑全球化背景下揭示晚期资本主义症候、如何探索向社会主义过渡的理论基础与现实道路等迫切的重大现实主题。与此同时还形成了两种不同路径：（1）俄罗斯左翼政党将马克思主义作为构建社会主义制度的理论基础与政治纲领，寻求其在政治、经济、文化、社会生活领域中的具体实现；（2）俄罗斯左翼学者遵照马克思的历史发展理论，将社会主义作为通往共产主义的必经阶段，从西方资本主义文明的历史限度及俄罗斯进入这一文明类型的非现实性角度，深入反思苏联社会主义实践经验、阐释 21 世纪社会主义的基本性质与特征，并积极探索将经

---

① 《马克思恩格斯文集》第 2 卷，人民出版社 2009 年版，第 592 页。

典社会主义理论与左翼运动政治实践相结合的广泛研究。

七 21世纪社会主义道路探索

寻求从必然王国向自由王国的转化、向社会主义过渡的现实性，构成了当代俄罗斯马克思主义研究的理论核心与实践取向。由于马克思主义与俄罗斯历史命运之间的内在关联，在新的时代境遇中反思苏联模式社会主义的经验教训与批判后期资本主义内在矛盾，就构成了理解和把握21世纪社会主义的理论前提和现实基础。俄罗斯马克思主义学者强调，把握21世纪社会主义所面临的机遇和挑战，需要对19世纪以来不同国家的社会主义实践进行经验研究和比较分析，重新审视俄国革命取得胜利与第三世界国家崛起的历史进程与积极因素，从后工业社会发展趋势、资本逻辑全球化等角度探讨左翼政治运动和21世纪社会主义复兴运动的前景以及俄罗斯重新走向社会主义的可能性与现实性。

第一，在《什么是社会主义？马克思主义的解释》（2012）一书中，科尔加诺夫以社会主义思想和运动的历史发展进程为线索，从宏观维度研究了马克思的社会形态演进、社会结构理论以及向社会主义过渡思想。科尔加诺夫指出，世界社会主义体系展开的现实性在于资本主义基本矛盾与阶级斗争所导致的社会革命或改革，社会主义与资本主义的本质差别可以从劳动的自由程度、社会生产力的解放程度、经济活动关系的互相协调、财产关系和分配公平等方面加以具体探讨。因此，从必然王国向自由王国的转化需要在社会制度、经济生活、政治文明中积极扬弃资本主义文明的历史成就，在经济关系上建立工业生产资料与劳动者的自由联合机制。发展生产的目的在于为人的全面自由发展提供社会空间，通过社会财富积累减少必要劳动时间，使工人拥有更多发展自身创造力的自由和闲暇。全民所有制应该是社会主义国家的主要所有制形式，在国民经济中应占主导地位，其他所有制形式在与全民所有制经济的相互作用下发挥各自的功能，为整个社会服务，严格受国家财政和法律监督，满足社会成员精神、物质等多方面需求。与此同时，恢复和继续发展苏联时期劳动者的权益和社会保障制度，保证人类活动与自然环境的协调一致,实现可持续发展①。

第二,斯拉温通过《社会主义与俄罗斯》(2013)一书回应了苏联解体后一系列争议性问题,即什么是社会主义?"新"社会主义与"旧"社会主义的区别何在?"新"社会主义的未来如何?俄罗斯社会民主党是否发生了方向性转变?当今左翼阵营应该如何继承马克思的遗产?社会主义的批评者和反对者的错误是什么?在反思传统社会主义模式("旧"社会主义)的基础上,斯拉温强调了区分社会主义理想的科学内涵与实践中的具体历史形态的重要性,并提出探索"新"社会主义的理论构想,如何界定资本主义与社会主义的关系是转变当前思路的重要出发点。斯拉温从哲学和历史角度研究社会主义本质特征,尤其强调社会主义从理想向现实过渡的多元化道路,系统回应并阐释了俄罗斯社会主义道路的现实性问题。

斯拉温认为,社会主义新模式的开启,(1)需要面对并澄清社会主义在公众心目中备受质疑的三个尖锐问题,即理论与实践的脱节,对社会主义的极权主义解释及其与社会民主主义思想之间的界限。(2)有学者试图从社会民主主义角度探索俄罗斯发展的第三条道路,试图在自由民主和工人自治的基础上设计社会民主主义道路的具体方案。但也有学者认为,在资本作为全部社会生活之根本原则的前提下,第三条道路是不可能的。因此,必须使社会公共生活各个领域中劳动的支配地位超越资本的权力。对此,斯拉温认为需要厘清科学社会主义理论与社会民主主义之间的本质区别。(3)斯拉温主张必须以历史的逻辑分析十月革命以来的俄罗斯后社会转型,比较苏联与当代俄罗斯在政治图景、社会结构、经济状况等一系列问题上的差异,探索未来的俄罗斯究竟需要怎样的社会经济政策;通过全球化背景下不同文明之间的对话,形成俄罗斯与人类未来发展的新思维和新战略;深化对马克思主义经典理论的研究,尤其是马克思的社会理想、斯大林主义与社会主义之间的关系、自由主义对斯大林主义批判的历史局限性以及现代性语境中的托洛茨基等尖锐问题②。

---

① А. И. Колганов, Современный Социализм. Марксистская Версия, *Альтернативы*, 2010, No. 1.

② Б. Ф. Славин, *Социализм и Россия*, М.: URSS, 2013.

第三，舒宾与布兹加林批判了古典资本主义的形式民主以及晚期资本主义的"拟仿"民主，强调建立广泛的政治联盟和基层民主对发挥社会主义优越性的重要意义。他们认为，苏联模式社会主义走向僵化和崩溃的原因，就在于集权主义政治形式取消了全民民主和广泛自治的发展潜力与现实基础。因此，21世纪社会主义需要能够在积极扬弃和广泛占有资本主义民主政治制度及历史经验的基础上，真正发展出社会主义全民民主的政治形式。

舒宾将十月革命胜利的重要原因归结为布尔什维克所建立的广泛联盟与基层民主。然而，随着苏联社会主义建设的深入展开及其内外困境的不断加剧，不得不开启另外一条自上而下的道路，即从企业集体化、广泛自治（从下面）或整个经济活动的社会化过渡到单一计划（从上面）经济运行体制。由于布尔什维克无法实现两条路径的平衡与协调，即自组织、工业民主与中央计划、集中管理之间的平衡，"底层"与"顶层"、民主与监管、直接管理与国家社会经济政策调控之间的平衡，从而使体系的内在矛盾不断凸显出来。[①] 他说，全民参与的热情构成了俄国革命与苏联社会主义经济建设的重要资源，只有劳动人民的主体性被充分尊重并得以发挥出来，在生产过程以及社会组织运动中才能形成源源不竭的、积极的建设性力量。由此可见，民主从精英阶层转向社会生活，即日常生活、社会化生产等方面的重要性，自组织和基层民主（真正的民主）被证明是社会主义制度下创造性地改造社会条件的力量来源。当然，"底层"的力量既可以是建设性的也可以是破坏性的，这在根本上取决于人民在社会结构与政治权力中的地位和作用，取决于能否真正推进全民民主。

舒宾强调，为了避免新的社会主义体制陷入不可逆转的官僚化，有必要构建一系列平衡关系：（1）国家机构的经济权力（要尽可能的窄，主要是仲裁和投资）与其他经济体，如集体合作社、私营企业之间形成平衡；（2）国家机构的行政权力与工业民主机构（根据明确的程序选举产生）之间形成平衡，保障企业决策能力、避免资本外逃，保障社会组织利益及其功能实现；（3）在生产者、消费者和居民利益之间形成平衡，但以消费者和居民的自我组织、国家对某些行业的必要垄断为前

---

① А. Шубин, Уроки 1917 года, Альтернативы, 2017, No. 1.

提；(4) 普通劳动群众与少数创造性群体，如知识分子和行业专家之间形成利益平衡，反对以大多数人的平均主义抑制少数人的发展优势；(5) 形成地区、民族与中央之间的平衡，由地区代表组成机构共同参与国家决策，参与中央管理，通过民族自治将民族之间的文化冲突降到最低程度。舒宾认为，上述平衡关系原则上已经蕴含于苏联社会主义的政治体制之中，即通过建立工人参与的最高国民经济委员会寻求中央政府与地方区域之间权力分配的平衡。然而，在苏联社会主义实践中上述平衡关系却日趋断裂、瓦解并走向对立。[①]

布兹加林在反思苏联民主政治实践经验教训的基础上，旨在从保守主义和新自由主义的反革命和衰退中，阐明社会主义全民民主在理论上与实践中的进步意义，并提出了探索社会主义民主改革（革命）的关键性环节。(1) 充分肯定并积极地扬弃资产阶级民主以及早期政治自由的历史性成就。(2) 资产阶级国家宪法程序正义的实现，依赖于使这些抽象原则得以发挥作用的经济基础和社会条件。保障民主实现的社会条件包括：提高社会最低工资、养老金、津贴水平，增加富有社会成员个人收入的税率，保障社会成员就业（而不是失业福利）、享受免费教育（包括高等教育）、医疗保健、文化产品等；为社会成员的政治参与和文化创造性活动提供社会空间。(3) 限制私有财产权力，在经济—政治领域限制资本的权力，建立生态—人文主义框架下的市场综合体系，保障社会成员参与各种所有制企业的管理，强制企业所有者承担其使用资源的社会责任，在公共领域优先发展公有制形式；在政治实践中限制使用金融手段及其资源，保障政治组织活动的最大透明度，对公共媒体和私人媒体进行控制。(4) 真正将民主选举产生的代表纳入实际的国家管理活动中。布兹加林强调，上述改革方案旨在超出（但不能低于）晚期资本主义制度框架内的民主要素，并构成向社会主义过渡、发展社会主义民主政治的现实策略。[②]

第四，在 20 世纪的很长一段时间，诸多文献都在讨论非西方国家（主要是东方国家）前资本主义结构向资本主义社会关系的转型问题，

---

① А. Шубин, Уроки 1917 года, *Альтернативы*, 2017, No. 1.

② А. В. Бузгалин, Демократия. Свобода. Революция：альтернативы правому консерватизму и неолиберализму у есть！(уроки Февраля 1917 - го), *Альтернативы*, 2017, No. 1.

在这种转型的主要困难在于前资本主义社会结构的独特性，它构成了这一过程不可逾越的障碍，在很大程度上将持续构成非资本主义（非后资本主义的）社会主义形成和发展的历史基础和现实根源。俄罗斯学者认为，有必要深入研究中国作为非西方国家建立社会主义现代化的主要途径——21世纪社会主义。真正的社会主义只能从高度发达的西方资本主义中成长起来——这个"欧洲中心主义的马克思主义"的普遍性观念，正被中国社会主义现代化建设经验所质疑。

舍普琴科认为，当代中国非资本主义的社会主义首先是国家发展的前资本主义历史道路的民族（文明）特殊性与马克思主义的社会主义思想的自觉融合，这一融合的历史合理性表现为在向社会主义过渡的同时，恢复被西方国家殖民扩张所中断的现代化进程。如果根据中国社会主义现代化建设经验来分析20世纪俄罗斯的历史实践，无论是100年前发展西方资本主义，还是现阶段的积极改革，都未能使俄罗斯真正进入"现代社会"，在两次遭遇西方资本主义之后，俄罗斯需要依循自身民族道路开启未来的发展方向。①

通过对中国现实化道路的研究，舍普琴科认为中国经验值得借鉴的方面在于以下三点。（1）要避免与历史传统分离，且要回到它的根基处。社会主义在每一个国家的发展，都需要依循自身稳固的历史根源。（2）不仅要重新构建与过去历史的联系，同时也要包括与西方资本主义、金融—银行体系和市场经济机制之间的联系。这样，才能提高整个社会的活力，加速进入社会主义文明轨道。（3）要尊重人们的日常生活。现实生活的显著变化促成了对未来伟大目标的坚定信念。中国社会主义现代化给出了具体范例，即需要在上述综合中建立起有效的、新的意识形态，它将三个彼此关联的重要问题，在整体性方案中整合在一起，即对待历史传统的态度、对待现代资本主义成就的态度和公民的日常生活在社会主义建设中的作用。新意识形态将历史传统与科学社会主义目标结合成统一整体，构建了中国人的日常生活及其对社会主义核心价值观和目标的认同、对资本主义价值观在公民个体与共同体生活中的有限性自觉。

---

① В. Н. Шевченко, Октябрьская революция и советский социализм: взгляд из XXI века, Философские науки, 2017, No. 1.

在更广泛的意义上说，对任何国家而言，社会主义都是具有民族性的，是自身的历史传统、文化特色与社会主义现代化方案的有机结合。西方国家向社会主义过渡的道路被关闭了，从中国经验中所得到的结论可以更加深入地理解苏联社会主义。俄罗斯特色的社会主义新模式，需要符合俄罗斯文化、俄罗斯民族心理的基本特征；尤其是要认识到宗教在俄罗斯国家发展和现代道德生活形成中的作用，恢复对许多世纪以来历史传统的深入思考，俄罗斯不仅仅是多民族国家，而且是与其他文明类型相并列的整体文明形式。

总之，以社会主义为取向、寻求向社会主义过渡的现实基础与社会因素，积极推动社会变革力量以及革命主体的生成，构成了21世纪俄罗斯马克思主义研究的思想任务与使命自觉。经过了反思和回归的漫长思想历程，也以巨大的社会历史变迁为代价，当代俄罗斯马克思主义研究立足于21世纪世界社会主义运动的整体趋势，形成了独特的研究进路和问题视域：回归历史唯物主义与革命的辩证法，立足于对苏联模式社会主义经验教训的当代反思，在研究后期资本主义过渡性质与矛盾转化的基础上，积极寻求新一阶段对前一阶段的"否定之否定"，即如何由先前阶段的社会结构历史性地生成具有本质差异的社会结构，并进入新的社会发展阶段。对俄罗斯马克思主义理论与社会主义实践主张的深入阐释，以及中俄历史道路与国家转型的比较研究，成为深入把握马克思的历史发展理论与特定民族国家社会现实相结合的思想环节与理论中介。当代俄罗斯马克思主义理论体系的重建，也为中国特色社会主义道路以及世界社会主义运动的实践探索提供了重要的思想资源。

综上所述，21世纪俄罗斯马克思主义学者围绕着俄罗斯的现代化困境展开了全方位、跨学科的分析，既包括基于俄罗斯现代化道路反思的历史唯物主义重建，以及马克思的政治经济学批判传统的回归，又有新政治经济学的探索；既有苏联模式社会主义的批判性反思、晚期资本主义批判性剖析，又有21世纪社会主义理论和道路的探索。由此可见，21世纪俄罗斯马克思主义研究既有浓厚的学术化取向，又有强烈的现实指向。因而可以这样说，历史唯物主义重建成为理解和把握俄罗斯民族独特历史道路与社会现实的哲学视角与思想基础；马克思的政治经济学批判传统的复归与新政治经济学探索，为寻求俄罗斯民族复兴、构建可替代性经济模式提供了重要的方法论支撑与理论资源，甚或为社会民主主义的政治实践与经济改革提供了理论基础和现实策略；关于对苏联模式社会主义经验教训的批判性反思，以及21世纪社会主义理论和道路的探索，为俄罗斯民族未来发展提供了理论视角和路径选择。然而，在当今资本主义全球化背景下，俄罗斯发展应该如何超越苏联社会主义模式以及处于资本主义体系外围地位的困境，以及探索俄罗斯重新走向社会主义道路的理论基础和现实路径成了最具争议性的问题。例如，社会主义理论与实践之间的矛盾、社会主义的本质规定成为论争的核心；社会民主主义成为左翼学者在资本主义制度框架和社会结构中进行社会改良的第三条道路或者中间道路。当然，尽管不同学者在社会民主主义主张与经典社会主义理论之间仍然存在着分歧，但关于社会主义的价值维度优先于现实政治制度则成为基本共识。①

---

① "综述"内容由本书主编根据作者提供的材料修改、撰写而成，特此说明。

第十章　马克思主义回归与复兴
——21世纪中东欧马克思主义的演变与发展

马克思主义在中东欧国家的传播和发展有100多年的历史，大致可以分为四个阶段，即：（1）19世纪下半期至20世纪头十年，学习和接纳、传播和运用马克思主义阶段，各国都成立了以社会主义为取向的社会民主党或社会民主工党；（2）1919年各国共产党加入共产国际到"二战"爆发前夕，各国共产党"布尔什维克化"阶段；（3）"二战"结束前后（1944—1945）至中东欧剧变（1989—1990），各国马克思主义本土化发展最好的时期，但由于各国民族道路与苏联模式社会主义矛盾冲突，在苏联高压下各国马克思主义本土化"无果而终"；（4）中东欧剧变后，马克思主义发展受到了严重歪曲和攻击，但马克思主义并未完全消失。

1947—1948年，大多数中东欧国家主动地或被动地转向苏联模式社会主义；苏联马克思主义也成为各国的官方意识形态。在民主德国、阿尔巴尼亚、罗马尼亚、保加利亚、捷克斯洛伐克、匈牙利、波兰、南斯拉夫等社会主义国家中，马克思主义研究一直是学界的主流。当然，也有关于各国特色社会主义道路的探索，以及马克思主义本土化的尝试。[①]

20世纪下半叶开始，中东欧马克思主义内部出现了格局的分化，逐渐演变为不同形式的马克思主义。例如，官方或正统马克思主义；致力于对苏联马克思主义（斯大林主义）进行批判性反思的新马克思主义；以及其他逐渐走向边缘的马克思主义。从1948年起，南斯拉夫成

---

① 参见马细谱《东欧马克思主义本土化的实践与启示》，潘金娥等《马克思主义本土化的国际经验与启示》，社会科学文献出版社2017年版，第72页。

为第一个敢于摆脱苏联控制的社会主义国家,也是第一个摆脱苏联模式而独立建设社会主义的国家。这样,南斯拉夫与苏联在理论上和实践上的分歧也接踵而来,这种分歧的关键就在于区分作为批判理论的马克思主义和作为意识形态的马克思主义。于是,在现实和理论的激烈动荡中,东欧新马克思主义应运而生。南斯拉夫实践派的代表人物彼得洛维奇在世界范围内率先批判斯大林主义,并系统表述了人道主义的马克思主义,他在《20世纪中叶的马克思》一书序言中很自信地谈到,"我对罗森塔尔的批判(1950年1月发表)是南斯拉夫第一次对斯大林和斯大林主义广泛的哲学批判"[①],这也是世界范围内的初次尝试。此外,波兰的科拉科夫斯基、匈牙利的赫勒等人也从不同角度批判斯大林主义。可以说,20世纪50年代到70年代中期,是东欧新马克思主义与正统马克思主义并存的黄金时代。然而,到70年代末期,东欧新马克思主义者遭到了重创,他们或被本国"封杀",或流亡到西方世界。苏东剧变后,原本便存在着内部争论的中东欧马克思主义的格局分化更加剧烈,中东欧马克思主义研究一度停滞,但并未完全消失。21世纪以来,在中东欧地区,马克思主义开始复苏,并逐渐形成了一些新特征——形式各异的理论活动、走向分化的基本格局、丰富多样的研究议题,为我们澄清马克思主义在21世纪中东国家的发展状况、本质特征、发展前景提供了极好的资料。同时,从整体上把握21世纪中东欧马克思主义研究对于理解21世纪世界马克思主义基本格局也具有重要意义。

一 21世纪中东欧马克思主义发展状况

在21世纪世界马克思主义基本格局中,中东欧马克思主义无疑是不可忽视的重要组成部分。中东欧各国的历史命运与马克思主义的紧密结合成为当代世界历史浓墨重彩的一笔。时至今日,中东欧马克思主义在中东欧各国的经济、政治和思想文化领域仍然具有重要影响;马克思主义批判理论仍然是当代中东欧各国左翼学者反思历史与现实的重要思想资源。21世纪以来,以左翼学者为主体的马克思主义研究在中东欧

[①] [南斯拉夫]彼得洛维奇:《20世纪中叶的马克思》,姜海波译,黑龙江大学出版社2015年版,第2页。

各国呈现复兴趋势。这主要体现在马克思主义研究著述的出版、左翼刊物的创办以及与马克思主义相关的研究机构的成立上。

第一，中东欧马克思主义主要表达形式。

1. 出版了大量与马克思主义理论、当代资本主义批判、社会主义思潮、新共产主义研究有关的著述。例如，波兰哲学家鲍曼的《共同体：在一个不确定的世界中找寻安全》（2001）、《废弃的生命——现代性及其弃儿》（2002）；匈牙利思想家梅扎罗斯的《社会主义还是野蛮：从美国的世纪到十字路口》（2001）、《资本的结构性危机》（2009）；斯洛文尼亚理论家齐泽克的《天堂的烦恼：从历史的终结到资本主义的终结》（2014）；由拉脱维亚、塞尔维亚、立陶宛等国的学者共同撰写的文集《在马克思的影子里：中东欧和俄罗斯的知识、权力与知识分子》（2010），以及在华沙出版的《从马克思到未来：面临资本主义、社会主义的变化和机会》（2004）等。

2. 对马克思主义经典著作、本国马克思主义学者的相关著述进行文献梳理、出版和再版。例如，自 2016 年开始，捷克科学院哲学研究所的 I. 兰达（Ivan Landa）和 J. 默瓦特（Jan Mervart）组织整理和翻译出版捷克马克思主义传播和发展史上的一些重要文本。他们准备出版一个综合英语卷，不仅包括科西克（Karel Kosík）早期出版物的修订翻译版（包括《具体的辩证法》），而且包括一些新翻译的文本，占整卷的将近一半。同时，他们也开始着手科西克文集的捷克语版的工作，包括七卷。其中，已经完成三卷：一卷是科西克论 1848 年捷克激进民主主义者的政治活动和思想的随笔；一卷包括科西克论 1956—1967 年的文化与政治的随笔；一卷是科西克于 1963 年出版的《具体的辩证法》的修订版，以及同时期的哲学随笔。除此之外，目前还出版了关于罗伯特·卡利沃达（Robert Kalivoda）的思想的一卷，包括卡利沃达论述马克思主义人类学、马克思主义和心理分析，以及论述乌托邦和解放的最重要的文本。

3. 左翼刊物为传播和研究马克思主义理论、批判理论提供了重要平台。（1）波兰重要的左翼力量围绕在左翼杂志《政治批判》周围，该杂志由社会学家谢拉科夫斯基（Sławomir Sierakowski）主编。波兰新的共产主义政党，即波兰共产主义无产者联盟出版的《黎明》（月刊）和其他杂志以及宣传册，从马克思主义角度分析波兰的政治局势。2003

年，波兰社会主义工人党成立并出版杂志《工人》。在波兰，阐发马克思主义和共产主义的有影响的杂志还有出版于 20 世纪 90 年代的《批判视野》《新视界》等。当然，与波兰社会民主党联系密切的《人民论坛报》和《不！》（周报）也刊登有关马克思主义哲学、伦理学和社会学的文章，以此来宣传马克思主义，提高人们对马克思主义的认识水平。（2）匈牙利最重要的左翼杂志《意识》创刊于 1956 年，卢卡奇是最早编辑之一。1989 年之后，仍然坚持办刊，并在其周围聚集了匈牙利主要左翼学者。该杂志公开宣称坚持马克思主义，认为 1989 年事件与真正的马克思主义并无关系。该杂志在 21 世纪继续刊发有关左翼思想专题的文章。该杂志于 2011 年秋季刊第 91 期刊登了两组专题文章，包括两个主题：一是批判地评价沃勒斯坦世界体系论的基本原则，认为沃勒斯坦的世界体系论提供了更好地理解全球资本主义体系的方法，但问题在于它缺乏对变化着的社会形式和相对不发达的历史维度的解释。二是考察了从葡萄牙到匈牙利（1974/1975—1989/1990）的工人阶级、劳工运动问题。值得注意的是，波兰左翼围绕在《政治批判》周围开展活动，并将选举纳入其目标之中；但匈牙利左翼并未将理论与政治行动结合在一起，也没有成为左翼政党的意识形态。（3）在捷克，以布拉格为中心的左翼学者创立了一份理论杂志《矛盾》，它将批判性地复兴和更新中东欧的激进思想传统作为办刊的主要宗旨。

4. 参加或主办各种与马克思主义相关的学术研讨会。马克思主义经典著作研究是中东欧主办国际学术研讨会的主要议题之一。例如：2008 年，俄罗斯召开纪念《共产党宣言》发表 160 周年的大会，大会吸引了来自白俄罗斯、捷克等国的学者。此外，中东欧国家还召开过很多次反思中东欧转型的会议。例如，2009 年 3 月，由 *Eurozine* 和 *Osteuropa*（研究中东欧问题的主要期刊之一）联合主办的国际会议"自由指日可待：欧洲 1989—2009，希望的历史、幻想的终结？"在柏林召开。由 Villa Decius（文化对话论坛，设在波兰）和 Eurozine（欧洲文化杂志网络）联合主办的研讨会主题包括：解放的意识形态的本质、反极权主义的来源、伦理价值在促进历史变化中所起的作用等。其中，2009 年 9 月 29 日，在布达佩斯举行了第一场讨论，主题是"89 困境"。此外，中东欧各国左翼学者还继续挖掘本国马克思主义理论家的思想遗产，召开主题讨论会。例如：捷克定期主办批判理论研讨会，以及科西克思想研讨会。2014 年，在布拉格召开了"科西克与具体辩证法国际研讨会"。匈牙利也定期主办卢卡奇思想研讨会。

5. 各种左翼思潮研究机构、组织纷纷建立。这些机构包括高校、科研机构的有关马克思主义和左翼思潮的研究机构和中心，同时还包括民间的马克思主义沙龙、俱乐部。（1）在波兰，最有影响的马克思主义组织——波兰马克思主义者协会成立于 1993 年，其成员中有几百名大学和科研机构的研究人员，他们出版了《马克思主义者协会会刊》，以刊登波兰国内外关于共产主义运动的消息和分析文章。（2）2011 年初，捷克成立了一个新左翼智库——社会市场经济和开放民主中心。该智库主要以捷克的中左翼政党社会民主党为基础，主要由捷克左翼理论家 J. 佩赫（Jiří Pehe）等人来运作。J. 佩赫熟悉马克思主义理论，但反对在当前中东欧复兴共产主义，而是支持福利国家。（3）以捷克批判理论家 M. 赫鲁贝茨（Marek Hrubec）为核心的捷克科学院全球化研究中心、布拉格批判理论学会借助分析马克思主义对全球化问题展开了持续的关注和批判性反思。（4）除了这些官方学术机构，民间的、自发的马克思主义者也利用沙龙、社团等形式大胆谈论马克思主义理论。例如：在波兰，青年一代左翼理论家组建了"勇敢新世界"（Brave New World）俱乐部，他们聚在一起讨论马克思和社会民主的优点。在这些出生于苏东剧变后的年轻人当中，有学生、律师、企业家、艺术家和知识分子。俱乐部的创办者之一 M. 葛杜拉（Maciej Gdula）这样说："我们很多人对资本主义无法兑现的承诺感到失望。他们向我们许诺消费、稳定和自由的世界。相反，我们却得到移居国外洗碗的一代波兰人。"[①]

第二，21 世纪中东欧马克思主义发展趋向。

1. 中东欧马克思主义研究呈现出复归征兆。在中东欧社会主义时期，马克思主义理论影响了政治家、知识分子、艺术家、大学生和普通大众，这是中东欧国家中典型的认同现象和文化记忆，即马克思主义的政治认同。但客观地说，这种认同是通过外部条件和力量塑造出来的，它与波兰、南斯拉夫等国的民族和宗教传统还有着紧张的冲突或矛盾。例如，在波兰，天主教会在保持民族凝聚力方面起到了举足轻重的作

[①] Dan Bilefsky, Polish Left Gets Transfusion of Young Blood, *The New York Times*, March 12, 2010.

用，甚至是马克思主义都无法比拟。随着中东欧国家政治领域的官僚化和腐败滋生，直到苏东剧变，人们开始排斥无产阶级先锋政党和阶级斗争的理念。在21世纪，中东欧国家逐渐融入西方资本主义的经济和政治体系，许多中东欧国家加入欧盟，新自由主义思想逐渐占据主导地位。但在2007—2008年，世界性的资本主义金融危机爆发以后，中东欧各国开始反思现行道路的可持续性；同时产生的一些新问题和弊端恰恰是资本主义经济体制无法克服的，包括商品在世界市场上缺乏竞争力，导致经济发展缓慢、人民相对贫困；工农业比例失调，重工业失败；失业率不断增长，贫富差距不断加大等。这样，在中东欧各国的社会生活中自然而然地生发出一股复归马克思主义的思潮，即人们并不是反对社会主义制度，而是反对当时执政者的腐败、特权、裙带关系和无视普通大众的实际需求等，反对的是对社会主义理念和理想的错误理解和决策。因而，马克思主义理论中的平等、自由和人道主义维度又被重新提出。例如，原南斯拉夫实践派的格鲁博维奇（Zagorka Golubović）在21世纪致力于马克思主义本身的当代阐释，以便替代资本主义的新自由主义。

2. 中东欧马克思主义研究呈现出分化态势。从苏东剧变至今，特别是21世纪以来，中东欧马克思主义研究的外部环境有着较大差异。波兰在社会主义时期的马克思主义理论家并没有被大学解雇，而是继续从事教学研究工作，但已经不再讲授以苏联教科书为蓝本的教条主义的马克思主义。在这些国家中，马克思主义被视为许多哲学、政治学和社会理论的一种，从强制性的、主导性的教学内容转变为教学内容的分支。从原南斯拉夫分离出来的各个国家，匈牙利等在1989年之后，则着力抵制马克思主义的官方意识形态，高等院校禁止公开讲授马克思主义理论；原有的党的理论家被解职，原来的大学教师被迫转向分析哲学、语言哲学、科技哲学、伦理学和宗教哲学等。这样，一些人继续从事马克思主义相关理论的研究，在相对狭小的学术空间中继续讨论社会生活、异化、人道主义批判等哲学话语；另一些人成为左翼自由主义者、准马克思主义者、后现代马克思主义者，甚至是反马克思主义者，这些人的话语体系中仍然包含着马克思主义要素；还有一些人则彻底放弃了马克思主义资源，转而研究中东欧国家盛行的新自由主义的经济秩序、民主模式和文化转型，并融入当代西方资本主义制度框架的各种学术话语之中。这种分化的局面也导致中东欧各国在民族国家内部很难开展学术对话，从而导致马克思主义研究进展缓慢。

3. 中东欧马克思主义研究呈现出开放特质。在20世纪70年代，许多东欧新马克思主义理论家流亡海外。例如，科拉科夫斯基流亡到英国，在牛津大学任职；2009年，科拉科夫斯基的遗体被运回到故乡波兰安葬。马尔库什流亡到澳大利亚，就职于悉尼大学哲学系直至荣休；赫勒和费赫尔在墨尔本大学短暂执教后，又远赴美国讲授哲学，在西方世界获得了教职，在21世纪还在持续推出新的理论成果，且重新获得本国人民的认可。赫勒又被重新聘请回到匈牙利科学院任职。实际上，许多东欧新马克思主义者既经历了社会主义体制和改革的进程，经历了社会主义制度在中东欧的瓦解，同时又了解到西方资本主义世界的现实状况，融入到西方世界主流的学术话语中，甚至参与了当代西方政治哲学的理论争论。这种既具有社会主义体制下的生活经历，从而反思性地观照社会主义和马克思主义，又有资本主义体制下的生活经历，从而批判性地看待资本主义和西方主流学术体系的双重背景是东欧新马克思主义者所独有的特质，也使曾经的东欧新马克思主义者在21世纪的理论活动更具有多元性、包容性和开放性。

4. 中东欧马克思主义研究呈现出超越意识形态的立场。苏东剧变之初，中东欧理论界对待马克思主义的态度就是不再谈论马克思主义；不仅如此，"异见者的英雄般的苦难"似乎变成了徽章。当老一辈理论家对马克思主义集体失语时，青年一代左翼理论家则开始大胆地谈论马克思主义。马克思主义在苏东剧变后的中东欧有着奇怪的位置：一方面马克思主义被当作"极权主义"体制的意识形态，而被排除在大学和公共讨论之外；另一方面，没有马克思主义，中东欧知识分子便不能正确评价东欧新资本主义。马克思主义的不可或缺性就在于它的乌托邦特征，它不是某个智库的目的导向的政治产物，它包含着从社会与政治不公正中的解放，这种乌托邦承诺不能简单地翻译成政治行动手册。马克思主义作为严格意义上的批判理论，它提供了思考的工具，指导对资本主义的分析并找到克服资本主义的方式。马克思主义最大的批判力量来自它是乌托邦主义与批判主义的结合，它不仅不是必须被遗忘的来自过去的幽灵，相反还具有持续惊人的力量，尽管它在剧变后的中东欧的学术建制和转型体制中被迫缺席，但只有从马克思主义视角来分析中东欧的后社会主义，才会带来改变后社会主义的政治需求。具体而言，马克思主义作为社会批判理论仍然具有生命力：一方面，马克思主义仍然是批判资本主义社会关系、基本社会结构、新自由主义样式的理论武器；另一方面，马克思主义的批判指向同样针对社会主义制度中的官僚主义、腐败现象等。

二 21世纪中东欧马克思主义核心议题

苏东剧变后，马克思主义在中东欧国家陷入低潮；但自21世纪以来，这种情况已经发生变化。经历过20世纪末期"马克思主义集体失语"的沉寂后，21世纪的马克思主义研究在匈牙利、波兰、捷克等国出现了复兴趋向。有一些过去曾是"新秩序"热情支持者的知识分子开始对新秩序的发展越来越持怀疑态度，年轻一代知识分子开始与资本主义的当代批判建立起联系。马克思主义对于他们而言不再是诅咒，而是开始成为不可压制的知识分子的冲动。即便从学术视角看，马克思主义在今天也在批判立场、理论传统等方面构成当今中东欧左翼思想的重要部分。尤其值得一提的是，年轻的、具有良好专业素养的人加入到马克思主义研究队伍中来，这成为一种新的现象。很多学者从历史文献角度梳理本国马克思主义史上的重要人物的思想，这种研究是具有很强的文献价值的，而理论价值自然也可以从中发掘出来；更多的学者从马克思的批判视角出发，将马克思对资本主义社会的批判与当今时代问题以及各国现实问题结合起来，既反思历史又批判现实，既审视社会主义也考察资本主义，力图为人类寻找一条自我解放的现实道路。

第一，中东欧社会主义历史及其影响的批判性反思。

1. 对中东欧社会主义以"消费为导向"的福利专政政策的批判。例如，匈牙利左翼杂志《意识》（*Eszmélet*）的编辑、布达佩斯罗兰大学 E. 巴尔塔（Eszter Bartha）从"福利的专政"的视角分析了剧变发生的原因。[1] 他认为，匈牙利在社会主义时期实行的福利政策，尽管短期维持了社会的稳定和党的领导权，但从长期来看，却为体制的崩溃埋下了

---

[1] Eszter Bartha, Welfare Dictatorship, the working class and the change of regimes in East Germany and Hungary, *Europe-Asia Studies*, online 13 Oct. 2011.

伏笔。

1956年匈牙利事件之后，共产主义体制就抛弃了严酷的斯大林主义现代化策略，将之转化为"福利的专政"，它寻求以承诺提高消费水平来赢取民心，这一策略得到了工人阶级的默许。然而，1976年在机械制造企业的党员中所做的一项调查显示，匈牙利的提高生活水平政策并没有充分地满足人民并使之确信社会主义制度的优越性，即使当他们的实际工资增长的时候。匈牙利的经济相对繁荣也只持续到20世纪70年代末，整个80年代实际工资停止增长，而1988年实际下降了。恶化的经济条件在很大程度上决定了人们的政治情绪，并且有效地削弱了体制本身的合法性。以前罕见的直接的政治批判在20世纪80年代经常出现。

E. 巴尔塔指出，在匈牙利，以提高工人阶级消费为导向的政策对于社会主义工人党来说是福也是祸。说它是福，是因为它稳固了统治，减少了来自强大反对派的威胁，在短期内，它甚至提升了政府的声望。说它是祸，是因为从长期来看，它削弱了共产主义体制，因为它使消费需求合法化，而这些需求却是计划经济无力满足的；并且，"冷战"使得共产主义体制不得不与资本主义国家进行经济竞争，这对于计划经济而言是不可承受的负担。

"福利的专政"尽自己所能将工人转变成消费者，但是无意中也因此有效地削弱了社会主义意识形态的可信度。就是说，福利的专政确实构建了社会和平，但从长期来看为资本主义开辟了道路，因为它未能提供一种有效的社会主义选择方案。当它不再能够提高人民的生活水平时，也就失去了大众的支持。

2. 对斯大林式的意识形态历史影响的反思。2011年，保加利亚学者齐夫卡（Valiavicharska Zhivka）的博士论文专门研究了后社会主义时期保加利亚的马克思—列宁主义与马克思主义的未来。1989年之后，"是什么话语条件使得新自由主义的资本主义在中东欧具有了无可置疑的支配地位？"，这个问题成为学术领域常常谈及的问题。作者认为，斯大林哲学在后社会主义的政治话语和知识分子话语中都留下了沉默而有力的结构性遗产。斯大林主义的马克思—列宁主义之所以能够幸存下来，是因为它认为在左翼的专制主义和政治之间，以及在民主和自由市场资本主义之间，存在着必然的关系。在该文中，作者以社会主义与威权主义之间不可避免的跨历史关系为前提,在列宁主义的话语生产与辩证唯物主义和历史唯物主义理论框架中,定位了将它们紧密联系在一起的历史契合点,那就是斯大林主义时期的苏联。作者以社会主义的保加利亚为中心,考察了贯穿中东欧马克思主义史的斯大林主义意识形态的政治用途和社会影响;并评析了后斯大林主义时期(20世纪60—70年代)对斯大林主义学说的合法性提出异议的马克思主义复兴运动。在这场运动中,持异议者挑战马克思—列宁主义关于国家威权主义的历史必然性观点,设想了社会主义未来的"第三条道路"——介于自由民主与威权社会主义之间的第三条道路。最后,作者还探讨了在后社会主义历史条件下,左翼政治究竟还有什么可能性的问题。

第二,对新自由主义的批判。

苏东剧变后,中东欧各国开始实施新自由主义的整套政策措施,支持自由的市场经济,实行经济私有化;在国际上推动自由贸易。30年过去了,这些政策的实践效果并不理想,在许多中东欧国家遭遇了贫富分化严重、失业率上升、实体经济萎缩、经济总量下降等现实,问题令人担忧和不满。对此,中东欧马克思主义学者从两个方面对新自由主义进行了批判。

1. 对新自由主义"自由放任"造成的危机进行批判。例如,波兰科兹明斯基大学的科洛德克(Grzegorz W. Kołodko)是波兰智库"转型、整合与经济全球化研究"(TIGER—Transformation, Integration and Globalization Economic Research)的主任,同时也曾任波兰副总理兼财政部长。他对新自由主义持一以贯之的批判立场,反对新自由主义的休克疗法,赞成中国式的渐进模式。例如,2011—2012年,他连续撰文表达了自己的反对新自由主义的理念。[1] 科洛德克认为,当前全球经济危机的根源在于美式新自由主义的资本主义,也就是当代的"自由放任"。目前的全球经济危机是现代资本主义体制,尤其是新自由主义变种即当代自由放任的危机。因此,科洛德克强调需要一种新实用主义,一种新国家干预主义,这并不是指干预生产和贸易,但必须对这些过程进行调控,这是对新自由主义短视的根本性替代。罗马尼亚经济学家 D. 戴亚

---

[1] Grzegorz W. Kolodko, Neoliberalism, World Crisis, and The New Pragmatism, *The European Financial Review*, October-November, 2011.

努（Daniel Daianu）则阐明了自己的经济伦理主张。[①] 在与奥地利学者 R. 米西克（Robert Misik）的谈话中，D. 戴亚努强调经济伦理的重要性。他说，在过去 20—30 年的时间里，占主导地位的经济哲学认为市场是理性的、个人的，其目的就是追求利润最大化；同时认为利润最大化行为也将增加社会福利。但这次金融危机对这种经济哲学是一个巨大打击。危机前的阶段被称作伟大的现代化阶段，以低通胀和合理增长为特征。人们以为已经找到了新的范式，进入了新的黄金时期。然而今天，我们却进入了一个完全不同的时期。除非我们重新确立道德界限，让越来越多的人重拾羞耻感和罪恶感，这些恰恰是保持社会团结的黏合剂；否则，我们将面临着更加严峻的问题，对金融体系的放松管制会将经济机器带向灾难的边缘，最终也可能毁灭民主。

2. 对新自由主义意识形态的个人主义原则和价值观进行批判。例如，科洛德克指出，新自由主义的弊端主要体现在：一是高估了个人主义的能力、目的和作用，因此敌视政府及其监管；二是新自由主义政策混淆了手段和目的，为了小众的利益而牺牲大众的利益。在科洛德克看来，经济政策的目的是可持续发展，因此既需要考虑经济增长，也需要考虑社会进步和生态平衡等。但是，新自由主义政策则为了少数精英集团的财政收入稳定不惜以牺牲社会多数为代价。罗马尼亚学者 D. 德拉戈曼（Dragos Dragoman）则从后共产主义时期的罗马尼亚左翼学者关于意识形态的争论入手，批判了新自由主义对后共产主义罗马尼亚民主的破坏。他指出，1989 年共产主义失势后，中东欧开始通过学术辩论反思共产主义意识形态在支持威权的共产主义政权方面所扮演的角色问题。其中，一些学者认为知识分子是民主的宝贵践行者，他们通过创造辩论、培育替代性选择、打破陈规定型观念、不懈地挑战传统思维模式、促进公众审议等方式来实现民主。罗马尼亚知识分子成功地为建设性话语的出现提供了背景，即亲欧和民主的话语；甚至发表了亲欧和民主的言论，非常认真地攻击教条主义和正统话语，解构共产主义和民族共产主义的叙述，挑战以前的证据和意识形态。然而，他们太认真了，以至于在很大程度上抑制了左翼学者的反应。当他们恶毒而顽强的斗争

[①] Daniel Daianu, Robert Misik, Economy and ethics in crisis, A new-old East-West divide? *Eurozine*, Mareh 14, 2011.

不仅是为了攻击极权主义式的共产主义,而且是攻击一般的左翼价值观时,这一点就变得尤为明显。今天罗马尼亚知识界在意识形态上主要由极端自由主义主导,没有任何左翼话语的制衡。因此,你可能会怀疑知识分子在发展民主政治文化中的有效作用。教育要受到政治精英的价值观之间的对话、妥协和礼貌的制约,罗马尼亚新自由主义高级知识分子没有通过对话巩固公共空间,而是象征性地占用了公共空间,垄断了民主、公民社会、改革和社会正义等基本议题,他们无可挑战的意识形态主导地位对中东欧社会无论从短期还是长期来看都具有重要影响。(1)在短期内,当他们在意识形态上,有时在政治上支持右翼执政联盟(通过直接参与行政职位)时,他们会无条件地这么做,担心所有的批评可能会影响政府的合法性。这种一直缺乏批评的政府对罗马尼亚的许多措施带来了负面影响,降低了人民的福利和生活水平。(2)从长远来看,新自由主义的极端主导地位有可能严重影响公共空间的巩固,而公共空间是功能民主和团结社会的先决条件。按照哈贝马斯的理解,公共领域是一个接受公共政治推理的环境、一个个人可以自由发言的环境,在这个环境中,论点不受任何政治权力或社会权力的影响。这就使得每个人都能够表达自己的观点,而不受时间、资源、参与或主题的任何限制。这是由愿意让争论(而不是传统地位或权威)成为决定性因素的人们之间的散漫互动所创造的空间。概言之,公共领域是政治辩护的媒介、使决策者负责的媒介,也是政治主动行动的媒介、动员政治支持的媒介。因此,公共领域不仅使自主的意见形成成为可能,而且使公民能够影响决策者。

第三,中东欧后社会主义现实问题的反思。

1. 对剧变前后中东欧国家的社会焦点问题进行反思。例如,2006年,匈牙利经济学家 J. 科奈(János Kornai)在一篇分析中东欧转型得失成败的文章中指出东欧剧变具有西方文明发展的轨迹和特征[①]。在该文中,J. 科奈总结了东欧剧变的六个特征,他认为这个转型遵循着西方文明发展的主要方向,即:(1)经济的发展方向是朝向资本主义的;(2)政治的发展方向指向了民主政治;(3)社会的转型包括了所有领

---

① János Kornai, The great transformation of Central Eastern Europe, Success and disappointment, *Economics of Transition*, Vol. 14 (2), 2006.

域；(4) 转型是非暴力的；(5) 转型过程在和平的环境下发生；(6) 转型仅用了十余年时间，速度之快超乎想象。J. 科奈的观点是中东欧理论界关于这个问题的典型观点之一，因此，它是理解中东欧转型社会与理论的重要资料。

转型初期，中东欧国家人民的生活水平并没有获得迅速提升，绝大多数人的实际收入都远远低于欧盟成员国的平均水平，处于贫困水平。尽管周边国家的状况都陆续发生很大改善，但在中东欧，有相当一部分人的生活状况却明显恶化，甚至有些陷入比以前更低的生活水平，这些人都将自己看作新时代的受害者。从失业率来看，社会主义经济体制下的就业率非常高，每个工人都能在工作中找到安全感。转型后这一切都结束了，工作安全感消失。尽管社会主义时期也有腐败，但很少甚至并不为人所知；而今天的腐败却成为公共事件，很多掌权者都不"干净"，这使得民众非常愤怒，同时对政治领域的失序感到不安。许多人认为多党制并没有创造出理性的政治竞争，相反，谎言、空洞承诺、反对派向执政者咆哮吼叫，却只是为了权力。

J. 科奈提到一个大概的数据，中东欧国家约有1/3的人在某种程度上都不满意自己的生活；但他认为这些不满主要源于认识问题，(1) 在事情发生前，人们抱有特定的希望和期许，但是事情发生之后人们却往往感到失望。20 世纪 90 年代初的萧条给满怀希望者带来了重大打击；加入欧盟后又再次出现第二次期许的破灭，很多人希望立即从加入欧盟中获益，并没有耐心。(2) 在社会心理学上有一个现象，即人们对某件事情的感受，不仅取决于真实的环境，而且也取决于和谁进行比较。J. 科奈说，在社会主义体制宽松时期，中东欧国家的人感到舒服，因为与苏联人的生活水平相比，他们的确算是高的。但随着边境开放，尤其是加入欧盟后，每个人都将自己的生活水平与德国、法国或斯堪的纳维亚国家相比，于是就感到了失落。(3) 人们从几十年前抱怨消费品短缺，到今天继续抱怨东西太贵，抱怨消费社会。J. 科奈指出了因果分析的缺陷。他说，中东欧国家落后于西方并不是新现象，几个世纪以来都是如此。与每一种体制一样，资本主义也有内在的负面特征。只要资本主义像现在这样，就会有失业、收入不平等，就会有成功者和失败者等。明智的、向前看的、具有持续性的政府政策可以减轻某些遗传性缺陷，但是却不能完全消除它们。民主同样如此。但即便如此，民主与任何形式的暴政相比，都是更好的体制，不论独裁者可能如何睿智、开明或清白。遗憾的是，在中东欧国家，有相当一部分人并不这样想。

保加利亚学者桑娅·爱列娃（Sonya Ilieva）指出，在社会制度转型 24 年后，一部分保加利亚国民仍然心存不满，他们走上街头，呼吁改革现行制度。但是，值得注意的是，公众的辩论清楚地表明，这一改革要求只是选举制度的变化。作者认为，这不仅是对民主模式的全面审视，也是对精英管理模式的全面审视。作者强调，民主作为一种以精英为基础的制度需要现代化，因为需要一种新型的社会契约——精英管理和民主的积极组成部分相互融合。这就意味着，要保持民主的基本价值观，但要赋予他们权力，由民主选举程序的竞争来界定各个专业领域的职位。①

2. 以匈牙利为例，对右翼力量崛起以及右翼政府对社会运动的压制进行批判性分析。自 1989—1991 年政治体制转型以来，中东欧国家的政治体制经历了几次变形，但总的趋向是极权主义政治体制的出现。以匈牙利为例，即便反对党也不能被称作左翼政党，而先前的左翼政党为了获得选举胜利，正在考虑与极右翼政党联合。在 2010 年和 2014 年的国会选举中，匈牙利带有右翼民族主义色彩的青年民主主义者联盟（FIDESZ，简称青民盟）以 2/3 的大多数票获胜，占据了压倒性的国会席位；剩下的 20% 的国会席位属于极右翼政党"更好的匈牙利运动"。该党前身是一群信仰天主教和新教的大学生于 2002 年成立的"右翼青年组织"尤比克（Jobbik），2003 年 10 月正式成为政党；该党是匈牙利极右翼民族主义政党，甚至被称为"新法西斯主义"。因此，也有人认为所谓"更好的匈牙利运动"就像披着羊皮的狼，一切都在发生改变。在国会中，该党已经放弃了反犹言论，目的是为大选做准备。匈牙利社会党（Magyar Szocialista Párt）以及从中分离出来的两个小党，即"在一起"党（Együtt）和久尔恰尼（Ferenc Gyurcsány）领导的"民主联盟"（Demokratikus Koalició）与"更好的匈牙利运动"结盟，以对总理

---

① Ilieva, Sonya, Change of Political System, Modernization of Democracy to Merito-democracy Paper at Sociology of Politics, *Journal Scientific & Applied Research*, Vol. 4, 2013.

欧尔班①领导的青民盟和基督教民主党（Christian Democrats）联盟施压。然而，2018年4月大选结果是，青民盟与基督教民主人民党（KDNP）组成的竞选联盟获得了"压倒性"的胜利。反对党派四分五裂，一些中左翼政党，如民主联盟（DK）、"在一起"党等并没有什么突出的作为。

此外，布达佩斯罗兰大学教授T.克劳斯（Tamás Krausz）也指责政府是在建立极权主义体制并获取了真正的权力，通过现代化手段对所有的电子媒体进行实际控制，以及对整个匈牙利社会进行意识形态重塑，几乎抑制了所有的政治抗议或社会抗议。其结果是1989年之后的匈牙利政治体制明确地向左翼关闭了。欧尔班政府的极权主义体制坚持排外的移民政策，这一点受到了匈牙利国内多数人的支持；但T.克劳斯认为，欧尔班的移民政策是"民族的自我保护"（national self-protection），将移民作为替罪羊，系统性地隐瞒和模糊北约在使这些人变成难民过程中所起的作用，反共产主义言论和意识形态教化比以前更加严重。因而，T.克劳斯强调，想要对抗欧尔班政权不能通过古典的议会选举方式，只有通过群众社会运动即民变才可能驱逐这个政权。然而，匈牙利的自由主义者和新自由主义者对此不以为然，尽管包括匈牙利在内的中东欧国家中的左翼力量曾经对公民社会运动寄予厚望，将它看作反资本主义的新基础。由此，以托马什为代表的匈牙利知识分子对匈牙利人民的状况十分担忧。在他们看来，与斯大林主义和资本主义复归不同，中东欧应该发展一种替代性的社会，它将建立在社会的自我组织，建立在将公民社会作为一种反权力力量的基础上，这就是"第三种可能"概念。

3. 以匈牙利为例，对反资本主义、反体制的组织之间的严重分裂状况进行分析。在匈牙利，一些组织是各党派、团体、协会、社团联合组成的。（1）匈牙利左翼联盟（Hungarian United Left），同匈牙利社会论坛和其他一些小的社团如工人休闲协会等团结在一起。左翼联盟的多数创始人和参与者都是马克思主义知识分子；它不致力于建立政党，而是关注为社会较底层人民提供保护。（2）左翼绿党（Green Left）是匈

---

① 欧尔班（Viktor Orbán），在1989—1998年，是一个自由民主主义者；1998—2010年，是一个温和民族主义者；2010年掌权以来，是一个右翼民粹主义者。

牙利工人党 2006 与绿色左翼组织的联合，参加了 2010 年和 2014 年的选举，但甚至未能提供一份完整的候选人名单。同样，在基层委员会选举中，它也很少能够推出自己的候选人。（3）反体制的左翼，由无政府主义者和无政府主义—共产主义集团（anarcho-communist groups）组成，彼此之间存在着竞争。这些组织既攻击国家，也攻击任何传统的政治组织形式。这个阵营将左翼理念作为政治亚文化，并将自己视为反法西斯主义和反种族主义的。当然，所有这些组织都与这一地区的反资本主义传统紧密相关，希望通过社会的自我组织斩断与资本主义的关联。这一传统可以追溯到波兰的团结工会运动，甚至可以追溯到 1905 年、1917 年和 1989—1991 年的俄国和苏联，追溯到努力使国家财产社会化的自组织的工人委员会。但在新自由主义全球秩序和资本主义在中东欧复归的压力下，几乎不可能与这些激进的公民社会实验之间再建立起强有力的联系。甚至在 1956 年匈牙利事件 60 周年之际（2006 年），匈牙利政府花了很大力气否认 1956 年匈牙利事件的记忆；并且利用大学会议平台传播青民盟的"民族理解"（national understanding）纲领和使现有体制合法化的信息，这是以前从未发生过的事情。与此同时，1956 年的工人委员会传统自 1989 年以来要么被彻底地隐瞒，要么被彻底地篡改；这更说明 25 年后劳工运动和工会运动的极度衰弱。

4. 对劳工组织在反资本主义背景下作用的阐释。很多中东欧学者建议重视劳工组织在新世纪可能重新发挥的作用。劳工组织应该像列宁曾经提出的类似网状组织，它应该是以纪律为基础的组织，政治革命应该从这个"组织中心"开始。今天欧洲资本主义剥削以不同方式被组织起来，危机呈现出不同的结构。因此，"组织中心"也需要呈现出与列宁时代不同的样式。T. 克劳斯对此强调，没有劳工运动的反资本主义运动是不可能的。在资本和国家有效地将社会运动与工作场所隔离开来的情况下，将工作领域组织起来的全面努力将异常重要。但是今天反体制的组织不接触年轻工人，甚至也没有考虑过这个问题。资本主义的劳工组织瓦解了工人阶级有组织的抵抗，工人阶级意识正在被该体制的管理结构所统治。今天，我们的任务就是为"组织中心"创造前提条件，最坏的事情就是不同集团之间的无谓攻击。问题的核心是阻止利润生产，即人们必须占领工作场所而不是华尔街。工人必须选出自己的代表，这些代表必须自下而上地集中起来。我们可以从革命历史和马克思、卢森堡、列宁、葛兰西及其他人的著作中学习。从人道主义精神出发，T. 克劳斯认为对资本主义体制的任何辩解都是不可接受的，但是他已经学会了更好地理解资本主义体制是如何深植于人们的思维方式的。许多朋友和同志远离国家社会主义，也抛弃了所有进步文化的社会主义传统。他不赞成这种宗派的错误，认为可以用来动员反对资本主义传统越全面越好。1989 年之后发生的政治体制转型和所有的事情，都从理论、方法论和政治观点上证明，值得一贯地坚持具有反斯大林主义和反资本主义的马克思主义和革命的马克思主义传统。在这里，T. 克劳斯表达了他对资本主义的批判立场：一是坚持不动摇的资本主义批判立场；二是寻求建立以纪律为基础的劳工组织，以此作为资本主义批判的可能力量。[①]

三　21 世纪中东欧新马克思主义理论家

从狭义上说，"新马克思主义"是指原东欧社会主义国家的非正统的马克思主义，当时又叫做"异端的马克思主义"或者"持不同政见者的马克思主义"，主要包括南斯拉夫实践派、匈牙利布达佩斯学派、波兰意识形态批判学派、捷克人本主义学派等。诚然，作为一种独立思潮的东欧新马克思主义已不复存在，但它的历史影响仍然存在。在 21 世纪，有一批具有中东欧新马克思主义"血脉"的理论家仍然活跃在国际舞台上并有着重要影响。例如，原布达佩斯学派的赫勒、马尔库什、瓦伊达等人，以他（她）们对当代中东欧社会历史变迁的独特经历与思想体认、以他们对当代人类普遍生存状况的历史透视与文化批判、以他们对当代历史发展境遇中的马克思主义基础理论的深层探究与多维反思，形成了较之以往更加独特、更加新颖、更加具有挑战性的关于马克思主义理论的理解与阐释。

第一，阿格妮丝·赫勒（1929—2019）

21 世纪以来，赫勒仍然活跃在学界，除了延续以往在现代性与后现代性、伦理学、美学等主题上的研究之外，在中东欧剧变与转型等问

---

① "'The Solution Must Hurt Capital' an Interview with Tamás Krausz", *Left East*, October 20, 2016.

题上也发表了重要观点。

1. 现代性批判。在21世纪，赫勒首先延续了她从20世纪90年代开始的现代性批判。例如，在《现代性的三种逻辑与现代想象的双重束缚》[①] 一文中，赫勒进一步发挥了在《现代性理论》（1999）中提出的关于现代性逻辑的分析，区分了现代性的两个组成部分，认为它们共同代表了现代性的本质，即赫勒将现代性解读为利用两种想象来源的世界：技术和历史。在此文中，赫勒进一步讨论了这两种想象——历史与技术之间的冲突以及现代性的三种逻辑的不平衡与共生问题，即技术逻辑、社会地位的功能性分配逻辑以及政治权力逻辑。

赫勒认为，现代性的基础应该是自由。尽管这是一个被反复论证的观点，但她从自己的角度出发，再次对这一问题进行了阐述。赫勒指出，现代世界是建立在自由的基础之上的，也就是说，自由是现代世界的本源。然而，自由完全不适合作为一种原型，因为它是一种尚未发现的基础。因此，建立在自由的基础之上的现代世界就是建立在一个无法确定的根据之上的。由此，现代世界仍然是一个没有基础的世界，一个需要不断自我改造的世界。这就是为什么所有建构现代世界的模型都是抽象的，而且是黑格尔意义上的抽象。

赫勒指出，现代性的动力是现代社会安排的助推器，尽管它早在现代社会安排出现很久以前就出现了。这一动力包括对真、善、义等主导概念持续不断地探究。在现代性的动力作用下传统的规范、规则、信仰失去有效性，真实、善良和正义等其他概念和内容得到合法化。现代性的动态过程对所有前现代社会安排都造成了冲击。因为它会一直持续下去，它可以使所有古老的支配性的规范、规则和信仰失去合法性。由于前现代社会没有建立在自由的基础之上，这些社会安排将被现代性的动力所摧毁。黑格尔首先意识到（或至少从哲学角度阐明）现代性是唯一的世界，它不是被摧毁的，而是被不断的否定过程所维持和赋予活力的。这是现代性成为历史终结的主要原因之一。然而，在黑格尔的理论中，现代性的动力机制一直在持续。因为现代社会制度本身——家庭、市民社会和国家的道德力量的三位一体限制了它。但另一方面，现代性

---

① Agnes Heller, The Three Logics of Modernity and the Double Bind of the Modern Imagination, *Thesis Eleven*, Vol. 81, Issue 1, 2005.

的动力可以突破现代社会安排本身的局限从而否定现代性。现代性的动力可以作为一种根本的虚无主义话语来进行，最终甚至也会成为一种原教旨主义。

2. 后现代伦理学。2000年，赫勒发表了《正义的复杂性——21世纪的挑战》一文。在该文中，她就自由主义与民主的关系、伦理道德与法律的关系两个问题进行了探讨。她从后现代视角对正义问题进行了更为深刻的反思，再次阐明了她对正义与后现代性的理解，实际上是她的后现代乌托邦思想的深化。

赫勒指出，1989年之后我们就生活在了21世纪，这是一个后现代阶段，即需要对现代性进行反思的阶段，其中包括对现代政治的反思。她认为，"现代政治学最伟大的创造就是自由主义与民主的结合"①。个人自由是自由主义的核心价值，而政治平等则是民主的核心价值。因此，她所要考察的重点是二者之间的冲突与平衡问题。

现代政治中最伟大的发明是自由主义与民主的结合。自由主义与民主都不只是形式上的，两者都意味着接受一种实质价值；自由主义与民主的结合是政治行动和决策领域中唯一最重要的现代成就。自由主义与民主本来是没有关系的，它们的结合不能导致它们的融合。民主与自由主义的冲突发生在现代社会的三个领域：私密领域（the intimate）、个人领域（the private）、政治领域（the political）。例如，在家庭中，宽容的教育和参与的原则之间存在着冲突，容忍个人特质和强制性的平等主义之间也存在冲突。宏大叙事的乌托邦图景预言：在未来社会中，伦理将取代法律，如卢卡奇就持此观点；而后宏大叙事的思想家，如哈贝马斯则预言相反的未来图景。赫勒反对卢卡奇的做法，即反对宏大叙事的未来预言，因为在她看来，伦理取代法律突显了本质主义的绝对胜利和多元性的消失，或者至少是不同文化之间交流的最终崩溃；同样，她也反对哈贝马斯的做法，即用法律规范取代伦理规范。因为在她看来，如果这一趋向发展下去，其结果仍将是，"通过生活的同质化而导致现代人自由的终结"②。法律规范的过度强化，譬如，法律闯入家庭关系、

---

① Agnes Heller, The Complexity of Justice-A Challenge of the 21st Century, *Ethical Theory and Moral Practice* 3, 2000, p. 252.
② Agnes Heller, The Complexity of Justice-A Challenge of the 21st Century, *Ethical Theory and Moral Practice* 3, 2000, p. 259.

私密关系等,将会导致传统美德、风俗,如优雅、谦恭等逐渐消失,或者说,人类所具有的细微差别都被法律同质化。实际上,赫勒承认在法律的和伦理的权力之外的"道德权威"(moral authority)的力量。道德权威不是由习俗所合法化的,因为它是由说话人的善良所支持的。有正派、善良的人的地方就有道德权威。如果一个人宁愿遭受不公(错),也不愿做出不公(错)的事,那么这个人就是正派的(或好的)。有道德的人为世界负责,因此,他们建议伦理权力的多元化,而不是被某种权力所决定。"道德既不为自由主义精神或民主精神所决定,也不为伦理或法律所决定。它可以将它们作为拐杖,但它也可以质疑它们的内容、形式及其有效性。"① 由此可见,道德有利于恢复民主精神和自由主义精神之间的平衡,而"法律的和伦理的权力是借来的权力"②。

赫勒认为,从后现代视角看,即使道德具有平衡作用,它也不再具有总体性意义上的决定作用,一切都是人们自己的选择,根据具体的时间、地点、事件等,人们可以做出不同的选择,民主精神和自由主义精神只是拐杖,二者的冲突达成了平局。"没有损失就没有收获。但可能有更富有吸引力的收获和更糟糕的损失。"③ 法律能在多大程度上进入人们的生活,道德的权力应该大或者小,这都是无法回答的问题。"最重要的是,对于上面的问题没有统一的答案。这是道德的反讽,即肯定没有定论。在此事件中,没有真理,也没有预言。"④

由此可见,在关于自由主义与民主的讨论中,赫勒仍然贯彻着她的后现代理论框架:多元性、非同质性、个人的道德选择等,都是她所强调的价值理念。这一思想并不是新创,而是 20 世纪 80 年代以来思想的具体应用。不难发现,赫勒的后现代乌托邦理念仍在建构中,而其核心仍然是成为一个"好人",而且是自我选择的"好人",这是她早在《超越正义》(1987)中就已经强调的。从总体上看,赫勒对后现代性

---

① Agnes Heller, The Complexity of Justice-A Challenge of the 21st Century, *Ethical Theory and Moral Practice* 3, 2000, p. 261.

② Agnes Heller, The Complexity of Justice-A Challenge of the 21st Century, *Ethical Theory and Moral Practice* 3, 2000, p. 262.

③ Agnes Heller, The Complexity of Justice-A Challenge of the 21st Century, *Ethical Theory and Moral Practice* 3, 2000, p. 263.

④ Agnes Heller, The Complexity of Justice-A Challenge of the 21st Century, *Ethical Theory and Moral Practice* 3, 2000, p. 261.

持赞成态度，但她并不主张后现代的极端消极性和解构性，而是渴望构建一个后现代乌托邦，这个乌托邦是一个真、善、美的结合体。或者说，赫勒的后现代理论是一个包括真、善、美在内的总体性框架，但这个框架却是松散的——没有清晰的边界，却有着模糊的边界的光影；而且，她本人也不想使之体系化，这也正符合她自己所宣称的后现代的理论态度。

3. 中东欧转型 20 周年反思。2009 年，中东欧转型 20 周年，赫勒著文对之进行了反思。她说，过去 20 年匈牙利所发生的事情可以用一个古老的故事来形容：上帝带领以色列人出埃及，是为了让以色列人只信仰他；他们必须遵守法律，使他们不再为暴君所奴役。开始时，许多人都深感庆幸；但当事情没有像他们想象的那样顺利时，他们就立即渴望回到"埃及的肉锅"，开始崇拜金牛犊。[①] 在今天，匈牙利缺少民主精神、对企业的热情、勇敢和爱国主义，这种缺乏并不是只表现在政治课堂上，而是存在于广大的公民中；不是在老年人中，而是在年轻人中。这与匈牙利人关于民主生活的想象以及匈牙利的现状有关。在政权更迭以前，匈牙利人所想象的幸福国家就是有着民主政体的奥地利。不过，他们所向往的主要不是奥地利的民主模式，而是它的繁荣。然而，转型 20 年后，匈牙利仍然处于相对贫困之中，在过去十年，新政权的国家债务累计比卡达尔时代都要高，多数人的生活标准远低于先前水平。如此一来，那些失望的人渴望"埃及的肉锅"就不足为奇了。与之相伴的是，匈牙利政治家在成为执政者之后，不论他们从前的政治立场如何、年龄差别多大，都同样追求家长式的、民粹主义的政治游戏。这些迹象表明民主心态的虚弱和自由的贬值。

赫勒认为，一个民主的政治家需要一定的外交技巧，需要与所有具有民主立场的人保持灵活的关系。但在中东欧的政治家中，似乎很少有人具备这种能力。但是，受过民主教育的人却仍对那些身居高位的人表示尊重。这种能力，或者说这种性格，在过去 15 年里没有得到发展，反而一直在恶化。反民主的极端主义势力和种族主义势力以及政治团体都在增加。右翼经常得到他们的支持，并且经常为了自己的目的而无视

---

① Agnes Heller, *Twenty years on*, 最早发表于 *The Hungarian Quarterly* 193 (2009)，引自 *Eurozine*，2009 年 4 月 7 日。

民主原则；左翼往往感到，受墨守成规的程序的保护要比动员公众舆论更安全。尽管如此，媒体往往通过采用来自群众的民主口号并模仿这些口号来塑造民意、制造出民主的假象。

除此之外，理想也是个问题。左翼致力于经营与金砖四国的传统关系。在其他条件下，这些理想甚至可能是有创造性的。例如，福利国家的社会民主理念。然而，使福利国家政策正常运作的前提是国家高度繁荣，这对现在的匈牙利而言只是一个梦想。右翼还在使用旧的意识形态，没有赋予它们新的意义。最为糟糕的可能是，爱国主义思想几乎被人们遗忘，因为不论是老一代还是年轻一代都太重视个人自由的价值了。赫勒认为，不仅匈牙利的年轻一代有严重的问题，而且几乎所有欧盟成员国的年轻一代都是如此。似乎现代欧洲——不像美国——一直无法使他们的年轻人看到自由的价值或者实践民主。在匈牙利，将问题综合起来看，老一代有一个很短的记忆。他们似乎已经忘记了安全警察、线人，相反，怀旧仅仅是因为怀念集体农庄的工资和充分就业的时代。年轻人只生活在现在的政治体制下，没有在其他政治体制下生活过，所以他们只看到资本主义的黑暗面。

赫勒强调，匈牙利应该成为一个具有高度流动性的、自由的、民主的社会，应该最终从卡达尔时代的遗产中解放出来，而不是回到过去。这需要通过在政治、选举或类似选举中起到作用的所有人的努力。

第二，乔治·马尔库什（1934—2016）

1. 启蒙反思与现代性文化批判。21世纪以来，马尔库什发表了许多著述，集中阐发了现代性文化批判理论。例如，2011年，已有300多年历史的布里尔出版社出版了《社会与批判理论系列丛书》[①] 第10卷，即马尔库什的文集：《文化、科学、社会：文化现代性的构成》。这套丛书邀请了 M. 杰伊（Martin Jay）、M. 弗兰克（Manfred Frank）、赫勒等多位当代著名学者作为顾问，陆续甄选并出版在社会批判理论领域内具有世界影响力的著作，以展现这一系列丛书的批判视野。作为系列丛书之一，马尔库什的这部文集，收录了与主题密切相关的21篇论

[①] 该丛书致力于出版对当代社会进行批判和深刻分析的作品，并探索人类生活的许多方面，通过积极推动跨学科讨论，开拓批判理论新视野。在马尔库什的著作之前，该丛书已经出版了9卷。例如：《哈贝马斯之后的批判理论：邂逅与分离》（第1卷，2004）；《批判哲学与社会哲学的当代视角》（第2卷，2004）；《批判的今天》（第3卷，2006）；等。

文。这些论文体现了一个共同主旨,即在启蒙现代性视域下对文化进行批判性分析。该文集凝结着马尔库什现代性文化批判理论的精髓,体现着他在社会批判理论领域的独特性和重要性。

该文集包括两个部分:第一部分集中体现马尔库什对现代性文化中的科学与哲学问题所持有的观点;第二部分主要体现马尔库什对艺术的理解和分析。然而,如果打破文章主题的界限就可以发现,马尔库什的现代性文化批判理论的基本线索是紧紧围绕着对启蒙的反思与对现代性文化的批判而展开的。康德关于启蒙的解释,也是马尔库什反复引用的:"就是人类脱离自己所加之于自己的不成熟状态。不成熟状态就是不经别人的引导,就对运用自己的理智无能为力。……'要敢于认识!(Sapere aude!)'要有勇气运用你自己的理智!这就是启蒙运动的口号"①。应该说,在马尔库什的现代性文化批判理论中,启蒙所指的不仅是单纯的启蒙运动,而是更为广泛的思想传统(这实际上是法兰克福学派的理路)。正如马尔库什所说:"这一传统穿透了所有的历史断裂而激发了欧洲的思想史,而且这一传统主要是由哲学所承载的:批判的、反思性的自我意识的传统,在今天这种传统也竭力批判性地对自身的限度进行评价;如果让我用一个词来命名这种传统的话,在这个名字所负担的所有历史的意识中,我将把它称为启蒙。"② 因此,对启蒙的反思与对现代性文化的批判,就成为马尔库什的现代性文化批判理论彼此纠缠的两条线索。

启蒙作为核心范畴,几乎贯穿了马尔库什现代性文化批判理论的始终。即便在不以启蒙与现代性文化为研究主题的篇章中,启蒙传统以及启蒙运动的影响也是马尔库什展开分析所立足的基本语境。例如,在《变动的科学图景》中,马尔库什就是在启蒙运动背景下讨论作为文化形式的科学活动在研究方法和自身特征等方面的历史演变的。此外,在《一种哲学的失落:19世纪末的德国文化哲学》中,马尔库什同样详尽地论述了启蒙所引发的文化困境,分析了启蒙传统与德国文化哲学走向失落之间的内在关联。因此,毫无疑问,启蒙是马尔库什的现代性文化

---

① [德]康德:《历史理性批判文集》,何兆武译,商务印书馆2005年,第23页。
② Gyorgy Markus, *Culture*, *Science*, *Society*, *The constitution of Cultural Modernity*, Brill, 2011, p. 284.

批判理论的一个核心问题。

一方面，马尔库什始终致力于批判性地分析启蒙与现代性文化之间的内在关系。例如，在《文化的悖论》中，马尔库什从启蒙计划中找到了文化概念分化的根源，并指出正是启蒙计划两种逻辑之矛盾的、悖论的关系导致了文化的悖论。在这里，马尔库什对文化概念做了经典的划分，区分了广义的、人类学的文化与狭义的、价值标识的文化。（1）前者是指一个社会共同体所共有的文化，它所具有的表意系统使作为个体的成员可以相互了解，用彼此理解的行为方式在社会中生活、交往。简言之，人类学的文化概念是一个社会单位独特的、区别于其他社会单位的标志性体系。（2）后者特指科学、艺术、哲学等高雅文化；在现代性条件下，它通常被视为自律的、本身就具有价值，并在一定程度上独立于社会经济因素。在马尔库什视阈里，这两种看似无关的文化意义统一在一个名词之下正是启蒙计划的结果。广义的、人类学的文化概念源于启蒙批判逻辑。正是在启蒙对传统否定性的批判过程中，作为一种全新思维方式的人类学的文化概念得以产生。然而，这种人类学的文化概念只是启蒙在理性地批判传统习惯惰性这一计划中的产物，它的出现同时深深地纠缠着另一种不同的文化概念，这个文化概念是启蒙计划另一种逻辑的产物，即肯定性的、建构性的启蒙所产生的价值标示的文化："正如广义的文化概念是要取代固定的和约束性的传统观念，狭义的文化立志取代神圣的但无理性的、作为生活终极目标的宗教力量。"① 由此，恰恰是启蒙现代性的批判与建构、否定与肯定的两种逻辑矛盾统一的张力决定了文化以悖论的方式存在。另外，在《矛盾的文化统一体：科学与艺术》中，马尔库什进一步以启蒙现代性的悖论为基础，分析了高雅文化中科学与艺术两大组成部分之间充满张力的矛盾关系。

另一方面，马尔库什仍然把哲学的功能和目标设定为启蒙。尽管启蒙在今天备受责难，尽管他也明确指出对于今天的现代性文化危机，启蒙难辞其咎，但是他始终是一个坚定的启蒙支持者。这一点，在《孔多塞：交流、科学、民主》中得到了很好的证明。诚然，马尔库什在很多

---

① Gyorgy Markus, *Culture*, *Science*, *Society*, *The Constitution of Cultural Modernity*, Brill, 2011, p. 639.

方面尖锐批判了孔多塞的乐观主义,但在总体上,他对孔多塞所代表的进步的人类历史发展图式所体现出的启蒙精神持肯定态度,对孔多塞这位启蒙运动的重要代表表达了深深的敬意。在《体系之后:科学时代的哲学》中,马尔库什更加明确地回答了今天的哲学所具有的功能和作用:"哲学并不'提供'定位,它只能为之提供一般的指导方针,而且它有助于这方面有用能力的培养:评判性的质疑和判断的能力、反思性地远离一个人习以为常的社会和文化环境的能力、为自己作出的选择负责任的能力。"[1] 这些能力恰恰是康德意义上的启蒙。曾经师从马尔库什并与其共事过的澳大利亚学者 J. 格里姆雷(John Grumley)在自己主编的《文化与启蒙:马尔库什文集》中指出,对启蒙的不懈追求始终是马尔库什的文化理论研究的一个主题。[2] 就是说,正是由于马尔库什十分恰当地把文化与启蒙结合在一起来实现他的启蒙理念,才使得人性和人道主义在合理的、自主的高度上实现,人类最终也获得了对自身和外部世界的自我反思意识。

2. 对马克思理论的再阐释。现代性文化批判理论是马克思主义研究的一种扩展和延续。这种表述除了能够回答马尔库什个人研究不同阶段之间的关系问题,还能够回应普遍存在的质疑:布达佩斯学派是否已经终结?诚然,赫勒、费赫尔夫妇、马尔库什夫妇于1978年移居国外之后,匈牙利境内"有形"的布达佩斯学派就已经解体了。然而,在很多不同的场合,赫勒、马尔库什和瓦伊达这三位在世的布达佩斯学派成员都曾经表述过,尽管形式上的学派已经不复存在,但他们之间集体研究的方式和习惯仍在延续。例如,《对需要的专政》《布达佩斯学派 II:关于卢卡奇》等著作,都是在学派成员分处异地共同合作完成的理论成果。尽管,在费赫尔逝世之后,学派成员各自的理论兴趣发生了变化,但他们仍然密切关注着彼此的研究成果并互相提出友好而尖锐的批评意见,就像布达佩斯学派时期他们常常做的那样。因此,用一种断裂的观点宣告布达佩斯学派终结是不客观的。同样,马尔库什在布达佩斯学派时期确立的马克思主义视角为他后期的现代文化批判理论提供了基

---

[1] Gyorgy Markus, *Culture*, *Science*, *Society*, *The constitution of Cultural Modernity*, Brill, 2011, p. 284.

[2] John Grumley, The Paradoxes of Philosophy, György Markus at Sydney University. *Culture and Enlightenment*, *Essays for Gyorgy Markus*, Aldershot: Ashgate, 2002. p. 10.

本框架。

从总体上看，马尔库什的现代性文化批判理论是对马克思主义文化理论的一种发展，它完成了马克思曾经述及却并未详细研究的理论任务。在《〈政治经济学批判〉导言》（1857）中，马克思曾经说过，困难不在于理解希腊艺术和史诗同一定社会发展形式结合在一起；困难的是，它们何以仍然能够给我们以艺术的享受，而且就某方面说还是一种规范和高不可及的范本。马尔库什认为，马克思所谓的困难留下了一个理论任务，那就是说明当一种艺术形式的社会历史条件消失之后，这种艺术形式仍然具有有效性的原因何在。因此，马尔库什的文化理论研究的重要内容之一，就是在马克思理论中寻找可以阐释文化作品的有效概念。在《马克思主义与文化理论》《意识形态批判的批判》中，马尔库什重新阐释了马克思所使用的"基础与上层建筑"、意识形态等重要概念的内涵，并着重分析了这些概念对于解释文化实践活动及其产物所具有的意义和功能。由此可见，马尔库什的文化理论发掘出了马克思的关键术语和范畴在解释文化现象时所具有的有效性；以此为基础，他也深入探讨了文化各个组成部分的内容以及相互之间的关系和存在的困境，力求完成马克思主义文化理论留下的任务：对科学、艺术等文化形式的功能以及它们对人所具有的普遍意义进行解读和澄明。因而可以说，这是沿着马克思的视角发展了马克思主义文化理论。

3. 试图确立历史解释学阐释方法，即马尔库什试图将解释学与马克思的唯物主义研究方法结合起来而确立的一种新的文化阐释方法。在《哲学的解释与哲学中的解释》《为什么没有自然科学的解释学》中，马尔库什明确说明了这种历史解释学的独特性，认为这种解释学不同于当代哲学解释学的本体论方法，而是把科学、哲学等文化形式置于历史境遇和当代文化实践选择中来加以理解和阐释。马尔库什的这种历史解释学关注的不是观点体系或价值目标，而是科学、哲学的历史语境和文化语境。因而，它可以为传统的、备受责难的主观主义认识论和社会学方法提供必要的补充。这种历史的和文化的视角源于马克思的唯物主义研究方法。在《资本论》第1卷的脚注中，马克思曾经这样表述过："事实上，通过分析找出宗教幻象的世俗核心，比反过来从当时的现实生活关系中引出它的天国形式要容易得多。后面这种方法是唯一的唯物主义的方法，因而也是唯一科学的方法。"① 马尔库什对哲学、科学、艺术等文化形式的研究正是遵循了马克思的这种唯物主义方法。

总之，马尔库什的现代性文化批判理论并不是他的思想发生断裂的结果，恰恰相反，它是马尔库什转向马克思主义立场之后就一直思考的问题的拓展和延续。从布达佩斯学派时期的《马克思主义与人类学》开始，马尔库什就从解读"人的本质"概念入手，试图对人的类特征、类本质进行描述和概括，从而对人类生活的"应然"状态作出解答。卢卡奇的美学理论为马尔库什的思考打开了新思路。正如马尔库什所说，"从卢卡奇作为一位思想家的发展之初起，对他来说文化问题就意味着是否有可能过上一种摆脱异化的生活问题"②。马尔库什将对人类未来命运的思考转向文化领域，通过批判性地分析现代文化现状，运用历史解释学方法，试图在文化中寻找摆脱异化的生存方式，从而为人类摆脱生存危机寻找出路。

为了提供一个良好的平台来探讨马尔库什的现代性文化批判理论，澳大利亚的《论纲十一条》2015 年第 1 期出版了马尔库什研究专号。在这一期中，收录了赫勒专门为耄耋之年的马尔库什撰写的文章《致马尔库什：我最好的朋友》，以此纪念他们半个多世纪的、历久弥坚的友谊。在文章中，赫勒深情地回忆了好似昨日的初见：他们因马克思结缘，一番热烈的讨论之后，赫勒打破了原本对马尔库什是"教条的共产主义者"的误解并建立了一生的友谊；回忆了布达佩斯学派时期的快乐时光：每周一次在马尔库什夫妇永远向朋友敞开的、散发着咖啡香气的温暖的小屋中，他们对感兴趣的话题展开热烈讨论；回忆了在自己经历情感波折和丧夫之痛时，马尔库什夫妇的积极的建议和无微不至的抚慰；回忆了马尔库什为了举荐自己而拒绝接受席位的深情厚谊……除了这篇充满感情的、回忆录式的散文之外，赫勒、吉什、约翰·格里姆雷等学者还专门撰文，针对马尔库什这本最新出版的文集及其现代性文化批判理论展开了批判性分析。例如，在《马尔库什的高雅文化概念：一种批判性评析》一文中，赫勒总结了马尔库什的现代性文化批判理论之

---

① 《马克思恩格斯全集》第 44 卷，人民出版社 1995 年版，第 428—429 页。
② Gyorgy Markus, *Culture*, *Science*, *Society*, *The Constitution of Cultural Modernity*, Brill, 2011, p. 526.

起源和基础，同时也尖锐地批评了马尔库什对哲学浪漫主义传统的忽视。在《现代性后期的哲学：对马尔库什的〈文化、科学、社会〉的反思》一文中，吉什着重分析了马尔库什的核心术语"文化的悖论"概念，指出了其中存在着的歧义性问题。2016年10月，马尔库什在澳大利亚逝世。11月，匈牙利主办了纪念马尔库什的专题研讨会，马尔库什生前的好友与学生赫勒、瓦伊达、吉什、约翰·格里姆雷和波兰学者W. 布利拉（Waldemar Bulira）都撰文怀念了与马尔库什交往的点点滴滴，并进一步阐释了马尔库什思想的当代价值。

第三，瓦伊达（1935— ）

1971年，卢卡奇逝世；20世纪70年代末，布达佩斯学派主要成员纷纷离开了匈牙利，到澳大利亚、美国等地的高校继续从事教学研究工作。由于一些客观原因，瓦伊达则留在了匈牙利。20世纪90年代，瓦伊达作为德国不来梅大学客座教授，用德语、英语发表了多部著作，主题涉及马克思主义、现象学、当代哲学等。21世纪，他又围绕着上述主题发表了不少著述，进一步阐明自己的观点。

1. 马克思主义文化批判。瓦伊达因在法西斯主义批判研究领域的成就而蜚声国际。[①] 21世纪以来，他从对法西斯主义的专门研究转到了关于宗教、极权主义、高雅文化等文化批判主题上。例如，2001年，他在用匈牙利语发表的论文《贱民还是新贵：阿伦特论犹太人的同化》[②] 中指出，阿伦特在第一篇关于奥古斯丁的论文中讲述了一个关于"同化"的故事。在《关于个人回忆的哲学》中，瓦伊达从犹太人的身份和个体的记忆角度出发，探讨了哲学研究与个人之间的关系。他认为，一个人选择从事什么样的哲学研究，取决于他是一个什么样的人。因为哲学体系不是一种无生命的材料堆砌，而是充满了灵魂与生命，哲学完美地诠释了"我（自己）或事物的独立性"问题。

另外，在一篇学术报告中，瓦伊达讨论了当今高雅文化中学科之间与学科内部的庸俗化问题。在这里，他考察了四种不同语境下庸俗化过程的特征。（1）分析了"美学的终结"这个术语是如何在各种美学话

[①] 参见［匈牙利］瓦伊达《作为群众运动的法西斯主义》，孙建茵译，黑龙江大学出版社2015年版。

[②] Mihály Vajda. Vagy pária, vagy parvenü (Hannah Arendt a zsidók asszimilációjáról. *Múlt és Jv*, no. 1, 2001.

语中被庸俗化的。瓦伊达指出，在现代性之后的话语中，美学开始把自己视为一个异质的、一个他律的认识论领域。(2) 分析了建筑学理论与实践中解构与庸俗化关系的几个方面。(3) 对哲学、文学理论和建筑的不同表现形式进行了比较研究，分析了形式化文本与建筑材料之间的转换关系。(4) 在哲学话语中分析了科学知识的庸俗化问题。他从论述 T. 库恩出发，指明大众化形式是科学知识的建构要素。瓦伊达最后得出结论说，在揭示隐喻意义的过程中，真理起着不可忽视的作用。

2. 现象学研究是瓦伊达的另一个重要研究领域。首先值得一提的是，瓦伊达是海德格尔《存在与时间》匈牙利文的主要译者。2005 年，他在《现象学研究》发表《一个冒险的故事：〈存在与时间〉在匈牙利》[1] 专门就《存在与时间》匈牙利文第 1 版的翻译过程以及再版修订过程中遇到的问题、学术观点的转变等进行了介绍和阐释。当时在匈牙利，被邀请翻译该书的团队成员都是海德格尔研究专家。20 世纪 80 年代初，这些学者属于所谓的"民主反对派"（democratic opposition），他们邀请同样作为"持不同政见者"的瓦伊达为他们组织一个关于现代现象学的私人研讨会。正是在这里，他们阅读了胡塞尔、舍勒的著作，也想阅读海德格尔的著作。然而，他们当时的德语水平还不足以理解德文版的《存在与时间》。这就是他们为什么决定把《存在与时间》翻译成匈牙利文的直接原因。几年之后，《存在与时间》匈牙利文第 1 版出版；2001 年，出版了第 2 版的修订版。在该文中，瓦伊达重点介绍了那些在当时翻译时遇到的最难以翻译的海德格尔的术语并对这些术语进行了阐释，例如，存在（Sein）、存在者（Seiend）、此在（Dasein）等。

2016 年，瓦伊达用德语发表了《我如何借助现象学走出马克思主义的不成熟性？》[2] 一文，阐明自己是如何从现象学立场出发对马克思主义进行反思的。瓦伊达首先回顾了 20 世纪 60 年代末 70 年代初，卢卡奇在匈牙利从马克思主义转向现象学研究的动机。不过，关于现象学研究，直接对瓦伊达产生影响的是赫勒。在大学里，瓦伊达第一次接触现象学就是在赫勒的课堂上。当时的赫勒被称为"持不同政见者的"

---

[1] Mihály Vajda, Die Geschichte eines Abenteuers: Sein und Zeit auf Ungarisch, *Studia Phaenomenologica*, Volume 5, 2005.

[2] Mihály Vajda. Wie ich aus der minderjährigkeit des Marxismus mit der hilfe der phänomenologie Herauswuchs?, *Horizon*, 5/2016.

马克思主义者。1961年，瓦伊达成为匈牙利科学院哲学研究所的研究助理，并跟随赫勒开始进行逻辑研究。在阅读胡塞尔著作《逻辑研究》的过程中，瓦伊达在第1卷发现了胡塞尔明显的柏拉图主义倾向；在第2卷中发现了同样明显的心理主义倾向。正是由于在胡塞尔那里，瓦伊达感到存在着时间的客观性与生活世界起源之间的这种明显的矛盾，于是他走向了舍勒的现象学。在该文中，瓦伊达高度评价了海德格尔，认为海德格尔克服、超越了胡塞尔现象学的困境。纵观当代现象学研究，瓦伊达得出了自己的结论：现象学的特征是源于观察而不是单纯的话语和论证。

第四，梅扎罗斯（1930—2017）

梅扎罗斯曾经是卢卡奇的学生，也是其20多年的老朋友。从某种意义上说，梅扎罗斯也可以算作布达佩斯学派成员与东欧新马克思主义者。20世纪70年代，梅扎罗斯就以《马克思的异化理论》（1970）而闻名。其主要代表作还有：《哲学、意识形态和社会科学》（1986）、《意识形态的力量》（1991），尤其是"毕生之作"《超越资本》（2卷本，1995）在世界马克思主义研究领域引起了很大反响。在一次访谈中，梅扎罗斯谈到了卢卡奇和马克思主义，谈到了关于马克思主义回归问题，也谈到了中国。[①] 这次访谈也可以视为梅扎罗斯对马克思主义的一种理解和阐释。

1. 关于卢卡奇和马克思主义再评价问题。在访谈中梅扎罗斯指出，卢卡奇三部伟大的著作，《历史与阶级意识》（1923）、《青年黑格尔》（1948）、《理性的毁灭》（1954）经得起时间的考验。他说，作为一名马克思主义的斗士，今天和20世纪相比，显而易见而又令人痛苦的区别在于，第三国际的重要政党（不论在东方还是在西方）都发生了内爆。在西方，只有一些非常小的共产党还对原来的原则保持着信仰。不过，梅扎罗斯补充说，政党是对变化着的需要作出反应的历史产物，马克思就是在主要政党建立以前积极活动的。关于未来，如果情况发生重大变化的话，有些非常有效的政府也可能会重组。他认为，理论与实践相结合，并不一定以特定的组织形式出现。理论与实践相结合的重要任

---

① Eleonora de Lucena, *Barbarism on the Horizon, An Interview with István Mészáros*, http://mrzine.monthlyreview.org/2013/meszaros311213.html.

务之一，就是检视这些政党为什么在东西方都会发生内爆，以及历史的失败如何能够在实际的历史发展中得到修复。从马克思开始，作为一名马克思主义者，就必须具有自我批判精神。今天，自我批判仍然非常重要。

2. 关于新自由主义终结和马克思主义回归问题。2008年金融危机以来，出现了关于新自由主义终结和马克思主义回归的预测，梅扎罗斯认为，不论哪个方向的结论，我们都应该慎重对待。他说，戈尔巴乔夫的倒台并没有解决苏联的任何问题；福山提出的毫无意义的"历史终结论"幻想同样如此。将《资本论》放在时髦的咖啡桌上，并不是为了研究，而只是为了显摆。因而，这种现象并不能说明马克思主义现在正在全球扩张。事实上，我们所经历的正在加重的危机是不可否认的，尽管它招致了全球反对，但是找到可持续的解决方案需要对恰当的策略作出详细阐释，也需要相应的组织形式，这种组织形式要能够和重大问题相匹配。在某种意义上，保守主义无疑拥有了更多的支持者，因为不变化总是比变化要容易得多，但问题依然存在：已被接受的真的就是站得住脚的吗？从长期有效性来看，现有的进程决不能够保障出现最好的结果。

3. 关于当前历史时期的归属问题。人们常说资本主义是一个世界体系，但梅扎罗斯认为这种说法令人困惑，因为资本主义只不过是资本体系的有限阶段。资本体系构成了真实的世界体系，超越了资本主义自身的历史可持续性；资本主义作为社会再生产模式，主要特征是对作为剩余价值的剩余劳动力进行经济榨取。然而，也有其他方式来确保资本积累，例如已为人知的模式，即对剩余劳动力进行政治榨取，这是原苏联所做的。在此意义上，注意到过去传统的周期性危机（属于资本主义的常态）与资本体系的结构性危机（作为总体性危机，界定了现今的历史时期）之间的重要差别非常重要。此乃梅扎罗斯总是强调我们的结构性危机——大概可以追溯到20世纪60年代，从此以后危机不断加深——需要结构性变化，以便找到可行的持续的解决方案的原因。很显然，这不能以保守的"最小抵抗路线"来完成。

4. 关于21世纪重要政治人物和事件问题。梅扎罗斯说，21世纪刚开始不久，还有许多惊喜在等着我们。但如果现在要他说出三位21世纪最有影响的政治人物的话，他将说出2013年3月逝世的委内瑞拉总统查韦斯,而菲德尔·卡斯特罗在21世纪的头五年也很活跃。在保守主义一方,梅扎罗斯会毫不犹豫地说出戴高乐将军,如果他还活着的话。

21世纪以来,最令人惊奇的事件很可能就是中国追赶美国经济发展的速度,现在正在到达那个临界点,即被认为只需要几年时间就会追上美国成为"世界发动机"。考虑到中国庞大的人口基数和经济的年增长率,很久以前就可预见这一天会到来。许多专家将它发生的时间往后推迟了几十年。然而,仅仅因为中国的财政收支平衡表远比美国健康,就想象中国会对资本体系的结构性危机具有免疫力,这未免非常幼稚。结构性危机,就其本质而言,注定要影响整个人类。没有哪个国家可以宣称对其具有免疫力,中国也不例外。中国在生产领域取得的成就(包括减少贫困)是伟大的,但是未来仍然有很多的问题。例如,如果不通过向生态环境索取巨大资源,这些生产性成就可以持续多久?并且,工作人口的最低工资保障水平与高度特权者的财富之间的极度不平等可以被接受多久?没有实质的平等,社会主义是不可想象的,在中国也是如此。

第五,科拉科夫斯基(1927—2009)

原波兰意识形态批判学派重要代表人物沙夫[1]于2006年去世,科拉科夫斯基也于2009年去世。在去世之前,科拉科夫斯基一直活跃在国际学术舞台上。2003年11月5日,科拉科夫斯基获得美国国会图书馆颁发的第一届"克鲁奇人文与社会科学终身成就奖"(Kluge Prize)。科拉科夫斯基在题为"过去意味着什么?"[2]的领奖发言中说,这可以看作是他最近公开作出的关于一生最有价值的学术思想的重申与概括。科拉科夫斯基的发言其中包含着他对待马克思主义和后现代主义的态度。

1. 反对普遍的"历史规律"。科拉科夫斯基认为,历史知识与我们的生活从来都不是不相干的。至少,我们是过去时代的文化继承者。为了意识到我们的身份,我们需要了解过去人的历史;在同样的意义上,我自己的记忆建构了我个人的身份,使我成为一个人类主体。他说,尽

---

[1] A. 沙夫(Adam Schaff,1913—2006),波兰新马克思主义者,意识形态批判学派最重要代表人物。

[2] "What the Past Is For",http://www.loc.gov/loc/lcib/0312/kluge3.html.

管历史对于我们而言不是"无",但并不意味着存在着普遍的历史规律,相反,历史只关心特殊的、独一无二的、不可重复的事件。在科拉科夫斯基看来,人类历史是不可预见的事件的集合,人们能够很容易地指出,很多决定人类几十年或几百年命运的决定性因素完全可能以不同的方式发挥作用,而这些决定性因素并没有多大必然性。

科拉科夫斯基指出,即便将"历史规律""软化"为一种"趋向"也是错误的。这种将"历史规律"转变为"历史趋向"的做法经常出现在马克思主义理论中,其意识形态意义就是:未来的事件据说可以根据"科学的"基础来预测。然而事实表明,马克思或者后来的马克思主义者的预言都是错误的,因为社会在完全不同的方向上发展:中产阶级并没有像马克思主义所预言的那样逐渐减少或消失,而是越来越多;市场远不是技术发展的障碍,反而是最有力的刺激性因素;工人阶级相对的和绝对的贫困化并没有出现;被认为是导致资本主义崩溃原因的利润率下降被证明是无效的希望;工人和资本家的冲突导致的无产阶级革命从没有发生。因此,即使俄国革命无论如何也不是这样的革命。至少在概念上,最接近这种革命的是20世纪80年代早期发生在波兰的工人运动,这一运动旨在反对国家社会主义,在伴随教皇祝福的十字符下执行。

2. 反对后现代主义的虚无主义。科拉科夫斯基不仅反对普遍的"历史规律",反对马克思主义关于未来的预测,而且也反对后现代主义的虚无主义观念——这种观念是后尼采哲学的信仰,它认为没有事实,只有解释。科拉科夫斯基指出,在一种意义上,这显然是正确的,但在另一种意义上,这又是荒谬而且危险的。"显然正确的"是指,任何关于事实的描述,即使是最简单的,也包含着整个人类文化史。例如,"今天早上,即2003年10月29日早上,我早餐吃了酸奶",这句话包含着:欧洲的日历,包含着早餐和酸奶的概念,这都是人类的发明。我所使用的语言是人类历史的结果,在这个意义上,无论我何时使用它,我都是在解释世界。因为世界从未直接地、赤裸裸地、纯粹地向我们显示它自己,我们总是通过我们的文化、我们的历史和我们的语言间接地感知它。"荒谬且危险的"是指,既然历史知识被认为包含对事实和已经发生的事情的描述,那么,没有事实的观念在通常意义上就是指:解释不是依赖事实,而是相反;事实是由解释创造的。科拉科夫斯基举例，如果"我"从商店偷了一瓶酒，却说"K 先生偷了一瓶酒"，这将是创造事实的解释；但这个"事实"本身并不存在。因此，如下表述，"K 先生犯了偷一瓶酒的罪"或"K 先生应该为他的罪行受到惩罚"，就与事实无关；它们仅仅是解释的一部分。换句话说，道德判断的概念、因而包括善与恶的概念都是空洞的；它们并不指称任何经验事实，而仅仅根据先验概念框架来判断事实，但此概念框架又是我们自己建构起来的。由此，"没有事实，只有解释"的说法取消了人类责任和道德判断的理念。从知识方面而言，它将所有的神话、传说或预言视为如同我们根据历史调查而确证的事实一样具有有效性；从认识论方面而言，任何神话故事如同任何历史地建立起来的事实一样是善的。这样一来，就没有了建立真理的有效准则，从而也就没有了真理。

在科拉科夫斯基看来，这样一种理论显然具有灾难性的文化后果。因此，"没有事实，只有解释"的说法应该作为反启蒙的东西而加以拒绝。我们必须保持传统的信念，即由无数独特事情交织在一起的人类历史、真实发生的事情的历史是我们每个人即人类主体的历史；然而，关于普遍的"历史规律"的信念则是臆造的。历史知识对我们每个人来说都是重要的。因此，我们必须将历史作为我们自己的东西吸收进来，包括所有的恐怖和畸形，以及它的美丽和光彩，它的残忍和迫害以及人类身心的杰作。如果我们想要了解我们在宇宙中的恰当位置，想要知道我们是谁以及应该如何行动，那么，我们必须如此做。

关于这篇发言，从否定的意义上，我们看到了科拉科夫斯基对普遍的"历史规律"、对马克思主义关于未来的预言，以及对后现代主义的虚无主义的反对；从肯定的意义上，我们也看到了科拉科夫斯基对历史的客观态度，以及对道德责任的强调。

由此可见，作为经历了苏东剧变，并且跨进了 21 世纪的前"人道主义的马克思主义者"，直面后现代思潮是他们不可回避的理论问题。同时，早年的人道主义传统在他们选择自己的立场时仍然具有决定性的作用，那就是强调道德责任。不仅如此，他们都拒斥同质化的卷土重来，表现在赫勒处是肯定后现代性，表现在科拉科夫斯基处是否定"历史规律"，这无疑延续了对苏联模式社会主义批判的传统。

第六，齐格蒙特·鲍曼（1925—2017）

2017 年 1 月 9 日，波兰裔英国社会学家鲍曼在位于英国里兹郡的家中安然辞世。鲍曼1925年出生在波兰西部波兹南的一个犹太家庭。贫穷和痛苦伴随着他的童年,"反犹主义"甚至对他成年后的人生之路也产生了巨大影响。因此对现代性、反犹主义的反思成为鲍曼学术生涯重要的主题。在"清洗运动"中结束军旅生涯后,鲍曼开始了学术研究活动。他于1954年起在华沙大学哲学与社会科学系任教,20世纪50年代末去了伦敦。鲍曼的早期理论研究主题包括对苏联模式的反思、对阶级和社会主义问题的讨论,这些内容体现出了鲜明的马克思主义立场。尽管后半生,鲍曼离开了波兰,但是对共产主义的热诚使他的研究始终体现出一种对资本主义社会的批判立场。马克思主义虽不是鲍曼后期思想的主题,但其精髓却成为鲍曼洞察当代社会境况的认识论基础。

1. 现代性及消费社会批判。从2000年发表《流动的现代性》开始,鲍曼在21世纪围绕着现代性之"流动的"(liquid)特征,发表了一系列现代性批判理论著述,例如:《流动的爱:人类纽带的脆弱》(2003年)、《流动的时代——生活在充满不确定性的年代》(2007年)、《流动的生活》(2005年)、《流动的恐惧》(2006年)、《流动世界中的文化》(2011年)、《来自流动的现代世界的44封信》(2010年)等。现代性是"流动的",这是鲍曼对现代世界性质和状态的表述,与先前的"固态的"("solid")现代性相对。根据他的描述,从"固定的"过渡到"流动的"现代性,现代社会中个人面对的是一种全新的、与先前任何时候都不同的景况,这就使得个人面对着一连串的从未经过的挑战,形象地说,就是一种漂泊不定、不安全和不稳定性之感。

2008年,在一篇访谈[①]中,鲍曼集中阐述了现代性的这种流动性与权力的作用问题。在这篇对谈中,他指出了流动的现代性的本质变化,分析了流动的现代性中的权力关系是如何使用一种从根本上不同于固态的现代性的逻辑。在固态的现代性中,权力是通过控制有限的可能性来行使的;而流动的现代社会的精英阶层则利用不确定性和不安全感来对这个社会施行主宰。当代社会的特点体现为无法满足的消费、流动、社会关系的偶然性和灵活性。在固态的现代性中,旧精英追求的是文化资本逻辑的实现;而流动的现代性中,新精英追求的是消费和诱惑的实

---

① Zygmunt Bauman & Mark Haugaard, Liquid modernity and powe, A dialogue with Zygmunt Bauman, *Journal of Power*, Volume 1, Issue 2, 2008.

现。鲍曼将对消费社会的批判深入个体生活之中。例如，在《消费生活》（2007）一文中，鲍曼将消费文化与个人在现代性条件下所面临的任务之间的关系界定为"相互契合"关系。这种消费文化为消费个体创造了一种看似不再由社会提供的连续性。因此，鲍曼在这里想要探究的是一种新的个体消费方式，即从需求的功能性转变为欲望的广泛可塑性和波动性所形成的消费形式。他认为，这种不稳定性原则，即现代性之"流动的"本质特征，已演变为一种现代性的特殊功能，那就是似乎能够从整体的不稳定性中召唤出稳定。

2. 全球化问题反思是鲍曼关注的另一个重要议题。除了为人熟知的《全球化：人类的后果》（1998）之外，鲍曼在21世纪还多次撰文专门探讨了这一问题。例如，在《全球化世界中的身份认同》[①]一文中，鲍曼认为与其谈论同一性——不论是从传统中继承的还是后天获知的——都不如谈论认同更符合全球化世界的现实。因为认同是一项永无止境的、总是不完整的、未完成的、开放式的活动。我们所有人，不管是不得已的还是主动自愿的，都参与到了这个活动当中。对同一性的狂热追逐并不是前全球化时代的残余，即尚未完全消除但会随着全球化发展必将消失的那种传统。相反，这是全球化和个性化共同作用所产生的压力和张力关系的副产品。鲍曼认为，认同之争既不与全球化趋向相悖，也不会阻碍全球化趋向的发展：它们是全球化的合法产物和自然的附属物，非但没有阻止全球化，反而润滑了全球化滚滚向前发展的车轮。在《全球世界中的空间》[②]中，鲍曼在全球化视域中探讨了空间问题。鲍曼指出，在全球化的道路上，空间发生了一场令人匪夷所思的历险：在获得意义的同时也失去了重要性。一方面，就像P. 维里利奥（Paul Virilio）所坚持的那样，领土主权几乎已经丧失了所有实质的内容，也失去了以往所有的那些重要的吸引力。因为如果每一个空间地点都可以在瞬间到达并被放弃，那么，永久占有一个通常要伴随着长期义务和承诺的领土就会发生变化，这样的领地就会从资产变成负债，成为权力斗争中的负担而不是资源。另一方面，就像R. 森内特（Richard Sennett）所指出的那样，随着经济体制的转变，人们对某个特殊空间地

[①] Zygmunt Bauman, Identity in the globalising world, *Get access*. Volume 9, Issue 2. 2001.

[②] Zygmunt Bauman, Space in the Globalising World, *Theoria*, 2001.

点的归属感正在逐渐减少。人们对国家、城市和地区等地理位置的投入增加了。在全球化背景下，一方面，人们足不出户就可以解决任何很远的地方发生的事情；另一方面，无论一个人多么坚守自己的领地，几乎没有什么可以阻止别人涉足他的私人空间。

在《全球化时代的战争》一文中，鲍曼还认为，就像克劳塞维茨时代一样，战争是政治通过其他方式的延续——尽管在全球化世界，战争获得了一种新特征，要么是"正在全球化"，要么是"全球化引发的"战争。前者的目的是要废除国家主权或消除其抵抗能力，避免领土征服和行政责任；后者的目的是在过去建筑倒塌留下的空白中建立可行的局部的整体性，并努力再次找回这个空间已经失去的意义。目标的转变也改变了这两类战争的性质。①

第七，原南斯拉夫实践派。

原南斯拉夫实践派的彼得洛维奇在 1993 年就离开了人世；尽管马尔科维奇、斯托扬诺维奇一直活到 2010 年，但南斯拉夫解体后，他们似乎也没有进一步的理论作为。不过，实践派和科尔丘拉夏令学园并没有被人们完全忘记。例如，在 2008 年"颠覆节"②上，实践派、科尔丘拉夏令学园和《实践》杂志再次成为热门议题。今天，应如何看待实践哲学遗产也就成为巴尔干半岛众多民族不能回避的问题。同年，在已经去世多年的彼得洛维奇的家乡卡尔洛瓦茨，人们在其故居的地基上修建了一座纪念馆，展馆的陈列甚至再现了他的童年。这是当代克罗地亚人给予彼得洛维奇的极高荣誉，它向人们展现的是：自由的公民将自由地参与公共生活，而不必担心被粗暴地制裁。彼得洛维奇是南斯拉夫时代最有影响力的哲学家之一，使萨格勒布的哲学研究和科尔丘拉夏令学园在短短的十年间跻身于世界哲学行列。

2011 年 10 月 15 日，由国际卢森堡基金会组织的"关于实践哲学遗产——纪念《实践》杂志和科尔丘拉夏令学园"学术研讨会在科尔丘拉市召开，与会 60 多名学者中包括格鲁博维奇等 3 名当年的参与者，

---

① Zygmunt Bauman. Wars of the Globalization Era, *European Journal of Social Theory*, Vol. 4, Issue 1, 2001.
② "颠覆节"（Subversive Festival）是克罗地亚一年一度的国际性系列活动，始于 2008 年，2011 年结束，共主办了四届。每年五月在萨格勒布举行，历时两个星期。主要包括政治活动，文化、教育、文学和艺术活动，电影展播，各种主题的论坛，书展等。

以及来自萨格勒布大学的哲学界和社会学界的学者。会上的争论异常激烈，主要分为两种观点。（1）一部分学者认为，在目前情况下，《实践》杂志和科尔丘拉夏令学园的问题已完全过时，因为它是批判性的，而不是建构性的。一方面，它是对苏联模式社会主义或斯大林主义的批判，而这个秩序已经失败，目前并不存在；另一方面，事实已经表明，马克思主义的目标不可能实现。如今情况已经完全改变，后南斯拉夫时代的人们生活在单一模式主导的世界中，即占主导地位的是新自由主义的资本主义观念，或曰资本逻辑。因而令人遗憾的是，在后南斯拉夫时代，《实践》杂志和科尔丘拉夏令学园并没有系统性和持续不断地研究传承。根本原因在于：它不适合今天原南斯拉夫地区资本主义制度主导的新自由主义话语。（2）另一部分学者试图设计出新的方法来解放人道主义的马克思主义，并且在今天的背景下探求建构新社会秩序的可能性。在今天的新背景下，《实践》杂志和科尔丘拉夏令学园仍然能够提供最重要的哲学方法。因为当代实践的本质仍然是相信或希望个人能够摆脱"不可避免"的命运；就是说，人们（至少在某些方面）能够自由地决定自己。当前的问题与20世纪下半叶并没有显著的不同，都是资本主义、社会和经济不平等、自由、等级制度和官僚主义等问题，这些问题均在实践哲学的框架内。①

目前，格鲁博维奇是原南斯拉夫实践派唯一在世的"幸存者"，在她看来，呼唤一个人道的社会，或适合人的社会，永远不会改变。改变的是我们怎样促成这个事实，改变的是我们今天所能贡献的方式。当时，不得不对抗一种教条的马克思主义，这是走向光明未来的起点。今天，我们必须首先争取马克思主义本身的重新解释，使之当代化，以便替代新自由主义的资本主义。

四 21世纪中东欧左翼思潮与运动

苏东剧变后，中东欧左翼政党经历了剧变初期的几乎全面沦陷，1993年后左翼复兴，1998年后逐渐成熟的左右翼轮流执政，不过，近

---

① 参见姜海波《〈实践〉杂志与南斯拉夫实践派的实践哲学》，《国外理论动态》2014年第11期。

年来右翼回潮十分严重。从总体上看，左翼政党几经沉浮，呈现出一些与传统左翼不同的特点。21世纪以来，左翼政党和社会力量对于国家体制的定位、社会法哲学发展模式的解释、思想和价值观念的变化、对社会主义的态度及其政策主张都体现出了左翼力量发展的新因素。在中东欧，具有代表性的左翼思潮主要包括法团主义、民族主义、民粹主义、新社会运动等。

第一，法团主义。

法团主义（corporatism），也被译为"社团主义""工团主义""合作主义""统合主义"等。法团主义关注的不是个人的或非制度性的关系，而是试图提供关于社会结构的若干理想型，用来描述国家和社会不同部分的体制化关系，它的重心在功能单位和体制的合法化关系。[①] 东欧剧变后，法团主义作为一种新的市民社会理论，在中东欧引起了广泛关注。它主张劳动（工会）、资本（雇主协会）和政府三方的利益协调与共谋，主张政府的积极介入。不过，在三方的利益协商过程中，劳动与资本是作为市民社会方与政府发生关系的。因此，市民社会的作用应该被强调，以便在与政府的利益协商过程中可以形成相当的支配作用，而不是附属于政府。美国霍巴特威廉史密斯学院学者D.奥斯特（David Ost）指出，作为与新自由主义、民粹主义相并列的法团主义，它关于中东欧未来社会的预想，是值得期待的。

早在《后共产主义东欧的利益政治》一文中，奥斯特就区分了关于中东欧未来社会的三种预想。（1）根据新自由主义的观点，国家社会主义的经济必须尽快地转变为资本主义的市场经济，实现私人所有权和资本的自由流通。因此，新自由主义者主张削减开支，例如削减对食品、住房、医疗和亏损国有企业的补贴，要改变人们习惯于向政府寻求援助的习惯，要对私人投资者，尤其是国外投资者实行减免税，以促使国有企业的快速私有化。他们认为，尽管这些措施会造成极大的社会代价，但如果不这样做，其最终代价将会更大。（2）民粹主义批判新自由主义的观点，并认为中东欧国家是作为"乞丐"而不是作为领导者融入世界经济的，新自由主义方案将会带来危险的经济衰退，带来大量的失业、农业危机等，它将毁坏已有的社会联系并由此威胁到整个国家

[①] https://baike.so.com/doc/5994839-6207810.html.

结构。"民粹主义不反对强硬的政府，只要它服务于民族国家。'民族国家'和'人民'，而不是国民生产总值或国外投资或自我管理，是民粹主义者的首要价值。"[①]（3）"社会的—民主的法团主义"（social-democratic corporatist）则对新自由主义和民粹主义采取了批判与兼收并包的态度。"社会的—民主的法团主义共享自由主义者的以下观点，即大规模的工业化仍然最为重要；同时也赞同民粹主义的观点，即要致力于社会代价的最小化。"[②] 不过，法团主义者还从伦理和经济两方面批判了新自由主义的观点，认为在转型过程中工人不应该被忽略：从伦理角度说，工人不应该为了一个未来的阶级做出牺牲；从经济角度说，工人的参与能够促进经济增长，相反，如果没有工人的参与，劳动生产力和出口领域都无法得到提高。因此，他们主张提高工人福利。

当然，法团主义在中东欧的出场并不仅仅限于转型初期，即使在最近几年，它仍然受到学界的关注。例如，有些学者对波罗的海三国（爱沙尼亚、拉脱维亚、立陶宛）、斯洛文尼亚、维斯格拉德集团（匈牙利、波兰、捷克、斯洛伐克）进行了多方位考察[③]。随着金融危机波及全球，中东欧的法团主义将引起更大的反响。

第二，民族主义[④]。

在中东欧，民族主义问题长期以来都是一个敏感问题。在这个地区，被压迫民族的一点火花就很有可能蔓延成种族冲突的熊熊烈火。例如，以往对中东欧民族主义的研究往往将"民族主义"视为"种族排他主义""种族中心主义""沙文主义"，甚或是"暴力冲突"的同义

[①] David Ost, "The Politics of Interest in Post-Communist East Europe", *Theory and Society*, Vol. 22, No. 4 (Aug., 1993), p. 476.

[②] David Ost, "The Politics of Interest in Post-Communist East Europe", *Theory and Society*, Vol. 22, No. 4 (Aug., 1993), p. 476.

[③] Terry Cox, "Democratization and State-Society Relations in East Central Europe, The Case of Hungary", *Communist Studies and Transition Politics*, Vol. 23, No. 2, June 2007, pp. 276 – 295; Igor Lukšič, "Corporatism packaged in pluralist ideology, the case of Slovenia", *Communist and Post-Communist Studies*, Volume 36, Number 4, December 2003; Dorothee Bohle & Bela Greskovits, Neoliberalism, embedded neoliberalism and neocorporatism, Towards transnational capitalism in Central-Eastern Europe, *West European Politics*, Vol. 30, No. 3, pp. 443 – 466, May 2007.

[④] Leonidas Donskis/Peter Vermeersch/Russell F. Farnen 为 *Liberal Nationalism in Central Europe* 所写的书评，来源分别是 *Stud East Eur Thought* (2007) 59、*Europe-Asia Studies*, Vol. 57, No. 3 (May, 2005)、*Slavic Review*, Vol. 64, No. 3 (Autumn, 2005)。

词。但是，澳大利亚拉筹伯大学讲师 St. 奥尔（Stefan Auer）在《中欧的自由民族主义》（2004 年）一书中指出，将民族主义视为有害于民主的力量，这一观点是错误的；相反，民族主义不仅可以在稳定的、自由的民主体制下起重要作用，而且还可以在不稳定的民主体制下起重要作用，后共产主义的中欧就是一个例子。在书中，他将研究范围集中在波兰、捷克、斯洛文尼亚。St. 奥尔说，随着时代的变化，甚至在本质上不宽容的、恐惧外国人的国家——波兰和斯洛伐克，以及在经常被描述为具有攻击性的国家——捷克共和国，民族主义政策已经发生了很大变化。他还指出，共产主义的力量，尽管名义上只对国际主义感兴趣，但有时候也会应用民族主义的演讲以论证其合法性。换句话说，民族主义既可以被用来论证左翼和右翼独裁的合法性，也可以被用作论证民族解放的工具。

在这里，St. 奥尔还分析了 19 世纪和 20 世纪的政治家、理论家和批评家。例如，波兰的 A. 米奇尼克（Adam Michnik）和 J. 库容（Jacek Kuron），捷克的马萨里克（Tomas G. Masaryk）、哈维利切克（Karel Havlicek）、哈维尔（Vaclav Havel）和帕托卡（Jan Patocka），以及斯洛伐克的 L. 斯图尔（Ludovit Stur）和 M. 西米卡（Martin Simecka）。同时，他指出，米奇尼克和哈维尔这种具有自由主义思想的知识分子和社会批评家并不缺乏自由民族主义的政治敏感性和道德敏感性。不过，米奇尼克和哈维尔远不是传统的民族主义者，他们都是批判的知识分子，都将道德的普遍主义置于政治地方主义和道德地方主义的自私的和自我中心的关怀之上。当然，米奇尼克和哈维尔又成功地调和了他们的自由主义、国际主义与怀疑的爱国主义，在后者的指导下，他们特别关注各自国家的历史创伤和痛苦。

第三，民粹主义。

极端民族主义往往被看作是民粹主义，但民粹主义又有自身特征。近年来，中东欧民粹主义再次引起学界关注。2008 年，《后共产主义问题》《共产主义与后共产主义研究》都设置了民粹主义专栏，研究原苏联社会主义国家和中东欧国家的民粹主义问题。这些文章普遍认为，民粹主义正在转型后的中东欧国家抬头，并将威胁中东欧的民主化进程。

在《中东欧国家的民粹主义、自由民主与法治》一文中，伯格里克①指出，作为一种意识形态，民粹主义认为社会最终将被分裂为两个同质的、但却敌对的集团，即"纯粹的人民"与"腐败的精英"；政治应该是"公意"（volonte generale）的表达。所以，民粹主义主张平民民主的绝对优先性，并强烈地反对精英主义。然而，民粹主义的意识形态同时又是模糊的和道德说教的，因此很容易被任何形式的意识形态制度化，不论这种意识形态是左的还是右的。因此，民粹主义最让人不安的地方在于，它持续地攻击自由民主的法律制度。"民粹主义对民主制度的蔑视不仅限于宪法法院和法官。同样令人不安的是它们对待专业的市民服务、独立的大众媒体和独立的反腐败委员会的态度。"② 只有强大的、独立的，并且是专业的法律制度，以及对法律的尊重才会战胜民粹主义，并促进这一地区的民主化进程。

不过，一个有趣的现象是，很多学者都对欧盟寄予厚望，希望欧盟能够帮助中东欧国家战胜民粹主义对中东欧自由—民主制度的威胁。

第四，乡村新社会运动

与法团主义一样，新社会运动也植根于市民社会。根据阿拉托的分析，在转型前后的中东欧，新社会运动已经如雨后春笋般地涌现出来了。这些新社会运动包括生态运动、青年运动、和平主义运动等，其中，生态运动作为新社会运动获得了成功，因为它不仅将青年，而且将民主反对派和民粹派都包含了进来。21世纪，对中东欧新社会运动的分析仍然集中在生态运动上，一个新特征就是转向对乡村生态运动的关注。③

根据波兰雅盖隆大学社会学研究所教授高拉赫（Krzysztof Gorlach）等人的分析，中东欧乡村新社会运动的目标是为动物追求福利，以及乡村的可持续发展。（1）由追求生态平衡、景观恢复、支持社区生活和生物—有机农业的成员构成的团体。他们寻求能够使社区保持独立的生

---

① 伯格里克（Bojan Bugaric，1965— ），斯洛文尼亚卢布尔雅那大学法学院副教授。
② Bojan Bugaric, "Populism, liberal democracy, and the rule of law in Central and Eastern Europe", *Communist and Post-Communist Studies* 41 (2008), p. 195.
③ Krzysztof Gorlach, Michal Lošták, Patrick H. Mooney, "Agriculture, communities, and new social movements, East European ruralities in the process of restructuring", *Journal of Rural Studies* 24 (2008).

产体系和消费体系，努力通过大众媒体来影响决策者。（2）乡村政治化背后的这一团体包括两类乡村居民。第一类是抵制城市化压力的传统的乡村人和年纪大的人。这不是一个大的团体，但他们提供合法性、象征资本和鼓舞。第二类包括中等规模乡村的农民，他们保留着一些传统乡村人和乡村文化的痕迹。为了沟通传统与现代农业模式，他们强调多元性和多功能的乡村发展。（3）非农业的乡村居民。他们也可能是最具有自我意识的行为者：有意识地为"新—乡村主义复兴"（neo-ruralist renaissance）作贡献。这些乡村居民更年轻一些，接受过良好的教育，往往出生在城市。他们选择住在乡村，认为这是一种城市中没有的生活方式，他们到小型的农场从事文化艺术活动，或者经营餐馆等。他们创建了乡村和城市文化的新融合。例如，在捷克，他们比传统的乡村人较少宗教性，但他们对哲学、艺术和诸如动物福利这种形而上的价值更加感兴趣。他们谦虚地生活，带有强烈的生态主义和社区主义倾向。他们好客、乐于助人，创造了友好的社区关系，并为社区利益而工作。有时候他们也意识到乡村社会缺乏自由，也乐意利用现代交流方式来宣传他们的兴趣。就此而言，他们不是浪漫主义者。

不过，具有讽刺意味的是，匈牙利乡村新社会运动最有意思的要素之一，植根于对20世纪早期民间文化的再发现。而对民间文化的再发现，一方面体现了对传统生活方式的怀念，另一方面也成为"文化经济"的一部分，成为经济资本、社会资本和文化资本积累的来源。

尽管中东欧新社会运动没有领导核心，没有统一的意识形态，但却反映了新异的乡村保护意识。例如，动物福利保护意识，反映了后物质主义的出现，说明中东欧相对落后的经济状况并未阻碍与新社会运动相适应的新的价值观念的形成。中东欧的乡村新社会运动至少有两个值得注意的特征。（1）文化或意识形态悖论，即一方面对传统的乡村生活方式怀有强烈的乡愁情结；另一方面却又将这种乡愁文化资本化。这说明乡村新社会运动在资本主义化的中东欧乡村的尴尬与困窘。（2）一定的后物质主义倾向，也许可以帮助被复兴的传统文化克服其变成资本文化的困境。尽管在资本主义发展过程中，后物质主义意识形态不可能成为主流，但也许能像"共产主义的幽灵"一样发挥其批判资本主义的作用和功能。

当然，法团主义、民族主义、民粹主义、乡村新社会运动等，还不足以全面地反映转型后中东欧的左翼思潮和左翼运动，但这四个方面无疑是非常重要的。一方面体现了中东欧特殊的历史进程，另一方面也体现了在追求民主的道路上，中东欧正在向西方发达资本主义靠拢。这一新的现实背景使得市民社会、法团主义以及后物质主义等盛行。

综上所述，通过对 21 世纪中东欧马克思主义发展状况、核心议题、主要理论家的学术成果，以及左翼思潮和左翼运动的考察，我们发现 21 世纪的中东欧与马克思主义有关的研究主要聚焦于：中东欧社会主义历史的反思、转型后新自由主义的批判，以及后社会主义现实问题的关注。尽管马克思主义在转型后的中东欧处于被"回避"、被"遗忘"状态，但马克思主义在 21 世纪的中东欧并未完全消失，仍然在一定程度上发挥作用。就像有人所说，中东欧国家在社会主义年代取得了令人瞩目的成就，将马克思主义与各国实践相结合，丰富了马克思主义理论宝库；资本主义在原社会主义国家复辟也不能消灭左翼思潮，未来社会主义理想通过和平道路在发达社会取胜也具有现实可能性；当然，这些国家在社会主义改革实践中犯下的不少错误也成为东欧剧变的原因之一，东欧剧变是国际共运史上的重大转折；不过，苏东剧变并不是社会主义的终结，马克思主义在原苏东国家并未消失，可以期待将来它仍然能够焕发出新的活力。[①]

[①] 参见马细谱《东欧马克思主义本土化的实践与启示》，潘金娥等著《马克思主义本土化的国际经验与启示》。

第四篇

21世纪非洲—拉美国家马克思主义研究

第十一章　马克思主义在非洲
——历史、现状与展望

众所周知，马克思主义形成于欧洲，发展于俄国，传播到亚非拉的欠发达国家。但是，很多时候，当人们在谈到马克思主义与非洲国家的关联时，总是有那么一种偏见，即非洲社会主义实践只是马克思主义在非洲的一个回响而已，是一个无足轻重的历史现象，换言之，在这些人的眼里，非洲是不存在真正意义上的马克思主义的。对于这个问题，我们认为首先有必要厘清"什么是马克思主义"的问题。结合学界的不同看法，我们可以这样定义"马克思主义"，即马克思主义是马克思恩格斯创立的，由其后各个时代、各个民族的马克思主义者不断丰富和发展的，以资本主义和社会主义为研究对象，以无产阶级和全人类解放为最终目标的科学理论。正如高放先生所说，马克思主义既是整体意义上的无产阶级和全人类解放的科学，也是每个人的个体解放（每个人的自由发展）的科学。① 董德刚也认为，"马克思主义的核心或根本不是阶级斗争，也不是无产阶级专政，而是在尊重客观规律特别是社会规律的基础上，为绝大多数人（包括其中每一个人）谋利益"②。因此，从最终目标上定义，马克思主义就是"人的解放学"，而且马克思主义是"由其后各个时代、各个民族的马克思主义者不断丰富和发展的"，有着不同的表现形式，换言之，我们所讲的马克思主义应该是"复数的马克思主义"，而不仅仅是正统的马克思主义。思想应该反映其赖以产生的具体社会状况，因此当今世界应当存在各种不同的马克思主义，每一

---

① 高放：《什么是马克思主义和社会主义》，《全国新书目》2009年第1期。
② 董德刚：《对"什么是马克思主义、怎样对待马克思主义"的求索》，《理论前沿》2009年第24期。

种马克思主义都回答其自身社会经济制度的具体需要和具体问题。就非洲的情况而言，许多国家都是在一个先锋党的组织和领导下，采用了社会主义意识形态，追求民族独立和人民解放。显然，"民族独立和人民解放"就是一种"人的解放"，而且许多非洲国家都采用了社会主义意识形态，有马克思主义先锋党的领导。因此，我们不能无视马克思主义在非洲的传播与发展，以及非洲革命的马克思主义性质。苏东剧变后，尽管包括非洲在内的世界社会主义运动陷入低谷，但非洲马克思主义研究并没有停滞；20 世纪末，尤其是 21 世纪以来，非洲马克思主义研究还取得了不少成绩。下面，我们简要回顾一下马克思主义在非洲的传播与发展过程，主要考察 21 世纪非洲马克思主义研究现状，并预测和分析非洲马克思主义发展前景。

一　马克思主义在非洲的传播与发展过程[①]

十月革命极大地激发了非洲殖民地国家的革命热情。此后，非洲殖民地的一批有识志士开始接触马克思主义，尤其是社会活动分子通过与共产党的接触，以及殖民城市中的劳工运动，接触了马克思主义。例如，几内亚的塞古·杜尔，加纳独立运动领袖恩克鲁玛，他们都较早就接触到了马克思主义，并宣称社会主义只能通过先锋党领导下的阶级斗争才能实现。1921 年，非洲最早的共产党分别在南非和埃及建立。此外，有苏丹共产党领导的反殖民运动，还有几内亚的马克思主义代表人物阿米尔卡·卡布拉尔。实际上，非洲的共产主义思想一直与共产国际有着密切的互动。非洲同志的加盟带动了共产国际内部研究非洲问题的兴趣，一批研究非洲经济社会问题的马克思主义小组在苏联成立，这直接导致了 1928 年第三国际把"黑人共和国"作为一个政治议题来讨论。[②]

20 世纪 30—40 年代，一些在法国、英国、美国的来自非洲的大学生，如加纳的恩克鲁玛、坦桑尼亚的尼雷尔等较早受到了马克思主义影响，并明确表示拥护马克思的辩证唯物主义，他们的努力促进了非洲革

[①] 详见郑祥福：《马克思主义在非洲的传播与发展》，《浙江社会科学》2014 年第 12 期。
[②] 蒋晖：《当非洲遇见社会主义》，http://www.guancha.cn/jianghui/2016_08_20_371940.shtml，观察者网，2016 年 8 月 20 日。

命民主主义思想的形成；同时，非洲的革命民主主义者力图以马克思列宁主义的系列论断为依据与殖民主义进行不懈的斗争，恩克鲁玛的早期著作和尼日利亚工人运动左翼领导人自20世纪40年代末至50年代初的理论可作为例证。不过，此时非洲的政治趋向主要还是体现为左翼势力的高涨和非洲人民对殖民压迫的反抗。

到了20世纪60年代，大多数非洲国家取得政治独立之后，越来越多的革命民主主义者在思想方面转向马克思主义。例如，加纳、坦桑尼亚、赞比亚、安哥拉、莫桑比克和后来的埃塞俄比亚都接受了社会主义意识形态，并着手实施中央计划的社会主义发展战略。此时，社会主义和中央计划模式契合了非洲公共部门发展的需要，这源于公共部门是国家为实现可持续发展而采取的非常重要的工具。在这个时期，几内亚总统塞古·杜尔强调人类发展道路的共同性原则，并且主张要以人们相互之间的经济关系为基础，来分析非洲的现实。到了70—80年代，马克思主义知识分子甚至控制了非洲许多大学的相关学科，非洲马克思主义逐渐成为流行的思潮，并得到各国较多的关注。例如，1983年，为纪念马克思逝世100周年，先后在赞比亚、尼日利亚和坦桑尼亚举行了三次"马克思与非洲"专题讨论会，主要议题有：当代帝国主义问题，政治与法律，科学与技术，发达与不发达，非洲与世界，妇女问题，种族、人种与民族问题，无产阶级国际主义，阶级与阶级斗争等。

然而，自20世纪70年代中期以来，随着桑戈尔转向亲西方的政策，非洲社会主义运动陷入了低潮；尤其是20世纪80年代以来，由于苏联社会主义经济衰退，非洲共产党内部发生了分化，许多人试图摆脱对苏联的依赖而转向西方。非洲大多数社会主义国家在80年代中期或末期就开始在经济上自由化了；许多国家开始进行经济改革和政治改革，包括经济自由化和政治民主化。他们接受了"结构调整计划"，并限制了国家在提供某些服务方面的作用，同时鼓励私有财产以及市场的作用。正如L.蔡利格所指出的那样，"伴随着苏联解体和新自由主义、全球化的兴起，非洲出现了结构调整和国家私有化，最终从国家主导的社会主义发展到国际货币基金组织和世界银行的新自由主义"[1]，以致

---

[1] *Class Struggle and Resistance in Africa*, edited by Leo Zeilig, Haymarket Books, 2004, pp. 25 – 26.

于从 20 世纪 90 年代开始，他们几乎都宣布放弃马克思主义，欣然接受代议制民主政治。

二　马克思主义与非洲文化—宗教传统的关联

在文集《非洲的文化、记忆和空间》[①] 一书中，来自不同学科和机构的十多位作者讨论的主题涉及非洲的风俗习惯、传统舞蹈、传统药物、殖民主义、全球化、种族问题与当代文化认同方面的问题。然而，正如大多数作者所揭示的那样，全球化本质上是一个政治驱动的过程，它对世界社会，特别是先前处于不利地位和边缘化的社会的作用往往是负面的。有些作者谈到了欧洲在非洲的殖民问题，以及它如何影响迄今为止的非洲人民的生活和价值观念。他们指出，殖民主义不同于以往形式的扩张和统治（如种族奴役），它对非洲人的生活具有长期的影响，主要原因在于它旨在统治和消除其他社会的文化—宗教规范和价值观及其生产，用西方的特殊性取代它们，从而完全征服了非洲人。简言之，殖民主义是一个消除其他民族文化和历史的过程。

A. 贝克泰指出，桑戈尔领导塞内加尔社会主义革命期间取得的成功，主要得益于他对塞内加尔人复杂的身份认同的准确理解，这使得他能够很好地把控塞内加尔社会内部的传统权力基础。在意识形态上，桑戈尔得到了黑人传统精神和非洲社会主义的支持，这在很大程度上弥合了塞内加尔国内社会的各种分歧和隔阂。作者强调，要超越黑人主义和非洲社会主义，把它们视为塞内加尔特定语境下的政治和文化修辞和基于平等主义和全球合作的乌托邦意识形态。因此，将非洲出现的这两种意识形态以"非洲文化"取代"社会—经济"现实来进行分析，可以更为深入地理解独立后非洲政治初创时期的社会现实。[②]

C. 马帕雷强调文化的差异性和多元化特征。他指出，正如同一个社会中存在意识形态竞争一样，不同社会之间也存在对立的意识形态。随着全球化发展和西方文化传播，非洲大部分价值体系和法律遗产正遭

[①] *African Cultures*, *Memory and Space*, edited by Munyaradzi Mawere and Tapuwa R. Mubaya, Langaa RPCIG, 2014.

[②] Asligul Berktay, Negritude and African Socialism, Rhetorical Devices for Overcoming Social Divides, *Third Text*, Vol. 24, Issue 2, March, 2010.

受前所未有的冲击。实证主义在非洲的许多法律中占绝对优势,但它并没有完全根除非洲法律的本土精神。植根于非洲文化传统的独特法律有着不同的民族标记,这就展示了非洲传统价值体系的力量,以及非洲哲学思想作为非洲法律体系的基础。在现代非洲国家,围绕着非洲文化传统而确立的法律体系有着不同的话语。现代非洲立法者和法律改革者既不能全盘西化,也不能照搬东方经验,而应该立足本土的非洲价值和非洲传统,即要超越欧洲中心主义和其他民族中心主义,营造一个有利于重振非洲道德和价值体系的环境,以便在竞争激烈的全球化世界中实现非洲大陆的可持续一体化发展。[1]

在《非洲现代化的传统与传统的现代性》[2]一书中,尼亚姆霍指出,在非洲,酋长制并没有像现代化理论家及其批评家所预测的那样,被现代的权力精英们推到一边,而是表现出了显著的动态性和对新的社会经济和政治发展的适应性。酋长制和酋长们已经成为寻求民族文化象征的积极推动者,以此作为替代官僚主义和国家权力中心及其在村庄的权力机构的一种方式。换言之,按照非洲人作为个体公民以及作为各种文化社区的主体的期望,酋长制仍然是发展民主和问责制的持续努力的核心。不过,关于喀麦隆和博茨瓦纳的民族志描述挑战了这样的观点,即现在的酋长制度从根本上是不民主的,而且作为机构是僵化的。喀麦隆和博茨瓦纳的现实表明酋长制是一个动态的制度,不断创造自己,以适应新的情况。在民主和问责制领域,非洲酋长制受到现代国家机构和自由主义的影响。这种交往的结果既不是"传统"的胜利,也不是"现代"的胜利,既不是"酋长"的胜利,也不是"自由"的民主的胜利,既不是"权力"的胜利,也不是"权利"的胜利,实际上是由双方共同产生和塑造的。与民主一样,酋长制也可能受到权力精英们的一时冲动和任性的影响,但是这种冲动不会在时间和空间上被冻结,精英也不是一个同质的、不变的实体。

---

[1] Clever Mapaure, Reinvigorating African values for SADC, The relevance of traditional African philosophy of law in a globalising world of competing perspectives, *SADC Law Journal*, Vol. 1, 2011.

[2] B. Nyamnjoh, *Modernising Traditions and Traditionalising Modernity in Africa*, Langaa RPCIG, 2015.

在《寻找社会的声音：非洲的教会与马克思主义》[1] 一书中，J. C. 麦凯纳分析了非洲马克思主义与教会之间错综复杂的关系。教会必须遵循基督教人文主义路线，在世俗领域促进人的全面发展。就是说，教会应该给发展带来独特的"福音"视角，应该明确人的尊严以及人的成长与神圣目的的联系。为了完成这一使命，教会经常在社会事务上提供道德指导。因此，教会必须是社会倡导者，动员其成员对公共政策的具体措施施加政治压力。然而，一些传教士对非洲人持种族歧视态度。在很大程度上，传教士将他们的欧洲文化观点强加于非洲的信仰表达，实际上禁止与基督教信仰不相容的当地习俗；一些非洲人也倾向于将基督教传教士与殖民者联系起来，指控教会有意与殖民者合谋意图在政治上征服非洲大陆。但是，他们忽略了相反的情形，即反宗教的欧洲政府把对教堂的限制从大都市扩展到殖民地；在一些地区，传教士向殖民地政府施压，要求他们纠正对待土著居民的压迫性和不公正的方式。因此，年轻的非洲教会处理这些问题的努力是走向成熟的重要标志。一些举措表明了它们对正义、和平以及社会机构及其运作中的相关问题的关注，并直接地或间接地受到了马克思主义的影响；另一方面，作者指出马克思主义对教会产生的影响。非洲教会认为马克思主义的某些方面本身就具有威胁性，因为它们直接反对最基本的天主教信仰。马克思作为唯物主义者和无神论者，强烈抨击了所有宗教。作为福音的先驱者，教会关注无神论观点和虚假的道德原则在成员间的传播；作为社会正义和基督教人文主义理想的倡导者，教会关注公民权利的保障；作为制度，教会担心政府采取的措施会威胁其自身的存在和运作。在此背景下，天主教神学家努力研究"非洲神学"——一种考虑到非洲人具体和特殊经历的神学，并提升为"解放神学"。他们一致认为，受压迫的经历是他们神学思考的起点，基督徒需要努力摆脱压迫、伸张正义，改善人们的生活环境。然而，他们不使用马克思主义概念作为社会分析的工具，也不支持阶级斗争作为建立正义的方法。

---

[1] Joseph C., Mckenna, S. J., *Finding a social voice, the church and Marxism in Africa*, Fordham University Press, 1997.

三 非洲社会主义运动批判性反思

第一,非洲社会主义运动经验总结。

1. 非洲建设社会主义不能忽视非洲独特的传统。在《马克思主义与国家:起源与发展》①一文中,法达金特指出,非洲与殖民主义的相遇是国家发展过程中的一大灾难,正是殖民主义瓦解了土著的非洲社会,创建和合并了不同的甚至是彼此敌对的、在历史和文化上完全不相关的部落和民族组织。与殖民主义遭遇的结果造成了非洲的依赖型经济,这种经济缺乏自主的生产能力,以致非洲陷于不发达带来的问题中,非洲各国经历着深刻的危机。换言之,在非洲,殖民主义成功地将资本主义生产方式强加于殖民地社会,却没有资本主义制度或资产阶级来发展和管理资本主义。殖民主义为非洲创造了依附型经济,因为在殖民主义植入资本主义的时代,非洲仍然处于封建主义阶段,而在宣布独立的时候还没有能够发展自主资本主义模式的制度和资本主义的社会阶级、生产要素等。就非洲社会而言,不存在马克思意义上的社会阶级,就是说,非洲社会没有马克思社会阶级概念意义上的资本主义阶级结构和阶层结构,即不存在一个为统治阶级(剥削阶级),一个为被统治阶级(被剥削阶级)的情形。因此,不能完全套用马克思主义的阶级斗争理论来分析非洲问题。

非洲的权力结构和地位结构仍然沿袭传统状态,尽管也有类似于复杂社会的城镇,但大多数城镇是由部落组成的,这些城镇所形成的种族结构,不是资本主义劳动分工的结果,而是对殖民安排的一种回应。换言之,非洲的城市中心并非由马克思意义上的社会阶层或阶级组成,而是由部落和民族组成的,他们不是资本主义的创造物,而是殖民主义的产物。殖民主义给非洲带来了两个分裂的阶层,即政治精英和普通大众。非洲国家独立时甚至到现在为止的政治领导人,继承了殖民统治和殖民政治机构,但严格来讲他们是没有财产的阶层,以致非洲政治领导人忙于使用他们手中的权力,利用国家工具为自己谋取财富。这样,政

---

① M. M. Fadakinte, Marxism and the state, Its Origin and Development, *Canadian Social Science*, Vol. 11, No. 7, 2015.

治阶级是派系性的，为了在非洲获得权力而极力争取进入国家政权的人并没有带来和平与发展。

非洲的反殖民主义斗争是20世纪世界反帝国主义斗争的一个重要组成部分。社会主义阵营和非洲国家不管是在政治上还是经济上都进行了长期卓有成效的合作，有效地维护了国际秩序的合理性。需要指出的是，在如何建设社会主义方面，非洲社会主义运动为殖民地国家提供了一些有益的经验。

在经过几十年的社会主义探索之后，非洲人民也开始认真地反思马克思主义的普遍性与特殊性的关系问题。殖民地的社会主义建设实践，如果不从非洲的实际出发而盲目地套用马克思主义的社会主义理论，显然是无法获得成功的。因此，非洲社会主义运动的主要经验在于，在非洲建设社会主义不能忽视非洲独特的传统；而且，从某种意义上说，非洲社会主义也是从非洲传统精神中孕育而来的。尼雷尔就曾指出，现代非洲社会主义可以从传统遗产中获得启示，即它源于一种把社会视为核心家庭延伸的观念。他认为，正是在打碎殖民主义枷锁的斗争中，非洲人认识到了团结的重要性，认识到在部落时代赋予每个延伸家庭的人以安全的类似社会主义观念，必须在国家这个更为广泛的社团中得以保存，并且必须延伸到部落、社区、国家、非洲大陆以外，以涵盖整个人类社会。在尼雷尔看来，非洲社会主义的基础是"扩大的家庭"（Extended Family）。为此，他以"乌贾马"（Ujamma，在班图语中是指扩大家庭、兄弟关系等）来解释非洲社会主义，反对以人与人之间剥削关系为前提建立美好社会的资本主义，同样也不赞成以人与人之间不可避免的冲突哲学为基础建立美好社会的教条式的社会主义。尼雷尔进一步指出，欧洲社会主义产生于农业革命和工业革命，前者在社会中产生了"地主阶级"和"失地阶级"；后者催生了现代社会的资产阶级和工业无产阶级。而非洲社会主义具有自身的独特性，非洲社会主义并未"得益于"农业革命或工业革命，它主要不是由于社会中的对立阶级的存在而引发的。

2. 非洲社会主义运动必须与民族解放运动相结合。非洲社会主义运动和建设，必须与反殖民主义的民族解放运动、争取民主的斗争结合起来。因此，我们不能忽视非洲反殖民主义斗争的独特性。就是说，非洲社会主义是与民族主义、种族主义紧密联系在一起的。从某种意义上说，正是反殖民主义的民族主义最终转化为非洲社会主义，非洲社会主义不是无产阶级运动的产物，大多数是作为民族解放、反对殖民、争取民主斗争的结果，即非洲社会主义主要不是源于社会中的阶级冲突，而是通过种族反抗、民族独立的方式获得成功的。在非洲语境中，没有现代意义的阶级区分。因而，马克思的阶级理论并不能严格地适用于非洲，因为非洲没有相应的工业化和有组织的工人、劳动者。正如 M. 莫妮卡主编的《马克思主义、补偿与黑人自由斗争》[1] 文集所指出的，非洲的民族解放运动，使人民摆脱了殖民统治。对此，应该提出一个非常尖锐的问题，即这是阶级斗争的一部分吗？这是有争议的。因为民族解放运动不是纯粹的阶级斗争，其中有些参加者是殖民地的资产阶级分子，他们希望赢得独立，同时又能成为统治阶级，压迫工人阶级和农民阶级。实际上，列宁早就指出过，民族解放运动中的资产阶级分子是个问题，只要有可能，我们就应该在民族解放运动中进行阶级斗争。[2]

在非洲，尽管许多不同的信条松散地聚集在"非洲社会主义"旗帜下，但它们从来都不是"科学社会主义"，而是与民族主义联系在一起的。其中，非洲最有影响力的桑戈尔（"塞内加尔国父"）和尼雷尔的社会主义均是植根于民族主义，对他们来说，非洲文化传统本身就有集体主义精神，可以孕育出社会主义的种子；个人主义、私人占有等资本主义冲动与非洲社会是不相容的。我们甚至可以说，在非洲，民族主义是先于社会主义的，而阿拉伯的民族主义就与社会主义紧密相连。例如，埃及的纳赛尔在推行社会主义学说以前，首先实施了土地改革和公有化措施；阿尔及利亚在选择社会主义以前就开始了革命；坦桑尼亚在"阿鲁沙宣言"之后才宣布社会主义政策。国家内部的激进主义、反资本主义和反帝国主义是这些非洲国家偏好社会主义的主要原因，其中一些高层领导人，如恩克鲁玛、尼雷尔、马里的凯塔、津巴布韦的穆加贝等信仰社会主义，并相信社会主义可以通过革命取得成功。[3] 在《左派

---

[1] *Marxism, Reparations & the Black Freedom Struggle*, edited by Monica Moorehead, World View Forum, 2007.

[2] *Marxism, Reparations & the Black Freedom Struggle*, edited by Monica Moorehead, World View Forum, 2007, pp. 2 – 3.

[3] Pratibha C. Kagalkar, African socialism re-examined, *India Quarterly: A Journal of International Affairs*, 1992, p. 78.

与非洲国家联盟：民族主义、社会主义和南非政治的未来》① 一文中，A. 约翰斯顿讨论了后隔离时代南非的种族主义、社会主义及其两者之间的关系。他指出，左派与非洲人国民大会联盟的问题对南非政治文化的发展提出了重要问题。1990—1994 年间谈判的各方及自 1994 年以来所有与政府和议会政治有关的谈判都必须服务于建立新政治制度的包容性和接受性的目标，即要处理好民族主义与社会主义的关系。

3. 社会主义理论必须与非洲实际情况相结合。以渐进方式引入社会主义是为激进主义者所反对的。然而，非洲社会主义革命实践从某种程度上告诉人们：没有阶级斗争也可以引入社会主义。恩克鲁玛认为，非洲本土文化较之于西方的个人主义文化，具有更多的集体取向。而西方的价值观将会侵蚀非洲本土的道德价值观。因此，非洲语境下的社会主义应该是以适应本土的人道主义社会主义和道德观的形式呈现出来的。② 实际上，马克思也没有明确表述过非资本主义国家向社会主义国家转变以前必须有一个阶级斗争时期。阶级斗争也不是非资本主义道路上公认的特征，尤其是非洲社会主义革命主要针对西方帝国主义和新殖民主义，而不是针对国内剥削阶级的。正因为如此，才使得社会主义成为一种适用于非洲知识分子甚至是许多政府执政者的意识形态。同时，也正是由于放弃了阶级斗争观念，主张发展是从上到下，从以城市为中心到以农村为中心，经过工业化的过程，社会主义才能为更多的非洲人所接受。这意味着社会主义观念可以在不彻底改变国家政策的情况下被接受。

非洲国家通过在殖民地进行社会主义革命实践，认识到了社会主义一般理论必须与本国实际情况相结合。例如，在一些伊斯兰国家，其所成立的社会主义政权，也往往是适应于伊斯兰教的。在实践层面上，由于非洲国家种族的特殊性，非洲马克思主义政党建设往往带有群众性色彩。在政党内部，各个领导人所代表的仅仅是一个民族，对于对立的派别只能采取合作的方式。因此，一个政党所形成的政策往往是平衡各个种族之间利益关系的，有时甚至是一种令人不满意的妥协。例如，马达

---

① Alexander Johnston, The left and the ANC alliance, nationalism, socialism and the future of African politics, *NDICATOR SA*, Vol. 16, No. 1, 1999.

② Barry Hallen, Socialism and Marxism, in *A short history of African philosophy*, Indiana University Press, 2002, p. 73.

加斯加的政党就是一个多党民主的混合体。①

诚然,非洲国家面临着许多马克思、列宁未曾预见的问题。马克思列宁主义创立者并没有为落后地区的革命运动提供详细的蓝图。所以,非洲社会主义必须与各国国情相结合,走自己独特的道路。尤其需要指出的是,斯大林的无产阶级革命理论在非洲是行不通的,因为非洲并不存在一个严格意义上的无产阶级,或者说,非洲的无产阶级比较弱小。在非洲(像在其他地方一样),马克思主义只有不断地与各国实际相结合,才能永葆生命力;离开各国实际情况谈论马克思主义,只是抽象的、空洞的马克思主义,不能解决任何实际问题。因此,马克思主义在任何国家的发展都必须与该国的革命和建设的实际相结合,使马克思主义具有本民族的特色和表现形式。马克思主义从实践中产生,在实践中发展,一个国家的革命和建设要取得成功,应该根据本国的具体国情,找出适合自己的道路。

第二,对非洲社会主义运动挫折的反思。

20世纪末21世纪初,非洲学界兴起了对非洲社会主义运动失败的批判性反思。例如,在《马克思列宁主义和非洲社会主义中的人性》②一文中,尼日利亚拉各斯州立大学的奥菲西指出,资本主义的副作用是不可估量的,尤其是资本主义引发的不健康的竞争将导致社会失序,伴随资本主义全球化两极分化将加深;同时,他还指出,马克思、列宁的科学社会主义在苏联、东欧以及非洲的失败,主要原因之一就是,这些国家的马克思主义者把人仅仅看成是一种社会经济的、历史的存在物。泛非主义在非洲没有取得成功,则是因为他们过于武断地认为非洲人天然就具有一种集体主义、共同体主义的情感。换言之,奥菲西认为两者都没有很好地把握人性的多样性,忽视了人性中避免痛苦的冲动、对有意义生活的向往、对免遭外在干扰之自由的渴望、追求卓越的激情,更重要的是获得私人财产的欲望。概括地说,非洲社会主义运动和建设过程中的主要教训如下:

1. 重独立、轻建设,而且建设经验不足。在非洲很多地方,资本

---

① 郑祥福:《马克思主义在非洲的传播与发展》,《浙江社会科学》2014年第12期。
② Oseni Taiwo Afisi, Human Nature in Marxism-Leninism and African Socialism, Thought and Practice, *A Journal of the Philosophical Association of Kenya* (PAK) New Series, Vol. 1, No. 2, December 2009, pp. 25 – 40.

主义被视为殖民主义,因为正如后者一样,资本主义是罪恶的、剥削的。作为资本主义的对立面,社会主义被宣称是非洲未来的唯一道路。在这种观念的影响下,1957年3月7日,非洲的第一个黑人国家加纳在恩克鲁玛的领导下,脱离了英国,取得了独立。恩克鲁玛也因此被公认为"非洲社会主义之父"。独立后,恩克鲁玛面临着艰巨的任务,他曾在20世纪50年代宣称"我们直到把这可悲的殖民主义体系推翻,建成名副其实的人间乐园之后,才肯罢休"。但是,独立完成了,如何建成"人间乐园"却成了问题。[①] 尤其需要指出的是,非洲的许多国家在独立后都没有优先发展生产力和科学技术,也缺乏发展经济的有效激励机制,以致整个非洲大部分国家仍然停留在落后的农业经济状态,许多人才纷纷逃离本土。

2. 马克思主义政党主要领导人急躁冒进。过于自信的非洲社会主义之父们把经济发展完全寄希望于体制,在缺乏资金、技术、资源的情况下,高估了其实现工业化的能力。在非洲,马克思主义政党的领导人也高估了农村现代化的成熟程度,他们通常通过重新规划农村生活来促进农村生产力的发展。然而,由于对农村人口流动估计不足而急于引进市场机制,结果往往是事与愿违。[②] 正如在坦桑尼亚,尼雷尔主张在农村建立自给自足的经济体系,以摆脱对西方国家的依赖,建立"农村社会主义"。让农民离开固有的家园搬进"新村",如此一方面可以解决农民散居的问题,另一方面也便于他们从事现代农业生产。但是,这一做法一开始就受到农民的抵制,于是政府就调动大批军队强制农民搬迁。[③] 因为,许多农民实际上并不愿意离开世代居住的地方,他们只希望能够获得土地。1977年,尼雷尔也不得不承认自己改革的失败,承认他对农村社会主义的改造并没有令民生得到显著改善。

3. 在社会主义建设过程中没有处理好领导人腐败问题。具体表现为庞大的行政机关、重叠的官僚机构、令人窒息的繁文缛节、可怕的浪费和腐败,以及无望低效的国有企业。这些问题很容易造成政治上的不

[①] George B. N. Ayittey, *The end of African socialism?*, The Heritage Foundation, January 24, 1990, p. 3.

[②] 郑祥福:《马克思主义在非洲的传播与发展》,《浙江社会科学》2014年第12期。

[③] 蒋晖:《当非洲遇见社会主义》,http://www.guancha.cn/jianghui/2016_08_20_371940.shtml,观察者网,2016年8月20日。

稳定。非洲自己的历史表明,这种不稳定阻碍了结构性失衡的纠正,以致于非洲国家的经济改革很难有成效。而且,非洲马克思主义政党的许多领导人未能完全履行其在争取独立过程中所做的种种承诺,他们一旦上台掌权,就形成了官僚主义的作风。正如在加纳,1966 年,恩克鲁玛政权被军人政变推翻了,大街小巷一片欢腾。更为糟糕的是,他的"主义"蜕变为"瑞士银行社会主义"。在恩克鲁玛宣扬社会主义的同时,他的官员忙于进口奔驰、金床和把财产转移到瑞士银行账户上。当时加纳的一位国民议会成员严厉指责:许多孩子未能在中学学习而在大街上游荡,而那些官员的孩子却可以在国外学习,可以读大学。他们大多数人都开着奔驰却声称自己是社会主义者。如果我们要建立一个社会主义国家,我们必须要让总统知道,我们非常关注公共资金的使用,社会主义不仅仅是口头上的标榜。①

4. 非洲国家主要领导人混淆了泛非主义与社会主义。诚然,泛非主义作为 20 世纪黑人民族主义的主要支柱之一,在联合黑人反对殖民主义、促进全世界黑人的团结、推动全世界黑人在联合国等国际组织中采取共同立场等方面起到了不可忽视的作用。而且,泛非主义在运动的过程中不断受到社会主义的影响,也意识到种族问题与阶级问题不可分割,正是在后者的影响、推动下,泛非主义运动走向了社会主义的阵营,泛非主义在国际社会主义反帝国主义的斗争中起着非常重要的作用。许多泛非主义的领导者都有社会主义的倾向,或者可以说他们本身就是社会主义者,恩克鲁玛就曾论证过"一个统一的非洲社会主义"存在的必要性;尼雷尔领导下通过了建设社会主义为目标的《阿鲁沙宣言》。塞古·杜尔、恩克鲁玛、尼雷尔等人领导各国取得独立之后选择了社会主义的发展道路,正是在他们的推动下,建立社会主义社会成为了泛非主义的奋斗目标,从而使泛非主义纳入到了非洲社会主义运动的轨道。② 因此,可以说泛非主义"既是黑人反对白人种族歧视,争取种族解放的具有进步性的黑人种族主义,又是反殖、反帝、反霸,争取非洲彻底独立和统一的广义的非洲民族主义,最后还提出了消灭资本主

---

① George B. N. Ayittey, *The end of African Socialism?*, The Heritage Foundation, January 24, 1990, pp. 4 – 5.
② 张忠民:《泛非主义的产生及其对非洲的影响》,《徐州师范学院学报(哲学社会科学版)》1992 年第 3 期。

义、建立社会主义社会的奋斗目标，带有共产主义的性质"①。

但是，包括恩克鲁玛、桑戈尔在内的非洲马克思主义政党的主要领导人将泛非主义与社会主义混为一谈。实际上，泛非主义是与社会主义不同的意识形态。首先，泛非主义最大的问题在于其在不发达地区没有相应的经济计划，因为泛非主义是在种族和民族层面上运作的，试图将所有问题混合在一起，而经济学说是在社会阶层的层面上运作的。非洲未能取得像布尔什维克革命、中国、朝鲜、古巴那样的成就，主要是由于泛非主义的意识形态在经济层面的失败。其次，泛非主义也不能成功地驱逐新殖民主义。毫无疑问，泛非主义者通常都是反对殖民主义的，但是，绝对不能确定他们也是主张根除新殖民主义的。在很多时候，泛非主义并不主张限制殖民利益活动，更不要说废除它们。相反，许多泛非主义领导者，如桑戈尔，指出满足这些利益是必要的。以至于在非洲，群众对于革命的热情因泛非主义维护新殖民主义而逐渐消退。再次，泛非主义也缺乏防止种族内部剥削的有效方案。对于许多泛非主义者来说，任何与历史和社会有关的问题，都可以从种族问题中得到解释。

第三，社会主义仍然是非洲发展的替代性选择。

面对20世纪80年代以来的非洲经济金融危机，一些非洲国家主动地或（在西方国家干预下）被动地实施新自由主义政策改革，但这些改革皆不尽如人意。例如，20世纪80年代发生在喀麦隆农产品工业部门的经济危机使两家公司濒临崩溃。这场危机在喀麦隆引起了巨大的骚乱，对现有的种植园生产和资本积累理论提出了严峻的挑战，为此，喀麦隆对经济进行调整，并实施了一系列新自由主义经济改革政策。这些改革措施包括从区域农产品工业部门撤回国家干预和国家补贴，对现有的农产品工业企业进行重组、清算和私有化，以提高效率、成本效益和国际性。然而，新自由主义改革措施并没有取得预期效果，反而给和这些农产品工业企业有直接利害关系的民间社会团体带来了严重后果。②

随着21世纪第一次影响深远的资本主义危机的爆发，一些人试图

---

① 张忠民：《泛非主义、非洲民族主义、部族主义关系浅析》，《徐州师范学院学报（哲学社会科学版）》1996年第4期。

② Piet Konings, *Crisis and Neoliberal Reforms in Africa: Civil Society and Agro-Industry in Anglophone Cameroon's Plantation Economy*, Langaa RPCIG, 2010.

以社会主义方案替代资本主义。正如印度共产党总书记 P. 卡拉特在《21 世纪马克思主义：新自由主义和帝国主义的替代性选择》①中所指出的那样，马克思主义曾被误解为仅仅是 19 世纪的哲学，如今再一次证明了它是分析当代资本主义面临危机的唯一科学理论。马克思主义仍然是超越资本主义、建立一个没有阶级剥削和社会压迫的新社会的行动指南。卡拉特强调，马克思主义作为科学的理论，必须结合实践不断地更新和发展。21 世纪马克思主义必须摆脱僵化的苏联式理论教条的束缚，这是使马克思主义成为理论与实践科学指南的根本要求。

21 世纪以来，非洲面临着深刻的危机，如国家衰落、战争和贫穷；而与此同时，中国和印度则在世界贸易中的份额不断增长。一个问题是非洲国家如何才能在竞争日益激烈的世界市场中占有一席之地。因此，许多人聚焦分析了限制非洲发展和增长的制约因素。例如，在《全球化、谈判与南非转型的失败》②一书中，M. H. 艾伦分析了全球化对南非政治经济的影响。作者指出，南非民族解放运动的主流受到社会主义思想的影响，这些思想为非洲国家在转变国民经济、实现穷人和受压迫者的公平方面发挥了重要作用。L. 哈恩主编的《非洲替代性选择》一书③旨在鼓励探索非洲的主动性和创造性，这种主动性和创造性并不限于理解非洲人当前面对日益恶化的社会经济政治环境的应对战略；其目标主要是超越眼前的条件，分析那些主动的替代范式。

"冷战"结束时，非洲国民大会（ANC）、南非工会大会（COSATU）和南非共产党（SACP）的左倾联盟进入政府，并在所有陷入危机的现代意识形态问题上发生了争论。新自由主义的盛行在一定程度上是因为苏联解体，同时也是由于北美市场的规模，以及美国的政治优势。但是，新自由主义并没有解决世界范围内工业生产产能过剩的问题，特别是它几乎没有解决收入分配、社会包容和公平问题。这些仍然是世界各国社会主义政党和社会民主党关注的重要问题。南非左翼联盟将如何在意识形态上对当前世界格局进行调整？从福特公司的跨国公司生产时

---

① Prakash Karat, Marxism in the 21st Century, Alternative to Neoliberal Capitalism and Imperialism, *The Marxist*, XXVII 4, October – December 2011.

② Michael H. Allen, *Globalization, Negotiation, and the Failure of Transformation in South Africa*, Palgrave Macmillan US, 2006.

③ *African Alternatives*, edited by Patrick Chabal, and Ulf Engel, Koninklijke Brill NV, 2007.

代起，几乎所有的国家都面临着严峻的社会经济不平等的挑战，这些问题已经引起了包括发展中国家在内的世界各地工人阶级的关注，并产生了反霸权话语，如依附理论、经济民族主义。如果这个执政联盟不能在全球主义意识形态面前形成一种可行的新的意识形态，那么贫穷、弱小的非洲国家就不会有希望。

正如 K. 海利克、P. 维尔在《马克思主义的过去和现在》[1]中指出的那样，马克思主义是理解非洲为争取自由而斗争的关键，马克思主义对分析种族隔离结束后非洲国家的激进政治具有指导意义。但在种族隔离结束 20 多年后，非洲的社会转型仍被新自由主义而非马克思主义所控制。H. 格雷厄姆在《新自由主义的非洲》[2]一书中也指出，现在还远未到可以宣布新自由主义寿终正寝的时候，也不是可以简单地提出新自由主义替代性选择的时候。但重要的是要认识到，新自由主义只不过是强加给非洲国家的一个模板，它使非洲成为一个具有一系列通用"问题"和"解决方案"的地区。换言之，在新自由主义框架之外，还有许多途径可以用来处理发展问题。显然，马克思主义的社会主义是可能的替代性选择之一。

四 民族主义、阶级斗争和抵抗运动

M. 莫妮卡主编的《马克思主义、补偿与黑人自由斗争》文集指出，对于民族自决和种族主义的理解，与理解我们作为革命者为了最大限度地团结工人阶级和弥合工人阶级内部分裂而必须做的一切息息相关。因为工人阶级特别是其先锋队的政治发展，对于社会主义革命斗争的成功，是至关重要的。当我们谈论无产阶级国际主义或工人阶级国际主义时，指的是"世界工人联合"，这不应该是写在报纸上或横幅上的空洞口号，更重要的是我们要如何使口号成为现实。"马克思主义是认识革命理论、开展革命行动的唯一科学工具和指南。马克思主义使我们认识到种族主义是一种植根于资本主义经济体制的意识形态，它使阶级

---

[1] Kirk Helliker, Peter Vale, Marxisms past and present, *Thesis Eleven*, 2013, 115 (1), pp. 25–42.

[2] Harrison Graham, *Neoliberal Africa*, Zed Books, 2010.

分裂长期存在，以便资产阶级利润最大化。"① 换言之，种族主义并不源于白人工人，实际上他们也是种族主义的受害者；而是源于主要依靠种族主义、性别歧视等来维持统治的白人统治阶级。而且，非洲国家反对帝国主义的解放运动也是由持有各种意识形态的民族主义者领导的，他们里面有些是资产阶级，还有些是社会主义者和共产主义者。L. 蔡利格重申了马克思主义与现代非洲的关联性。他认为，原苏联自上而下的社会主义模式和自由市场资本主义，对非洲国家的大多数人民来说都是灾难性的。作者主张回到经典马克思主义的社会主义——在那里，社会主义被视为工人阶级的自我解放。因此，我们有必要考察马克思主义的发展和挫折，并分析当前的现实在多大程度上仍然符合马克思的分析。作者指出，如果说20世纪90年代对非洲政治经济的许多评论使人们感受到非洲所经历的诸多挫折，那么还有许多例子表明，民众的抗议和工人阶级斗争已经演变为更有组织和更有效的运动。非洲有着丰富的工人阶级运动历史，但也需要有能够引导和协调这些自发斗争的工人阶级政党，这些党派应推动工人阶级的工会行动，帮助工人阶级树立自力更生的信心。在《非洲工人阶级的形成》② 一书中，P. 韦伯纳描述了非洲后殖民国家中产生的阶级认同和阶级意识，以及低收入工人争取公共尊严和生活工资的斗争。作者通过一系列历史事件来追踪这场斗争，这些事件塑造了博茨瓦纳低薪公共服务工作者的个体身份和集体身份。在博茨瓦纳，1966年国家独立后的工人阶级也不能被视为一个固定的社会实体；相反，它是多重的和矛盾的聚合体。阶级认同和意识的产生以文化意象、歌曲、白话演说、公开会议、集会、罢工和大众文化为中介。因此，作者主张恢复工会和工人行动主义的文化维度。

在《南部非洲的解放斗争》③ 中，主编 H. 萨皮尔和 C. 桑德斯讨论了南部非洲从外交到武装抵抗的各种形式的斗争以及它们之间的关联，以及不同的角色在这些斗争中的作用等。该书指出，20世纪末的斗争将继续影响并界定21世纪的生活。在非国大庆祝成立100周年的2012

---

① *Marxism, Reparations & the Black Freedom Struggle*, edited by Monica Moorehead, World View Forum, 2007, p. 8.
② Pnina Werbner, *The Making of an African Working Class*, Pluto Press, 2014.
③ *Southern African Liberation Struggles*, edited by Hilary Sapire and Chris Saunders, University of Cape Town Press, 2001.

年,很多人都提到解放斗争。这些斗争将对该地区具有持久意义。在《南部非洲解放斗争实录》① 一书中,C. 桑德斯指出充分的历史材料对于非洲解放斗争的研究至关重要。该书梳理了迄今为止历史学家们关于南部非洲斗争的文章以及他们使用的各种数据的来源,也介绍了南非的各种解放档案,还讨论了利用数字技术创建数字档案等相关问题。

另外,需要指出的是,黑人激进传统受到了普遍关注。C. 罗宾逊在《黑人马克思主义:黑人激进传统的形成》② 中试图勾勒出马克思主义和黑人激进主义这两种革命纲领相遇的历史和思想轮廓。C. 罗宾逊认为,两种方式都各自代表着一种重大社会解决方式,但每一种方式都是对历史的一种特殊的认识。在过去两个世纪的大部分时间里,在西方社会中,社会主义的理想激发了左派对阶级统治的积极反对。马克思恩格斯、列宁的思想为现代西方社会出现的许多激进和革命的思想和运动提供了理论渊源。在《非洲的批判理论:重建黑人激进传统——从杜波依斯、詹姆斯到法农、卡布拉尔》③ 一书中,R. 拉巴卡从非洲的批判理论的视角考察非洲黑人激进主义传统,论证了重建非洲激进传统的必要性,并批判性地思考抵制当前新的全球帝国主义的可能性。R. 拉巴卡指出,在当代批判理论中,黑人激进主义被荒诞地贬低为"顽固黑人所提出的诡计""泛非叛乱分子""黑人滋扰"等。在许多自吹自擂的白人"传统"的语言游戏中,非洲的批判理论传统的独特话语似乎被剥夺了批判的能力,甚至被后现代主义者、后殖民主义者和后马克思主义者(以及其他许多人)嘲笑。然而,对于那些继续为自由而战的人,那些饱受全球变暖和战争蹂躏的人,以及那些拼命寻求解决我们最紧迫的社会和政治问题的人来说,激进主义者的反帝国主义的思想和行动,黑人激进组织对性别公正和妇女解放的承诺,黑人激进的革命人文主义政治观点和社会变革理论等远未过时。作者认为,非洲的批判理论与传统的马克思主义、法兰克福学派的批判理论的主要不同在于后者长期忽

---

① *Documenting Liberation Struggles in Southern Africa*, Edited by Chris Saunders, Nordic Africa Institute, Uppsala, 2010.

② Cedric J. Robinson, *Black Marxism, the making of the black radical tradition*, the University of North Carolina Press, 2000.

③ Reiland Rabaka, *Africana Critical Theory, Reconstructing the Black Radical Tradition, from W. E. B. Du Bois and C. L. R. James to Frantz Fanon and Amilcar Cabral*, Lexington Books, 2009.

视种族主义、性别主义和殖民主义对非洲产生的影响。尽管批判理论话语一直呼吁"回归马克思",以便重建批判理论,使之在当代资本主义的变迁中更加可行。然而,这些社会理论家没有意识到的是,正是由于他们过分依赖正统马克思主义,使得他们的许多工作在理论上是短视的,在智力上则是孤立无援的。作者强调,非洲的批判理论作为跨学科、多元方法的传统的激进主义,其理论进步为实际的社会政治革命作出了无可争辩的贡献,这是重新认识和重建当代激进政治和批判理论的努力。作者强调,在非洲,批判理论不能也不可能自我修正,除非它认真考虑非欧洲或非白人社会理论家和活动家的贡献。

五 南非问题与"后隔离时代"

第一,南非问题是国别研究的重点。

在非洲国别研究中,南非问题依然是重点,尤其是关于种族隔离问题、由于种族隔离而带来的阶级和种族的不平等问题,以及南非的危机问题,受到了普遍关注。

在《种族隔离时期南非政治变革中的国际经济制裁》[1]一书中,彼得探讨了国际经济制裁对种族隔离经济的影响,以及由此产生的对政治变革的影响。首先,通过对20世纪60年代以来的种族隔离经济与80年代以后国际经济制裁加强后的表现进行对比,作者得出了这样的结论:当种族隔离时期经济受到制裁时,它直接和间接地影响着种族隔离政权采取措施实现所要求的政治变革,从而防止其经济最终崩溃。其次,作者还发现,经济制裁的实施对种族隔离经济产生了负面影响,因此迫使政治制度作出让步。最后,作者运用马克思主义理论分析了南非种族隔离地区政治和非政治国内力量对政治变革施加压力的作用。

由于种族隔离带来的阶级和种族的不平等问题,也引起了关注。例如,在《阶级、种族与南非的不平等》[2]一书中,J. 赛金斯和 N. 纳特

---

[1] Peter. W. Sichangi, *International Economic Sanctions in the Political Change of Apartheid South Africa*: 1960 – 1990, Department of political science public administration, University of Nairobi, 2003.

[2] Jeremy Seekings and Nicoli Nattrass, *Class, Race, and Inequality in South Africa*, Yale University Press, 2005.

拉斯指出，没有哪个资本主义国家（无论是北方还是南方）像南非在种族隔离制度下那样有计划地和残酷地构建不平等的收入结构。国家政策通过限制向大多数黑人开放的机会来影响不平等，歧视性的教育支出意味着黑人进入劳动力市场具有巨大的劣势。因此，在许多方面，个人在种族隔离制度下的收入和福利取决于他或她的种族划分。在整个种族隔离时期，南非的收入分配不平等现象非常严重，南非记录了世界上收入不平等程度最高的国家之一。他们强调，民主化给一个表面致力于减少不平等的政府带来了权力和利益。因此，人们可能期望总体上的不平等显著减少。然而，事实证明，南非的收入不平等状况难以改变，而且自种族隔离结束以来，这种状况可能已经恶化。

M. 菲利普分析了南非共产党在种族隔离结束后在南非政治中面临的重大困境。通过调查，他发现许多调查对象认为南非共产党已经"背叛了自己的意识形态"。作者认为造成意识形态变化的因素是多方面的。（1）苏联解体导致了两极世界格局终结，社会主义和共产主义很难得到发展。（2）许多共产党员拥有了资本就不再是共产党员了，他们只顾着积累财富，不再关心穷人，大多数人转变为资本家了。（3）很多人认为南非共产党没有忠实于其思想学说。大多数黑人并没有从非国大领导的政府的经济发展中得到多少好处，民主南非变成了世界上最不平等的社会。对于南非共产党能否成功地把南非带入社会主义，菲利普在调查中发现，很多人认为南非共产党必须放弃意识形态所拥护的革命路线，重新定位自己，以竞争议会选举。换言之，为了让南非成为社会主义国家，南非共产党必须进行竞选并取得选举胜利。也有人声称，南非民族民主革命的历史任务尚未完成，南非目前的物质条件还不利于共产党承担这种历史重任。他们进一步指出，国际政治经济的力量也不允许南非共产党在南非建立社会主义。目前的国际政治经济秩序不允许南非共产党领导南非政府。因为国际政治经济是由资本主义驱动的，美国和其盟国也不允许南非共产党领导南非政府，因为他们不喜欢任何与资本主义相悖的东西。[①]

[①] Mthembi Phillip, *Repositioning of the South Africa Communist Party（SACP）in the politics of post-apartheid South Africa, a critical of SACP from 1990 to 2010*, University of Limpopo, 2014, pp. 54 – 57.

此外，在《重思南非的危机：民族主义、民粹主义和霸权主义》[①]一书中，G. 哈特介绍了曼德拉去世后围绕着他的功过是非而进行的激烈辩论，并指出考察与日常生活关联的国有化和再国有化是理解非国大霸权解体，以及民粹主义政治力量崛起的关键。

第二，"后隔离时代"问题受到关注

在《后隔离时代的南非》[②]一书中，M. 诺瓦克和 L. A. 里奇探讨了在南非种族隔离结束十多年之后，经济上如何应对种族隔离的后果并为持久和广泛地改善生活水平奠定基础。他们承认这一时期在经济政策制定方面取得了许多成就，但同时也存在着重大挑战。他们指出，自种族隔离制度结束以来，经济增长速度提高了一倍，通货膨胀已经降到了可预测的低水平。在此过程中，基本社会服务供给已大大改善，社会福利已取得重要进展。然而，高增长尚未伴随就业机会的显著增加；如果要在降低失业率和减轻贫困方面取得实质性进展，决策者需要继续关注提高就业技能和减少劳动力成本。

在《南非后隔离时代的家政服务：尊重与蔑视》[③]一书中，艾莉森·金旨在探讨种族隔离结束是否改善了南非黑人家庭妇女的生活状况。在南非，家政服务主要由黑人妇女承担，她们一直处于工资过低、工作量大的状况。艾莉森·金强调，考察她们的工作经验是有意义的，因为她们过去和现在都是南非社会中的一个边缘化群体。为此，艾莉森·金分析了雇主与仆人之间日常人际关系中隐含的意义，不仅考察了家政服务关系中各方的言辞，还考察了他们的行动和相互关系等。

R. 施罗德在《种族隔离之后的非洲：南非 & 坦桑尼亚的种族和民族》[④]中指出，在坦桑尼亚的许多地区，白人区仍在形成，这确实很令人担忧。不过在这个国家正在进行一场多方面的战斗，以塑造后种族隔离时代的遗产。这场战斗使南非人陷入了困境，南非希望与非洲其他国家建立更加开放的互利关系，而其同胞却致力于该地区的商业目标；它

[①] Gillian Hart, *Rethinking the South African Crisis：Nationalism，Populism，Hegemony*, University of Georgia Press，2014.

[②] M. Nowak and Luca Antonio Ricci, *Post-Apartheid South Africa*, International Monetary Fund, 2006.

[③] Alison J. King, *Domestic Service in Post-partheid South Africa*, Ashgate Publishing Ltd, 2007.

[④] Richard A. Schroeder, *Africa after Apartheid：South Africa，Race，and Nation in Tanzania*, Indiana University Press，2012.

还使那些维护尼雷尔道德遗产的坦桑尼亚人反对那些为了追求私利而放弃社会主义信条的人。

六 非洲马克思主义发展前景

独立后的非洲国家，先是搬用了东方或西方的发展模式，之后又实施了世界银行和国际货币基金组织的方案，实践证明外来的模式不适用于非洲。当前非洲经过十多年的经济结构调整，从某种程度讲，已经步入了向上发展的轨道，然而，还远远不足以使其摆脱殖民主义遗留下来的对宗主国的隶属和依赖关系。马克思的历史唯物主义和资本理论解释了为什么资本必然是扩张性的，为什么对非洲的掠夺是西方资本原始积累的重要组成部分。只要我们考察一下几百年以来帝国主义在非洲的殖民历史，就不难发现导致非洲贫穷、落后的真正原因之所在。确实，当前非洲正致力于推动其内部区域一体化进程，但这一行动往往顺从于外部势力的指令和利益，继续把本国的自然资源和人力资源置于一种新的不平等贸易模式之下，使得殖民统治时期的掠夺关系以另一种形式延续下来。当然，尽管非洲国家存在着政府管理能力低下、社会不平等加剧、安全形势欠佳等问题，但它拥有自然资源、人力资源、文化资源等方面的优势，非洲未来发展充满希望，21世纪仍有可能成为"非洲的世纪"[①]。

要讨论21世纪非洲马克思主义发展前景，我们要注意以下两个方面。

第一，要结合非洲社会现实对泛非主义进行挖掘和重构。

泛非主义最早产生于美洲和西印度群岛，主要内容是反对种族歧视和主张黑人解放，要求实现种族平等和黑人的团结。随后传到非洲本土，主要被运用于反抗殖民主义、帝国主义和种族主义的民族解放运动。从最初的反对种族歧视的黑人种族主义发展到反对殖民主义和争取民族独立的整个非洲的民族主义。

正是在泛非主义的推动下，非洲爆发了以恩克鲁玛等人领导的革命

[①] 阿里·穆萨·以耶：《泛非主义与非洲复兴：21世纪会成为非洲的时代吗？》，李臻编译，《西亚非洲》2017年第1期。

运动，并在 1957 年实现了第一个撒哈拉以南非洲国家——加纳的独立。从此，加纳第一共和国在恩克鲁玛领导下拥护非洲社会主义、反帝国主义和反殖民主义的核心价值观。在加纳实现独立以及恩克鲁玛热衷于赞助其他民族主义运动，使泛非主义运动中心从非洲侨民转移到非洲大陆。尽管恩克鲁玛政权在 1966 年的军事政变中瓦解，但泛非主义精神并没有丧失。在非洲独立和发展过程中，从殖民后期到现在，泛非主义在非洲一直起着重要作用。在泛非主义的推动下，非洲统一组织和非洲联盟得以建立。泛非主义始终伴随着近现代非洲历史的发展进程，它不仅引导非洲国家走上独立的道路，而且成为非洲一体化的理论基础和指导思想。作为国家求统一、谋发展的重要旗帜和指导思想，泛非主义反对种族歧视、争取种族平等，反对殖民主义、帝国主义和维护非洲国家和人民的团结的价值导向，依然具有重要的时代意义。今天，非盟又为之注入了新的时代内涵，即以泛非主义为旗帜，加快推进非洲一体化进程和非洲复兴。①

非洲地区认同的发展，需要结合非洲特有的历史背景和历史任务对泛非主义这一精神遗产加以创造性重构。挖掘非洲传统文化精华，为区域意识的塑造准备更为充分更为久远的文化要素。这种独特的非洲历史文化个性和黑人传统精神，集中体现在黑人之间的团结与和谐，人与人在财产、地位方面的平等互利关系，黑人与他们赖以生存的大自然之间的共生依存关系，以及黑人社会中万物统一、神人相通的宗教信仰。泛非主义不仅在组织上和行动上孕育了非洲一体化，也在一定程度上塑造了非洲人统一的身份认同和区域意识，确立了实现非洲复兴和统一的政治理想。这种共同的身份认同感和历史使命感赋予了非洲统一事业以独特的精神动力和精神特质，使非洲一体化具有了鲜明的"非洲特性"。泛非主义是团结非洲人民的纽带，非洲各国经济发展程度不同、政治体制差异较大，但在泛非主义的感召下，它们都聚集到非洲解放和非洲一体化的事业中来，为非洲的独立、解放和复兴而共同奋斗。②

1999 年尼雷尔逝世，这使人们重新关注坦桑尼亚社会主义试验的历史。建立在泛非主义基础之上的尼雷尔的"乌贾马"社会主义试图

---

① 舒运国：《泛非主义与非洲一体化》，《世界历史》2014 年第 2 期。
② 罗建波：《泛非主义与非洲一体化》，《哈尔滨市委党校学报》2007 年第 4 期。

将非洲传统价值观与后殖民主义现实情况结合起来，主要目标是建设自力更生的社会主义国家。尽管由于对坦桑尼亚社会现实估计不足，尼雷尔的社会主义实验并未取得成功；而且，就当前而言，重建"乌贾马"也几乎没有任何实际意义，而是应该重新整理尼雷尔的遗产，这就需要解构"乌贾马"，打破新自由主义和正统马克思主义的二元框架。这种解构不仅需要从政治意识形态角度审视"乌贾马"，而且更应该在各种目标和愿景的前提下考察"乌贾马"的社会主义实践。"乌贾马"也被视为一种发展战略，一种基于自力更生发展战略的社会公平和分配正义之路。①

2012年1月，南非人民纪念非洲国民大会成立100年来政治和社会活动取得的重大成就。在成功反对种族隔离的斗争之后，非国大已经成为南非政治的主导力量。该党在南非议会以及宪法法院中都有很强的影响力。南非共和国前总统雅各布·祖马原是非国大主席，他的政治实践充分地显示出该党在政治上的影响力。自2009年任总统以来，祖马一直致力于维护非国大，并致力于实施马克思主义政策，这些政策将造福于历史上处于不利地位的南非人。他提倡经济平等、自由和繁荣。祖马的马克思主义在21世纪加强了非国大团结，并继续为继承该党在过去一个世纪建立的遗产而努力。②

第二，中国特色社会主义道路对非洲的启示。

改革开放40年来，中国在经济上实现了快速稳定发展，成为世界第二大经济体，这引起了世界各国的广泛关注。中国的经济和社会发展战略是基于马克思的科学社会主义的，尽管中国仍处于并将长期处于社会主义初级阶段。中国并没有按照华盛顿共识的规则走西方的发展道路，中国走的是一条独立自主的发展道路，即中国特色社会主义道路。中国曾是半殖民地社会，与非洲国家一样曾饱受西方帝国主义的侵略，同时中国也是一个发展中国家。因此，在华盛顿共识及新自由主义给非洲带来衰退之际，中国经验显然可以为非洲提供更切合实际的参考方案。

---

① Bonny Ibhawoh and J. I. Dibua, Deconstructing Ujamaa: The Legacy of Julius Nyerere in the Quest for Social and Economic Development in Africa, *African Association of Political Science*, Vol. 8, No. 1, 2003.

② Andrew Hairston, *One Hundred Years Later*, *A Qualitative Analysis of the Progression of the African National Congress through the Presidency of Jacob Zuma Using the Marxist Theory*, Proceedings of The National Conference On Undergraduate Research (NCUR) 2012 Weber State University, Ogden, Utah March 29 - 31, 2012.

中国为发展中国家提供了一条与欧美国家不同的发展道路,中国的低关税、低补贴制度允许其他发展中国家自由地向中国出口并在世界市场上与中国竞争。有一点无疑是令人信服的:中国不像西方国家过去的殖民主义或当前的新殖民主义,中国与非洲的交往着眼于共赢,中非关系并不妨碍非洲贫穷国家的发展,这突出体现在中非关系中具有特色的几个因素,包括中国的援助和移民政策、独特的中国式对外投资和基础设施贷款,以及被称为"北京共识"的发展模式。因此,中国在非洲总体上是一个积极、正面的形象。

一些有识之士指出,非洲的危机不是自然的,也不是地方性的,相反,理解非洲问题的最有效的手段在于认清资本在非洲大陆渗透的历史和逻辑。换言之,非洲问题的主要原因是殖民主义的遗留,西方列强给非洲带来了诸多困境和社会问题:给非洲强加新自由主义的结构调整方案,导致了非洲经济增长缓慢、债务高垒、收入下降和社会福利缩减;以援助为由迫使非洲在外交政策上依附于西方列强;禁止非洲出口发达国家以保护本国产业;支持非洲的独裁政权以确保资源供应和打击激进分子等。此外,西方列强通过持续的负面话语贬损、矮化非洲人和非洲文化及其贡献。非洲发展道路常常被负面地模式化为"新野蛮主义"的典范。非洲的社会关系、政治结构、经济组织,甚至文化和历史遗产等,在许多西方评论员看来,也是腐败、暴力和落后的,这种霸权话语普遍地渗透到对非的政策和学术研究中。[1] 在西方列强看来,非洲是"无望的大陆""恐怖分子的天堂""艾滋病的摇篮"和"不稳定的根源"。而在中国看来,非洲是"具有战略意义的地区"和发展机遇之所在。[2]

中国与发展中国家的联系,可以追溯到1955年万隆会议。中国同发展中国家一样有受侵略、受压迫的屈辱历史,中国人民渴望重新恢复民族尊严。改革开放以来,中国外交政策从对抗走向合作,从革命走向经济发展,从孤立走向国际交往合作。近年来,中国开始利用与发展中国家的联系,通过与非洲国家的高层交流、贸易和合作,不断地加强中

---

[1] Liam Campling, Editorial Introduction to the Symposium on Marxism and African Realities, *Historical Materialism*, 2004, Vol. 12, No. 4.

[2] Barry Sautman and Yan Hairong, China's Distinctive Links with Africa, *African Studies Review*, Vol. 50, No. 3 (Dec., 2007).

非互助互利的关系。高速的经济增长使中国跻身世界大国地位,这引起了许多分析家担忧中国区域和国际意图和目标。西方政治家和媒体对中国在非洲活动的各个方面都进行了批评,而中国在非洲人民的大力支持下,进行了积极的防御。[1]

有人认为,中国将非洲视为实现其战略目标,即能源、贸易和地缘政治利益的伙伴。他们说,非洲国家的确可以获得一定的回报,但中国将利用从非洲获得的物质资源,实现其经济的进一步大规模高质量转变。在这种情况下,不可能有真正的双赢发展方案。[2] 甚至有人断定中国对于非洲是一种新殖民主义的关系。应该这样说,西方列强确实深刻地感受到了中国在非洲对其既得利益和地位构成的威胁,因此他们指控中国是保护非洲的"流氓国家",利用自身影响力对抗西方国家改善非洲人权状况和治理的努力。诚然,过去十多年里,中非关系的积极发展,加剧了美国等西方国家对中国在非洲作用的担忧。自2000年以来,中非贸易额增加了近20倍,取代美国成为非洲大陆最大的贸易伙伴。总之,中国崛起可能是"冷战"结束以来非洲大陆最重要的地缘政治和经济事件。中非关系突飞猛进,与中美在亚洲的紧张局势并存,仔细观察就会发现一个更加平衡的多元化、不断发展的世界图景。[3]

那么,中非关系究竟是伙伴关系、合作关系,还是更类似于新殖民主义或是新帝国主义?需要强调的是,"中国的外交政策在一定程度上基于不干涉别国内政原则,这得到了大多数非洲国家政府的赞赏,越来越多的非洲国家将中国的发展战略视为一个有吸引力的发展模型"[4]。在全球化背景下,非洲国家的生存和发展问题已经成为目前面临的重要课题。中国主张建立多极化世界,这符合非洲人民的根本利益。在发展中国家,中国一直试图与其他大国霸权作斗争,并努力联合其他发展中

---

[1] Barry Sautman and Yan Hairong, Friends and interests, China's distinctive links with Africa, 87 – 133, in: *China's New Role in Africa and the South*, edited by Dorothy-Grace Guerrero, Pambazuka Press, 2008.

[2] Dot Keet, The role and impact of Chinese economic operations in Africa 78 – 86, in *China's New Role in Africa and the South*, edited by Dorothy-Grace Guerrero, Pambazuka Press, 2008.

[3] Lloyd Thrall, *China's Expanding African Relations*, Implications for U. S. National Security, RAND Corporation, 2015.

[4] 尼尔斯·哈恩:《泛非主义和反对新殖民主义的斗争》,阎鼓润译,《中国非洲研究评论》2014年。

国家，以增强中国在与西方各种紧张局势中的影响力。随着中国崛起成为大国，非洲与中国之间的贸易和政治联系逐步升级，中非合作关系正日益成为世界政治经济秩序中的重要组成部分。中国与非洲有着以政治平等和相互信任、经济合作双赢和文化交流为特征的战略伙伴关系。在与中国的合作中，许多非洲国家增强了自身国力，这大大地挑战了西方列强在非洲的政治和经济利益。中国支持"南南合作"，通过与非洲的战略合作，中国已然成为当前非洲最有影响力的外部力量之一，尤其是2002年非洲联盟成立以来，中国与非洲国家之间的交往更为紧密。中国可以通过继续利用其与非洲的多边渠道，以及继续利用联合国维和行动等国际机制确保非洲的未来，加强双边和多边合作。"非洲与中国、印度等发展中大国的结盟将影响整个非洲，非洲也赞同中国构建中非命运共同体的主张，中国与非洲的交往与合作将进一步向纵深发展。因为，非洲与中国及其他发展中国家同属命运共同体，同样遭受殖民主义的侵略和奴役，是天然的战略同盟。"[1] 南非现任总统拉马福萨在与中国国务院总理李克强会谈时表示，南非愿同中方一道继续加强在双边和多边领域的合作，加强多边机制建设，维护以联合国和世界贸易组织为核心的多边主义。可以说，"非洲不再是一个孤岛，非洲的复兴进程也不应该由某种力量单独驱动"[2]。

综上所述，非洲马克思主义是整个马克思主义传统的一个重要组成部分，是马克思主义在非洲传播、发展的必然产物。因此，把非洲马克思主义置于整个马克思主义传统中，结合非洲特定的社会历史情境，把握非洲马克思主义的总体发展脉络，呈现出非洲马克思主义的独特理论贡献、成败得失，是非常必要的。尤为重要的是，在非洲社会主义尝试总体上未取得成功的情况下，重新反思马克思主义的普遍性和特殊性的关系问题，从而公正地评价非洲对马克思主义发展的独特贡献。毫无疑问，马克思主义的表现形式在各国均不相同，俄国的社会主义是以城市为中心的无产阶级革命；而中国的社会主义是以农村为中心发动工人阶级、农民阶级进行的革命；非洲社会主义则是与民族独立斗争结合起来

---

[1] 张象：《论非洲民族主义主旨泛非主义的演变及历史特征》，《安徽史学》2017年第3期。

[2] 刘海方：《南非学者马洛卡与中国学者畅谈"非洲复兴"思想》，《西亚非洲》2000年第4期。

的，很多时候它不是源于社会阶级冲突，而是通过种族反抗、民族独立的方式获得成功的。

今天，马克思主义仍然是理解非洲社会冲突、社会不公和社会变革的最好的理论工具。"后隔离时代"非洲政治的主要目标仍然是争取不同领域的社会公正，如医疗、教育等方面。作为传统马克思主义的一个重要组成部分，非洲社会主义运动具有自身独特的实践道路和理论贡献，照搬西方的发展道路和西方马克思主义的命题在非洲是行不通的。这是因为，马克思主义在非洲的传播与发展是离不开非洲各国的本土文化和具体国情的，也必然要受到本土文化和各国国情的影响和制约。总体来说，非洲本土的意识形态不管是"乌贾马"，还是人道主义，抑或是"黑人文化传统"，它们都是强调黑人之间的"兄弟之情"（Brotherhood），而不是阶级斗争。19世纪以来非洲国家的发展进程是欧洲帝国主义、反奴运动及非洲经济日益融入资本主义世界经济体系等各种因素共同促成的。当然，非洲人并不是完全被动地承受，而是开展了各种形式的抵抗，如城市罢工、暴动等，这些都推动着非洲的去殖民化进程。然而，去殖民化本身也是一个殖民主义主动妥协的过程，这直接导致了几乎所有独立后的非洲国家都倾向于在没有阶级冲突的情况下追求国家的发展道路。[1] 因此，马克思主义作为一种意识形态，其在非洲的传播与发展将不可避免地面临非洲化问题。由于城市化、工业化程度较低，非洲国家很难出现欧洲、俄国那样的无产阶级革命。因此，非洲社会主义运动和非洲马克思主义的根本出路在于走适合非洲各国国情的道路。

需要强调的是，中国道路与非洲道路可以相互借鉴。中国特色社会主义是对马克思主义的创造性发展，中国的社会主义实践也启发了非洲国家，即各国必须发展马克思主义以适应本国的国情；中国道路开创了在经济文化比较落后的农业大国实现现代化的新模式，它对包括非洲国家在内的发展中国家具有积极的示范效应。大多数非洲国家都是发展中国家（或曰"后发国家"），这些国家与中国有着共同的历史遭遇，也面临着共同的任务。因此，客观地认识非洲社会主义运动史，可以为我国社会主义建设实践提供经验和教训。

---

[1] Liam Campling, Editorial Introduction to the Symposium on Marxism and African Realities, *Historical Materialism*, 2004, Vol. 12.

第十二章　多样性与本土化相向而行
——21世纪拉美马克思主义发展趋向

拉丁美洲地区既有悠久的革命传统，又有深厚的社会主义传统。在被誉为"南美的华盛顿"，即拉美革命家、军事家、政治家、思想家玻利瓦尔的努力下，委内瑞拉、秘鲁、哥伦比亚、厄瓜多尔、玻利维亚、巴拿马从西班牙的殖民统治下解放出来，开始了拉美民族民主解放的历史进程。19世纪中期，各种社会主义思潮就已传入拉美。19世纪下半期，涌现出一批具有很大影响力的革命家、理论家，如古巴独立革命先驱、政治活动家、诗人、作家何塞·马蒂。19世纪末，马克思主义开始在古巴工人中传播，并出现了古巴第一个马克思主义者B.巴里尼奥。十月革命后，马克思主义在拉美传播开来。20世纪上半期，在拉美风起云涌的民族民主解放运动中，涌现出一批具有很大影响力的革命家、理论家，例如秘鲁的马里亚特吉、智利的阿连德、古巴的梅利亚和卡斯特罗，以及阿根廷-古巴的格瓦拉，这大大增强了马克思主义在拉美的吸引力。不过，二战后的"冷战"格局使拉美马克思主义陷入了尴尬境地。除了古巴革命胜利后立即开始古巴式社会主义建设之外，拉美马克思主义本土化的历史线索并不明晰。苏东剧变后，尤其是21世纪以来，尽管拉美左翼又开始怀念马克思主义，但在这波难得的21世纪社会主义的理论与实践探索中，马克思主义并不是主角。各种思想观念杂糅成就了21世纪社会主义的理论内核，尽管不能将所谓的"21世纪社会主义"视为拉美马克思主义本土化的最新成果，但它却植根于马克思主义传统。[①]

[①] 上述内容是本书主编根据有关资料撰写，详见贺钦《马克思主义视阈下的拉美21世纪社会主义》，载潘金娥等《马克思主义本土化的国际经验与启示》，第294页。

21世纪以来，拉美国家陆续出版和再版了一批马克思主义经典著作、欧美国家和拉美国家的马克思主义学者的相关研究著作；拉美学界除了讨论马克思恩格斯经典著作和思想以及马克思主义基础理论之外，关于托派思想与西方马克思主义的研究也很活跃；除了关注拉美地区甚至整个世界所面临的重要现实问题之外，还注重资本主义批判和社会主义研究，尤其是21世纪社会主义的理论与实践，这成为近年来拉美马克思主义—社会主义研究的新热点。从总体上看，拉美马克思主义研究出现了一些新动向，呈现出注重基础性、批判性、广泛性等特点。下面，我们将从马克思主义经典著作编辑出版研究、拉美马克思主义主要议题，以及拉美国家21世纪社会主义理论探索等方面讨论拉美马克思主义研究状况与未来前景。

一　马克思主义经典著作编辑出版研究

21世纪以来，拉美国家出版和再版了一批关于马克思主义的著作。大体有以下几类。

第一，马克思主义经典著作。拉美国家出版机构陆续出版了一些马克思主义经典著作，为马克思主义研究提供了丰富的资料。例如，隶属于"国际马克思主义思潮"的"马克思社会主义研究中心"出版社[①]，2011年以来连续出版了一系列马克思主义经典著作，包括《工资、价格和利润》（马克思）、《共产党宣言》（马克思、恩格斯）、《共产主义运动中的"左派"幼稚病》（列宁）、《无政府主义和共产主义》（普列奥布拉任斯基）等。除了马克思主义经典著作之外，还出版了托洛茨基等人的著作。例如，2017年11月，托洛茨基的著作《斯大林》以西班牙文出版，并在墨西哥城主办了新书推介会。

第二，欧美国家马克思主义学者的相关研究著作。"马克思社会主义研究中心"出版社通过在阿根廷、委内瑞拉、玻利维亚、萨尔瓦多、墨西哥等拉美国家以及在西班牙的分支机构，出版了当代马克思主义研究系列著作。例如，A. 伍兹的《改良主义还是革命：答 H. 迪特里希》

[①]　该中心（El Centro de Estudios Socialistas Carlos Marx）成立于2010年，专门用西班牙语出版关于马克思主义的著作。

《布尔什维克主义：革命之路》，以及 A. 伍兹和 T. 格兰特的《理性与革命、马克思主义、社会科学》《列宁与托洛茨基》等。此外，还出版了一些研究社会主义和马克思主义基础理论的著作。例如，阿根廷工具出版社 2009 年出版欧洲学者的论著《马克思主义、文化与传媒：从康德和费希特到卢卡斯和本雅明》（G. 甘戈）等。

第三，拉美马克思主义学者的相关研究著作。以阿根廷工具出版社和墨西哥国立自治大学出版社为代表的出版机构，出版了一大批拉美学者马克思主义研究性著作，这些著作以拉美马克思主义本土化为研究对象。例如，墨西哥国立自治大学出版社出版的《共产主义：拉美的多重视角》（贡切伊洛、默德涅西、克雷斯波，2005），重点分析了拉美共产主义的多样性问题[①]；阿根廷工具出版社出版的《马克思与马克思主义传统中的科学和空想》（A. 佩特鲁塞利，2016）和《我们的同志马克思》（A. 卡萨斯，2016），重点分析了马克思与马克思主义的"科学性"和"空想性"，以及马克思主义的多样性问题，并关注马里亚特吉[②]的马克思主义、拉美"梅斯蒂索社会主义"，提出应当重新重视马里亚特吉等拉美马克思主义理论家的思想。[③] 此外，还有 21 世纪出版社出版的《拉美的新马克思主义》（M. 科尔特斯，2015），重点研究马克思主义理论与拉美人民运动之间的关系问题；以及墨西哥国立自治大学出版社出版的《拉美的印第安主义与社会主义》（萨拉蒂诺，2016）则从印第安人的历史出发，讨论了自马克思主义传入拉美以来就一直存在的印第安人问题，并将马克思主义研究应用于拉美现实；阿根廷批判思想研究中心出版的《阿根廷马克思主义批判的传统与文化》（A. 阿图斯，2016），则重点研究了阿根廷马克思主义发展的特殊性等。

二 《资本论》与经典马克思主义研究

不少拉美学者认为，马克思主义依然是认识当代世界的正确方法和

[①] Elvira Concheiro, Massimo Modonesi, Horacio Crespo (coordinadores), El Comunismo, Otras Miradas desde América Latina, CEEICH-UNAM, México, 2012, segunda edición aumentada.

[②] 马里亚特吉（1894—1930），秘鲁共产党创始人、国际共产主义运动领袖、马克思主义理论家。

[③] Aldo Casas, *Karl Marx*, *Nuestro Compañero*, Buenos Aires, Herramienta, 2016.

理解当代资本主义社会的理论工具,因为它建立在历史唯物主义概念的基础之上。因而,马克思主义不仅可以用来分析核心国家,如美国和欧洲,而且可以用来分析外围国家,如拉美国家。"马克思主义是正确理解当代世界的唯一理论,其他理论则不能对此做出解释"①。拉美学者一贯注重对马克思主义基础理论与方法论的研究,其中,马克思主义历史和基本理论研究,在拉美马克思主义研究中一直占有突出地位。拉美马克思主义研究的许多著作、成果和讨论会,都涉及马克思主义发展及其基本理论问题。

《工具杂志》(阿根廷)和《马克思主义批评》(巴西)等拉美马克思主义研究的主要期刊,发表了大量马克思主义理论研究成果。在此,仅以 2009—2017 年为例说明。

《工具杂志》刊载了大量关于历史唯物主义、劳动、异化、剩余价值、《资本论》、革命、共产主义等内容的研究成果。例如,第 40 期(2009)刊载《论超额剩余价值》(A. 比尔)、《马克思:作为科学的政治经济革命的思想》(R. J. 戈麦斯)等文章。第 55 期(2014)开设了"马克思主义与暴力"专栏,刊载《纪念工人国际成立 150 周年》等文章。第 60 期(2017)设立"俄国革命 100 周年"和"《资本论》发表 150 周年"专栏,在前一个专栏下,刊登了《历史与辩论:布尔什维克主义与俄国革命》(G. 豪普特)、《列宁:左翼反对派的先驱》(A. 卢桑)、《谁愿意成为今天的列宁:关于自由平等社会与不确定性》(W. 博内菲尔德)、《俄国革命中的妇女:在法律与生活中的斗争》(M. O. 皮纳西)、《从十月革命到 21 世纪的生态共产主义》(M. 洛威)等系列文章。在后一个专栏下,发表了《马克思的当代影响》(C. 卡茨)、《〈资本论〉150 周年:商品拜物教的王国》(R. V. 坎托)、《关于〈资本论〉的 14 个命题》(J. 霍洛威)、《批判理论在今天的任务:对资本主义及其前景的再思考》(M. 普殊同)、《〈资本论〉中关于性别的分析》(S. 费德里奇)、《历史的错误与对国家的必然超越》(I. 梅扎罗斯)等系列文章。

《马克思主义批评》也发表了关于《资本论》的编辑稿与原始手稿

---

① Atilio Borón,"el marxismo en nuestra América Latina de hoy",http://www.pulsodelospueblos.com/atilio-boron-el-marxismo-en-nuestra-america-latina-de-hoy.

问题、马克思的政治经济学批判与道德批判问题、生产力与社会变革、资本主义与帝国主义，以及马克思主义的巴西化问题等的研究文章。例如，第 28 期（2009）发表了《资产阶级的分裂与权力集团》（F. 法里亚斯）、《马克思主义无产阶级概念的争论》（S. 卡瓦尔坎蒂）、《马克思论生产力在社会变革中的作用》（C. 格尔默）等文章。第 33 期（2012）发表一系列文章，其中包括《剩余价值形式：〈资本论〉第 3 卷中的竞争和分配问题》（J. 格雷斯潘）、《马克思的批判性政治经济学的形成：对 1843 年政治经济学批判大纲的研究》（M. 穆斯托）、《马克思的研究方法》（H. 莱希尔特）、《巴西和资本—帝国主义：理论与历史》（T. 贝林格）。第 34 期（2012）发表《论列宁的伟大转变》（J. Q. d. 莫莱斯）、《道德马克思》（Y. 奎尼乌）等探究马克思主义理论的文章。第 38 期（2014）刊登《对马克思主义理论的应用及现代著作的困境》（M. 海因里希）；《巴西马克思主义民族化的困境》（G. 特林达德）等文章。第 40 期（2015）刊登《多重危机和性别关系的危机》（A. 黛米洛维克、A. 迈霍夫）等文章。上述文章都以马克思主义基础理论问题为研究对象。第 43 期（2016）又发表了一批马克思主义理论研究的文章，其中包括《恩格斯编辑的〈资本论〉第 3 卷和〈资本论〉原始手稿》（M. 海因里希）、《马克思主义的政治危机观》（D. E. 马特斯切利）、《复杂劳动时间决定价值的马克思主义辩论史》（G. 加里加利斯）、《马克思主义对互联网问题的研究》（Ch. 福克斯）等。

三　批判理论与西方马克思主义研究

西方马克思主义一直是拉美马克思主义研究的重要内容之一。尤其是 21 世纪以来，拉美学界对卢卡奇、葛兰西、阿多尔诺、本雅明等人的思想研究热度不减。在拉美马克思主义研究的相关成果中，西方马克思主义研究成果比重较大。

第一，一些重要学术论坛和学术研讨会通常以西方马克思主义为主题或重要议题。

（1）阿根廷一直是拉美马克思主义研究的重要阵地。2003 年是阿多尔诺诞辰 100 周年，以及卢卡奇的《历史和阶级意识》这部西方马克思主义奠基之作发表 80 周年。为纪念上述两个重要事件，阿根廷布宜诺斯艾利斯大学 2003 年 10 月主办了第一届"批判理论与西方马克思主义"国际论坛；2018 年 8 月主办第八届，论坛主题是纪念马克思诞辰 200 周年①。目前，该论坛已经成为阿根廷乃至拉美马克思主义研究，特别是西方马克思主义研究的重要学术平台。（2）巴西"马克思恩格斯国际论坛"是巴西和拉美马克思主义研究的一个重要学术平台，其主要目的是推动马克思主义理论在巴西的传播和讨论。从 1999 年开始，该论坛基本每 2 年主办一次；2018 年 5 月主办了第九届论坛②。历届论坛均设立西方马克思主义的专场讨论和多场圆桌会议。（3）巴西"马克思与马克思主义国际论坛"也是巴西以及拉美马克思主义研究的重要学术平台。2003 年弗鲁米嫩塞联邦大学创办马克思与马克思主义研究中心（NIEP），该中心既研究马克思恩格斯的著作和思想，也研究卢卡奇、葛兰西和汤普森等西方马克思主义代表人物的著作和思想，并定期主办研讨会。起初研讨活动限于巴西学界，2011 年后范围不断扩大，发展成重要的国际性会议。（4）从 2008 年起，哥伦比亚国立大学开始主办"葛兰西国际学术研讨会"；2018 年 10 月，主办第十三届研讨会③。除了在哥伦比亚主办主场活动之外，还在委内瑞拉、厄瓜多尔等国家主办分论坛。该研讨会已经成为哥伦比亚乃至拉美国家葛兰西研究的重要舞台。

第二，与马克思主义研究有关的学术杂志，几乎每期都刊登西方马克思主义研究成果。

这些研究成果涉及卢森堡、卢卡奇、葛兰西、阿尔都塞、普兰查斯、拉克劳、本雅明、克拉考尔，以及阿瑟的新辩证法、分析的马克思主义等。

例如：为了纪念本雅明逝世 70 周年，《工具杂志》43 期（2010）发表本雅明研究专题，对其思想进行细致研究，主要文章有："危机与

---

① VIII Coloquio Internacional Teoría Crítica y Marxismo Occidental, a doscientos años del nacimiento de Karl Marx, Buenos Aires, 13–14 de agosto de 2018. http：//www.setcrit.net/viii-coloquio-internacional-teoria-critica-y-marxismo-occidental/.

② IX Colóquio Internacional Marx Engels. https：//www.ifch.unicamp.br/formulario_cemarx/instrucoes.php.

③ Llega el XIV Seminario Internacional Antonio Gramsci, Publicado el 28 September, 2018. http：//www.olapolitica.com/analisis/llega-el-xiv-seminario-internacional-antonio-gramsci/.

批判：对本雅明现实性的分析"（M. 韦达）、"本雅明与现代性的体现"（J. 格雷斯潘）、"革命与进步：本雅明的生态社会主义的现实性"（F. M. 奎里多）、"本雅明在阿根廷的影响"（L. I. 加西亚）、"对本雅明和克拉考尔所著'历史唯物主义'的思考"（F. M. 庞塞）。第 44 期（2011）发表了"葛兰西哲学逻辑中的辩证法"（E. 洛吉迪斯）等文章。另外，第 56 期（2015）刊登了"本雅明在加沙：关于历史概念的命题及其简要评论"（C. E. 雷巴）、"威廉·麦斯特和歌德思想对卢卡奇的影响"（M. I. 科瓦尔）等文章。尤其值得一提的是，"后马克思主义的前奏：青年拉克劳的马克思主义"（O. 阿查）、"从人民的概念到领袖的物质性：对拉克劳民粹主义的简要评述"（E. 洛吉迪斯）等文章，对阿根廷裔思想家拉克劳的后马克思主义作了全面介绍和系统分析。

又如，《马克思主义批评》29 期（2009）刊发了"阿尔都塞、普兰查斯、格鲁克斯曼：葛兰西主义整体国家概念的发展演变"（B. 杰索普）；第 33 期（2012）发表"哈特曼和卢卡奇之间的联盟"（N. 特图利安）、"葛兰西在拉美国家的轨迹"（M. d. 罗伊欧）、"马克思理论的重塑进程"（F. J. 苏亚里斯）三篇有关马克思主义研究的文章；第 34 期（2012 年）发表"马克思主义是一种历史主义：阿尔都塞命题的成功和局限"（M. 维埃拉）等文章；第 38 期（2014）刊登多篇关于西方马克思主义研究的文章，其中包括"西方马克思主义中的批判概念"（P. L. d. 内托）；第 40 期（2015）刊登了"克里斯托弗·阿瑟的新辩证法和《资本论》：一种批判性分析"（C. 贡蒂乔）、"卢森堡：帝国主义、超级积累和资本主义危机"（E. 马里乌蒂）、"葛兰西与实践哲学的'可译性问题'"（A. A. S. 尤尼奥尔）等研究西方马克思主义的文章；第 42 期（2016）开设了西方马克思主义研究专栏，主要文章有："分析的马克思主义与社会阶级"（F. 塔里特）、"葛兰西和关于民主的狱中札记：理论的批评"（L. 阿里亚加）、"对修正主义双重批判的狱中札记"（A. H. 施莱森纳）、"马克思主义和战争文化"（D. E. 马特斯切利）、"马克思主义社会学视角的公民文化"（J. J. 维特尔）等；第 43 期（2016）刊登"葛兰西主义的巴西"（A. 比安奇）；第 44 期（2017）刊登"主体客体与客体化：关于卢卡奇范式的研究"（W. F. 豪克）等研究西方马克思主义的文章。

此外，拉美国家还出版了大量西方马克思主义研究的专著。例如，《葛兰西评介》、《马克思主义与政治》（N. 库蒂尼奥，2011）、《21 世纪马克思主义》（C. 德拉戈、T. 穆礼安、P. 维塔尔，2011）、《拉美的社会科学与马克思主义》（N. 科安，2014）、《葛兰西的马克思主义》（J. D. 马索，2017）；等等。

四　托派与拉美马克思主义本土化研究

第一，托洛茨基思想理论研究热度不减。

拉美国家是世界托派力量的主要阵地，对托洛茨基及其思想理论的研究在拉美马克思主义研究中占有很重要的地位。一些学术刊物和网站（如阿根廷《工具杂志》网络版，"拉美社会主义"网站等）辟有"托洛茨基研究"专栏，对托洛茨基的主要思想、理论贡献等作介绍或研究，内容涉及托洛茨基不断革命论、民族民主革命中的无产阶级、工人阶级与民族民主革命的任务、农业革命与反帝国主义斗争、压迫民族与被压迫民族问题、国家资本主义条件下的工会问题、资本主义和社会主义过渡问题、社会主义民主与专制。"新文献的发现"一文认为，从 1905 年开始托洛茨基就成为马克思的不断革命论之最伟大的捍卫者。比较重要的文章还有："1905：1917 年十月革命的前夜"（E. 里维拉）、"工会、国家资本主义与工人管理"（M. 迪兹）、"拉美社会主义者的团结问题"（E. 里维拉）、"托洛茨基与民族主义左派"（R. A. 费雷罗）、"历史上人的问题"（L. 费尔南迪斯）、"托洛茨基、遭背叛的革命和社会主义过渡问题"（O. 卡莱洛）、"不断革命或扭曲的理论"（G. 坎加诺）、"托洛茨基：马克思主义指导下的拉美革命"（O. 卡莱洛）。另外，托洛茨基生前最后一部著作《斯大林》2017 年以西班牙语出版，并在墨西哥召开发布会。

对托洛茨基思想理论的讨论，一直是拉美马克思主义学术活动的重要内容之一。近年来，阿根廷布宜诺斯艾利斯大学主办了"托洛茨基的马克思主义"系列研讨会，讨论议题包括："托洛茨基主义是危机、战争和革命时代的马克思主义""不断革命理论""苏维埃民主与社会主义""资本主义危机和过渡理论"等。会议主办方认为，在当前资本主义危机条件下，托洛茨基的革命遗产对于反对寡头资产阶级统治的世界具有现实意义，托洛茨基思想是唯一"战略性"的马克思主义，它一直保持着社会主义革命的政治目标。

拉美学者经常在有关托洛茨基思想的研究成果中，高度评价托洛茨基思想及其贡献。[①] 一些学者认为，托洛茨基是马克思主义革命传统的继承者。托洛茨基和列宁、卢森堡一样，在20世纪社会政治的新条件下，继承了马克思恩格斯"革命的马克思主义"。在这些学者看来，托洛茨基政治思想的最核心内容有三个，即不断革命理论、资本主义危机与过渡理论、苏维埃民主（或工人委员会）与社会主义；认为托洛茨基不仅和列宁一起领导了最早的武装斗争，是苏联红军和苏维埃政权的主要缔造者，对苏联早期经济理论作出开拓性贡献；反对（像第二国际那样）对马克思主义进行机械的、教条主义式的重复，而是对马克思主义、对推翻和摆脱野蛮资本主义的革命做了创造性阐释。

第二，注重拉美马克思主义本土化研究。

拉美学者非常重视对拉美马克思主义本土化思潮及代表人物的研究。在各种马克思主义研究论坛或研讨会上，对拉美马克思主义本土化的研讨占有十分显著的位置。例如，2011年8月，智利一些研究机构和高校共同主办"20世纪拉美对马克思的解释"研讨会。会议议题与拉美马克思主义本土化进程密切相关：马克思与拉美马克思主义；马里亚特吉思想（包括安第斯马克思主义、马里亚特吉对拉美国情研究的贡献、马里亚特吉的独创性与独特性）；马克思主义与解放哲学（包括马克思主义对杜塞尔唯物主义道德观的影响、杜塞尔对马克思贫困与解放理论的阐释、杜塞尔对马克思著作的阐释）；后马克思主义在拉美的传播；马克思主义与拉美的解放神学（包括马克思主义对拉美政治神学的影响、正统马克思主义与解放神学、马克思主义与基督教主义）；拉美马克思主义中的教育和文化思想（萨拉萨尔的新人教育思想、弗莱雷的马克思主义教育思想）；智利马克思主义（里瓦诺的政治观与拉美主

[①] 巴西《马克思主义批评》第33期发表《托洛茨基理论和拉丁美洲的发展》（Ronald H. Chilcote）等文章。乌拉圭学者博什（Victoria Bosch）所著《布哈林、托洛茨基、普列奥布拉任斯基的论战》较具有代表性。Victoria Bosch, la Polemica Buharin, Trosk y Preobayensky, http://www.ips.org.ar。

义、阿连德的社会主义)。① 此次讨论会的十多场圆桌会议主题几乎都与拉美马克思主义本土化有关。又如,2011年5月,委内瑞拉玻利瓦尔大学与委内瑞拉高等教育部联合主办"马克思主义与非殖民化"研讨会,对拉美马克思主义本土化的讨论占有相当大比重。在九场圆桌会议中,对拉美马克思主义本土化的讨论占一半以上,如杜塞尔的"完整性概念"、解放教育学及拉美本土思潮等。会议主办者希望,在资本主义依然存在的条件下,重新思考马克思主义对现时代、对拉美的意义;对拉美各种各样的"马克思主义"术语进行分析,分析其是否符合马克思的本意,分析马克思主义对拉美的影响。

拉美学者发表了相当数量的拉美马克思主义本土化方面的研究成果,尤其是关于马里亚特吉这位秘鲁马克思主义理论家的研究。例如,《工具杂志》第51期(2012)以"怀念马里亚特吉:短暂的生平"为题,发表6篇文章,对这位拉美马克思主义理论家短暂的一生、主要思想、理论贡献及其在拉美的地位等问题作了较详细阐述。这6篇文章分别是"共产主义与宗教:马里亚特吉的革命神秘论"(M.洛威),"'一个忏悔马克思主义者'的马克思主义、政治和宗教观:作为马里亚特吉读者的洛威"(D.I.阿尔法罗),"马里亚特吉主义诠释的要点"(M.马佐),"本雅明和马里亚特吉:对从属批判理论构建的贡献"(N.菲格罗亚),"马里亚特吉:先锋队的批判与对现实的征服"(M.萨利纳斯)、"选举的亲和力:本雅明、马里亚特吉和现代社会运动"(F.马斯卡洛)。此外,《马克思主义批评》等杂志所刊载的文章中,对拉美马克思主义本土化的研究成果也占相当大比重。

五 资本主义危机与当代资本主义批判

资本主义危机与当代资本主义批判,依然是拉美马克思主义研究的主要内容之一。

第一,许多与马克思主义研究有关的研讨会和论坛都将资本主义危机与当代资本主义批判作为主题或重要议题。例如:(1)2014年和

---

① 杜塞尔是拉美学者;萨拉萨尔是拉美"解放教育学"主要代表人物;阿连德(1908—1973)是智利社会主义标志性人物。

2016年在智利召开的第3届和第4届"21世纪马克思主义"论坛主题分别是资本主义危机、社会主义与解放问题的探讨，资本主义全球危机与帝国主义地缘政治。（2）"'活着的马克思'国际研讨会"主题也常常是对资本主义的批判：2014年（在哥伦比亚召开）的研讨会主要谈论资本主义危机及其出路问题；2015年（在玻利维亚召开）的研讨会主题是"资本主义制度危机环境下拉美的替代性经济"，主要讨论资本主义危机及其出路问题；2016年第九届研讨会主题是"现实资本主义的战争与和平"，涉及当代资本主义超级剥削、新自由主义全球化、拉美人民反对资本主义斗争等问题。（3）"拉美革命问题国际研讨会"则把当前世界资本主义体系危机和矛盾作为重点议题，探讨反对本国统治者和帝国主义斗争的经验。其中，2015年的第19届研讨会号召拉美人民开展反对帝国主义、资本所有者和本土统治者的斗争。2018年的第22届研讨会，延续批判资本主义主题。（4）2014—2017年"进步力量汇合"大会（厄瓜多尔）连续四届会议都把克服资产阶级民主的局限性作为重要议题。

第二，在拉美马克思主义研究成果中，关于资本主义批判的成果占较大比重，有关期刊几乎每期都刊载这方面的文章。例如，《工具杂志》第40期（2009）开辟"处于困境中的资本主义"专栏；第41期（2009）开设"全球化：资本主义危机"专栏；第49期（2012）在"重新审视资本主义危机"专题下，发表了4篇与资本主义批判内容相关的文章；第50期（2012）在"资本主义与拉美的环境斗争"专栏发表了6篇（包含对资本主义及其局限性的批判内容）文章；第51期（2012）发表"现实资本主义对时间的剥夺"（R. 维加）、"危机的加重与新殖民性的回归：以巴西为例"（P. d. A. 桑帕约）等数篇批判资本主义的文章；第58期（2016）发表一组批判资本主义的文章，包括"资本主义当前历程与文明人类社会前景"（F. 切斯奈）、"资本主义与气候战"（R. V. 坎托）、"应对资本主义战争、反抗与建立自治"（R. S. 阿尔瓦雷斯）等。

第三，拉美马克思主义学者注重从现实资本主义危机视角对资本主义制度进行批判。2008年金融危机以后，拉美马克思主义学者从金融危机视角探讨资本主义危机问题。例如，《马克思主义批评》第28期（2009）刊登了"关于危机的研究"（J. Q. d. 莫莱斯）、"金融的体制性问题"(N. P. 普拉多)等文章后,29 期(2009)又开辟了金融危机研究专栏,刊登了"过度积累的危机"(J. 格雷斯潘)、"仅仅是又一次危机吗?"(J. 米利奥利)、"危机与资本危机"(N. P. A. 平托)、"危机与野蛮"(P. d. A. 小桑帕约)、"资本主义当前危机"(R. A. 卡坎霍洛)等文章,第 38 期(2014)刊登了"分析和应对经济模式结构性危机的建议"(W. 卡诺)等相关文章。第 42 期(2016)发表了"资本主义的'黑暗之心'"(A. 贾普)等文章。第 44 期(2017)发表了"跨国资本主义时代的政治腐败"(P. 布拉特西斯)、"资本主义、国家和世界体系:经济和政治矛盾"(J. 奥索里奥)等批评资本主义的文章。此外,一些学者分析了 2008 年以来的资本主义制度危机。例如,巴西的多斯桑托斯分析了这次金融危机的本质,认为它表明资本主义制度在管理现代经济、社会和文化方面的欠缺;大规模的国家干预进一步强化了私人利益,强化了其摧毁现实生活的能力,导致贫困加剧、社会暴力升级、环境遭到破坏、人类生存受到威胁,新战争则是制度危机的新体现。[①] 玻利维亚的 Á. 加西亚、厄瓜多尔的萨拉曼卡等认为"资本主义是一种罪恶"[②]。

六 21 世纪社会主义理论探索

早在 20 世纪 90 年代中期,H. 迪特里希就提出了"21 世纪社会主义"构想。21 世纪以来,随着委内瑞拉(查韦斯)、玻利维亚(莫拉莱斯)、厄瓜多尔(科雷亚)等国家 21 世纪社会主义实践的探索,拉美学者用了相当多的精力对 21 世纪社会主义进行理论探索。但是,由于立场和视角不同,他们的评价也大相径庭。其中,比较有影响的学者是:智利女学者 M. 哈内克(Marta Harnecker)、德裔墨西哥学者 H. 迪特里希、玻利维亚学者 Á. 加西亚、巴西的 S. 洛佩斯(Sirio López Velasco)等人。这四个人基本代表了拉美学者对 21 世纪社会主义的不同态度。

---

① Theotonio Dos Santos, Capitalismo Contemporáneo, Notas sobre la Crisis Estructural y la Crisis de la Coyuntura. http://www.alainet.org.

② Antonio Salamanca Serrano, El Capitalismo Como Delito. http://www.aporrea.org.

第一，对 21 世纪社会主义的正面评价（以 M. 哈内克为代表）。

1. M. 哈内克在拉美马克思主义学界的地位。生于智利的 M. 哈内克，曾经是虔诚的天主教徒。1960 年的古巴之旅，对她产生了重大影响，此后便公开为古巴革命辩护，并脱离了所属的天主教组织。20 世纪 60 年代初，她赴法国攻读研究生，结识了法国结构主义马克思主义哲学家阿尔都塞，受其影响接受了马克思主义，并走上马克思主义阐发之路。1969 年出版的《历史唯物主义基本要义》一书，被认为是拉美正统马克思主义代表作，从此奠定了她作为马克思主义左翼学者的地位。此外，M. 哈内克作为智利社会党党员，除了在大学授课之外，还为社会党的工人和农民党员讲课，她的讲义和著作成为许多拉美学生的马克思主义启蒙读物。1973 年，智利发生右翼军人政变，M. 哈内克受到迫害侨居古巴。在古巴期间，她结识了古巴革命者皮内罗（Manuel Piñeiro）并结为夫妻。20 世纪 90 年代以后，M. 哈内克致力于南美地区民粹主义运动研究，密切关注拉美社会变迁，提出"马克思主义政治思想应不断发展""要重新认识世界上已经发生的变革"等重要观点。1998 年，查韦斯当选委内瑞拉总统后积极推进玻利瓦尔革命进程，后来又提出"新社会主义"和 21 世纪社会主义构想。为了对拉美左翼运动进行切实的研究，M. 哈内克来到委内瑞拉，撰写了大量关于玻利瓦尔革命和拉美社会主义的著作。2002—2006 年，任查韦斯的顾问，直接参与委内瑞拉革命进程，被认为是玻利瓦尔革命理论的重要思想家，为查韦斯构建 21 世纪社会主义意识形态作出了重要贡献。[1] M. 哈内克主要著作还有：《21 世纪拉美左翼》《解读委内瑞拉革命》《查韦斯：一个人物与一个民族》《与人民战斗在一起》等。后来，M. 哈内克的正统马克思主义的观点有所灵活化，但在本质上仍然是社会主义的坚定捍卫者。第二任丈夫莱博维茨（Michael Lebowitz）也是马克思主义学者，曾任加拿大西蒙·N. 弗雷泽大学教授。

2. 关于拉美社会主义问题的研究，主要观点如下：

（1）拉美正在寻求建立不同于资本主义的"新社会"。M. 哈内克认为，拉美国家进步政府数量增多，而委内瑞拉、巴西、玻利维亚、厄

---

[1] Coral Wynter/Jim McIlroy/Marta Harnecker, Venezuela's experiment in popular power, http://www.greenleft.org.au/2006/.

瓜多尔政府是其代表。就是说，拉美的"进步性变革"主要出现在这些国家，这些国家的左派政府追求一种"全新的生活方式"，即寻求不同于资本主义、人们能得到全面发展的"新社会"。

（2）对查韦斯及其社会主义构想的评价。M. 哈内克曾经借助乌拉圭左翼作家 E. 加莱亚诺（Eduardo Galeano）之口，解释委内瑞拉 21 世纪社会主义的含义和特点。她指出，加莱亚诺曾经说过，当社会主义在苏联失败时，西方宣称这是社会主义的失败，是马克思主义的消亡。然而，失败的社会主义不是我们的社会主义，因为我们所要捍卫的社会主义在本质上是人道主义的、民主的社会主义，是建立在团结互助基础上的社会主义。已经死亡的社会主义是官僚社会主义，人们不拥护这种社会主义，因为这种社会主义没有真正的参与。从这段话中可以看出，M. 哈内克将 21 世纪社会主义概述为几点：21 世纪社会主义与传统社会主义有本质不同，苏联社会主义失败并不代表社会主义和马克思主义的失败；21 世纪社会主义强调民众参与，强调人民和民众组织的作用；21 世纪社会主义是人道主义的、民主的、团结互助的社会主义，与科学社会主义有所不同。M. 哈内克认为在委内瑞拉这样的国家立即建设社会主义有很大困难。因为委内瑞拉是一个工业发展水平较低的寄生性国家，大多数工人在非正规经济部门就业。古巴革命后几乎立即就走向了社会主义道路，但在委内瑞拉首先要在意识形态领域进行一系列战斗，委内瑞拉实现社会转变的过程也将更加漫长，因为通过和平道路实现国家和社会转变往往需要更多时间。

M. 哈内克强调查韦斯不是民粹主义者，而是革命领袖。她认为，民粹主义领导人利用人民实现自己的政治目的，革命领袖则利用自己的能力帮助人民成长。革命领袖和民粹主义领袖与人民联系的方式尽管相似，但不同之处在于：民粹主义领袖将物质福利授予人民，但无助于人民自立，没有成为增长的桥梁；查韦斯则不同，他主张通过联合、合作社或集体道路，寻求解决问题的办法。当然，M. 哈内克同时认为，查韦斯是一个"矛盾性人物"，并表示应尊重这种矛盾。她说，查韦斯身上虽有专制色彩，但我们对此能够理解。重要的是看到事情的未来。如果我们将查韦斯上台伊始的情况与当前相比，就可以看到，委内瑞拉的人民已更具人性、更具批评精神、更具人道主义，而这正是我们追求的目标。

（3）拉美革命的条件具有特殊性。M. 哈内克认为拉美不存在统一模式，应根据每个国家每个地区的具体情况、历史根源和力量对比状况，充分评估各国条件的特殊性，探求相应的战略和策略。她指出，21世纪社会主义是一个理想社会的前景，是团结互助的社会主义，是没有剥削者和被剥削者、每个人劳有所得、差异得到尊重的社会，是一个拥有民族或国家主权、人民组织得到巩固、自然受到尊重的社会，是一个乌托邦式的理想。我们不需要苏联式的、专制的和斯大林式的、一党制和无神论的社会主义。

3. 关于21世纪社会主义的理论思考①，主要体现在以下五个方面：

（1）21世纪社会主义的特点：其一，"友爱、互助、平等"的社会主义，与20世纪苏联及东欧国家社会主义有明显区别；其二，"民主的"和人们能得到全面发展的社会主义，将人的全面发展作为目标，而人的全面发展要通过革命性的实践活动来实现；其三，新自由主义在拉美的失败是21世纪社会主义产生的重要条件，是21世纪社会主义的"助产士"，因为新自由主义不仅造成矛盾，还引起人们的反抗；其四，如何在文化和经济条件尚不完全具备的条件下，通过政府向社会主义过渡，即在取得政权后如何推进社会主义，是21世纪社会主义面临的"两难境地"。

（2）21世纪社会主义生产组织的基本特征：其一，把人作为核心，遵守人道和互助原则，以满足人们需要而非盈利作为目标；其二，反对消费至上，目标不是"生活得更好"（vivir mejor），而是"美好生活"（vivir bien）；其三，在生产资料社会所有制基础上，在工人组织生产和满足人的需要基础上，确立生产、分配和消费之间的辩证关系；其四，尊重自然，追求人的全面发展；其五，在分散化参与式规划（这种规划不同于苏联式规划高度集中的特点）的过程中，更理性地使用自然资源和人力资源；其六，将用于人的发展的投资作为生产性投资。

（3）完善激励机制和提高意识水平至关重要。其一，苏联式的体制没有起到激励劳动者的作用；其二，参与式管理是重要的激励机制；其三，应该把促进生产与公平分配相结合；其四，不能用资本主义旧武器建设社会主义，也不要指望在一天之内就完全抛弃这些旧武器，要逐

---

① Marta Harnecker, *Cinco Reflecciones sobre el Socialismo del Siglo XXI*, 26 marzo de 2012.

渐为向社会主义过渡创造条件。

（4）关于社会主义阶段与向社会主义过渡的进程。M. 哈内克强调，在理解社会主义及其过渡问题时，阿尔都塞和马克思关于社会主义过渡问题的构想非常重要。她把社会主义作为一种前景，把为实现这一目标而奋斗的人称为社会主义者，把实现这一目标的进程称为向社会主义过渡。她完全同意恩格斯在1890年《致奥托·冯·伯尼克的信》中关于向社会主义过渡问题的阐述，认为这种过渡不是一劳永逸地实现的，而是表现为一个不断变革的社会。

（5）参与式规划的核心是社会占有生产资料和生产方式。M. 哈内克认为，没有参与式的规划，就没有社会主义；必须消除资本主义生产的无政府状态；只有通过社会主义参与式规划的进程，才能适应其本身所造就的"劳动而非资本的未来"。

第二，对21世纪社会主义的负面评价（以H. 迪特里希为代表）。

1. 从赞同转向否定查韦斯的21世纪社会主义。

H. 迪特里希是德裔墨西哥学者，长期关注拉美社会主义问题。1998年查韦斯当选总统后，委内瑞拉玻利瓦尔革命和查韦斯社会主义构想成为他的重要研究课题。H. 迪特里希自称是21世纪社会主义的创立者，自认为曾对查韦斯产生重要影响，认为自己的许多提法被查韦斯接受，主要研究成果有《查韦斯与21世纪社会主义》等[①]。

H. 迪特里希一直关注拉美特别是古巴、委内瑞拉、玻利维亚、厄瓜多尔等国的社会主义进程，但由于他本人一直未受到这些国家领导人的重视和礼遇，加之他关于21世纪社会主义的观点受到古巴官方和学界的质疑。2007年以后，H. 迪特里希公开批评委内瑞拉、玻利维亚、古巴领导人及其社会主义主张和实践，并与古巴学者就社会主义问题展开了公开辩论。2011年，H. 迪特里希公开宣布与查韦斯决裂。

随着与查韦斯的公开决裂，H. 迪特里希对查韦斯及其在委内瑞拉所从事的21世纪社会主义建设，从最初的赞赏转向批评。他认为，委内瑞拉21世纪社会主义已经成为民粹主义的"讽刺画"，极大地阻碍了

---

① Heinz Dieterich, *Hugo Chávez y el socialismo del Siglo XXI*, MIBAM y CVG（Venezuela），2005.

劳动群众在道德方面获得解放。①

（1）认为委内瑞拉不存在社会主义。H. 迪特里希认为在委内瑞拉"新的革命国家并没有建立起来"，不能用"旧文明国家"去建立新文明②；断言委内瑞拉将来也不会有社会主义。他说，尽管查韦斯言辞"激进"，但委内瑞拉没有在未来重建 21 世纪社会主义的可能性。尽管查韦斯仍然会把"社会主义"作为恫吓资产阶级、动员群众的口头策略，但他的战略路线仍然是"资产阶级的发展主义"。在委内瑞拉 21 世纪社会主义中没有向社会主义过渡的计划，只存在资产阶级发展主义路线、大量的口号，以及戈尔巴乔夫式的苏联（布尔什维克）"社会主义民主过渡"的参与；查韦斯既没有战略变革的计划，也没有先锋队组织。在这种条件下，自然不会有向"后资本主义社会"的过渡。

（2）认为查韦斯错失了历史机遇。H. 迪特里希认为委内瑞拉的经济进程"与政府所规划的将资本主义经济向社会主义过渡的目标是完全矛盾的"，这表明查韦斯不愿意或没有能力实现向社会主义的过渡。查韦斯错失了历史机遇，选择在凯恩斯主义和资产阶级上层建筑的框架内，用一套基督教的、道德的和玻利瓦尔式的口号取代向新文明的"科学过渡"，把"宝贵的 21 世纪社会主义的第一场革命"变成了"毫无价值的改良"。

2. 对拉美国家社会主义建设实践的评价。

H. 迪特里希对拉美国家社会主义实践进行一系列指责和批判。

（1）卡斯特罗、查韦斯、莫拉莱斯、科雷亚等人③不能建设"21世纪的社会主义"。H. 迪特里希认为，人们对这四位领导人作为"国家先锋队"，能够有助于人民和科学家创造出新的 21 世纪社会主义生产模式的希望已经减退，因为这些领导人都没有为推进 21 世纪反对帝国主义的选择作出严肃努力，而且也不会这样去做。尽管他们帮助改变了社

---

① Heinz Dieterich, *el Dia de la Ruptura con Hugo Chaves*. http：//www. universal. com，martes 16 de agosto de 2011.

② Heinz Dieterich, *No Hay ni Habra Socialismo en Venezuela*. http：//www. aporrea. org/ideologia，21 de febrero de 2011.

③ 卡斯特罗是古巴革命领袖和古巴社会主义道路开创者；查韦斯是拉美 21 世纪社会主义主要倡导者和践行者；莫拉莱斯和科雷亚时任玻利维亚和厄瓜多尔总统，也是拉美社会主义主要代表人物。这些人均在一定程度上拒绝迪特里希的 21 世纪社会主义主张，引起后者强烈不满。

会意识和社会结构,但不会向"21世纪先锋队"角色迈进。H. 迪特里希指出,查韦斯等人坚持反帝斗争,对穷人表示关切,是进步力量的代表,应对其予以支持;但他同时强调,应以公正的历史标准评价他们,他们现在不是、将来也不是新文明的先锋队,不是21世纪社会主义建设的领导人,这个任务将落在"人民、科学和政治先锋队"肩上,因为他们懂得把争取法治国家的斗争与建设21世纪社会主义结合起来,他们将创造历史。①

(2)拉美的"民族社会主义"已经终结。H. 迪特里希指出,当查韦斯于2005年宣布21世纪社会主义是委内瑞拉和拉美的未来时,曾经一度出现选择新发展道路的机会,但现在(2011年),拉美反对现存国家体制的发展选择已经宣告破产。就是说,在拉美创造一种"后资本主义"经济的尝试已经完结,因为拉美所有中左翼政府最终都采用了资本主义发展模式。H. 迪特里希认为,由于左翼政府抛弃了向社会主义过渡,历史所赋予的机遇之门消失了。当然,尽管拉美并不存在实践21世纪社会主义的"集体性主体"(既不存在这样的政党、工会组织、大学,也不存在这样的社会运动),但目前还不是绝望的时刻,因为拉美国家的发展主义政府毕竟强于新自由主义政府。当前正处于过渡状态,变化是永恒的。只有在拥有有意识的人和批判性科学家的基础上,才能沿着自由和团结的道路前进。

3. 对古巴社会主义模式的批评。

早在2007年,H. 迪特里希曾就社会主义理论问题与古巴学者展开过一场争论,他指责古巴的社会主义基本属于"历史社会主义",不符合时代要求;古巴社会科学家们缺乏创新的勇气和能力。② 此后 H. 迪特里希更是对古巴社会主义进行了毫不留情的批评。他认为卡斯特罗在古巴建立的统治模式是斯大林模式:经济上实行苏维埃式的生产方式,是独特的非资本主义生产方式;政治上是共产党一党垄断权力,阻断了参与式民主和公共自治的可能性。这种模式从来没有在古巴公众中讨论过,在政治和经济两方面从根本上偏离了马克思的"历史规划"。尽管

---

① Heinz Dieterich, *Hugo Chaves, Fidel, Evo y Correa no Construiran el Socialismo del Siglo XXI*. http://www.lapatilla.com/site, 11 de abril de 2011.

② 详见复旦大学编《国外马克思主义报告2008》,人民出版社2008年版。

古巴模式没有实行斯大林主义的国家恐怖主义，但照搬了苏联模式的经济政策，从来没有对苏联的斯大林主义进行过严肃批判，即便在苏联解体后也没有这样做。

因此，H. 迪特里希认为古巴模式面临着变革。他说，卡斯特罗在2005年以后开启"去菲德尔"进程，打开了"潘多拉的盒子"，并公开表示古巴模式"不再有效"。劳尔的"改革开放"意味着古巴正在与卡斯特罗创建的古巴革命模式决裂。劳尔一方面试图在保持国家控制的基础上引入市场经济，允许个体经营，另一方面允许对党进行公开批评，打破了历史上的政治禁区。人类社会发展的铁律是：一种模式的"创建者神话"消失意味着新的变革出现，这正是古巴当前面临的形势。菲德尔已经完成历史使命，拯救古巴革命的责任落在劳尔身上。

4. 关于21世纪社会主义的理论主张。

在批评委内瑞拉模式和否定古巴模式的同时，H. 迪特里希提出了自己的21世纪社会主义的理论主张，具体表现在以下三个方面。

（1）21世纪社会主义是一种新模式和新发展道路。H. 迪特里希指出，当今世界有三种居主导或统治地位的经济模式，即：新自由主义的"华盛顿共识"；社会主义—发展主义的"北京共识"；孟买的"发展主义共识"。他认为第四种发展模式是"柏林—加拉加斯共识"，该模式以康托洛维奇的数理经济及A. 皮特斯的数量经济学说为基础[1]；该模式的本质是用21世纪社会主义的生产模式取代市场经济，而21世纪社会主义建立在以下三个要素基础上：经济计划和执行的民主化（自我管理），产品和服务按劳动因素实行价值化，等价交换。[2] H. 迪特里希强调，21世纪社会主义的参与式民主和参与式经济与20世纪斯大林社会主义模式不同，两者是完全不同的"现象"。

（2）世界资本主义危机以及古巴和委内瑞拉的危机为21世纪社会主义发展开辟了道路。欧美的危机造成大批民众重新陷入贫困，古巴

---

[1] 康托洛维奇（Leonid Kantorovich，1912—1986），苏联数学家和经济学家，将数理统计运用于统计计量学，对资源最优分配理论作出了贡献，1975年获诺贝尔经济学奖，成为原苏联唯一一获此奖的经济学家；阿诺·皮特斯（Arno Peters，1916—2002），德国经济学家、历史学家。

[2] Heinz Dieterich, *El Socialismo cientfico del Siglo XXI se discuteen México*. http://www.rebelion.org.

"20世纪社会主义"幻想随着宣布市场经济政策而破灭，委内瑞拉的危机则宣告了拉美国家发展主义的"社会主义"幻想破灭。H. 迪特里希认为，当前的结构性政策选择有三种：其一，发达国家模式：资本的完全垄断，新自由主义的议会制度或21世纪社会主义；其二，第三世界模式：社会主义的发展主义（列宁的新经济政策和中国模式）；其三，委内瑞拉模式：资产阶级与21世纪社会主义相结合。各阶级、政党和国家需要在这三种模式之间做出选择①。

（3）21世纪社会主义发展的必要条件。H. 迪特里希认为21世纪社会主义的发展需要三个催化剂：欧亚拉美反帝反资产阶级力量的整合，"世界先锋队"在"后资本主义"生产方式和过渡基础上的巩固，21世纪社会主义与群众的紧密联系。

第三，对拉美21世纪民族社会主义的阐释（以Á. 加西亚为代表）。

Á. 加西亚是拉美马克思主义学者之一，被称为"辩证本质主义"者，是玻利维亚左翼政府的主要理论家。从年轻时代起，他就受到康德、黑格尔、尼采、马克思、列宁、葛兰西等人思想的影响。1981—1985年，在墨西哥国立自治大学学习。20世纪90年代，因与玻利维亚印第安人游击队组织有牵连，被判预防性监禁5年。1997年获释后，在大学教授社会学课程、任新闻评论员，并参加与工会和印第安人运动相关的活动。2006年起任副总统②。主要著作有《工人阶级状况》《社会运动的社会学》《亚马逊地缘政治：世袭庄主的权力与资本积累》《国家危机和人民政权》等。Á. 加西亚是玻利维亚社群社会主义和美好生活社会主义的主要阐释者③，关于社会主义的主要力量主张如下。

1. 主张建立一个"没有资本主义、殖民主义和帝国主义"的世界，开创"社群社会主义"未来前景。他指出，资本主义是慢性自杀，如果能够产生利润，它就有能力进行杀戮和毁灭，资本主义不在乎森林消

---

① Heinz Dieterich, *la Tricontinental Socialista ante las Crisis en Cuba, Venezuela y el Capitalismo*, 3 de diciembre de 2010.
② 2019年10月，玻利维亚大选结果"争议"引发政局突变，总统莫拉莱斯和副总统加西来被迫辞职。
③ Álvaro García Linera, *Socialismo Comunitario del Vivir Bien, Discurso del Vicepresidente Álvaro García Linera en el Acto de Posesión Presidencial*, 22 de enero de 2015.

失，只在乎获取财富。他认为，玻利维亚的前景不同于资本主义、殖民主义和帝国主义，而是社群社会主义、是印第安和农民的美好生活，这种生活在殖民地时期遭到剥夺，现在又重新回归。他还在多个场合强调，为了战胜帝国主义，就应该建设社群社会主义，用社群社会主义战胜帝国主义。①

2. 革命的方法是建立民主。他从纯粹的政治理论出发观察现实社会，提出没有希望和没有信仰的民主是失败的民主，是僵化和停滞的民主，在严格意义上根本不是民主。他认为资本主义已经发生变化，变成了"掠夺性资本主义"；需要恢复民主概念，放弃体制概念，因为民主超越了体制；民主不仅仅是投票和选举，还是一种价值，是认识世界的组织原则，是容忍、多元化、观点自由。他还强调民主是实践，是集体的行动，是对公共管理日益增长的参与。因此，在拉美"建立民主是革命的方法"②。

3. 主张另一种形式的全球化。Á. 加西亚表示，所谓新的全球化是一种前景广阔和具有一体化特征的全球化，它应由被世界列强所认为的"边缘国家"来设计。当前的世界以市场为中心联系起来，是垂直的体系，各国不是以兄弟般友好、和谐与均衡的方式联系和交流的。他指出，在这个垂直的舞台上，存在着从全球化进程一开始就拥有较大影响力、统治力和决策能力较强的国家，存在着处于中间地位的国家，以及处于边缘地位的国家。这些边缘国家是被征服、控制的目标，是向世界中心输送初级产品的来源地。因此，他号召改变这种状况，追求另一种形式的全球化，这种全球化要充分考虑所谓边缘国家，考虑那些国家的话语权、需要、希望和能力；探讨实现新的全球化的方式和途径。③

4. 新自由主义在拉美已经过时，是可以被战胜的。Á. 加西亚指出，在20世纪末和21世纪初自由主义意识形态在拉美还是"圣经"，但15年后"正在被丢弃"，新自由主义和对它的信仰在拉美国家已经坍塌。

---

① Nelson Peredo, *García Linera*, *Para vencer al imperio debemos construir el socialismo comunitario*, Los Tiempos Digital, 31 de julio de 2013. http：//www.lostiempos.com/diario/actualidad/nacional/.

② *Vicepresidente inaugura Foro de Sao Paulo y compara el neoliberalismo con un "arcaísmo"*. http：//www.la-razon.com/index.

③ *G77 debatirá reforma de la ONU；García plantea otra globalización*，http：//www.la-razon.com/index.

新自由主义在拉美已是"过时的东西,我们正把它扔进历史垃圾箱"①。在解释新自由主义的掠夺本质时,Á.加西亚同意美国马克思主义者哈维的观点,认为新自由主义是"资本主义的一种方式,基本特征是剥夺农民、强占社区资源、将公共资源私有化、将生态等同于知识产权、把自然界商品化"。他以玻利维亚为例指出,"新自由主义并不是不可战胜的,它是有裂痕的"②。

5. "社群社会主义"和"美好生活社会主义"是玻利维亚的未来前景。Á.加西亚认为玻利维亚政府推动的社群社会主义是一种在当代必须建立的社会类型,是与资本主义所产生的野蛮、苦难和毁灭相对立的未来发展前景。当今世界充斥着不公平,社群社会主义的唯一目的是建立公正、平等和美好生活的社会。Á.加西亚强调社群社会主义与资本主义不同,资本主义造成了不负责任的死亡和贫困,没有建立真正的和谐国家(Estado Orgánico Real),而是朋党国家(Estado de Camarilla)、次等国家(Estado de Pacotilla)和表面国家(Estado Aparente),少数部门和统治者建立了权力政治,对土著人、劳动者和妇女毫不关心,没有努力去代表或关注所有人。与此相反,社群社会主义要建立代表所有人的"真正国家"(Estado Real)。他指出,社群社会主义建立在社区以及与资本主义斗争了500年的土著人民的潜力和自身经验的基础上。

当然,建设社群社会主义既是一种需要,又是一个长期的过程。Á.加西亚表示,不知道这一进程会持续多久,也不清楚会遇到怎样的和多少艰难险阻,但有一点是确切无疑的,那就是不能走回头路,因为走回头路无异于自杀、无异于宣布自然和人类的消亡。为了生存的需要,我们有义务建设一个社群社会主义。他认为社群社会主义的进程将持续几年、几十年甚至几百年,但其巩固将取决于穷人、中间阶层以及社会所有部门的斗争。

Á.加西亚认为,目前玻利维亚处于由资本主义经济体制向社会主义和社群经济体制过渡的过程中。他引用马克思、卢森堡和列宁的观点来论述玻利维亚经济特点,用马克思解释资本主义,用卢森堡解释新自由主义,用列宁来说明玻利维亚当前的经济进程。"我愿意用列宁主义

---

① El Jurásico neoliberal quedó atrás. http://www.informa-tico.com/29-08-2014/.
② VP boliviano, El neoliberalismo no es invencible, tiene fisuras. http://www.contrainjerencia.com.

的概念来解释玻利维亚向社会主义和社群制度的过渡"①。在玻利维亚,资本主义和社群社会主义之间的过渡和联系是以"多民族国家"② 形式来实现的,这是一个各种社会运动的统治,它有两个基本支柱,即土著农民社区和有组织的工人运动。Á. 加西亚认为,这两个支柱应该在保证向社群社会主义民主过渡经验和结果的基础上,将所有社会部门、中间阶层、企业家等团结起来。

第四,对 21 世纪社会主义的反思(以 S. 洛佩斯为代表)。

21 世纪以来,拉美出现了 21 世纪社会主义理论与实践探索,并在短期内取得明显成效,在一定程度上增强了社会主义在拉美的影响力。然而,2014 年以后,随着国际经济危机的影响持续发酵,拉美经济增速减缓,左翼执政党面临的困难增多,委内瑞拉等国家的 21 世纪社会主义实践难度加大。在这种形势下,围绕着 21 世纪社会主义的争论趋于激烈。许多左翼学者继续论证其历史必然性与合理性,肯定其取得的成就;也有不少右翼学者和媒体加大对其批判的力度,宣称"21 世纪社会主义是拉美最大不幸和灾难"③,渲染其最终会滑入"军事独裁"④。在这一过程中,不少学者对拉美 21 世纪社会主义进行了反思,其中,S. 洛佩斯的研究理论性较强,立场也相对客观。⑤

1. S. 洛佩斯概括了 21 世纪社会主义的八个特点:生产资料社会化,而不是经济全面国有化;承认国家对经济的主导作用;宣称用新国家取代旧的资本主义国家;强调人民主权不可让渡和不可剥夺;强调保护社会环境;尊重政党和媒体多样化;(按照罗德里格斯和弗莱雷的思想)发展具有问题导向的教育⑥;委内瑞拉应建立民兵组织,作为国家

---

① Redacción Central, Bolivia transita hacia economía socialista, Los Tiempos, 4 de abril de 2014. http://www.lostiempos.com/diario/actualidad/.

② 莫拉莱斯总统 2009 年 3 月签署最高法令,将国名"玻利维亚共和国"改为"多民族玻利维亚",以体现其多民族国家的特性。

③ Carlos Raúl Hernández, Desastre del Socialismo del Siglo XXI pudo ser peor para Latinoamérica https://es.panampost.com/editor/2016/05/30/.

④ Carlos Sánchez Berzaín, Dictadura militar, fase final del Socialismo del Siglo XXI, 18 de septiembre de 2016. http://www.diariolasamericas.com/america-latina.

⑤ Sirio López Velasco, Problemas y desafíos económicos del socialismo en la A. Latina del siglo XXI, Cuba, Venezuela, Ecuador y Bolivia. http://www.alainet.org/es/articulo/179852.

⑥ 罗德里格斯(Simón Rodríguez),19 世纪委内瑞拉思想家、教育家;P. 弗莱雷(Paulo Freire, 1921 – 1997),巴西教育家、哲学家。

常规武装力量的补充。

2. S. 洛佩斯细数了 21 世纪社会主义面临的挑战。他说，古巴处于继续实施"革命和党的社会经济政治纲领"的复杂进程中，这一进程面临着诸多问题、挑战和威胁；委内瑞拉面临着严重的经济和政治危机，生活用品短缺，物价高涨，反对派控制了议会并试图改变左翼政府的基本政策①；玻利维亚总统莫拉莱斯在 2016 年修宪公投中失利，政府政策遭到越来越多的非议；厄瓜多尔总统科雷亚不再追求连选连任，该国社会主义发展前途未卜。

3. 在分析 21 世纪社会主义的特点和挑战的基础上，S. 洛佩斯以提出问题的方式，对拉美社会主义进行了系统的理论反思。

（1）社会主义是否应在"美好生活"（"美好生活"是玻利维亚和厄瓜多尔的社会主义理念，融合生态保护和社区发展等内容）的基础上建立起来？（2）考虑到无论是长期实行经济计划国家化（古巴），还是经济对私人企业（包括民族资本和跨国资本）非常开放的情况下，都出现了绝大多数人口基本需要未得到满足的现象，哪一种社会主义建设理论可以或应该用来解释下列这些企业形式：国家企业、混合企业［包括本国资本和（或）外国资本的］、合作企业、社区企业、公社企业、［规模大和（或）小、本国和（或）外国的］私人企业，以及个体经济？（3）在存在大量私人大庄园的情况下，是否可以建设社会主义？社会主义是否可以容纳大规模的单一作物种植和（或）大规模使用农药和（或）食品转基因技术？（4）社会主义是否可以包含（本国和（或）外国）私人银行和私人金融部门？（5）是否可以在国家对外贸和政权垄断的情况下建设社会主义？（6）是否可以在不严格控制汇率的情况下建设社会主义经济？（7）社会主义建设是否能够在举借外债的情况下进行？如果可以，应向谁举债？举债数量或比例以多少为宜？（8）社会主义建设是否可以以外国投资为主要支撑？如果是，投资应该来自何处？投资数量或比例以多少为宜？（9）在社会主义经济中，向资本主义国家游客开放旅游有什么作用？有哪些局限性？（10）社会

---

① 2019 年 1 月 23 日，委内瑞拉议会主席瓜伊多自封为"临时总统"，并得到了美国、欧盟、拉美许多国家的承认，这就形成了与现任总统马杜罗并存的"两总统"格局。委内瑞拉的未来走向，取决于委国内外多种因素——本书主编注。

主义是否能够在依靠以采矿收入为基础的经济上进行建设（因为这种产业损害人类和自然）？（11）社会主义是否能够在没有共同生产者自由参与的情况下建成？或在具有不同特点的企业，在经济计划和管理的所有领域实现？（12）在直接民主和主人翁民主下①，社会主义经济的主要特征是否能够或应该服从人民的意愿？（13）在社会主义中，工会应起什么样作用（特别是在承认私人企业存在的情况下）？（14）在社会主义中，有组织的社区、社会运动（包括原住民社区、黑人社区和组织、妇女团体、同性恋团体及其他"少数族裔"团体）、高等院校、环境组织，在地方和国家经济计划和管理中应起什么作用？（15）社会主义是否可以用"旧的资本主义武器"（即格瓦拉曾经批判过的资本主义范畴，其中包括对"价值法则"的无限制应用，资本、价格的关联性概念，企业间竞争，企业对利润的追逐，将工资作为个人和企业物质刺激的主要方法）来进行建设？如果可以，如何、在何种程度和数量上、在什么时候实施？（16）社会主义是否能够在以化石燃料为根基的经济基础上建立起来，或应该坚定地依靠清洁或再生能源（如太阳能、风能等，这些能源甚至在当今资本主义经济模式下也是可盈利的）？（17）拉美的社会主义是否能够在没有创造自己的技术、依靠资本主义大国技术的情况下进行？如果自己的技术是必不可少的，那么我们传统的社区、教育和科技中心、社会和合作企业在推进技术发展中应发挥怎样的作用？（18）拉美（特别是拥有大量印第安人口和（或）黑人的国家，在这些国家还没有把典型的社区—环境、风俗习惯整合或扩展到全社会的经济领域）今天是否能够建设社会主义？如何通过民主的方式把社区中传统的风俗习惯整合到全国的经济社会环境、教育发展规划中？（19）如何通过民主方式具体地协调和整合国家规划与非集中化、地方自主的关系？（20）社会主义建设能否在拉美各个国家单独地进行？还是需要在经济方面进行有效协调进而实现团结，以便使社会主义建设成为可能？如果可以实现有效协调进而实现团结，如何在这方面推进？在这个进程中，苏克雷②、南方银行、原住民、劳动者、工会、社会运动、环保组织、媒体（特别是公共和社区媒体）、文化艺术界人士、教

---

① 直接民主和主人翁民主是委内瑞拉21世纪社会主义框架下参与式民主的基本特点。
② 古巴和委内瑞拉主导的玻利瓦尔美洲联盟的共同货币名称。

育和体育中心应发挥何种作用?

综上所述,21 世纪以来,拉美马克思主义研究非常活跃,不仅有组织机构、学术杂志、会议网络平台,还有一些重要学者和一大批重要理论成果,在"经典著作编辑出版研究""《资本论》与经典马克主义研究""批判理论与西方马克思主义研究""托派与拉美马克思主义本土化研究""资本主义危机与当代资本主义批判""'21 世纪社会主义'理论探索"等方面都成绩斐然。就是说,拉美马克思主义研究与社会主义研究交织在一起,呈现出基础性与前沿性、批判性与反思性、广泛性与本土化相结合等特点。在未来一段时期,随着 21 世纪社会主义实践探索进入低潮,拉美马克思主义研究的一些热点问题可能会有所降温,但拉美马克思主义研究的主要路径、主要特点不会出现大的变化。关注拉美国家以及整个世界面临的重要现实问题,注重对当代资本主义的批判,重视对马克思主义经典著作和基本理论的研究,重视对西方马克思主义研究的基本格局不会有大的改变。

第五篇

21世纪亚洲国家马克思主义研究

第十三章　各具特色的马克思主义研究
——日本、韩国和印度

第一节　日本

自16世纪以来的世界历史进程中，殖民与反殖民是一条主线。日本是亚非拉国家中学习西方并成功摆脱被殖民的危险、跻身世界强国的唯一成功案例。明治维新之后，日本在自然科学和社会科学领域开始全面学习西方，尤其是以当时的第二次工业革命中心德国为发展样板，向德国派遣了大量留学生。19世纪后期，包括马克思主义在内的西方思想开始大量传入日本，并由中国留日知识分子和留日学生带回中国。日本成为中国汲取近代西方思想的重要中转站，对近代中国的知识界产生了重大影响，进而影响了中国社会发展进程。今天，我们所使用的马克思主义专业术语，大都是从日本转译而来的，日本对马克思主义在中国的早期传播发挥了重要作用。两次世界大战期间，日本马克思主义学者经过三次大论战形成讲座派和劳农派，尽管后来受到了军国主义镇压，但他们仍然作出了独特的贡献。

二战后，直至20世纪70年代，马克思主义在日本的传播与发展达到了顶峰，出现了以日本共产党为核心的行动派、以社会批判为主的左翼思潮，以及马克思主义学院派。尤其是在经济学、历史学、文学、哲学等领域，马克思主义得到了长足发展，并出现了一大批马克思主义经济学家。20世纪80年代末到90年代初，苏东剧变对日本马克思主义研究产生相当大的负面影响，跌入了二战以来的最低谷。21世纪初，日本经历了军事上跃进、经济上不景气、政治上重组、意识形态总体趋向保守化之后，社会结构性矛盾开始得到调整，社会经济得到一定程度的复苏。然而，经济结构性矛盾的调整不是短时间内就能够完成的，目前仍在恢复过程中。马克思主义研究经过苏东剧变后近十年的徘徊和探索，近年来又呈现转热趋向。无论是从从事马克思主义研究的人数、研究成果的数量，以及它在世界马克思主义研究领域的贡献来看，还是从作为马克思主义政党的日本共产党在政治社会生活中的作用来看，日本都不失为一个马克思主义研究和实践的大国；而且作为东方国家与中国同文同种，因而，日本马克思主义研究对于中国也具有一定的借鉴意义。

一 参与 MEGA^2 的编辑与研究

1990 年，国际马克思恩格斯基金会成立，并组织了马克思恩格斯全集历史考证版第二版（MEGA^2）编辑出版委员会，负责协调分散在几个国家的国际马克思恩格斯全集编辑小组。MEGA^2 共分为四个部分，计划编辑出版 114 卷 122 册。

1991 年以后，日本法政大学大谷祯之介和日本东北大学大村泉陆续加入 MEGA^2 国际编委会。日本学者主要负责 MEGA^2 第二部分"《资本论》及其准备稿"。其中，由大村泉领导的日本 MEGA^2 编委会仙台小组，自 1998 年初至 2008 年 9 月，用了整整 10 年时间，完成了第 12 卷、第 13 卷的编辑工作——前者于 2005 年秋出版，后者于 2008 年 9 月出版。第 12 卷收录了以"资本的流通过程"为标题的《资本论》第 2 卷的恩格斯编辑稿。恩格斯经过非常复杂的过程，首先完成了编辑稿。所谓编辑稿，是指由恩格斯完成的与《资本论》第 2 卷和第 3 卷有关的、为了忠实地编辑这两卷而写成的相当长的草稿。与此同时，2008 年还编辑出版了第 11 卷。令人可喜的是，经过日本学者与其他国家学者的共同努力，MEGA^2 第二部分"《资本论》及其准备稿"15 卷，已经于 2012 年全部出齐（其中，1975—1989 年出版 8 卷，缺第 4 卷第 2 册、第 3 册；1990—2012 年出版 7 卷，补第 4 卷第 2 册、第 3 册）。迄今为止，这是 MEGA^2 四个部分中唯一出齐的部分，从而为人们研究《资本论》提供了最为完整、最为可靠的资料。

如今，日本学者又承担了 MEGA^2 第四部分第 17、18、19 卷的编辑工作，主要涉及马克思从 1863 年 5 月至 1869 年 9 月间撰写的摘要和笔记。其中，第 17、18 两卷被置于第四部分的优先编辑位置。目前，这两卷的编辑工作正在紧张进行中。作为母语不是德语的日本学者能够完成这些编辑工作,确实是个值得敬佩的壮举。

难能可贵的是,日本参与 MEGA² 编辑的学者,还出版了一系列相关研究成果。例如:《已版新 MEGA 的出处、索引、关联文献的数字化》(大村泉,1995)、《新 MEGA 与〈资本论〉的形成》(大村泉,1998)、《早期马克思经济学研究与 1844—1847 年手稿》(涩谷正,2002)、《日本的新 MEGA 编辑》(大谷祯之介,2003)、《〈资本论〉第 2 卷的撰写与新 MEGA》(早坂启造,2004)、《新 MEGA 版〈德意志意识形态〉与广松涉的根本问题》(大村泉、涩谷正、平子友长,2006)、《〈资本论〉第 2 卷历史考证版的意义——恩格斯的编辑稿与 MEGA² 第二部分第 12—13 卷》(大村泉,2012)、《新 MEGA 第四部分第 19 卷及其编辑》(竹永进,2012)、《新 MEGA 第四部分第 18 卷的编辑》(天野光则,2014)等,展现了日本学者对 MEGA² 的研究成果。

尤其值得一提是,关于《德意志意识形态》手稿的电子化和对《资本论》的研究。2007 年启动了 MEGA² 第一部分第 5 卷附录《德意志意识形态》CD-ROM 版的数字化。围绕着《德意志意识形态》,MEGA² 的编辑者和世界各地学者进行了许多争论。例如,2006 年 11 月,在柏林召开的"日德关于 MEGA² 的编辑会议"上,决定为 MEGA² 第一部分第 5 卷所收录的《德意志意识形态》出版一个电子版附录。2007 年 1 月,在国际马克思恩格斯基金会理事会上,这一建议正式得到批准,并将这项工作交给了日本的编辑小组,主要由涩谷正、大村泉、平子友长、渡边宪正、小林一穗、佐山圭二组成。据平子友长介绍,电子版包括了依据原始手稿解读出来的文本,还直接附上了手稿的影印件。由于印刷版只能选择一种排序方案,而电子版出版后,读者可以按照自己的理解选择手稿的排序方案,解决了印刷版的弊端,因而具有重要意义。此外,电子版还可以使人们更清楚地了解马克思恩格斯的笔迹和修改过程;而且,电子版把 MEGA¹ 的阿多拉茨基版、MEGA² 试刊版和先行版、广松涉版和涩谷正版复原,读者可以较容易地比较出它们之间的优劣,为各个版本之间的优劣辨别提供了有力的帮助。①

---

① [日] 平子友长:《MEGA² 第 I 部门第 5 卷附录〈德意志意识形态〉CD-ROM 版的编辑问题》,田文译,《马克思主义与现实》2007 年第 6 期。

我们知道,马克思逝世后,《资本论》第2—3卷的编辑与有关章节的完善工作就落在了恩格斯的肩上。恩格斯不顾年事已高,经过十多年的艰苦努力,终于在逝世前付之出版。长期以来,人们在对恩格斯的贡献表示敬佩的同时,对他在编辑过程中究竟在多大程度上忠实马克思的原意也表示了质疑:是否继承了马克思原始手稿的结构和各篇章标题、采用了原始手稿的哪些部分、是否与原始手稿的文本一致。随着MEGA²第二部分"《资本论》及其准备稿"的出版,人们的疑问将有望得到解答,在这方面做出突出贡献的是日本的MEGA²编委会仙台小组。

据说,负责《资本论》及其准备稿编辑的仙台小组通过在该卷的《附属材料》卷中增加三个特殊的附录来予以解决问题。即增加了"构成比较""出处一览""出入一览"。"构成比较"列举了恩格斯编辑原稿的构成与马克思原始手稿章节之间的区别;"出处一览"标明了恩格斯采用马克思原始手稿的出处;"出入一览"则揭示了恩格斯对马克思原始手稿的改动、补充和删除等具体状况。恩格斯对马克思原始手稿的变更,主要指删减和增补、定式和术语以及序列变更等超过5000多处,这些变更显然要比恩格斯本人在《资本论》第2卷序言中所承认的变更要多得多,而且有些变更未必"只是形式上的改动",实际上涉及对《资本论》内容的理解。[①] 仙台小组在这方面付出了艰辛的努力,据仙台小组成员大村泉讲,附录部分篇幅巨大,克服了重重困难才得以完成。

二 《德意志意识形态》"费尔巴哈"章作者最终确定

《德意志意识形态》被视为唯物史观形成的标志、马克思主义哲学成熟的标志,但长期以来,关于最重要的"费尔巴哈"章作者是马克思还是恩格斯,抑或是两人,却一直存在着争论。国际马克思恩格斯基金会编委、日本东北大学大村泉在《〈德意志意识形态〉"费尔巴哈"章作者身份问题的研究盲点与再考察》一文中,通过科学的方法论证了该文作者是马克思本人。

在文章的前言中,大村泉指出:具体而言,《费尔巴哈》的原始手

---

① 韩立新:《〈资本论〉编辑中的"马克思恩格斯问题"》,《光明日报》2007年4月10日。

稿分为左右两栏，其中左栏的绝大部分显示为恩格斯的笔迹，马克思的笔迹仅仅涉及份额极小的右栏部分的添加、修改和删除等内容，这一文献学难题使得我们至今无法确定马克思恩格斯在共同撰写过程中各自所发挥的不同作用。针对这一文献学难题，G. 迈尔、梁赞诺夫根据马克思恩格斯思想的不同发展，认定马克思在"费尔巴哈"章创作过程中的主导性地位，"费尔巴哈"章是由"马克思口述、恩格斯记录"的；与之相对，日本学者广松涉则根据构成"费尔巴哈"章主体部分的左栏显示为恩格斯的笔迹这一点，主张恩格斯才是"费尔巴哈"章的主要创作者。问题在于，不论是迈尔、梁赞诺夫还是广松涉的研究结论，都是在缺乏对原始手稿进行充分研究的基础之上做出的，因而多少是存在问题的。对此，本文试图以"费尔巴哈"章原始手稿图片和 MEGA² "费尔巴哈"章先行版所公布的高度精确的判读文本为文献依据，以马克思恩格斯创作过程中的"即时异文"和"后续异文"区分为切入点，通过详细对比马克思恩格斯在长期创作过程中所养成的不同撰写习惯，对"费尔巴哈"章的创作与分担问题进行再考察，以期为"费尔巴哈"章的文献学难题得出一个可靠的结论。①

大村泉根据手稿考察了恩格斯所记录内容的撰写习惯与马克思在相近时期其他手稿中的撰写习惯具有一致性，从而推导出其作者就是马克思本人，而非恩格斯。于是，对恩格斯不论是在马克思葬礼的悼文（1883）中，还是在英文版《共产党宣言》的序言（1888）中，都曾明确表示唯物史观的创立者是马克思，而非自己的说法进行了印证。

众所周知，《德意志意识形态》一书在马克思恩格斯生前未能公开出版，公开出版是 20 世纪的事情。大村泉指出，人们直接阅读《德意志意识形态》的原始手稿，会有一些非常有趣的发现。手稿是以对折正反四页的形式为单位（一个纸张）。每一页又分为左右两栏，创作顺序大体如下：先在左栏用正字法工整地完成文本（以下简称"基底稿"），然后直接在左栏或右栏对基底稿进行订正、补充、加注和评论（包括独立的评论），完成最终文本。如果单就笔迹来看，马克思的笔迹仅占全体的百分之几，而余下的绝大部分都是恩格斯的笔迹；并且，如果仅仅

---

① ［日］大村泉：《〈德意志意识形态〉"费尔巴哈"章作者身份问题再考察》，盛福刚、陈浩译，《武汉大学学报》（哲学社会科学版）2019 年第 2 期。

着眼于"费尔巴哈"章的基底稿,那么马克思的笔迹则会很少。一般来讲,对于确定手稿的作者而言,最受重视的便是基底稿的笔迹。既然基底稿99%以上的文字都显示为恩格斯的笔迹,那么"费尔巴哈"章的真正作者、唯物史观的创立者,无疑应该是恩格斯。可是,无论是恩格斯在马克思逝世的悼词中,还是1888年出版的英文版《共产党宣言》中,都明确指出唯物史观的创立者是马克思,这是否是恩格斯的谦虚之说?

对此,国际学界一直存在争论,大村泉指出,G. 迈尔(1871—1948)早在1920年就曾提出过"共同执笔说"。G. 迈尔说,与马克思潦草的笔迹相比,恩格斯的笔迹工整,更容易让人识别,所以两人事先会进行一番讨论,再由恩格斯执笔"将以前可能已经过充分讨论的提纲"写下来;并且,对于"其中比较简单的部分,可能是由两人中顾虑较少,一向才思敏捷、眼明手快的恩格斯单独完成的"。1921年,G. 迈尔又指出,"恩格斯的笔法向来清晰易懂,且更为迅捷机敏,所以对于自身与马克思共同起草的章节,恩格斯随时都可以将之落笔写下来"①。对于G. 迈尔的这种说法,当然也有不同意见。1926年,梁赞诺夫首次公开出版了"费尔巴哈"章的原文。梁赞诺夫一方面指出,"很遗憾G. 迈尔几乎未曾看过莫斯科所藏《德意志意识形态》的残存手稿";另一方面又说,手稿M8—35(当时尚未发现M1—2)和M[36],40—72截然不同,前者是由马克思口述,恩格斯笔录完成的,后者却是由恩格斯单独执笔完成的。② 不过,针对上述两点结论,梁赞诺夫仅为前者给出了理由,指出恩格斯所修改的地方与当时恩格斯的写作习惯不相符。此外,梁赞诺夫还认为,两人在一起,仅凭笔迹也很难对谁是真正的作者这一问题给出最终的回答,因而他持保留意见。但是,日本学者广松涉1964年在谈及梁赞诺夫的观点时,却断然指出,既然"费尔巴哈"章的基底稿显示为恩格斯的笔迹,那么其作者、亦即唯物史观的创立者便是恩格斯。

在欧美学界并未产生取代G. 迈尔的假说。不过,广松涉本人依据

---

① [日]大村泉:《〈德意志意识形态〉"费尔巴哈"章作者身份问题再考察》,盛福刚、陈浩译,《武汉大学学报》(哲学社会科学版)2019年第2期。

② [日]大村泉:《〈德意志意识形态〉"费尔巴哈"章作者身份问题再考察》,盛福刚、陈浩译,《武汉大学学报》(哲学社会科学版)2019年第2期。

这一假说，在 1974 年出版了德日双语版"费尔巴哈"章，并将马克思恩格斯的笔迹用不同字体加以呈现。不过，即便出版了这样的研究专著，并不代表广松假说在日本得到了普遍承认。这一点，从 20 世纪 90 年代以来日本学界不断提出针对广松假说的有力批判可以得到明证。例如：1996 年，服部文男在出版由其监译的"费尔巴哈"章新版日译本时，曾依据 G. 迈尔假说对广松假说作过有力批判。继服部之后，1999 年涩谷正发表论文，指出 M25 基底稿中存在马克思恩格斯笔迹相互混杂的情况，马克思在重要的地方作过加笔，涩谷正以此驳斥了广松涉关于 M8—35 系由恩格斯单独执笔完成的假说。涩谷正的这篇论文，经修改充实后，2006 年又以英文发表。对于这篇论文，T. 卡弗和布兰克（Daniel Blank）在其专著中，以"广松假说的中立化尝试"的形式作过引证。此外，MEGA^2 先行版（2004）的编辑，通过探察最初作为布鲁诺书评起草的 M1—29，与"圣布鲁诺"章印刷原稿之间的创作关联，断言 M1—29 亦可以称为马克思恩格斯的共同作品①。

在此前研究争论的基础上，大村泉指出梁赞诺夫和广松涉在处理"费尔巴哈"章手稿笔迹时，仅就笔迹的表面意义作了理解，而未曾考虑到笔迹背后所表现的两种不同撰写习惯。G. 迈尔则有所不同，因为他曾明确指出，恩格斯是"两人中顾虑较少，一向才思敏捷、眼明手快的"的那一位。问题在于，G. 迈尔所谓马克思恩格斯两人的不同撰写习惯，与两人独立完成的著作及"费尔巴哈"章手稿所体现的特征是否相符？

通过对手稿的观察研究，大村泉提出了新的科学验证方法，从而为该问题近百年来的争论画上了句号。他认为，"费尔巴哈"章左栏的文本 99% 显示为恩格斯的笔迹。然而，即便是同一笔迹所完成的文本，亦有可能是别人的作品，亦即执笔人不过是笔录他人口述的作品，所以仅凭笔迹无法确定谁是真正的作者。在这种情况下，大村泉认为应当关注马克思恩格斯在同一时期、抑或稍早一段时期独立完成的作品与"费尔巴哈"手稿之间的异同，尤其是两人独立完成作品的基底稿在成型过程中所呈现的与修改数量之多寡等相关的撰写习惯。因为如果是口述笔

---

① ［日］大村泉：《〈德意志意识形态〉"费尔巴哈"章作者身份问题再考察》，盛福刚、陈浩/译，《武汉大学学报》（哲学社会科学版）2019 年第 2 期。

录,那么得到显著呈现的就不是笔录者而是口述者的思维模式和说话习惯,所以手稿文本中所呈现的撰写习惯就会与笔录者固有的撰写习惯相乖离,而表现出与口述者的撰写习惯相近似的情况。

"费尔巴哈"章手稿笔录者是恩格斯,如果他同时也是作者的话,那么手稿中所体现的撰写习惯,就应当与恩格斯同一时期或者稍早时期独立完成的作品相一致。笔录者如果不是作者,即恩格斯只是笔录了马克思的口述内容,那么其中所体现的就不会是恩格斯所固有的撰写习惯,而应当是口述者马克思的撰写习惯。在这种情况下,德国人在笔录时可能还会出现同音异义词汇所导致的笔误,以及对此所作的即时修正。

大村泉也承认,随年龄变化,撰写习惯亦会有所变化。如果要就撰写习惯比较"费尔巴哈"章手稿与马克思恩格斯独著手稿,最为理想的比较对象是撰写时间上距离"费尔巴哈"章手稿最为接近的独著手稿。可惜收录撰写时间上最近的独著手稿的 $MEGA^2$ I/4 尚未出版,所以次优的方案,是从 $MEGA^2$ I/3 选取恩格斯的手稿,从 $MEGA^2$ I/2 选取马克思的手稿加以对比。恩格斯的手稿具体是《普鲁士出版法批判》(1842)手稿,马克思的手稿具体是《1844 年经济学哲学手稿》的"异化劳动与私有财产"。通过对比、推理,大村泉强有力地论证了"费尔巴哈"章作者是马克思,而非恩格斯,恩格斯仅仅是笔录者。[①]

三 《资本论》珍本收藏情况

日本马克思主义者不仅在学术研究上做出了令人敬佩的成就,而且在相关文献资料收集方面也远远走在了我们的前面。由于 19 世纪后半期,日本通过明治维新极大地推动了社会发展,国内比较稳定,知识分子相对拥有稳定的工作和收入。欧洲许多社会思想和珍贵文献资料流入日本,其中包括马克思主义文献。在日本,不仅庆应义塾大学图书馆藏有亚洲唯一的《共产党宣言》(1848 年伦敦版,23 页本),而且《资本论》第 1 卷第 1 版(1867)的收藏也令人惊叹。《资本论》第 1 卷第 1 版 150 多年前出版于德国汉堡,第 1 版只印刷了 1000 册。经过一个半

---

① [日]大村泉:《〈德意志意识形态〉"费尔巴哈"章作者身份问题再考察》,盛福刚、陈浩译,《武汉大学学报》(哲学社会科学版)2019 年第 2 期。

多世纪的风云变幻,据不完全统计,目前全世界已经发现的约有 100 册存世。让人惊讶的是,日本收藏了 50 册,超过德国和俄罗斯;其中 4 册还有作者的亲笔献词和签名。目前,中国藏有 8 本,其中 4 本收藏于民间,1 本有马克思的亲笔献词和签名。

据大村泉说,根据德国学者 R. 黑克尔 2017 年的统计,世界上得以确认的《资本论》第 1 卷第 1 版有作者亲笔献词的原件现存 15 册,其中 4 册在日本,分别保存在小樽商科大学、日本东北大学、法政大学大原社会问题研究所和关西大学。

(1)小樽商科大学收藏的马克思致 C. Schöler 的签名赠书。献词分为两行,写有:"To my friend Lina Schöler/Lond. 18. Sep. 1867 Karl Marx"的字样。获赠该书的 Caroline(Lina)是马克思的女儿们非常敬仰的人物(马克思女儿们的家庭教师)。该书是二战前小樽商科大学原校长大野纯一在柏林的旧书店购入,战后由大野的遗孀捐赠给小樽商大。(2)日本东北大学附属图书馆收藏的马克思致 S. L. Borkheim 的签名赠书,扉页上分三行,写有"Seinem L. S. Borkheim/Karl Marx/London 19. Sep. 1867"字样。Borkheim 是德国的记者,也是一位民主主义者,参加了 1849 年的海登—普法尔茨叛乱。叛乱失败后,他流亡至德国国外,1851 年在伦敦成为一名商人。19 世纪 50 年代初隶属于伦敦的小资产阶级流亡团体,1860 年以后,和马克思恩格斯有过交往。马克思恩格斯的书信中也有几次提到他,可知他们的交往相当密切。献词上写的是 Seinem L. S. Borkheim,但实际上 Borkheim 的第一名字是 Sigismund,中间名是 Ludwig,写成 L. S. Borkheim 是马克思的笔误。(3)法政大学大原社会问题研究所收藏的马克思致库格曼的签名赠书,扉页上分两行,写有"Seinem Freund Dr. Kugelmann/Hanover, 17 Sept. 1869. Karl Marx"字样,献词的填写地是汉诺威。这个献词是首版出版两年后,马克思去汉诺威拜访库格曼时填上的。另外,这本书上还用铅笔写有"1867 年 9 月 13 日"这一日期。库格曼是医生,在汉诺威的国际工人协会(第一国际)中是一名活动家,对《资本论》的普及作出了极大贡献。正是根据他的建议,马克思大幅度修改了《资本论》的价值论章节。(4)关西大学收藏的马克思致 A. Philips 的签名赠书,扉页上分两行,写有"Seinem August Philips/Lond. 18 Sept. 1867. Karl Marx"字样。受赠人 A. Philips 是马克思的表兄弟,在阿姆斯特丹开办了律师事务所。他的兄弟和儿子开办的电灯泡公司是当今的飞利浦电器公司前身。马克思为了出版《资本论》的法文版,曾几度向他寻求资金支援,并得到如下回复:"作为亲戚和友人,我会向你提供资金上的援助,但这并不是为了政治或革命的目的。"① 赠给 L. Schöler 和 Philips 的藏书完全没有被阅读过的痕迹,但日本东北大学附属图书馆收藏的版本在前半部分有各种阅读的批注。首版的出版形式是装订本,日本东北大学收藏的赠 L. S. Borkheim 藏书是皮革制本,制本裁边时将装订本的部分批注裁剪掉了,这部分批注是 Borkheim 亲笔写的。他有可能根据这部分批注和马克思恩格斯就部分内容进行了探讨,并在 1873 年 5 月 12 日又获赠改订后的《资本论》第 1 卷德文第 2 版。②

京都大学的松田博详细调查了各个大学图书馆收藏的《资本论》第 1 卷第 1 版情况,以及与此相关的学者或图书馆员撰写的研究文献,尽可能地揭示了该文献收藏保管的经过。大村泉根据松田博的调查,整理出《资本论》第 1 卷第 1 版原件的入手经过、时期价格等信息,汇总成下表:

《资本论》第 1 卷第 1 版原件的收藏册数、购买年份与价格③

大学/国会图书馆	收藏册数	日本最初的收藏者（购买年）	价格（日元）/备注
小樽商科大学	1	大野纯一（1930）	250
日本东北大学	2	1974/1987	900000/6000000
关东学园大学	1	—	
一桥大学	3	左右田喜一郎，大冢金之助（1924）	—
东京经济大学	1	1969	420000
帝京大学	1	福本和夫	—
法政大学	3	1921/向坂逸郎（1923）/高野岩三郎（1927）→宇野弘藏	18.20/20000M/120S
中央大学	1	1979	5100（全3卷）

① ［日］大村泉:《〈资本论〉第 1 卷首版在日本的收藏和 1920 年代日本的马克思热潮》,盛福刚译,载《现代哲学》2018 年第 5 期。
② ［日］大村泉:《〈资本论〉第 1 卷首版在日本的收藏和 1920 年代日本的马克思热潮》,盛福刚译,载《现代哲学》2018 年第 5 期。
③ ［日］大村泉:《〈资本论〉第 1 卷首版在日本的收藏和 1920 年代日本的马克思热潮》,盛福刚译,载《现代哲学》2018 年第 5 期。

第十三章　各具特色的马克思主义研究　471

续表

大学/国会图书馆	收藏册数	日本最初的收藏者（购买年）	价格（日元）/备注
东京大学	1	1925	27
庆应义塾大学	2	高桥诚一郎（1921）/1932	—/236（全3卷）
早稻田大学	1	1986	3600000
立教大学	1	1967	450000（全3卷加其他）
专修大学	1	—	—
明治大学	1	2004	—
日本大学	1	1967	1050000（全3卷加其他）
国士馆大学	1	1973	1350000（全3卷）
明星大学	1	—	—
神奈川大学	1	—	—
名古屋大学	1	1975	3080000（全3卷）
名城大学	1	1986	3900000（全3卷加其他）
爱知学院大学	1	1999	2500000
名古屋商科大学	1		
京都大学	3	1927/1928/上野精一（1945年以前）	90/90/—
龙谷大学	1	新明正道→黑石严→长谷部文雄（1948）	
京都外国语大学	1	1967	650000（全3卷加其他）
大阪市立大学	3	福田德三（L. Brentano1923/1925）/W. Sombart 1929	—/100/—
关西大学	1	1983	5900000
近畿大学	1	1972	1400000
大阪商业大学	1	1983	—
大阪经济大学	1	—	
大阪经济法科	1	1987	
阪南大学	1	1993	6300000（全3卷）
天理大学	1	1945年以前	—
和歌山大学	1	1968	450000（全3卷加其他）
神户大学	1	八木助市（1934）	300
关西学院大学	1	1973	
广岛大学	1	森户辰男（1923）	

续表

大学/国会图书馆	收藏册数	日本最初的收藏者（购买年）	价格（日元）/备注
广岛经济大学	1	1989	9000000
熊本学园大学	1	Arakawa?（1945年以前）	—
国立国会图书馆	1	中西寅雄（1925）	—

大村泉分析道，上述 50 册中，有 30 册左右是二战以前流入日本的，购买者多数不是大学和研究机构，而是个人；二战以后的购买者无一例外都是大学。二战之前与二战之后的购买主体发生了很大变化。那么，是什么原因促使个人购买《资本论》第 1 卷第 1 版呢？他认为这可以反映出 20 世纪 20 年代前后，日本浓厚的马克思主义研究热潮。

此外，日本东北大学还藏有马克思签名的《资本论》第 1 卷法文第 1 版（1872—1875）和马克思签名送给恩格斯的《福格特先生》第 1 版（1860）。作为一个远离欧洲大陆的东方国家，能够有这么多经典马克思主义作家的珍贵藏书，从一个侧面已经说明：100 多年以来，日本马克思主义研究除了在军国主义时代受到压制之外，大多数时间维持长盛不衰局面。

四 关注社会现实问题

日本马克思主义学者，特别是马克思主义经济学学者，在对传统马克思主义批判性继承和创新性发展的基础上，对如何认识日本社会发展一直持有浓厚的兴趣。他们非常关注日本的社会经济发展、贫富差距、工人权利与工会运动、社会右倾化、社会保障、公共医疗和环境、性别平等、少子化和教育等广大普通民众所关心的问题。对这些问题的分析、解读和对策建议则会引起社会的关注和共鸣，进而推动政府不断地完善相关政策。正是这种对社会现实问题的强烈关注，尤其是对弱势群体和社会不公平问题的关注，使得日本马克思主义研究具有了存在的必要性和强大的生命力。

第一，泡沫崩溃后的经济重建问题。

20 世纪 80 年代末和 90 年代初，日本泡沫经济崩溃；直到 21 世纪初，日本经济还徘徊在不景气之中。对此，日本马克思主义经济学学者做了许多分析，纷纷探讨日本经济发展的根本弱点，并提出了不少独到见解。例如,在《日本经济的选择——企业的改革》一书中,关西大学的森冈孝二提出了自己的观点。与当时其他经济学者所提出的方案——诸如金融机构不良债权的处理优先、经济整体重建、财政改革优先、推动全球化、国民经济重建等——不同,他从"如何认识日本企业的现状、如何进行企业的改革"这一角度考虑问题。森冈指出,20 世纪日本泡沫经济崩溃后,社会的主流观点认为日本经济运营中出现的缺陷是股东主权的丧失,为了日本经济的重生,需要实行美国式的股东主权的公司经营体系,增强企业的私有性。但日本企业的改革方向不应走向私有性,而应扩大其公共性,公司不再局限于股东、经营者和工人等主要利益相关主体的范围内,而是应走向包括消费者、地方民众等在内的复合体。① 在《日本经济——混沌中》一书中,庆应义塾大学的井村喜代子认为,布雷顿森林体系崩溃后,现代资本主义开始变质。日本经济在新自由主义思想指导下,不断膨胀,直至泡沫崩溃,逐步陷入混沌状态。日本经济陷入混沌的原因在于,日本国家政策的失误。针对2002年以后日本经济开始复苏的局面,她指出,主要原因是对以中国为中心的亚洲国家的出口增加和劳动成本的降低,而且主要收益是由海外的企业创造的,是零利率和宽松金融政策带来的结果,并不是政府结构改革的结果,更不是日本资本主义的复苏。②

第二,刺激经济计划与"安倍经济学"批判。

安倍经济学是近年来日本马克思主义学者关注的热点。自日本经济泡沫危机发生以来,日本国内关于经济低迷先后有"失去的 10 年""失去的 20 年"等说法;历届政府也都将恢复经济发展作为执政的核心问题,但均未取得根本性进展。2012 年 12 月 26 日,日本前首相安倍晋三再次组阁,出任日本第 96 任首相后,为刺激日本经济增长而提出了综合经济发展政策——这就是所谓的"安倍经济学"。

安倍晋三重新执政之后,在 2008 年金融危机以后欧美许多国家普遍采取量化宽松货币政策的影响下,实行了被称为"安倍经济学"的刺激经济计划。(1) 大幅度放松金融管制,修改《日本银行法》,修正

---

① [日] 森冈孝二:『日本経済の選択—企業のあり方を問う』,樱井书店 2000 年版,第 121—123 页。
② [日] 井村喜代子:『日本経済—混沌のただ中で』,劲草书房 2005 年版,第 4 页。

了有关条文,要求日本中央银行大幅增加货币发行量,以每年60万—70万亿日元的速度增加基础货币,直至实现2%的通胀目标,促进消费者的购买欲望。实行大幅度日元贬值政策,促进日本对外出口,拉动国内经济增长。(2) 灵活的财政政策,扩大公共投资。2013年度内阁的扩大公共投资预算为20万亿日元,主要是针对2011年日本大地震后震区重建以及防止类似灾害发生、老化公路的修复、学校的抗震建设等。(3) 实行结构改革,确立强有力的经济增长战略。

对于安倍内阁的经济发展政策,日本马克思主义学者和左翼政党都普遍持批判态度。对安倍经济学的批判主要集中在四个方面:(1) 安倍经济学的目的是实现大企业、大财阀、大资本家的利益;(2) 导致物价上涨、生活成本升高,社会贫富分化加剧;(3) 破坏了劳动雇佣,损害了工人的权利;(4) 破坏了现有的社会保障政策。他们指出,安倍晋三的自民党代表的是大企业、大财团、大资本家的利益,这些大资本家向自民党提供了大量的政治捐款,因此,安倍经济学并不是特别的经济发展政策,仍然是二战结束以来自民党维护大资本家政策的延续。例如,在《安倍经济学与日本资本主义经济》一书中,《经济》杂志原主编友寄英隆指出:"安倍经济学导致了日本经济社会的两极分化,从其主要的政策结果来看,安倍经济学在一定程度上提高了日本经济的活力,然而掌握社会大部分财富的跨国企业、金融资本家和富裕阶层与占据社会少数财富的普通民众之间的贫富分化越来越大。20世纪80年代末泡沫经济发生以来积聚的各种矛盾更加尖锐,尽管出现短期的经济复苏,但新的衰退、财政和金融危机将不可避免"[1]。此外,《经济》杂志(2015年2月)发表了经济情势研究会的文章,即《安倍经济学与日本经济的十字路口》一文。该文指出,"安倍晋三上台后恢复了'日本经济再生本部''经济财政咨询会议''建制改革会议'等相关组织,而这些机构均代表日本财界和大企业的利益"[2]。

第三,反对社会右倾化,寻求和平发展之路。

马克思主义学者在反对日本社会右倾化、牵制社会右倾化方面发挥

---

[1] [日]友寄英隆:『アベノミクスと日本資本主義』,新日本出版社2014年版,第2页。
[2] 経済情勢研究会:「アベノミクスと日本の岐路」,『経済』,2015年2月,第45頁。

了重要作用,是日本和平力量的强有力依托。首先,他们坚决反对修改宪法、极力维护宪法第9条,强调日本现行宪法对日本的重要性,从各种角度阐述现行宪法在战后日本发展中的地位,反对日本强化日美同盟,认为这将会使日本被纳入美国的军事战略中,指出日本的未来是和平与非核武装。其次,他们不仅关注日本国内的和平主义,对东亚和平也提出了自己的看法。例如,2015年9月19日凌晨,日本国会参议院以148票赞成、90票反对的投票结果通过了新安保相关法案(11项与安全保障有关的法案修正案的统称,旨在扩大日本自卫队向海外派兵和行使武力的地理范围)。就包括马克思主义学者在内的日本知识界而言,有关媒体的舆论调查显示,对于新安保相关法案,反对者比例远远大于支持者,而且多数人认为新安保相关法案违反了日本宪法。

我们知道,二战以后,在以美军为首的占领军总部的主导下,日本制定了后来被认为是和平宪法的新宪法,其中第9条规定:(1)日本国民衷心谋求基于正义与秩序的国际和平,反对以国权发动的战争、武力威胁或武力行使作为解决国际争端的手段;(2)为达到前项目的,不保持陆海空军及其他战争力量,不承认国家的交战权。简言之,日本作为二战期间的主要侵略国家之一,在被同盟国打败后,日本没有了对外发动战争的权力,只有在遭受侵略的情况下,才有采取军事行动进行还击的权利。因此,战后许多日本人认为,该宪法对于确保日本走和平发展道路具有重要意义。然而,该宪法一经公布,便有少数民族主义者认为这是战胜国对战败国的压制,主张进行修改,但受到日本刚刚战败和二战以后确立的国际秩序的制约而作罢。20世纪60年代后,随着日本经济的高速增长,修改日本安全保障政策开始付诸实践,之后便不断通过各种相关法案,突破日本向海外派兵和扩大行使集体自卫权的束缚,以实现架空宪法第9条的目的。许多马克思主义学者指出新安保相关法案违宪即是基于该背景。在新安保相关法案通过前后,日本许多大学、科研院所、学会等纷纷发表反对新安保相关法案的声明。

实际上,早在2014年11月15日,东京唯物论研究会在年会上就通过了反对当年7月1日安倍政府通过的解禁集体自卫权决议案的声明。该声明指出:在战后的和平宪法下,建立了即使是政府执政党也难以向海外派兵的体制,这次内阁决议破坏了这种体制,参与战争的可能性显著提高。在日本国家和国民没有受到攻击的情况下,也可以行使武力。这是对日本国宪法和平精神的否认,是对战后和平历史的反叛,是对人类尊严的反叛,是对战后一直以来对帝国主义战争带来的惨剧反省的颠覆。在 2015 年年会中,东京唯物论研究会又通过了《反对新安保相关法案的决议》。该决议指出:"坚决反对将日本贬低为从属于美国的军事同盟国,坚决要求蹂躏和平宪法的自民党和公明党政府下台。安倍政府强行通过新安保相关法案的做法践踏了立宪主义和国民主权主义,应阻止民主主义危机,废除相关法案,反对一切以武力作为解决国际争端的政策法案。"①

2015 年 6 月 24 日,东京唯物论研究会与历史科学协会、东京历史学研究会、日本科学家协会、新日本医师协会、文学和教育学者集团等 14 个学术团体在参议院议员会馆内集会,共同发表声明,强烈谴责安倍政府将要通过的新安保相关法案。6 月 25 日,日本共产党机关报《赤旗》全文刊载了这 14 个学术团体的声明,提出了反对新安保相关法案的理由:"在国会中强行通过的做法践踏了国民主权的民主主义;集体自卫权的行使被扩大,在地球任何一处与美军共同行动成为可能。"② 此外,还成立了"反对新安保相关法案学者协会"。其成员来自东京大学、京都大学、一桥大学、法政大学等全国近百所大学,既有法学、政治学、社会学领域的学者,也有物理学、宗教学和经济学等领域的学者。该组织通过各种方式,包括与日本全国律师联盟召开记者会,来宣传反对新安保相关法案的主张。从其成员来看,其中不乏马克思主义学者。2015 年 7 月 23 日,日本经济理论学会干事长、摄南大学八木纪一郎代表学会发表声明,反对安倍政府的新安保相关法案在国会通过,指出这个法案违反了现行宪法。他表示,经济理论学会是专注于基础经济理论研究的纯粹学术机构,然而它的活动是建立在宪法保障自由、民主与和平的基础之上的,由此政府认为其他国家在海外采取军事行动时,自卫队应积极进行协助的认识和做法破坏了和平宪法的基础,我们对此深感忧虑。

第四,社会贫富分化与少子化问题。

---

① 東京唯物論研究会:『2014 年度総会決議事項:集団的自衛権行使容認反対決議』;『2015 年度総会決議事項:安全保障関連法案反対決議』。

② 『赤旗』2015 年 6 月 25 日。

目前，日本社会贫富分化问题也在加大，日本马克思主义学者从不同角度对此进行了分析。（1）一些学者认为，现在的日本尽管已经没有马克思时代工人阶级的那种贫困程度，但资本家的剥削仍然存在。因此，对待现在日本的贫困问题不能只看贫困问题本身，还要看到这种贫困是由资本主义的固有矛盾造成的。资本家根据自己的经营状况决定工人的工资和劳动时间，进而在必要的时候辞退工人使之失业，这种状况与马克思时代相比并没有根本的改变。现在，政府的税收政策并不能从根本上解决这种固有矛盾。社会主义是以平等和彻底消除资本家剥削为目标的社会，因而，只有实现社会主义目标，才能从根本上解决社会贫困问题；否则，只能是暂时缓解，不能消除社会的不平等。原苏联和东欧国家的社会主义失败并不是社会主义本身的失败，而是僵化的计划经济体制的失败。（2）有些学者从分配正义论角度进行分析。例如，田上孝一在《马克思的分配正义论》一文中指出，诚然，在马克思那里，没有像罗尔斯那种系统的正义论，但在作为马克思分析资本主义前提条件的异化理论中包含了正义论内容，马克思的正义论不单单是道德上的责难，异化劳动批判构成其正义论核心。（3）有学者认为，日本贫富差距扩大的主要原因有：小泉内阁结构改革带来的贫困差距扩大、新自由主义政策的影响、全球化的负面作用等。（4）有人分析了日本的剩余价值率不断提高的趋向。例如，大阪经济大学的泉弘志对1980年以来日本的剩余价值率进行了计算，他截取了三个时间点，分别是1980年、1990年、2000年。1980年每个人的必要劳动时间是1250个小时，剩余劳动时间为1216个小时；1990年变为1162个小时和1247个小时；2000年为1037个小时和1210个小时。剩余价值率分别是97.3%、107.0%和116.7%。[①] 从这些数字可以发现，自1980年以来，在信息革命的影响下，工人的劳动时间减少、薪金增加、劳动生产率提高，但日本的剩余价值率却有不断提高的趋向。

除了从不同角度讨论社会贫富分化问题，还有人讨论了日本的一个非常现实的问题，即少子化问题（这也许是发达资本主义国家共有的问题）。例如，东京大学的伊藤诚是少有的从马克思主义立场探讨日本资

[①] ［日］泉弘志:「現代日本の剰余価値率と利潤率」,『経済』(2009年1月号)載せる。

本主义发展过程中少子化问题的学者。他指出，在当今发达资本主义国家中，日本的少子化现象是典型案例。这并不是由于国民中的大部分转变为富裕阶层的结果，而是在现代资本积累条件下，工人尤其是女性所遭受的负担和困难增大的结果。自 20 世纪 70 年代以来，日本企业为了应对经济危机，不断进行调整和重组。在这个过程中，高度的信息化系统被引入工厂和办公场所，自动化被引入职场。自动化普及的结果带来了许多职位招聘大量的女性临时工等价格低廉的非正式人员。在日本，女性一旦结婚，必须承担大量家务劳动的传统使得女性再难以走出家庭。男性工人则经常加班工作，孩子的抚育和教育的费用大幅增加，女性的负担和生活的沉重感加大。归根结底，这一切都是因为资本积累过程中过多地剥夺了工人的利益而导致的。①

五 当代资本主义批判与新社会主义反思

21 世纪马克思主义能否继续存在下去？这是日本马克思主义学者较为关心的问题之一。2008 年和 2018 年分别是马克思诞辰 190 周年和 200 周年，在这些值得纪念的年份，日本马克思主义学者也强烈关注由美国次贷危机引发的全球金融危机，由此激起对新自由主义、金融资本主义批判的热情，并提出关于新社会主义的不同构想。

第一，新自由主义、金融资本主义批判。

新自由主义批判，曾经是 20 世纪 90 年代日本马克思主义学者关注的焦点。2008 年全球金融危机这一导火索，再次燃起了日本马克思主义学者对新自由主义、金融资本主义的剖析和批判热情。例如，友寄英隆在《何为新自由主义》一书中指出，新自由主义是 20 世纪 70 年代末以来资本主义最主要的意识形态，它渗透到政治、经济、社会、文化各个领域。以日本为例，在新自由主义的影响下，在社会福利、社会保障和教育领域都引入了市场原则。这些领域以前完全是公共性领域，但由于民间企业的参与，其盈利性的成分加重。此外，国立大学的法人化使学术和高等教育功利化、利益化色彩浓厚，给基础科学研究带来了恶劣的影响。伊藤诚则认为，当代资本主义社会以 1973 年石油危机为转折点，石油危机标志着主导资本主义高速增长的凯恩斯主义的终结和新自

---

① ［日］伊藤誠：『幻滅の資本主義』，大月書店 2006 年版，第 252—253 页。

由主义的登场。资本主义再次回到恶性竞争的海洋，弱肉强食、环境破坏、资源浪费、收入与资本的差距扩大等都是新自由主义思想影响的结果。久留间键针对资本主义国家的新自由主义政策，提出"资本利益代表说"。他指出，新自由主义出现的原因不外乎是20世纪70年代以来，资本主义竞争的桎梏日益严重，国内市场相对狭小，大企业纷纷扩大海外市场，以求资本利益最大化的结果。经过30多年的历程，如今跨国企业的垄断地位得到加强，市场原理和人类伦理间的裂痕不断扩大。大门实纪史指出，"新自由主义主张小政府、国家放宽管制和扩大市场自由。但与古典自由主义相比，自由的主体不同，古典自由主义的主体是个体，强调个人的经济自由，而新自由主义的主体却是大企业，尤其是跨国企业，它是对个人自由的侵犯"[1]。在率先进行新自由主义经济改革的日美英三国，社会贫富差距不断扩大，大企业为追逐低劳动成本，纷纷投资国外，国内就业机会减少，非正式工人增加，薪金减少；而企业高层管理者的收入却大幅度上升。因而，新自由主义是社会贫困的罪魁祸首。

新自由主义被认为是金融资本主义不断膨胀而最终导致全球金融危机的元凶。例如，佐伯启思在《美国资本主义破产的原因》一文中说到，"新自由主义的错误在于将市场经济普遍化，夸大市场经济作用，认为市场竞争理论无处不适用，一切都商品化、市场化、效率化。这种错误的根本所在是将市场经济和'社会'隔断开来。社会是人们交往、生活，并蕴含一定价值观的场所。每个人成为经济个体的基础是相应的教育、文化、家族、组织、医疗和福利，这些基础都是必要的，但过度的市场竞争必然危及'社会'，势必引发市场经济的动荡，此次金融危机就是缩影"[2]。因此，2008年全球金融危机可以被视为美国式金融资本主义和新自由主义的终结，同时迎来了凯恩斯主义的复兴。

第二，关于新社会主义的构想。

批判地继承传统马克思主义理论观点，并结合时代变化和日本特点对之进行理论创新，这是日本马克思主义的重要特点之一。苏东剧变

---

[1] ［日］大門実紀史：『新自由主義の犯罪』，新日本出版社2008年版，第19页。
[2] ［日］佐伯啓思：「米国的资本主义が破綻する理由」，『エコノミスト』，2008年9月9日。

前，宇野弘藏就针对当时的资本主义提出了社会主义"阶段论"；苏东剧变后，许多人认为社会主义理论的现实基础破灭了。面对全球金融危机，人们在对新自由主义和金融资本主义进行批判的同时，又再次提出关于社会未来发展这个重要问题。其中，具有代表性的观点当推柴垣和夫的"渐进式社会主义论"、大西广的"社会主义黎明说"和大内秀明的"后资本主义论"。

柴垣和夫指出，当前的社会主义研究，不应着眼于资本主义外部世界的原苏联和东欧以及现存的社会主义国家，而应立足于业已实现福利国家目标的发达资本主义国家内部。他一改传统马克思主义观点，即社会主义的根本问题是实现生产手段的社会化，而主张社会主义的根本标志是实现对资本主义基本矛盾中"劳动力商品化"的扬弃。在当今发达资本主义国家内部，劳动力商品化的松动已渐露曙光，具体有三层表现：（1）工人自主决定薪金；（2）雇佣劳动的保障；（3）工人对劳动过程的自主管理。从日美欧等发达资本主义国家的现状可以看出（1）与（2）已经部分得到实现，工人可以通过工会和其他工人团体与资本家进行交涉，协商工人的薪金和待遇问题，工人的意愿得到了一定的表达。此外，各国不同形式的劳动法也认可工人的劳动权利，并通过社会福利和各种保障实现对工人生存权的保护。对于（3），在资本主义国家的大公司、大集团中，工人可以通过升迁成为公司的低中高不同层次的管理者。① 就是说，当今发达资本主义国家内部已经逐渐出现社会主义因素，并将逐步得到发展。因而可以说，当前是社会主义渐进发展的阶段。

与柴垣和夫的视角不同，大西广则基于当今发达资本主义国家内部出现的新的生产力和生产关系视角，提出"社会主义黎明说"。他认为，马克思主义最主要的理论有两部分：（1）剩余价值理论，核心思想指资本是由资本家强制榨取工人剩余劳动时间部分的剩余价值构成的，资本对劳动具有强制性；（2）历史唯物主义，即生产力决定生产关系、生产关系决定上层建筑的法则。在这一历史规律的作用下，人类社会发展轨迹是从原始社会、奴隶社会、封建社会、资本主义社会到社

---

① ［日］榎本正敏：『21世紀社会主義化の時代　過渡期としての現代』，社会評論社2007年版，第317—318頁。

会主义社会。传统观点认为苏东剧变是历史的逆转,但在大西广看来,原苏东社会主义国家并不是真正的社会主义,而是"国家资本主义"。大西广说,公有制和计划经济被认为是社会主义的标志、私有制和市场经济被看作资本主义要素;其实,这些只能被看作是社会制度的要素之一,并不能被视为决定性依据。实际上,在原苏联也出现了对劳动的强制,只是在工业化尚未完成以前,对劳动的强制很大程度上由国家来承担;另外,资本主义生产力是指机器大工业,原苏东国家致力于工业化来推动经济的发展的目标不外乎是获得国家资本主义化的生产力基础。因而,原苏东国家是"国家资本主义"。

大西广指出,当今发达资本主义国家内部出现的"软生产力"才是构成社会主义生产力的基础。在未来,资本、市场、国家将逐步走向灭亡,其中最为重要的是资本的灭亡,灭亡的过程亦是社会主义生产关系形成的过程,因为资本的灭亡过程体现着资本对劳动的强制性弱化。当前,发达资本主义国家的"雅皮士"等脱离公司模式的职业令人瞩目,脱离公司意味着可以摆脱资本对劳动的强制性束缚,但资本却不能无视这种劳动的存在。"软生产力"意味着产品价值中的设计、舒适感等附加价值的比率增加,这种附加值将不得不考虑人的个性和感性;软生产力兼有"人的生产力"和"个性生产力"的性质。随着软生产力的发展,公司将不得不进行资本的权限委让,分权化将更加明显,对资本的垄断将出现缓和,资本在自己扮演掘墓人的角色中逐渐走向灭亡。与机器大工业是资本主义特有的生产力一样,社会主义也有特定的软生产力,随着软生产力的发展和扩大,相应的社会主义生产关系也将形成。

大内秀明从分析当今发达资本主义国家的经济主体、劳资关系、生产关系入手,指出20世纪70年代以来新的生产力获得了长足发展,进一步软式化、服务化。其中,知识劳动占据主导地位,产业结构出现了转变,在工业社会中形成的经济学已滞后于时代。作为新经济主体,SOHO、NGO、NPO令人瞩目,它们之间的关系构成新的生产关系。在此背景下,他致力于构建一种新的经济学理论。

在此,大内秀明提出了一个大胆的想法,即"一直以来人们区分社会体制的依据是重视生产力的生产力史观,或者重视生产关系的所有制史观,或者重视阶级关系的革命史观;但对于生产方式与消费方式,却重视不够。社会体制的区分标准应是由生产方式与消费方式构成的经济循环模式"①。大内秀明分析道,生产与消费是经济的基本功能,而生产与消费的持续性反复即是经济循环,这是任何时代不可欠缺的经济原则。生产方式与消费方式因时代不同而变化,伴随着两者存在方式和关系的变化,经济循环的模式也处在变化之中。在近代以前,生产方式与消费方式是经济主体一体化的"自我循环型",近代则是两者脱离的"分离循环型"。经济循环结构由产业结构变化引起,而产业结构变化则由生产力的发展而推动。产业结构变化带来了经济资源的变化,随之而来的是生产与消费的基本机能和担负其基本机能的经济主体的变化。大内秀明乐观地说,当今资本主义社会中的三个变化可以支持自己的理论。(1) 第三产业居主导地位,第三产业中生产与消费在空间和时间上的一致性是其特征,消费者的个性化、多样化的要求随之出现。代替公司的新经济主体登上历史舞台。第三产业的资本取代工业资本成为主导社会的资本,它具有重视人们作为消费者和"生活者"权利的性质,这与重视生产的合理和效率、追求利润率的工业资本不同。与此同时,非营利性的资本和 NGO、NPO 不断地扩大。(2) 知识劳动成为主要的经济资源。各领域专家型人才的出现,使人们由消费者变为"生活者"。所谓"生活者",即不仅是消费者,而且是兼顾劳动与生活、生产与消费的经济主体,他们以知识劳动为背景,追求更加人性化的劳动。(3) 工人劳动的主要手段由机械技术转变为多媒体技术。在近代,生产与消费场所分离的状态,由于今天家庭办公的出现而使两者发生了结合。

大内秀明进一步指出,上述资本主义的变化引起生产与消费的性质出现变化。机械技术带来的物质生产与消费形态转变为,由知识劳动提供知识生产,通过多媒体技术,直接或间接地提供给人们的消费形态。知识劳动的主体是独立的个人或者团体,他们通过多媒体技术单向或者双向地交换知识。因而,工业社会中因生产与消费的对立而对立的阶级关系如今已不复存在。所以,当今资本主义社会生产与消费的对立关系出现缓和,新的经济主体登场决定了其不同于以往的资本主义社会,可谓之"后资本主义社会"。

---

① [日] 岡田清:『資本制生産樣式の展開:資本制生産様式の衰退とグローバリゼーション』,八朔社 2008 年版,第 26 頁。

六 中国特色社会主义探讨

从世界范围来看,就一个国家对另一个国家的研究而言,日本对中国研究的历史之悠久、范围之广泛、内容之深刻、成果之丰硕或许是绝无仅有的。改革开放后,随着中国经济发展和中日经济交流日益密切,尤其是苏东剧变后中国经济进一步发展,日本对中国经济发展的研究日益升温,这也成为日本马克思主义学者的关注热点。

第一,日本马克思主义学界对中国经济性质与发展状况的认识。

长期以来,关于中国经济发展的性质问题一直是日本马克思主义学者持续讨论的主题。如今,对中国经济持"普遍性"认识的人较多,而持"特殊性"认识的人较少。(明治维新前的)两千多年里,日本一直以中国为师,直到近代中国开始衰落,明治维新后日本逐渐超越了中国。2010年,中国的GDP超越了日本,这对日本政界、知识界和普通民众的心理和精神产生了巨大的影响。日本100多年来优越于中国的心理天平正发生移动,政界和民间对中国经济的印象是蒸蒸日上。包括马克思主义学者在内的日本知识界中多数人的印象是:中国特色社会主义只不过是某种资本主义。对中国经济发展的前景,"资本原始积累阶段论""落后于日本40年说""经济崩溃论"等在日本有相当大的影响。

《经济》杂志2004年第11期刊载了日本福祉大学大木一训的文章,作者提到目前在日本,对中国经济性质与发展状况的认识有几种具有代表性的观点。

1. "资本原始积累阶段论"。这种观点认为,中国当前的经济发展处于资本主义初期,属于马克思主义经济学中的资本原始积累阶段。其依据是:(1)中国的改革开放政策并不止于通过导入市场经济来刺激经济发展,而且有以认可、培育私有经济为开端,进一步承认资本主义经营方式,并逐步使之扩大的渐进式政策;(2)中国经济发展中出现了少数的富裕阶层与大量脱离农业的自由职业者;(3)从中国当前的单位制和户籍制可以发现,消除因经济地位差异而形成的对人格的制约(即国民自由确立,如迁移自由)将是中国今后面临的重要问题。

2. "资本主义经济论"。其依据有:推动国有企业民营化、承认并奖励私营企业的发展、无止境地剥削工人和压榨农民、社会贫富分化日益扩大、政府官僚腐败严重、允许私营企业家入党、社会主义意识形态衰落等。

3."落后于日本40年说"。这种观点认为，尽管当前中国经济高速发展，但与日本相比仍然有40年的差距。其根据是：（1）现在中国的社会经济指标（人均电力消费量、恩格尔系数、婴儿死亡率等）与日本20世纪60年代的情况相似；（2）从中国的出口产品多为劳动密集型产品中可以发现，中国的产业结构要实现高新技术化尚需很长时间；（3）出口扩大和经济增长过度依赖外资，企业的国际竞争力仍十分有限。

4."中国经济发展动力是廉价劳动力，并将永远保持下去"。此观点认为，中国现在廉价劳动力市场在将来也不会改变。不过，他们并没有进行缜密的理论论证，只是简单地认为，中国农村有9亿人口，人口基数如此巨大，如果循环向城市提供廉价劳动力，则可以长期维持低工资。

5."中国经济崩溃论"。这种观点认为，中国经济最终将因许多深刻的问题得不到解决而崩溃。例如，贫富两极分化、国民经济的欺骗性增长、证券市场的黑暗、经济发展过度依赖外资、不断增长的人口压力、环境破坏、政治腐败等问题。[①]

日本马克思主义经济学界多数人认为，中国目前的社会制度是"国家资本主义"。例如，马克思主义经济学者大西广和山田明人分别称之为"国家垄断资本主义"和"国家资本主义"。大西广指出，"无论是苏联，还是东欧国家都是国家资本主义，并不是社会主义。当前的中国是以社会主义为目标的资本主义，无论是在毛泽东时代，还是之后的改革开放时代，都是由国家主导的资本主义。在没有获得社会主义的经济基础时，需由国家主导进行资本主义的建设"[②]。加藤弘之和久保亨则认为目前中国的经济是"中国式资本主义"。他们指出，中国的经济是资本主义经济，但中国的情况与西方资本主义国家有所不同，具有很多中国特色，是具有中国特色的资本主义经济。中国特色资本主义经济具有三个特点。（1）政府在市场中的作用过大，且无处不在，各级政府直接或间

[①] ［日］大木一訓:「中国経済の発展と現段階をどうみるか」,『経済』（2004年11月号）載せる。

[②] 大西広:『現場からの中国論:社会主義に向かう資本主義』,大月書店2009年版,第212—214頁。

接地干预市场，使得市场经常出现扭曲。（2）竞争在中国无处不在，而且经常有过度竞争，常造成重复建设和资源浪费。（3）潜规则大量存在。中国在引进西方的市场竞争后，传统的非市场性因素、各种与传统文化相关的潜规则大量存在，常常造成经济效率的低下。①

少数日本马克思主义学者对中国特色社会主义持支持态度，认为中国经济发展具有自己的特点。例如，青山学院大学的中兼和津次指出，伊藤诚对中国特色社会主义抱有希望，它的构成主要有："土地国有""生产手段的公有为主体与经营管理的多样化""协商型的劳资关系"。因而，"中国特色社会主义未来发展的经济基础是坚持以公有制为主体，将市场经济作为补充，中国经济体制将在21世纪史上具有重要意义"②。同时，"在海外，至少在日本，像伊藤诚那样真正对中国特色社会主义感兴趣的人较少，人们在将苏东国家，尤其是俄罗斯的'休克疗法'与中国的'渐进改革'和'增量改革'进行比较时，更容易发现后者的优点。中国无疑是渐进改革的代表者、成功者，而俄罗斯则是休克疗法的失败者。"③

第二，日本马克思主义学界对中国特色社会主义的认识深受日本"中国研究"的影响。

日本马克思主义学界之所以对中国特色社会主义产生上述认识，是因为这一群体研究中国的方法和观点也受日本的"中国研究"影响。

1. 冷战格局对国际政治研究最为深刻的影响体现在两个方面：一是研究理念从以国家利益与价值观为核心转向以共产主义与自由世界的对立为坐标；二是研究对象从以国家为最基本和最重要单元转向美苏两大阵营。上述研究理念与研究对象随着苏东剧变而被解构，国际政治研究去两极化与去意识形态化逐渐成为主流，这一变化同样体现在日本学者关于中国的研究中。（1）从研究角度讲，冷战之后，原来强调社会主义与资本主义对立的主流研究视角迅速被边缘化，这个视角下的主流

---

① ［日］加藤弘之、久保亨：『進化する中国の資本主義』，岩波書店2009年版，第37—38頁。
② ［日］中兼和津次：『体制移行の政治経済学』，日本経済評論社2010年版，第291頁。
③ ［日］中兼和津次：『体制移行の政治経済学』，日本経済評論社2010年版，第130頁。

观点也认为中国已经不是社会主义国家。这些学者可以被称为社会主义的"原教旨主义者",他们将中国特色社会主义称为"国家资本主义""新国家资本主义""中国特色的资本主义"等。取而代之的是比较政治经济学研究视角,即采用一套均一的指标体系来评价所有国家的发展并进行分析预测。因而,不论我们在国际上如何强调中国特色社会主义,以及更加中性化的"中国道路""北京共识""中国经验"等表述,都难以改变这种已经深刻变化了的研究视角。(2)在第一个层次的辐射下,部分学者不去理解中国特色社会主义的内涵,而是从非意识形态视角,认为中国自己所宣称的特殊性、中国道路、中国制度等不过是掩饰"威权政治"的托词,并不属于诞生于西方理论界的经典社会主义,也不属于西方学者眼中的原苏东社会主义,而只是传统东亚式威权主义国家的一员,不存在所谓的特殊性,更不可能左右人类社会民主化的历史趋向。

2. 日本社会结构的变化是导致日本学界对中国特色社会主义缺乏认同的另一重要原因。二战结束后,日本社会由于各种原因不断右倾化。自20世纪90年代以来,日本意识形态右倾化更加明显。在政界,执政党通过各种相关法案架空战后和平宪法,直至今日仍欲将修宪付诸实践。日本社会党的力量不断萎缩,左翼政治力量的影响力逐步弱小。总之,由于日本民族主义抬头、意识形态和政界的右倾化,左翼学者的力量和声音也越来越小,从而关注中国特色社会主义的学者也大幅减少。

3. 中日邦交正常化以后,中日关系的曲折发展和中国的不断强大,也促使日本学界对中国研究的心态发生变化,这也影响了他们对中国特色社会主义的认知。1972年中日邦交正常化后,尽管中日关系开始升温,日本对中国的研究重点从政治领域转向了经济领域,但随着冷战结束、中日摩擦不断和中国经济实力日益增强,日本对中国的警惕心与日俱增。对中国研究的心理从古代的尊敬到近代的轻视,发展成为今天的担心和警惕。这一背景也深刻影响了日本学界对中国社会发展的认识,尤其是对中国特色社会主义的认识。

七 21世纪日本马克思主义展望

作为一个东方国家,我们一直对于同样属于东方国家的日本的马克思主义研究成果表示敬佩，对于这样一个高度发达的资本主义国家中还有这样一支研究队伍表示赞许。究其原因，见仁见智，但仅从日本各地收藏的马克思主义珍贵文献就可略见一斑。从日本马克思主义学者所关注的主题可以看出，日本之所以成为马克思主义研究大国，主要原因是马克思主义学者所关注的社会贫富差距问题、就业问题、工人薪金福利问题、教育问题、少子化问题，以及性别不平等问题、环境问题等均是广大普通民众所关注的问题，对这些问题的分析和对策建议会引起社会关注和共鸣，进而推动政府不断地完善相关政策。正是这种对社会现实问题的关注，尤其是对弱势群体和社会不公平的关注才增加了日本马克思主义的生命力。2007年12月28日，日本前首相福田康夫于北京大学的演讲中说，"日本是比社会主义国家还社会主义的国家"。这句经常被人们描述对日本印象的话语反映了人们对日本社会公平正义、贫富分化较小、劳资关系相对缓和、工人劳动权利保障较好、公共服务比较发达等社会治理方面的良好印象。这一句看似普通而诙谐的话语背后也反映出日本左翼政治力量，尤其是马克思主义学者对实现日本社会良好治理方面所起到的积极作用。当然，尽管日本马克思主义研究在发达资本主义国家中取得了令各国同行瞩目的成就，但同时也面临着一些严峻问题。

第一，意识形态和社会结构总体右倾化，马克思主义研究的社会环境正在发生不利变化。

二战结束后，日本的意识形态和社会结构由于各种原因不断右倾化，尤其20世纪90年代以来，意识形态右倾化日趋严重。在政界，执政党通过各种相关法案架空战后和平宪法，直至今日仍欲将修宪付诸实践，而且执政的自民党和公明党已经具备了宪法修改所需的参众两院的席位。在20世纪50年代到90年代中期，一直是政坛重要左翼力量的社会党力量不断萎缩。成立于1945年的日本社会党，1996年更名为社会民主党（原社会党大部分成员加入了当时的民主党）；今天，日本社会民主党已经成为议会内最小的政党之一。成立于1922年的日本共产党是议会内最大的左翼政治力量，但从总体上看，日本左翼政治力量的影响力逐步减小。在学界，由于日本民族主义抬头，意识形态右倾化，在这种不利的社会环境下，左翼学者的力量和声音也越来越弱。

第二，马克思主义研究队伍老龄化，面临后继乏人的困境。

从人数上看，日本马克思主义研究队伍，近年来并没有大的变化。从马克思主义学术团体所公布的会员人数来看，无论是经济理论学会，还是东京唯物论研究会和基础经济科学研究所等相关学术团体的会员人数，自 2000 年以来均无较大变化，共计约 2000 人。在日本这样一个高度发达的资本主义国家，这样规模的研究队伍能够保持稳定本身是一个值得深入分析的问题。然而，研究队伍人数稳定的背后，也表现了令人担忧的一面，即研究队伍老龄化，后继年轻学者不足。从日本马克思主义学者的年龄结构看，大多数年龄在 50 岁以上，就是说，这些人接受大学教育的时间大多数在 1990 年以前，在他们接受大学教育的阶段，正是社会主义阵营与资本主义阵营尖锐对立的冷战时期。1980 年前后，日本马克思主义研究达到了鼎盛期，这为后备研究人才的培养提供了良好的学术氛围。然而，今天在日本，50 岁以下的马克思主义学者越来越少，一些大学取消了以前曾经开设的马克思主义经济学相关课程，这就进一步加剧了马克思主义研究队伍老化且后继乏人的困境。

第三，马克思主义研究资料有流失的危险。

随着研究队伍年龄老化，在 20 世纪 60—70 年代活跃的马克思主义学者大多已经进入暮年，年龄已逾八十岁，近年来，又有不少马克思主义学者去世。由于部分过世学者的家属认识不足，或缺乏合适的收藏机构和保存场所，这些马克思主义学者悉心收藏的各种马克思主义珍贵文献面临着流失的危险，而且已经有许多珍贵文献流失到日本各地旧书市场。目前，在东京的神保町旧书街有大量的马克思主义文献资料。

第四，21 世纪日本马克思主义研究前景依然看好。

当然，尽管日本马克思主义研究面临着上述困难，但对于日本马克思主义研究前景，我们还是抱乐观态度。基于日本马克思主义研究的历史积淀、深厚传统和拥有珍贵文献以及日本对社会科学的研究细腻等特点，我们有充分的理由相信，未来日本马克思主义研究仍将在日本的社会科学研究领域，以及世界马克思主义研究领域占有重要地位，并不断发扬光大。正如爱知大学关根友彦在《马克思主义经济学面临的考验与再生》（2007）一文中指出的，马克思留给了我们两大遗产，即社会主义革命思想和资本主义经济批判理论。社会主义国家的建立是前者的实践；而马克思最伟大之处是阐发了资本主义经济批判理论，发现了资本主义的固有矛盾。《资本论》作为马克思主义的元理论，21世纪马克思主义学者将在此基础上突破历史桎梏，不断地进行理论创新，马克思主义仍是非常重要的社会科学。

第二节　韩国

马克思主义在韩国的传播，前后经历了日本殖民时期、冷战时期、民主化时期和21世纪新时期四个阶段。在日本殖民时期和冷战时期，由于政治意识形态原因，马克思主义的传播大多是秘密进行的，尽管在日本投降后和李承晚下台后也出现过短暂的春天，但总体上基本没有活动空间。1987年民主化基本实现以后，韩国马克思主义研究才开始复兴；21世纪则进入了MEGA²翻译研究基础上马克思主义理论与韩国实际问题相结合的新阶段。

一　马克思主义在韩国的传播与发展历程

20世纪初，马克思主义就已通过俄中日等国传入朝鲜半岛。其中，日本是韩国马克思主义的主要输入国，《东亚日报》《朝鲜日报》是主要传播载体，刊登过《马克思的唯物史观》《马克思思想概要》《劳动价值论与平均利润率问题》《马克思学说概要》《唯物史观解读和阶级斗争史论》[①] 等系列文章；还创办过《共济》《我声》《新天地》《新生活》《朝鲜之光》[②] 等介绍马克思主义的左派刊物；翻译过《政治经济学批判〈导言〉》（1921年3月）、《共产党宣言》（1921年9月）、《雇佣劳动与资本》（1923年11月）、《工资、价格和利润》（1925年5月）、《社会主义从空想到科学的发展》（1925年6月）等经典著作。马克思主义指导下建立的高丽共产党、朝鲜共产党，成为反日独立运动的重要力量。日本投降后，半岛的马克思主义者继续从事南北统一建国

---

① 《马克思的唯物史观》在《东亚日报》连载19期（1922年4月18日—5月28日）；《马克思思想概要》在《东亚日报》连载37期（1922年5月11日—6月23日）；《劳动价值论与平均利润率问题》在《东亚日报》连载8期（1922年7月7日—14日）；《马克思学说概要》在《朝鲜日报》连载4期（1923年10月7日—10日）；《唯物史观解读与阶级斗争史论》在《朝鲜日报》连载10期（1924年1月15日—24日）。

② 《共济》是朝鲜劳动共济会的机关刊物，1920年9月创刊；《我声》是朝鲜青年联合会的机关刊物，1921年3月创刊；《新天地》《新生活》《朝鲜之光》刊登过有关马克思主义的文章，分别创刊于1921年7月、1922年3月和11月。

运动；1947—1948 年期间，还翻译出版了《资本论》的第 1—2 卷。然而，在"冷战"南北分裂背景下建立的韩国政府却将马克思主义研究置于意识形态的禁地，朝鲜战争更是把这种趋势加速。此后，马克思主义研究即被列入"赤化"名单；携带和复印马克思恩格斯的书籍也会面临牢狱之灾；学术界中偶尔出现的有关马克思主义的文章也都是站在批判的立场上展开的。

1985 年以后，韩国马克思主义研究出现复苏态势；1987 年韩国政治民主化初步实现以后，马克思主义研究被解禁。此间，《1844 年经济学哲学手稿》（1987）、《反杜林论》（1988）、《哲学的贫困》（1989）、《德意志意识形态》（1989）等马克思主义经典文献被翻译出版；尤其是《资本论》韩文版在 80 年代问世之后，围绕着《资本论》的解读和运用，凝聚起韩国第一代马克思主义研究队伍，例如金秀行、郑云暎、朴荣浩等。作为韩国第一代马克思主义研究的代表人物，其成果主要集中在政治经济学领域。

（1）金秀行（김수행，1942—2015），生于日本福冈，在首尔大学获得经济学学士和硕士学位，毕业后在韩国外汇银行任职，被派往英国伦敦支行后辞职前往伦敦大学攻读马克思主义经济学博士，毕业回到韩国继续从事马克思主义经济学的教学和研究工作，并根据英文版完成了《资本论》的翻译工作。先后在翰神大学和首尔大学任教，率先开设"政治经济学入门""马克思经济学""现代马克思经济学"等课程。2008 年退休后，继续在以进步学风著称的圣公会大学任客座教授，去世前仍在校对修改《资本论》译稿。（2）郑云暎（정운영，1943—2005），在首尔大学获得经济学硕士学位后，先后进入《韩国日报》《中央日报》任记者工作；随后，获得天主教奖学金资助在比利时鲁汶大学获得经济学博士学位。1981 年归国后，到翰神大学任教；1986 年被解聘后，到首尔大学和高丽大学临时开设政治经济学课程，同时在《韩民族新闻》开设"展望台"专栏，直到 1999 年才被庆熙大学聘为副教授。此后，还在文化电视台主持"郑云暎 100 分钟讨论"节目。2000 年，任《中央日报》评论委员，开设"郑云暎专栏"，因为专栏部分内容与以往立场不一致，即有支持财阀的倾向而被诟病。（3）朴荣浩（박영호，1942—　），在高丽大学获得经济学硕士学位后，到德国法兰克福大学攻读经济学博士学位。归国后，一直在翰神大学任政治经

济学教授，主要研究马克思主义价值理论、韩国资本主义等问题。

1991年苏联解体后，韩国马克思主义研究再次受阻，原来研究马克思主义的学者纷纷转向后马克思主义研究。如何超越马克思主义成为韩国第二代马克思主义研究的中心话题。韩国第二代马克思主义研究队伍以李炳千、李真景为代表。李炳千（이병천，1952—　），首尔大学经济学博士，江原大学经济贸易学教授，曾任韩国社会经济学会会长、参与社会研究所所长、福利国家政治论坛召集人等职，主要研究后现代主义、韩国资本主义经济模型。李真景（이진경，1963—　），原名朴太浩，李真景为马克思主义研究时的笔名，后来直接改用笔名。首尔大学社会学博士，首尔大学科学技术学院通识基础教育学教授，主要研究后现代主义、马克思主义与现代化问题。

21世纪以来，韩国在多轮经济危机的冲击下走上了新自由主义的改革之路，暗含在发展中的持续增长和生态危机问题，以及分配中的两极分化和结构固化问题，使得韩国马克思主义研究迎来新的春天。不仅李炳千和李真景等第二代马克思主义学者开始回归传统马克思主义研究，而且出现一批新进学者，共同形成21世纪韩国马克思主义研究的中坚力量，将研究范围延伸至政治经济学以外的各个领域，在推进文献研究基础上从社会批判和社会运动等方面构筑起学术新图景。

二　21世纪韩国马克思主义研究状况

21世纪，韩国马克思主义研究迎来长足发展。这是因为韩国国内资本主义经济的深层矛盾不断暴露和左翼政治力量不断壮大而产生的现象。1997年的亚洲金融危机，使韩国结束了70年代以来的经济持续快速增长阶段，大批企业和工厂倒闭，政府号召国民捐出个人金银以渡难关，最终不得已接受国际货币基金组织（IMF）提出的新自由主义经济改革。此后，韩国企业结构重组，外资比例上升，雇佣终身制被打破，临时工大量出现，两极分化、青年失业、中小企业生存艰难成为社会顽疾。2007年，美国次贷危机再次导致这些问题恶化，经济甚至出现负增长，财阀操纵社会经济的各个方面，劳动者中惊现大量的"穷宅族"（为了减少出门消费而不得不困在家中）和"穷忙族"（无论如何忙碌和勤奋也无法摆脱穷困的状态）。对于这些问题，西方的经济学和政治学无法给出满意的答案，马克思主义迅速升温。

除了经济原因之外,韩国左翼政治势力发展也为马克思主义发展提供了条件。1988—2000 年间,民众之党、韩民族民主党、民众党、韩国劳动党相继成立,以工会和青年学生团体为中心,积极参与总统和国会等代议选举,但却毫无斩获。直到 1997 年成立的"国民胜利 21"才在地方议会选举中获得 23 个席位,实现了零的突破。2000 年,在"国民胜利 21"的基础上整合各种左翼政治力量成立了民主劳动党;随后,在 2004 年的国会选举中获得 10 个席位。至此,韩国马克思主义研究也获得了独立地位,开始创办专门的马克思主义类学术期刊,培养招收马克思主义类研究生,出现了一批将韩国现实问题与马克思主义相结合的青年学者,它们共同勾勒出 21 世纪韩国马克思主义研究新图景。

第一,马克思主义专业期刊。

21 世纪,韩国首次创办马克思主义专业期刊,跳出反共立场来研究马克思主义,开辟出独立的马克思主义研究阵地。在这些期刊中,以《马克思主义研究》《马克思 21》影响力最大。前者偏重学术,后者偏重大众。

《马克思主义研究》是韩国最早的马克思主义类专业学术期刊。韩国一直没有直接冠以"马克思"或"马克思主义"字样的学术期刊,直到 2004 年民主劳动党在国会选举中的政治胜利才促成《马克思主义研究》期刊的诞生。在创刊号中,它明确表示研究对象不是新马克思主义也不是后马克思主义,而是传统马克思主义,"依托 21 世纪初全球形成的所谓反资本主义运动,以促成'自下而上的社会主义'为目标,通过重新发现、发展和扩散经典马克思主义传统,全力探求 21 世纪我国实现'自下而上的社会主义'的替代方案"[①]。

这曾经引起韩国学界的质疑,甚至怀疑它能否持续办下去。特别是在朴槿惠时期,政府力推历史教材"国定化",让学生统一使用国家指定的历史教材,反对"自虐史观",学界保守主义回潮。所谓"自虐史观"是对进步历史研究的否定,认为过多地批判性对待韩国近代史的人物和事件会损伤民族自信。保守主义势力认为现有的历史教材被进步势力把持,历史研究被共产主义历史观左右,既没有客观地评价日本殖民时期的韩国独立运动,如柳宽顺(유관순,1902—1920,三一运动的殉

---

① 정성진, 정진상. 창간호를 펴내며, 마르크스주의 연구, 1 (1), 2004.

难者,女性独立运动家)在现有许多版本的历史教材中就没有提及;也没有客观地评价南北关系,只强调半岛同一民族血浓于水,却丝毫不提陆英修暗杀事件、仰光事件、大韩航空飞机爆炸事件、江陵潜艇渗透事件、延坪海战事件、延坪岛炮击事件、天安舰沉没事件等涉嫌朝鲜武力挑衅的历史,置国家安全于不顾;还没有客观地评价"二战"后韩国起步发展时期的威权政府,一味攻击李承晚、朴正熙、全斗焕时期的不民主,没有看到他们在独立和现代化中的贡献。尽管学术界的保守主义回潮挤压了马克思主义的研究空间,但是《马克思主义研究》强调理论性与现实政治保持一定距离的办刊原则,使它生存至今。事实上,《马克思主义研究》创刊以后,不仅主题集中地讨论了劳动价值论、辩证唯物主义、十月革命等经典话题,而且自2009年起从半年刊变为季刊。

　　2009年以后的《马克思主义研究》继续在传统理论的研究上深挖。(1)持续关注马克思主义的社会根源性问题,即财富的增加为什么会伴随着贫困的扩散,生产的发展为什么会形成经济危机。不仅"阶级""剥削""两极分化""经济危机"等关键词多次成为期刊的主题词,而且还多次围绕着美国次贷危机展开讨论;分析新自由主义经济和资本主义的阶级结构变化。(2)不断分析马克思主义的阶级基础性问题,即工人运动状况。"欧洲激进左翼的崛起""世界左翼的现状和问题""韩国劳工运动的发展""韩国的烛光示威"等研究主题的选择将理论研究和革命运动实践有机结合在一起。(3)适时发起对经典问题的历史与现实的对话,焕发马克思主义经典理论的当代价值。例如,2009年在中华人民共和国成立60周年时发起"站在十字路口的中国"主题讨论;2014年为纪念国际工人协会(第一国际)成立150周年发起"马克思主义革命战略的现代性"主题讨论,又以第一次世界大战100周年为契机发起"反战社会主义再认识"主题讨论,2017年和2018年再次发起"《资本论》150年"和"马克思诞生200年"主题讨论。(4)注重对经典文献的研读。过去,韩国马克思主义研究的文献大都是二手解读,一直没有出版完整的《马克思恩格斯全集》《列宁全集》的韩文版,《资本论》也是在1988年才翻译完成。《马克思主义研究》2010年第4期特别关注了《马克思恩格斯全集》历史考证版问题,发起关于"新版《马克思恩格斯全集》出版的历史和意义"讨论。2015年,又以追忆金秀行先生为契机发起"21世纪韩国《资本论》研读"主题讨论。

创刊于 2009 年的《马克思 21》，是介绍马克思主义的相对偏重大众普及类的季刊。由于稿源不足等原因，2012 年和 2014 年才各出版 1 期，2013 年和 2015 年还出现过短暂停刊现象。该刊的学术性较弱，发表的文章具有普及性和论辩性两大特征。从普及性来看，该刊经常从大众化角度集中解读核心概念和经典文献，阶级、革命、经济危机、《资本论》《国家与革命》都有涉及。例如，2016 年《马克思 21》发表过一系列以"阶级"为主题的文章，将阶级概念与职业、阶级意识、现实的利益关系等概念加以区分，明确阶级的生产关系的所有属性，批判将高收入的劳动者归入新中产阶级的错误做法，强调工人阶级的范围和同盟力量划分的重要性[①]。从论辩性来看，《马克思 21》善于将同一主题下不同观点的文章集中推出，注重学术争鸣。截至 2018 年底，该刊共推出 16 期学术争鸣，具体主题包括资本主义经济危机、左派改革的局限性、当今的帝国主义战争、朝鲜核危机、女性主义与女性解放、美国激进主义、特朗普上台后的半岛局势、中美贸易战等。

另外，韩国的其他学术期刊也开始发表一些有关马克思主义的研究成果，包括《历史批评》《哲学论集》《韩国法哲学》《动向和展望》《经济和劳动》《经济与社会》《劳动社会》《劳动研究》《产业关系研究》《环境与生命》《进步评论》《文化科学》等。其中，《历史批评》《经济与社会》《动向和展望》等已经具有较强的左翼色彩，特别是从工人阶级生活和劳动的具体问题出发，扩展和丰富了韩国马克思主义的研究范围。

第二，马克思主义教学研究。

韩国马克思主义教育起步于 20 世纪 80 年代，但只限于开设几门相关课程，一直没有设立独立的马克思主义类专业。翰神大学是韩国最早教授马克思主义相关课程的高校，金秀行、郑云暎和朴荣浩都是早期的马克思主义教育学家。1983 年，金秀行调入首尔大学，在边衡尹（변형윤）、安秉直（안병직）和赵荣范（조영범）等人支持下，首次在首尔大学研究生院开设"马克思主义经济学"课程，向研究生介绍马克思主义基本原理和最新研究动向，在学生中间掀起了一股学习马克思主义的热潮。1989 年，面向本科生的"马克思主义经济学"课程在

---

① 최일봉.마르크스 계급 개념의 핵심 쟁점들, 마르크스 21, 15, 2016.

首尔大学正式开讲。后来,高丽大学、中央大学、东国大学也开设了马克思主义课程。然而,随着苏东剧变,韩国马克思主义教学研究又暂时陷入了困境。首尔大学在金秀行退休后也没有再聘请相关教师,"马克思主义经济学"课程被迫中断。

21世纪以来,韩国大学开始设立马克思主义类专业,培养马克思主义专业的硕士生和博士生,有计划地系统开展马克思主义教学研究,使马克思主义研究有了学业上的传承。韩国马克思主义教育重新恢复并逐渐走上制度化道路。原来,韩国大学的马克思主义教育没有固定的学科和人员,很多课程是由外聘讲师承担,随时可以取消,学生选课也只是换换口味,并不可能系统学习。认识到这一弊端的韩国马克思主义学人一直在寻找突破。2009年,《马克思主义研究》刊物的主办单位——韩国庆尚大学社会科学研究院开始制定"马克思主义研究和教育制度化"的教学研究计划,以促进马克思主义经典理论研究的发展,推进自下而上的劳动阶级斗争和自我解放及社会主义的建立为目标,不仅开设了政治经济学的研究生专业,可以在经济学、管理学、社会学、政治行政学、社会教育学、法学等6个方向招生和授予学位,而且还和世界进步左翼学术阵营建立起经常性联系,为韩国马克思主义研究培育后续人才的同时加强了国际交流和联系。[①] 目前,庆尚大学已有从事马克思主义教学研究的专兼职教师近40名,建立起包括《〈资本论〉研究》《马克思主义经济学批判研究》《马克思主义经济学的争论焦点》《韩国经济的马克思主义视角分析》《实证马克思主义经济学》《金融资本论》《马克思的价值理论》《马克思主义财政论》《马克思主义文化艺术理论》《现代资本主义阶级分析》《资本主义与环境》《马克思主义历史学》《无产阶级革命与马克思主义》《社会主义革命史》《欧洲社会主义运动史》《马克思主义国家理论》《马克思主义哲学研究》《马克思主义政治思想》《马克思主义与法律》《马克思主义与政党》《马克思主义与宗教》等在内的完备的课程体系,致力开发"全球化替代方案"和"韩国社会经济模式替代方案",已经成为韩国马克思主义教学研究的中心阵地。

---

① 정성진.'마르크스주의 연구와 교육의 제도화' 프로젝트10년과 이후, 마르크스주의 연구, 11 (1), 2014.

另外，韩国还成立了与马克思主义相关的各种研究所和研究会，主要在劳工运动、民族抗争史、教育改革等方面进行研究。翰神大学的社会科学研究所、中央大学的东亚文化研究所、韩国劳工运动研究所、韩国劳动社会研究所、韩国农渔村社会研究所、民族文化史研究所、民族音乐研究所、民族神学研究所、进步教学研究所等分列其中。尤其值得注意的是，2018年韩国主办的马克思诞辰200周年纪念学术活动中出现了许多跨学科对话的现象。例如，2018年10月27日，韩国符号学会和中央大学东亚文化研究所共同主办的"符号与社会现实——纪念马克思诞辰200周年秋季学术会议"，会议论文有"资本主义与符号问题""共产主义与符号：语言统治的转化""马克思宣言和弊政改革文章的形式及象征性""物质的观念与实际：《德意志意识形态》中的历史唯物主义问题设置"等。2018年12月15日，韩国佛教学会主办了题为"佛教与马克思主义"的学术大会，会上讨论了"后现代人类社会的方案：佛祖与马克思主义的对话""马克思主义宗教批判和佛教的社会意识""马克思、卢曼和佛祖的社会哲学"等问题。

第三，马克思主义研究队伍。

21世纪以来，韩国马克思主义研究开始从经济学向其他领域扩展，涌现一批多学科背景的新进学者，形成新老交替的新格局。

韩国老一代马克思主义学者厚积薄发。尽管他们出生于20世纪50年代以前，新世纪初就逐渐退休（有些）甚至已经去世，但是仍有几人笔耕不辍。最近十多年来，除了一直在持续研究马克思主义政治经济学的金秀行之外，郑文吉、梁熺锡在文献编纂和解读方面贡献卓著。郑文吉（정문길，1941—2016），岭南大学政治学学士，首尔大学政治学博士；先后在又石大学、高丽大学行政学专业任教，是韩国马克思主义哲学社会研究的代表性人物；同时，被美国哈佛大学、德国波鸿大学、日本东北大学聘为客座教授。梁熺锡（1947—），釜山大学贸易学学士、经济学硕士，英国曼彻斯特大学经济学博士，庆尚大学经济学教授，主要从事马克思主义方法论研究。21世纪以来，他们出版的主要成果有：《〈资本论〉的现代解读》（金秀行，2002）；《现代马克思主义经济学论争》（金秀行，2002）；《韩国马克思主义的新纪元：马克思恩格斯文献的编辑和研究》（郑文吉，2004）；《黑格尔与劳动价值论》（梁熺锡，2005）；《〈德意志意识形态〉与MEGA文献研究》（郑文吉，

2007);《尼伯龙的宝藏：马克思恩格斯文献遗产出版》（郑文吉，2008）等。其中，《〈德意志意识形态〉与 MEGA 文献研究》《尼伯龙的宝藏：马克思恩格斯文献遗产出版》已经被南京大学出版社于 2010 年和 2012 年翻译出版。

韩国新一代马克思主义学者问题先行。韩国民主化以后开始从事马克思主义研究的学者，是当前韩国马克思主义研究的中坚力量。他们乐于用马克思主义视角来分析韩国现实问题，问题涉猎经济、政治、历史、文化、社会、军事、自然科学等领域。例如，《马克思主义研究》《马克思 21》这两个期刊的主题涉及"科学技术革命与资本主义""生态学马克思主义""日常生活的马克思主义""地方自治与马克思主义""东亚历史与马克思主义"等。新一代马克思主义学者主要集中在庆尚大学、翰神大学、韩国劳动研究院；另外，中央大学、庆熙大学、首尔大学、西江大学、江原大学和木浦大学等处也零星出现。新一代马克思主义学者，以丁声镇、郑镇相、张尚焕为主要代表。丁声镇（정성진，1957— ），首尔大学经济学博士，庆尚大学政治经济学教授、社会科学研究院院长，《马克思主义研究》主编，《抵抗的烛光》（周刊）专栏撰稿人，韩国新一代马克思主义研究领军人物。郑镇相（정진상，1958— ），首尔大学文学博士，庆尚大学政治经济学教授，主要从事马克思主义社会学研究，主张通过全社会的共同联合克服资本主义弊端以探求替代社会方案，主编系列丛书。张尚焕（장상환，1951— ），首尔大学经济学学士，延世大学经济学硕士、博士，先在韩国产业经济研究院任研究员，后在庆尚大学任教，曾任韩国社会经济学会会长、民主劳动党进步政治研究所所长，主要从事农业问题研究。此外，还有郭劳完（곽노완）、柳东民（류동민）、金昌根（김창근）、李真景（이진경）、张大业（장대업）、江南勋（강남훈）、张诗福（장시복）、江耐喜（강내희）、金成具（김성구）、李胜协（이승협）、李东延（이동연）等人。值得一提的是，韩国新一代马克思主义研究者中，出现了年轻女性的身影，张贵莲便是其中之一。张贵莲（장귀연，1972 年— ），首尔大学人类学学士，社会学硕士、博士，左翼自由撰稿人，庆尚大学社会科学研究院教授，主要关注临时工和劳动弱势群体问题。

韩国新一代马克思主义学者有两个特点：（1）他们的研究方向各有不同，被冠以不同的标签，例如，学术的马克思主义、改革的马克思主义、文化马克思主义、民族的马克思主义、斯大林主义、阿尔都塞主义、自治主义、托洛茨基主义等；（2）他们比老一辈学者更善于合作，从不同角度来分析同一问题，共同出版学术成果，形成推动社会变革的学术合力。

21 世纪以来，他们出版的主要成果有：《全球化时代跨国公司的实质》（张诗福，2004）；《马克思主义与韩国经济》（丁声镇，2005）；《韩国劳动者参与管理的现状和展望》（李胜协，2005）；《权利丧失和劳动临时工》（张贵莲，2006）；《产业劳工运动的现状和课题》（郑镇相等，2008）；《走向亚洲的三星：跨国企业三星和亚洲劳动者》（张大业等，2008）；《21 世纪大萧条与马克思主义》（丁声镇等，2009）；《临时工》（张贵莲，2009）；《替代全球化社会运动的组织和战略》（张尚焕等，2010）；《替代社会运动、政治和联合》（郑镇相等，2011）；《现代资本主义与长期萧条》（金成具，2011）；《全球化与资本积累体系的矛盾》（丁声镇等，2012）；《全球化和农业问题的变化》（张尚焕，2012）；《全球化与阶级结构变化》（张尚焕等，2014）；《马克思主义与现代性》（李真景，2014）；《新自由主义金融化与文化政治经济》（江耐喜，2014）；《新自由主义与其共谋者》（金成具，2014）；《资本全球化和韩国社会的阶级结构变化》（郑镇相等，2015）；《城市正义论与共享都市》（郭劳完，2016）；《数理马克思主义经济学》（柳东民，2016）；《左派设计未来的方法》（李东延等，2016）；《多文化主义和朝鲜半岛统一论》（金昌根，2018）；《马克思主义政治经济学批判与萧条论》（金成具，2018）；等。其中，多名作者合作出版的成果一般都有 5—10 人参与，各章节内容之间即具有相对独立性，又紧密联系。

此外，韩国新老两代学者当中，都不乏从事马克思主义普及工作之人。正是这些大众普及成果影响深远，才直接造成了 21 世纪"马克思主义热"的出现。金秀行、江尚具（강상구）、林昇秀（임승수）、朴洪淳（박홍순）、崔誠希（최성희）在此方面的贡献尤为突出。代表性的成果主要有：《与社会运动家一起看世界》（金秀行，2002）；《猴子也能理解的〈资本论〉》（林昇秀，2008）；《马克思〈资本论〉漫画》（崔誠希，2009）；《写给青少年的〈资本论〉》（金秀行，2010）；《嗨！马克思，拜！资本主义：最易懂地解读撼动人类历史的〈资本论〉》

(江尚具，2010)；《猴子也能理解的马克思主义哲学》（林昇秀，2010)；《易学易懂的政治经济学》（金秀行，2011)；《〈资本论〉学习》（金秀行，2014)；《马克思来首尔了》（朴洪淳，2014)；《马克思预测的未来社会》（金秀行，2015)；《猴子也能理解的〈共产党宣言〉》（林昇秀，2018)；等。其中，北京航空航天大学出版社将林昇秀的《猴子也能理解的〈资本论〉》翻译为《人人都能读懂的〈资本论〉》（2011）出版发行，在国内也受到了好评。

三 21世纪韩国马克思主义核心议题

根据关注问题的不同，21世纪韩国马克思主义研究大体可以分为三种类型，即 MEGA² 研究、新资本主义危机研究、新替代社会运动研究。

第一，MEGA² 研究。

毋庸讳言，韩国马克思主义研究长期处于经典文献缺乏的困境中，朴正熙时代拥有马克思主义文献即被视为违法。21世纪以来，韩国马克思恩格斯文献研究初见起色。例如，2010年，韩国马克思主义学会在中央大学召开主题为"MEGA 新起点和马克思再解读"国际学术会议，介绍了 MEGA² 编纂研究的历史与现状，对韩国的马克思恩格斯文献编纂研究寄予厚望。他们希望韩国加强对马克思主义基础文献的研究[1]，并力图做到去政治化和学术化[2]。2012年，东亚大学设立马克思恩格斯研究所联合道路出版社，与德国柏林科学院出版社签订了 MEGA² 韩文版翻译出版合同。但遗憾的是，由于出版计划没有进展，2017年出版合同被废止。2018年，MEGA² 韩文版翻译计划入选韩国研究财团基础项目，马克思恩格斯研究所联合道路出版社，重新与德国德古意特学术出版社（De Gruyter Akademie Forschung）签订出版合同。根据新的出版合同和追加内容，《马克思恩格斯全集》韩文版第一批（共12卷17册），分别是 MEGA² 第1部分第1、2、5、10、11、20、22、25、26、27、29卷和第2部分的第3卷（共6册），《德谟克利特自然

---

[1] 정문길.한국에서의 신MEGA 시대의 개막—마르크스의 새로운 수용과 해석을 위한 하나의 전기, 마르크스주의 연구, 7 (4), 2010.

[2] 김경수. MEGA 와 마르크스 연구해체와 탈이데올로기화, 마르크스주의 연구, 7 (4), 2010.

哲学与伊壁鸠鲁自然哲学的差别》《1844年经济学哲学手稿》《黑格尔法哲学批判》《德意志意识形态》《法兰西阶级斗争》《路易·波拿巴的雾月十八日》《价值、价格和利润》《法兰西内战》《哥达纲领批判》《自然辩证法》《反杜林论》《家庭、私有制和国家的起源》《政治经济学批判》等收录其中。

众所周知,《资本论》的翻译和研究,仍是MEGA^{2}研究的重要内容。在韩国,《资本论》翻译可谓一波三折,21世纪以来才着手翻译MEGA^{2}版。尽管在日本殖民时期,《资本论》就已经传入韩国,但因为白色恐怖而不能翻译出版。韩国独立后,崔英澈(최영철)、全锡淡(전석담)和许东(허동)共同翻译了《资本论》,但因国内反共局势严峻,首尔出版社只出版了两卷就被叫停。直到1987年《资本论》再次翻译出版才成为可能,并陆续出现了三个不同的版本,即《资本论》(理论与实践出版社,1987—1990)、《资本论》(比峰出版社,1989—1990)、《资本论》(白衣出版社,1989—1990)。其中,理论与实践出版社的翻译原本主要是德文版《马克思恩格斯著作集》,但翻译者匿名也使得翻译质量不能得到保证。比峰出版社的翻译原本主要是英文版《资本论》,由金秀行翻译,其中加入了一些译者的个人理解,同时也存在着多处误译。白衣出版社则是朝鲜版的影印,属于典型的拿来主义。鉴于这些缺陷,韩国马克思主义学界正在着手推进《资本论》的法文版和MEGA^{2}版的翻译工作①;同时还加紧《资本论》的现代研究,即对当前资本主义社会的矛盾和问题的研究。

总之,文献研究仍然是韩国马克思主义研究的薄弱环节。因为文献研究投入时间长,产出少,与现实政治利益关系较远,短时间内仍将人才奇缺。

第二,新资本主义危机研究。

21世纪以来,资本主义危机问题仍然是韩国马克思主义研究的核心议题之一。全球化背景下的韩国资本主义发展的各种问题是其研究的主要内容,具体包括:经济危机、劳动剥削、两极分化、性别歧视、环境污染等问题。

---

① 장시복.한국에서『자본론』의 수용과 번역—일제 강점기~1980년대, 마르크스주의 연구, 13 (1), 2016.

1. 经济危机分析是最重要的研究领域。例如，丁声镇率先用马克思的利润率和剩余价值率概念来分析韩国的经济状况，在宏观经济向好的情况下准确预测韩国经济危机的到来，① 将低利润率视为全球经济危机的根源，② 认为全球化并没有改变资本主义的根本矛盾，并从全球化与民族国家、信息化服务化、贸易、跨国企业、金融化、世界经济危机、生态危机等七个方面入手分析资本积累体系的矛盾和危机根源。③ 金成具将马克思主义经济危机概念分为结构性危机和周期性萧条两个概念，并批判性地分析了世界体系论、历史资本主义论、调节论、福特主义、国家主导资本主义等各种观点，认为美国次贷危机不是结构性危机而是周期性萧条，萧条过后新自由主义更将在全球蔓延，资本和国家权力结合得更紧密，大众生活将更加困苦。④ 他还分析了韩国金大中政府以来的新自由主义改革过程，批判了韩国社会的各种进步运动，认为这些所谓的进步运动实际上会促进新自由主义的蔓延，因为韩国的各种反对垄断和打倒财阀的社会运动与新自由主义通过政府干预来维持市场自由竞争秩序殊途同归。⑤ 另外，为了深入剖析资本主义经济危机，他还围绕着马克思"经济学六册书计划"的争论，在批判分析马克思以后的杜冈·巴拉诺夫斯基⑥、卢森堡、鲍威尔、格罗斯曼等人的经济危机理论基础上，强调平均这一概念在资本主义再生产和资本循环积累中的重要性。⑦

2. 与分配不平等相关的劳动剥削和两极分化问题。（1）他们注意到资本主义全球化背景下劳资矛盾的深化。例如，张诗福直指跨国企业的全球资本积累本质，⑧ 张大业等研究了三星在泰国、马来西亚、印度、中国等亚洲海外扩张中的劳动人权问题，在分析跨国剥削和劳动正

---

① 정성진.마르크스와 한국경제，책갈피，2005.
② 정성진 외.21세기 대공황과 마르크스주의，책갈피，2009.
③ 정성진 외. 세계화와 자본축적 체제의 모순，한울아카데미，2012.
④ 정성진 외.세계화와 자본축적 체제의 모순，한울아카데미，2012.
⑤ 김성구.신자유주의와공모자들，나름북스，2014.
⑥ 杜冈·巴拉诺夫斯基（М. И. Туган‐Барановский，1865—1919 年），俄国人，从"合法马克思主义者""马克思主义批判家"到资产阶级经济学家。
⑦ 김성구.마르크스의 정치경제학 비판과 공황론，나름북스，2018.
⑧ 장시복.세계화 시대 초국적기업의 실체，，책세상，2004.

义的基础上，展望跨国公司下的劳动者国际联盟前景。① 张贵莲发现韩国存在着经济增长与临时工规模扩大的现象，提出"发展为什么不能为劳动者提供更多更好的工作岗位"这一问题，通过比较欧洲、美国、韩国的临时工工会组织率和集体谈判情况，认为金融资本扩张是利润分配更加不平等的原因，如果临时工不能享有平等劳动的权利，不能享有劳资集体谈判的成果，发展与分配的矛盾势必持续扩大。（2）他们又跳出单纯的经济领域，从人文角度探求两极分化的原因和对策。例如，郭劳完从城市空间的角度切入，分析韩国社会在城市化过程中出现的两极分化现象，提出城市共享权和居住平等权概念。② 江耐喜梳理了金融全球化背景下社会各个方面的变化，认为社会正在产生时间金融化、空间金融化、主体形成金融化等现象，因而必须建设文化社会才能扭转该趋势。③ （3）他们使用多种方法来研究问题。例如，郑镇相等运用各种方法和视角分析韩国社会阶级结构变化，认为全球化时代资本积累和再生产都发生了深刻变化，他们通过韩国统计厅和劳动工会的数据、工会干部的访谈、百余所学校教师问卷，发现城市中产阶级不断消失，农民在大企业进军农业的背景下生活困顿，教师深陷于学阀体系和等级制度，难民和非法移民处于劳动剥削的最底层等现象，得出新自由主义条件下社会各个领域的劳动剥削都在加深且两极分化日益严重的结论。④

3. 性别歧视和环境污染等问题。受西方马克思主义研究中的女性主义和生态主义的影响，女性问题与环保问题成为韩国马克思主义关注的重要问题。目前，这些问题的研究大多还停留在介绍国外研究成果的水平上。例如，在女性主义研究方面，李娜拉（이나라）翻译了林赛-贾曼（Lindsey German）的《女性与马克思主义》（2007）；李娜拉和郑镇喜（정진희）翻译了托尼-克里夫（Tony Cliff）的《女性解放与革命》（2008）；郑镇喜编译了包括柯伦泰⑤、蔡特金、列宁、托洛茨基等在内的文集《马克思主义者的女性解放论》（2015）；李长原（이장원）

---

① 장대업 외.아시아로 간 삼성 초국적기업 삼성과 아시아 노동자, 후마니타스, 2008.
② 곽노완.도시정의론과 공유도시, 라움, 2016.
③ 강내희.신자유주의 금융화와 문화정치경제,, 문화과학사, 2014.
④ 정진성 외.자본의 세계화와 한국사회의 계급구조 변화, 한울아카데미, 2015.
⑤ 亚历山德拉·米哈伊洛夫娜·柯伦泰（Александра Михайловна Коллонтай，1872—1952），俄国共产主义革命者，"杯水主义"倡导者——被西方女性主义者奉为先驱。

翻译了朱迪思－奥尔（Judith Orr）的《马克思主义与女性解放》（2016）；李正九（이정구）翻译了亚历克斯－卡利尼科斯（Alex Callinicos）和克里斯－哈曼（Chirs Harman）的《对女性和性少数的歧视和解放》（2018）。在生态主义方面，李范雄（이범웅）和朴钟日（박종일）分别翻译了J. B. 福斯特的《马克思的生态学》（2010）和《生态革命》（2010）；金钟焕（김종환）翻译了马丁－恩普森（Martin Empson）的《马克思和反资本主义生态学》（2013）；等。

总之，研究资本主义各种危机是韩国马克思主义研究的主流，因为这不仅可以引起社会关注，而且不需要深厚的文献功底就能上手，其他学科的方法也都可以交叉运用。正是如此，才造成了韩国马克思主义研究派别林立的现象。

第三，新替代社会运动研究。

在克服资本主义危机中寻找替代社会方案，是21世纪韩国马克思主义研究的实践归属。动员和组织以工人运动为核心的各种新社会运动是实现替代社会方案的现实路径，教育运动、文化运动、环保运动等与工人运动的联合是关键。

1. 工人运动是替代社会运动联合的基础。工会是工人运动的基本单位，韩国的工会以企业为单位组成，直到2006年底才出现向产业和行业工会转变的趋势。2006年，拥有14万名会员的全国金属产业工会联盟成立；随后，全国公共服务行业工会联盟、全国运输行业工会联盟、全国金融业工会联盟、全国建筑业工会联盟、全国化学纤维行业工会联盟相继成立。然而，这些行业工会尽管也可以展开集体谈判，但是资方可以选择不予回应，这就极大地降低了行业工会的活动能力。另外，韩国最大的两个超企业工会联盟是韩国劳总和民主劳总，分别奉行不同的政治理念——前者属于右翼工会联盟，后者属于左翼工会联盟，它们与行业工会模式相冲突。这些都是妨碍韩国工人运动整体团结的因素。郑镇相等在描述当前韩国产业工会运动现状的基础上，分析了其中存在着的工会组织弱化、相互产业交叉、谈判效果不佳等问题，认为只有解决这些问题才能提高工人运动的斗争强度和效果。[1]

2. 替代社会运动要求工人组织与其他社会团体结盟。替代社会运

---

[1] 정진상 외.산별노조운동의 현황과 과제, 한울아카데미, 2008.

动建立在以工人运动为核心与其他社会团体结盟的基础之上，因而，分析各种社会团体之间的关系和联动机制是联盟的必要内容，具体包括国内联盟和国际联盟两个方面。张尚焕等将 21 世纪韩国的替代社会运动分类梳理，分析政党、工人组织、农民组织、市民社会团体、边缘少数团体的横纵向组织结构，强调替代社会运动具有超出国界和基层分权的组织活动特点。① 此后，丁镇声等继续讨论替代全球化运动的组织和战略，以欧洲左翼运动和工会联盟、阿根廷的失业者运动、世界社会论坛（World Social Forum）、国际工会组织、世界气候运动等为案例，分析替代全球化运动的组织机制和国际合作，将经济危机与欧洲社会运动联系在一起，将阿根廷的失业者运动视为主体共同意识形成的成功案例，将跨组织的国际联盟视为替代社会运动的发展方向。②

3. 替代社会运动的目标设置是结盟能否成功的关键。现代社会的复杂性决定了替代社会运动的目标需要涵盖政治、经济、文化等各个领域。李东延等 13 名左派教授在中央大学江耐喜教授的退休纪念会上一起讨论了替代社会运动的未来方案，指出替代社会运动的目的是让人类过上更好的生活，政治上需要超越代议民主制实现大众自治，经济上需要完善大众参与型计划经济，文化上需要重视包括成人教育在内的马克思主义教育。③

事实上，21 世纪以来，韩国国内出现了一系列社会代替运动。（1）工人运动已经发展成为有组织有计划的定期性活动。每年秋季，不同行业的劳动者都被动员起来有组织地开展"民众总动员斗争"，有主题地开展 15—40 天的示威活动。2008 年以后的斗争主题都是与劳动者切身利益相关的经济问题。例如，反对进口美国牛肉、反对米价下跌、反对泛太平洋战略经济伙伴关系协定（TPP）、反对韩美自贸协定（FTA）等；有时也会包括一些热门政治问题。例如，2017 年的斗争主题中就有要求彻查世越号事件。文英赞教授还从世越号事件入手，分析了韩国资本主义的变化以及朴槿惠政权的反人民性质。在他看来，韩国工人运动处在中国和美日同盟对立的国际环境之中，全球经济危机引发

---

① 장상환 외.대안세계화운동의 조직과 전략, 한울아카데미, 2010.
② 정진상 외.대안세계화의 운동, 정치, 그리고 연대, 한울아카데미, 2011.
③ 이동연 외.좌파가 미래를 설계하는 방법, 문학과학사, 2016.

韩国的政治危机,朴槿惠政权的反人民性质在世越号事件中表露无遗,工人运动应以此为契机团结起来斗争到底。①(2)以工人运动为中心的替代社会运动联盟也在积聚力量。2000年10月,亚欧高峰会议在首尔召开期间,韩国街头就出现了由工人、农民、学生、反转基因团体、基督教青年会、进步教育改革团体等共2万多人参加的示威活动,其中占60%的力量仍是民主劳总会员。此后,2005年11月釜山亚太经合组织(APEC)会议期间、2006年7月韩美自贸协定协商期间、2008年韩美自贸协定批准期间,替代社会运动结盟现象都相继出现。特别是2008年韩美自贸协定引发的"保护国民健康,反对进口存在疯牛病危险的美国牛肉"运动在全国各地展开,最终在光华门广场举行烛光示威活动,持续了数月之久。然而,如何区分参加替代社会运动的各种团体类型,从理念和制度上探求共同行动的动机、机制和效果,仍然是韩国马克思主义研究的薄弱环节。

四 21世纪韩国马克思主义前景展望

韩国马克思主义研究隶属于中等发达资本主义国家的马克思主义研究范畴,正如它的研究内容和研究特点都体现出鲜明的国别特征一样,它的未来研究方向和发展趋势也必然受到韩国国内外情况的制约。

第一,今天,韩国马克思主义研究环境相对宽松。

就国内情况而言,韩国进步政治回归对马克思主义研究是一个利好。李明博和朴槿惠执政期间,韩国政治出现保守化倾向,民主劳动党走向衰落并解散。2008年以来,民主劳动党经历两次内部分裂;2011年,最终解散重组成立统合进步党。统合进步党刚起步又遭遇内部选举丑闻,李石基(이석기)和金在妍(김재연)的国会议员资格被罢黜,李石基还因"煽动内乱"被判处12年有期徒刑。2014年底,统合进步党被韩国宪法法院以涉嫌"亲朝鲜""破坏国家体制和民主秩序"而强制解散,使韩国马克思主义研究重回没有左翼政党的时代。此间,韩国国内保守主义倾向明显。2015年12月,《国民日报》在创刊27周年的舆论调查中发现,认为自己政治理念"非常保守"的占4.0%,"多少有点保守"的占33.7%,"既不保守,也不进步"的占35.4%,"多少

---

① 문영찬.세월호 학살과 한국 자본주의, 정세와 노동,103,2014,21-31.

有点进步"的占 15.5%，"非常进步"的占 2.1%，"不清楚"的占 9.3%。① 这样，持保守理念的国民共计 37.7%，相反持进步理念的国民共计 17.6%，不足保守理念的一半。

西江大学现代政治研究所李志浩（이지호）在《明日新闻》发表评论时指出，"IMF 金融危机一代"和"烛光示威一代"正在不同程度地走向保守化，固有的年龄和政治理念之间的关系正在消退。② "IMF 金融危机一代"是指在青年时期经历过 1997 年亚洲金融危机的年龄层，目前大多 40 岁左右，热衷于考取各种资格证和积累工作经历。"烛光示威一代"是指李明博时期为反对进口美国牛肉而参与烛光集会的年龄层，目前大都 30 岁左右，生活上沉迷网络世界，在经济不景气的社会环境中游走在各种临时岗位之间。此间，韩国马克思主义研究者不断关注统合进步党解散后韩国民主政治的倒退形势，并积极寻求工人运动新出路。2016 年底，朴槿惠曝出系列丑闻，左翼政治势力形成反朴槿惠联盟，发起长达数月、规模最大超百万人的示威运动，要求弹劾审判朴槿惠。此后，文在寅上台，韩国左翼政治空间重新扩大，提高最低工资水平、关注临时工等施政纲领相继提上议程。

就国际情况而言，南北关系缓和对马克思主义研究同样是一个利好。朴槿惠将半岛外交纳入其"信赖外交"之中，认为朝鲜只有作出改变才能增进南北之间的信赖，实质就是运用各种强硬手段迫使朝鲜弃核和开放，是李明博政府"无核、开放、3000"政策的升级版。每遇半岛局势紧张，朴槿惠都展示出强硬作风。不仅全面中断开成工业园区合作项目，而且重启对朝鲜的心理战，开启边界上的高音喇叭向朝鲜喊话，利用风向以热气球方式向朝鲜散发宣传单，还配合驻韩美军部署萨德导弹防御系统。朴槿惠的保守外交政策，一方面满足了国民在危机状况下渴望"强硬""果敢"领导人的心理；另一方面转移了国民对国内经济政治现状的不满，成为屡试不爽的支持率拉升手段。文在寅上台后，南北关系得到缓和，朝韩首脑多次会晤，金（正恩）特（朗普）会晤顺利进行，重启开城工业园区和金刚山旅游项目也提上议程。被意识形态绑架的韩国马克思主义研究重回朴槿惠之前的相对宽松状态。

---

① 임성수.한국·한국인에 묻다-한국인 이념 성향, 국민일보, 2015 - 12 - 10.
② 이지호. IMF 세대의 진보성과 촛불세대의 보수화, 내일신문, 2015 - 1 - 5.

第二，未来韩国马克思主义研究环境并不明朗。

然而，韩国国内外不利于马克思主义发展的因素仍持续存在。例如，南北统一遥遥无期，半岛无核化也充满了变数，韩国国内经济仍未完全走出低谷，财阀经济特征依旧存在，文在寅的进步政治主张在实践中也屡遭挫折。文在寅在最低工资标准提高问题上引发的争议即属于此例。最低工资制度引入和标准不断提高，一直以来都是进步政治势力的主张和进步政党的施政纲领。2018年，文在寅政府将最低工资标准从每小时6470韩元提高到7530韩元，预计2019年进一步增加为8350韩元，2020年将超过每小时1万韩元。最低工资标准提高，对劳动者来讲原本是件高兴的事情，但劳动者特别是非正规就业的临时工对此却充满担忧。他们担心企业会通过裁员和提高劳动强度来降低工资成本，特别是勤工俭学的大学生和刚刚踏入社会的青年更是对失业压力忧心忡忡。事实上，主要通过雇佣临时兼职人员来运营的24小时便利店已经切实感受到了压力。文在寅政府在大幅提高最低工资标准的同时也出台了促进就业的相关政策，先后投入33亿韩元来帮助扩大就业，但由于各种原因，政策的效果不佳。统计厅的数据显示，2018年以来韩国已经连续6个月新增就业人数只有10万人，失业人数却突破100万人，处于1997年亚洲金融危机以来的最低水平。[①] 可见，在保守势力深厚的韩国，民粹主义的进步政治极其容易让保守政权重新上台。因此，韩国马克思主义的研究未来环境并不明朗。

第三，韩国马克思主义研究趋向。

21世纪以来，韩国马克思主义研究强烈关注现实政治，与政治环境和政治议题保持密切关系。当然，主张马克思主义研究应该强化理论性并与现实政治保持一定距离的呼声一直存在着。在老一代学者当中有奉行纯粹理论研究的郑文吉和金秀行等，在新一代学者中也有丁声镇等为代表的传统马克思主义理论现代化研究，特别是MEGA²翻译在韩国持续展开的背景下，未来的研究主题可能会在关心现实政治问题的基础上凸显理论价值。

1. 南北统一问题仍将是韩国马克思主义研究的主要议题。作为一个分裂国家，研究朝鲜的主体思想，从朝鲜的角度来分析南北问题，一

[①] 韩国统计厅，http://kostat.go.kr/portal/korea/index.action。

直是韩国马克思主义学者在统一问题上的特别视角。"冷战"时期,韩国各大高校就相继成立了具有保守主义倾向的统一问题研究所,并开设"北韩学"专业。他们将朝鲜视为韩国的主要敌人,戴着有色眼镜来审视朝鲜问题。相反,一些对朝鲜持正面立场的马克思主义学者被定性为立场有问题的学者,经常被扣上"亲朝鲜""叛国"的帽子。2008年,延世大学教授和其他8人组织成立社会主义劳动联盟,被告违反国家保安法。同年,甘地学校教师在学校网站上上传的教学资料涉嫌违反国家保安法。2009年,1名韩国歌手在网络主页上发表含有"祝贺朝鲜人民共和国成功发射导弹"的内容被检举。2011年,牧师韩相烈因发表赞扬朝鲜先军政治和主体思想,以及访问朝鲜被处有期徒刑5年。2011年9月15日,韩国国会对《国家保安法》做了最新的修改,新法在2012年7月1日正式实施,共分为4章和7大附则,体现了适用范围正在缩小的趋势①。然而,韩国目前的《国家保安法》仍将"赞扬朝鲜""传播对朝鲜有利的信息"等行为入罪。

在这样的环境中,能够从马克思主义视角出发研究南北统一问题实属不易,全南大学的李采彦(이채언)和东国大学的姜声允(강성윤)即被冠以"民族马克思主义者"或"斯大林主义者"等标签。文在寅政权努力缓和南北关系,改善了韩国马克思主义研究环境。预计会有越来越多的学者自愿投入马克思主义的理论研究和现实分析中,将韩国的工人阶级革命放在南北和平统一的大环境下加以考虑,将一国的阶级斗争和全世界的社会主义革命潮流联系在一起,使研究更加具有国际视野。

2. 经济民主化特别是财阀改革问题是韩国马克思主义研究的又一现实问题。经济民主化研究针对的就是财阀经济的各种弊端。财阀企业是韩国经济的支柱,但因财阀企业而受益的人群却是少数。在韩国只有8%的人在员工超过500人以上的大企业就职,但却有30%的人从事个体经济。② 财阀企业为了提高竞争力经常会进行结构调整、人员裁减。2009年双龙汽车进行结构调整,随后员工展开了长达86天的罢工抗议,被解雇的员工中24人自杀身亡。另外,韩国财阀企业将子公司开

---

① 《国家保安法》内容来自韩国法律情报中心,http://www.law.go.kr/main.html。
② 韩国雇佣劳动部,http://www.moel.go.kr/index.do。

设到了国民经济的各个领域,特别是在零售行业的扩张,极大地挤压了小商人和传统市场商人的营业空间。例如,韩国的大型超市通过延长营业时间、扩大营业规模等方法将同地域消费群体纳入其下。韩国的财阀企业还在全国各地开设了连锁型便利店,实行 24 小时营业制,这直接造成了许多小商店倒闭,进一步拉升了失业率和家庭负债率。为此,韩国马克思主义研究者从哲学、经济学、法律等层面提出各种对策,包括实现社会正义、提高最低工资水平、限制大企业范围等。例如,限制大型超市的营业时间,规定每天 0 点到 12 点为限制营业时间;强制大型超市每月至少设立 2 天的法定停业日;规定不得在传统市场周边 1 公里范围内设立大型超市等。

另外,打倒财阀实现经济民主化一直是替代社会运动的动员口号,也出现在各种左翼集会和竞选中。正是财阀企业经济总量与受益人群比例之间存在严重不平衡,才导致左翼政党强烈主张通过改变经济结构方式从根本上打压财阀企业,扶植中小企业和个体商人。文在寅政府的经济政策或多或少地体现了限制财阀的理念,也受到了保守势力的不断攻击。如何在限制财阀的同时实现经济繁荣将是未来韩国马克思主义研究需要深入探讨的课题。就目前来看,未来一段时间在该问题的研究上将出现阶级调和占据主导地位的趋势,即主张财阀、中小企业和劳动者之间形成妥协。例如,韩国学者裴钟太(배종태)和金中宪(김중현)认为在相互信任的基础上劳资可以建立起双赢关系。[①] 金起灿(김기찬)等人也认为韩国的企业可以通过建立劳资双赢关系最终使企业生态环境变得健康可持续。[②] 宋昌石(송창석)和朴志允(박지윤)同样赞成企业的关系可以通过合约方式的改变和合作模式的改革达到劳资双赢的目的。[③] 考虑到韩国在未来相当长的一段时间仍难以摆脱新自由主义经济发展模式,马克思主义研究在批判方面的犀利并不等于在处方上的彻底,戴着镣铐跳舞仍然是现实开处方者的境遇。

[①] 배종태, 김중현.대·중소기업 신제품개발 협력과정과 상생정책, 중소기업연구, 29 (4), 2007, 295–318.

[②] 김기찬 외.대·중소기업 상생협력의 이론적 모형 설계: 건강하고 지속가능한 기업생태계 구축, 중소기업연구, 28 (3), 2006, 381–410.

[③] 송창석, 박지윤 .PSBP Paradigm 을 이용한 상생협력 진단모델 구축: 발전사와 협력기업간 상생협력을 중심으로,중소기업연구, 31 (2), 2009, 255–272.

3. 除了现实问题之外，韩国马克思主义研究的理论价值在 MEGA^2 研究的突破上值得期待。随着 MEGA^2 文献的翻译出版，韩国马克思主义研究中的去政治化、中立化、学术化的倾向将得到加强。没有坚实的文献和理论研究，看起来形形色色的韩国马克思主义研究其实就是无源之水、无本之木，会出现派别林立、观点乏陈的局面。不过，乐观地估计，在理论研究不断发展的情况下，韩国马克思主义研究的学术规范将会得以建立，学术研究与政治宣传和社会动员的文章将被区别对待，马克思主义与非马克思主义之间的交流和对话将更加顺畅，目前流行的"欧洲马克思主义""新左派马克思主义""阿尔都塞马克思主义"等研究也将落地生根，与世界其他国家的马克思主义学者逐步展开实质性对话，也指日可待。

综上所述，21 世纪以来，韩国马克思主义研究主要集中在三个方面，即 MEGA^2 研究、新资本主义危机研究、新替代社会运动研究。其中，MEGA^2 的翻译工作有了初步进展，但也面临着后续人才不足的问题。新资本主义危机研究和新替代社会运动研究相互联系，在危机分析中寻找未来社会替代性选择是韩国马克思主义研究的主流，尽管研究角度和所持立场不一，但相互合作的倾向正在加强。在他们看来，经济危机、劳动剥削、两极分化、性别歧视、环境污染等资本主义危机不断加深，促使以工人运动为核心的女性主义运动、环保运动等形成合力，最终从国内和国际两个方面入手推动替代社会运动目标的实现。韩国马克思主义学者呼吁加强经典文献研究，回归经典理论，也希望在夯实基础理论的同时分析韩国现实问题。

21 世纪韩国马克思主义研究，作为中等发达资本主义国家的马克思主义研究，从地域分布上隶属于亚非拉国家马克思主义范畴，尽管它没有日本马克思主义的强大影响力，也不具备中国化马克思主义的独特吸引力，但却因其特殊的地缘政治、发展道路、阶段水平而值得留意。(1) 从地缘政治上看，朝鲜半岛仍未走出"冷战"的阴影，南北对峙、美韩同盟、中美竞争都使韩国马克思主义研究处于保守主义势力主导的环境中，呈现出温和谨慎的特征。(2) 从发展道路上看，韩国走的是政府主导型资本主义发展道路，政经交融、财阀控制等社会顽疾使其马克思主义研究具有反对制度霸权的倾向，问题导向特征明显。(3) 从阶段水平上看，已经迈入中等发达资本主义国家行列的韩国深受来自发达国家和发展中国家的双重压力,两面妥协成为其马克思主义研究的又一特征。总之,随着理论研究和实践的推进,韩国社会经济状况,特别是统一问题和经济民主化问题,如果能够获得突破性进展,那势必将大大地提高韩国马克思主义研究的影响力。当然,韩国马克思主义的前景并不是很明朗。

第三节　印度

马克思主义在印度的传播始于20世纪20年代。在近一个世纪的传播与发展过程中,马克思主义与印度的民族主义运动、选举政治、多元文化相互渗透融合,逐步实现了马克思主义印度化。在学术研究领域,马克思主义渗透到了历史学、政治学、政治经济学、社会学、哲学、国际法等诸多学科中,丰富了印度既定的研究范式;在政治活动中,以马克思主义为指导思想的政党利用既定的选举政治,在人民院中获得了一些议席,在部分地方邦中成为执政党。21世纪以来,随着印度经济改革的深化、融入全球化进程的加快、教派主义对世俗化的挑战加剧等,印度马克思主义在理论和实践两个方面都面临着前所未有的挑战。鉴于国内的印度马克思主义研究主要关注特定的政党或代表人物,本文试图在前人研究的基础上,从政党政治与学术研究两个方面介绍马克思主义在印度的传播与发展,尤其是21世纪印度马克思主义的研究与发展状况。[①]

一　马克思主义在印度的传播与发展

第一,马克思主义在印度的传播与特征。

在20世纪20年代印度民族独立运动中,甘地领导的非暴力不合作运动受到部分民族主义领导人的质疑,他们认为印度应当走军事化的民族主义路线,俄国十月革命的成功给这些人带来了希望。在此背景下,

---

[①] 国内的印度马克思主义研究大多从政党政治角度切入,围绕着印共、印共(马)、印共(毛)展开的。例如:苗光新:《印共(马)"人民民主革命"理论与实践研究》,中国社会科学出版社2010年版;程光德:《印共(马)论当前世界资本主义危机》,《国外理论动态》2009年第3期;王静:《印度共产主义运动视野中的印共(毛)》,《马克思主义研究》2012年第9期;张万杰:《苏东剧变后印共(马)在意识形态建设中的探索》,《社会主义研究》2013年第1期;雷玉明、李彤宇:《印度农民运动与马克思主义阶级斗争理论》,《南亚研究》2016年第3期;等。

马克思主义传入印度，并在随后的印度民族主义运动中得到传播。印度的共产主义运动也相应得到了一定程度的发展。[①] 印度共产主义者不仅与共产国际建立了联系，而且还在经济学、历史学等方面结合印度特点阐发了自身的理论。通过这些理论，他们一方面希望能够呈现当时印度的客观历史条件，另一方面试图帮助印度摆脱殖民宗主国和本土剥削阶级的压迫，实现印度人的解放。[②]

在马克思主义指导下，印度共产党（简称印共）于1925年成立，目标是反对帝国主义、殖民主义，发动广大人民群众，实现民族解放和建立社会主义国家。印共在成立后领导开展了全国范围的罢工，随后被英国殖民当局宣布为非法组织。二战时期，由于印共支持印度参加世界大战，英国殖民当局恢复了印共的合法地位。但是，这损害了印共与国大党等其他民族主义政党的关系。二战结束后，印共被其他政党打上"背叛者"的污名。在1947年印度独立初期，印共继续支持走武装斗争的路线，组织领导了特伦甘纳地区的农民起义。在武装斗争失败的情形下，1951年印共转向和平道路，以一个议会党和宪法规定的反对党的身份参加印度竞选，[③] 并于1957年在喀拉拉邦执政。它也是国际共产主义运动中第一个通过议会选举取得政权的政党。[④]

中印边界冲突发生后，印共召开了党的第六届代表大会。在如何看待边界冲突问题上，党内形成了两派观点：一是以S. A. 丹吉为首的民族主义派；二是以P. 孙达拉雅（P. Sundarayya）和南布迪里巴德为首的国际主义派。[⑤] 20世纪60年代，中苏之间的意识形态论争加深了印共两派的分歧。围绕着在当时的世界形势下战争是否不可避免的问题，民族主义派支持苏联，认为战争是可以避免的；国际主义者相信中国不会是侵略者。随后，这种分歧又进一步扩大到如何对待国大党领导的左右翼联合政府，甚至是如何对待尼赫鲁本人。民族主义派主张共产党应

---

① Bipan Chandra, Marxism in India: Need for Total Rectification, *Mainstream Weekly*, July 7, 2009. https://www.mainstreamweekly.net/article1483.html.

② Panchali Majumdar, The Communism of S. A. Dange: The Early Years, *Proceedings of the Indian History Congress*, vol. 66, 2005 - 2006, pp. 1073 - 1080.

③ 曹小冰：《印度特色的政党和政党政治》，当代世界出版社2005年版，第282—283页。

④ 陈峰君：《一部研究印共（马）的专著》，《国际共运史研究》1987年第1期。

⑤ 万杰：《印共（马）简况》，《当代世界》2007年第7期。

该通过与国大党和社会主义政党中的左翼合作，建立一个全国民主阵线政府，以进行反对帝国主义和殖民主义的斗争，从而最终实现建立社会主义社会的目标。国际主义派则主张不能与尼赫鲁领导的国大党合作。由于1959年国大党政府解散了当时由印共执政的喀拉拉邦政府，因此，国际主义派认为国大党已经被右翼因素所污染。他们支持重新诉诸阶级斗争、群众运动和一些议会外的斗争。[1] 这些分歧最终导致了1964年两派的分裂——国际主义派于1966年正式确定使用印度共产党（马克思主义）的名称，简称印共（马）。[2]

印共和印共（马）是马克思主义在印度传播的两个最重要的组织载体。在马克思主义的指导下，它们在思想上和实践中开展了一系列运动。[3] 印共（马）成立后，力量不断发展壮大，成员数量由成立初的约11.9万人增长到2018年的约100万人，成为印度最有影响力的共产主义组织。作为全国性的政党，印共和印共（马）在人民院的选举中都获得了一定的席位，例如，在2014年的印度大选中，印共（马）在人民院中获得9个议席，印共获得1个议席，在2019年的大选中，印共（马）赢得3个席位，印共获得2个议席，但两个政党的影响力主要体现为在喀拉拉邦、西孟加拉邦和特里普拉邦的长期执政。

除了以马克思主义为指导思想的印共和印共（马）之外，在印度独立后主导政治几十余年的国大党的执政理念也受到了马克思主义经济思想的影响，例如，在尼赫鲁时期，联邦政府旨在通过中央计划建立一个社会主义的、世俗的和现代化的国家。[4] 国大党的一些主要反对派，例如，国大党社会主义派等也都有马克思主义世界观的影子。[5]

从总体上看，马克思主义在印度的传播与发展具有以下特征。

---

[1] Savak Katrak, India's Communist Party Split, *The China Quarterly*, vol. 7, no. 7, 1961.

[2] 曹小冰：《印度特色的政党和政党政治》，当代世界出版社2005年版，第283页。

[3] E. M. S. Namboodiripad, How to Study Indian Communism with Minimum Reading, *Social Scientist*, vol. 3, no. 1, 1974.

[4] John Harriss, Political Change, Political Structure and the Indian States since Independence, Paul R. Brass ed., *Routledge Handbook of South Asian Politics*: *India*, *Pakistan*, *Bangladesh*, *Sri Lanka and Nepal*, Routledge, 2010, p. 57.

[5] Stephen Sherlock, Berlin, Moscow & Bombay: The Marxism that India Inherited, *South Asia*, vol. xxi, no. 1, 1988, pp. 63–76. http://sa.org.au/interventions/india.htm.

(1) 在继承苏联马克思主义的同时，印度马克思主义突出强调两方面的因素，即民族主义和国家主导的发展战略。印度共产主义者基本都主张阶级斗争与民族斗争相融合。在制定发展战略和经济计划时，印度马克思主义强调国家的主导地位。马克思主义在印度的传播也结合了印度自身的特点，例如，印共和印共（马）会通过戏剧和媒体的方式揭露印度的教派主义问题和对妇女的压迫。[1]

(2) 马克思主义在印度的传播与发展呈现出一种地域上的分散性。这种分散性体现在马克思主义在印度各邦被接受的程度存在差异，例如，印共（马）或由其领导的左翼民主阵线在南部的喀拉拉邦、西部的西孟加拉邦和东北部的特里普拉邦长期执政，在拉贾斯坦邦、喜马偕尔邦、查谟-克什米尔邦与马哈拉施特拉邦的立法院中，印共（马）也会占有一定席位，但是在印度的中部各邦，印共和印共（马）的影响力有限。即使在特定的邦内部，马克思主义被不同人群接受的程度也存在差异，例如，在旁遮普邦，马克思主义只是作为一种社会政治运动而存在，影响力主要局限在拥有土地的贾特（Jat）种姓中，工人阶级和无产阶级在该运动中的作用并不突出。作为一种学术主流，马克思主义的代表人物高善必和 A. R. 德赛等人的思想从来没有传入旁遮普邦。[2]

(3) 印度独立后，以马克思主义为指导思想的政党在斗争方式上发生了转变。它们从主张革命到走向改革，融入到印度的选举和民主政治中，虽然没有对印度的政治稳定形成威胁[3]，但却为主张武装斗争的印共（毛主义者）的形成和蔓延提供了空间。始于20世纪60年代，成立于2004年的印共（毛）提出"将武装斗争拓展至全国"的口号，并迅速发展壮大。它的斗争方式有别于印共和印共（马），成为印度政府的心腹大患，甚至与印度政府发生了"低烈度战争"。[4]

尽管苏东剧变对印度马克思主义发展形成了冲击，但印共和印共（马）的判断是：苏东剧变并不意味着马克思主义已经过时，它们只是

---

[1] Hiren Gohain, Marxism in India, *Economic and Political Weekly*, vol. 20, No. 21, 1985.

[2] Pritam Singh, Marxism in Punjab, *Economic and Political Weekly*, Vol. 20, No. 13, 1985.

[3] Paul R. Brass, *The Politics of India since Independence*, Cambridge University Press, 1994, p. 64.

[4] 王静：《印度版"低烈度战争"：印度政府剿灭印共（毛）的战略》，《南亚研究》2014年第4期。

有关国家的共产党领导人歪曲和背离了马克思主义的真正内涵。印共和印共（马）强调必须把马克思主义基本原理同印度的具体情况相结合，以实现建立社会主义和共产主义的最终目标。①

第二，20世纪印度马克思主义代表人物与核心观点

在接受与发展马克思主义方面，印度马克思主义学者具有鲜明的特色，即偏重于运用马克思主义分析印度的政治、经济、历史、文化、哲学和宗教等。在许多学科领域，印度涌现出了具有重要影响的马克思主义学者。他们积极运用马克思主义立场、观点、方法分析具体问题，提出了不同的观点和主张，丰富发展了马克思主义理论，扩大了马克思主义在这些学科中的影响力，例如：

最早传播与研究马克思主义的S. A. 丹吉，不仅著书立说，而且积极参加政治活动，在印度马克思主义者当中享有很高声誉。1922年，他加入了在孟买建立的第一个共产主义小组，曾任印共主席和全印共产党总书记。S. A. 丹吉的《甘地vs列宁》②一书广受欢迎，是广大激进的民族主义者反抗英国殖民统治的重要精神支柱。在该书中，S. A. 丹吉第一次对甘地和列宁两位政治领导人进行了比较，明确表示自己不认同甘地的观点，即将现代工业文明视为所有问题的根源，将传统的经济结构作为解决问题的答案。他认为甘地式的路径过分强调道德改革和极端相信人性中的善。在S. A. 丹吉看来，如果要驱逐英国殖民统治，那么士兵要拒绝合作，民众要不缴纳税收，以及工人和农民需诉诸大众行动。此外，S. A. 丹吉的《从原始共产主义到奴隶制时期的印度》（1949）③是印度第一本用马克思主义历史唯物主义观点研究印度社会的著作。在该书中他主张，印度在吠陀时代就已经存在共产主义。

马克思主义历史研究领域代表人物高善必是印度的数学家和马克思主义历史学家，被称为印度历史学马克思主义学派创始人，代表作是《印度史研究导论》（1956）、《印度古代文化与文明史纲》（1977）。④

---

① 陈斐：《八十余年的历史：举足轻重的力量》，《当代世界》2006年第4期。
② Panchali Majumdar, The Communism of S. A. Dange: The Early Years, *Proceedings of the Indian History Congress*, vol. 66, 2005-2006, pp. 1073-1080.
③ Hiren Gohain, Marxism in India, *Economic and Political Weekly*, vol. 20, No. 21, 1985.
④ 关于高善必的马克思主义史学观，参见谢进东《印度史家高善必的马克思主义史学观》，《史学史研究》2018年第4期。

在《印度史研究导论》中，高善必用马克思主义的辩证唯物主义研究印度历史，并将历史界定为以时间顺序方式呈现出生产工具与生产关系的连续性发展，从基础性的生产关系到宗教、艺术、法律、哲学等上层建筑的发展。① 此外，他还使用科学的方法和阐释的当代技巧，以更加成体系的方式阐述印度历史。在《印度古代文化与文明史纲》中，高善必通过对生产力发展变化的比较和分析说明印度社会情况及其历史特点，同时他还将印度与中国、埃及、罗马和希腊等进行了比较。他认为，"历史就是按照年代顺序描述生产方式和生产关系一系列的变化。这个定义的好处在于，历史可以写得不同于一系列事件的堆砌。那么，文化也应当按照人种史学家的观点来理解，即描述整个人民基本的生活方式"②。

政治经济学研究领域代表人物南布迪里巴德（E. M. S. Namboodiripad）曾于1957—1959年任喀拉拉邦的首席部长；印共分裂后成为印共（马）创始领导人之一；1977—1992年任印共（马）总书记。南布迪里巴德不仅是一位活跃的政治家，也是一位重要的理论家。在掌握马克思主义理论的基础上，他创造性地将马克思列宁主义应用到印度社会中，制定印度革命的战略和策略方针。南布迪里巴德的写作涵盖土地、马克思主义哲学、文学和历史等诸多领域，在政治和经济学研究方面，他的贡献之一是探讨马克思主义的地租理论在印度的适用性。③ 在《马克思主义的地租理论：与印度农业问题研究的相关性》一文中，南布迪里巴德提出了被普遍忽略的地租问题。在土地问题上，印度马克思主义者认为封建地主是英帝国主义的代理人和人民的主要敌人。废除地主成为1930—1940年农民武装斗争的主要标语。印度独立后，国大党在土地问题上采取了一系列的激进改革措施，包括废除柴明达尔等殖民统治时期的土地制度、进行佃农改革以及采取立法措施规定拥有土地的最高限额等。④ 这些改革促使人们思考1930年代农民运动提出的要求是否已经

---

① D. D. Kosambi, *Ancient India*: *A History of Its Culture and Civilization*, Pantheon Books, 1966, pp. 1 – 10.

② ［印度］D. D. 高善必：《印度古代文化与文明史纲》，王树英等译，商务印书馆1998年版。

③ https://www.cpim.org/content/e-m-s-namboodiripad，2020年4月20日。

④ E. M. S. Namboodiripad, The Marxist Theory of Ground Rent: Relevance to the Study of Agrarian Question in India, *Social Scientist*, Vol. 12, No. 2, 1984.

实现，以及马克思主义地租理论在印度的适用性。在他看来，马克思的地租理论适用于分析印度社会，只不过在印度，由于资本主义尚未得到充分发展，因而印度的地租尽管是资本主义的地租形式，但在本质上保留了一些前资本主义地租的特征。①

政治学研究领域代表人物尼赫鲁大学古普塔（Bhabani Sen Gupta）在《印共马：诺言、前景、问题》一书中②，详细介绍了印共、印共（马），以及从印共（马）中分裂出来的印共（马列）的策略，以及在西孟加拉邦和喀拉拉邦执政时的政策。例如，发动农民运动、执行工业政策、建立乡村评议会等，以及评估了左翼政党的未来发展前景。③

在《印度民族主义的社会背景》中，马克思主义社会学研究代表人物 A. R. 德赛从社会学视角出发，采用历史分析方法，探讨印度民族主义的缘起。在该书中，A. R. 德赛认为社会主义是解决所有困扰资本主义社会的问题的万能药方。④ A. R. 德赛的另一部文集《印度发展道路：一个马克思主义的方法》中的 16 篇论文，关注的是独立后印度社会发生的一系列转变。在 A. R. 德赛看来，这种转变的发生是印度资产阶级追求发展资本主义道路的结果。这些文章旨在从马克思主义观点出发，批判性地审视印度当时的马克思主义和学术。A. R. 德赛认为，传统的马克思主义的分析路径具有多方面的缺陷。例如，学术研究主要关注是否存在封建主义和半封建主义作为生产的主导模式，没有系统性地分析国家权力的重要性，都是以一种工具主义路径分析国家、国家权力和国家机关；国家被视为资产阶级和地主的原始工具等。德赛写这些文章的目的是希望学者和活动家认识到，充分理解印度的社会现实需要将它视为印度资产阶级积极践行资本主义发展道路的结果。只有认识到这个基本事实，才能采取正确的战略和策略促进印度社会转型。⑤

---

① E. M. S. Namboodiripad, The Marxist Theory of Ground Rent. Relevance to the Study of Agrarian Question in India, *Social Scientist*, Vol. 12, No. 2, pp. 3 – 15.

② Bhabani Sen Gupta, *CPI-M*, *Promises*, *Prospects*, *Problems*, Young Asia Publications, 1979.

③ 陈峰君：《一部研究印共（马）的专著》，《国际共运史研究》1987 年第 1 期。

④ Samit Kar, Remembering A. R. Desai: Marxist Approach to Sociology, *Economic and Political Weekly*, https://www.epw.in/journal/2015/17/web-exclusives/remembering-r-desai.html, 2020 年 4 月 21 日。

⑤ A. R. Desai, *India's Path of Development: A Marxist Approach*, South Asia Books, 1984.

此外，印度也涌现出了一批马克思主义哲学学者，代表人物为 D. 恰托巴底亚耶（Debiprasad Chattopadhyaya, 1918－1993）。他的著作包括《顺世论——古代印度唯物主义研究》《印度哲学》等。①

20 世纪印度马克思主义许多代表人物都是印共或印共（马）的高层领导人，他们不仅关注学术，也是实践者。一方面，他们以马克思主义为指导，批判和反思印度社会问题，甚至试图通过执政改造社会；另一方面，相对于传统印度学界以西方研究视角分析问题，他们将马克思主义分析方法引入政治、经济等学科领域，以马克思主义的阶级斗争理论、地租理论等分析印度历史和现实问题，从而打破了西方分析视角的垄断地位。

二 21 世纪印度马克思主义发展状况

尽管苏东剧变对印度马克思主义发展形成了冲击，但印度马克思主义研究仍未中断。21 世纪以来，一些研究机构、期刊杂志仍然在影响着公众与学术界，一些马克思主义学者仍然著述不断。下面，我们将从研究机构、期刊杂志和学者三个方面加以介绍。

第一，与马克思主义相关的研究机构。

从整体上看，印度的马克思主义研究机构一部分依托于高等院校，另一部分依托于印度的左翼政党，尤其是印共和印共（马）。从地域上看，这些研究机构集中在首都新德里和西孟加拉邦。

在高校中，尼赫鲁大学一直是马克思主义和左翼的堡垒，体现着马克思主义在学术界的突出影响。② 尼赫鲁大学的马克思主义学者，除了 B. S. 古普塔、帕特奈克之外，还有 B. S. 齐姆尼（B. S. Chimni）。B. S. 齐姆尼是左翼国际法学派的代表人物之一，研究领域包括国际经济法、国际法律理论和国际难民法。2017 年，他的代表作《国际法与世界秩序：走向整合的国际法的马克思主义路径》再版。作为左派的重要阵地，尼赫鲁大学也培养了许多马克思主义政治家，代表人物为尼泊尔前

---

① 参见朱明忠《马克思主义哲学在印度的传播与影响》，《当代亚太》1995 年第 2 期；[印度]德·恰托巴底亚耶：《印度哲学》，黄宝生、郭良鋆译，商务印书馆 1980 年版。

② Stephen Sherlock, Berlin, Moscow & Bombay: The Marxism that India Inherited, *South Asia*, Vol. xxi, No. 1, 1988. http://sa.org.au/interventions/india.htm.

总理 B. 巴特拉伊（Baburam Bhattarai）。① 此外，尼赫鲁大学也有许多左派的学生组织，包括全印度学生联盟（AISF）、全印度学生协会（AISA）、印度学生会（SFI）。这些左翼学生组织结成了联合左翼联盟，成为尼赫鲁大学第一大学生力量团体。②

在高校之外，马克思主义研究机构主要有：（1）马克思－列宁主义研究机构——是由西孟加拉邦印度共产党中的激进分子组成的一个协会，成立于1964年，领导人包括 S. R. 乔杜里（Sushital Roy Chowdhury）、阿西特·森（Asit Sen）与 S. 杜塔（Saroj Dutta）。该研究机构经营着一个小的研究中心和图书馆，编辑出版马克思、恩格斯、列宁、斯大林和毛泽东的选集。③（2）马克思主义研究会（Society for Marxist Studies）。该研究会将对马克思主义感兴趣的人组织在一起，它不仅吸引了来自旁遮普邦、德里、西孟加拉邦、泰米尔纳德邦、阿萨姆邦等对马克思主义感兴趣的人，也有许多来自斯里兰卡、法国和美国等国家的人员参加，研究会的主题涉及列宁主义、劳工运动、种姓压迫等。④

第二，与马克思主义相关的期刊杂志。

印度马克思主义研究成果要么发表在国际左翼期刊上，例如《再思马克思主义》《每月评论》等；要么则发表于一些依托左翼政党的期刊：（1）印共（马）党刊《人民民主》，它主要阐述印共（马）在许多议题上的态度和政策，例如，关于2019年5月的印度大选，《人民民主》阐述了印共（马）的竞选纲领，以及它在农业和教派冲突等问题上的政策立场。⑤《人民民主》在新德里、加尔各答、科钦、海得拉巴和阿加尔塔拉同时发行。（2）《社会科学家》是由印共（马）主导的具有马克思主义取向的月刊。该期刊在新德里出版和发行，涵盖大量具有

---

① Kenneth Pletcher, Baburam Bhattarai: Prime Minister of Nepal, https://www.britannica.com/biography/Baburam-Bhattarai, 2020年4月22日。
② Avatans Kumar, Elitist, Arrogant and Exclusionary: A Former JNU Student Laments What the Esteemed University Has Turned into. https://www.dailyo.in/voices/jnu-left-unity-party-elections-leftist-ideology-marxism-anti-hindu/story/1/26736.html, 2020年4月23日。
③ Institute of Marxism-Leninism (India), Wikipedia, https://en.wikipedia.org/wiki/Institute_of_Marxism-Leninism_(India), 2020年4月22日。
④ Avishek Konar, Residential Marxism School Organized by Society for Marxist Studies, http://sanhati.com/articles/17650/, 2020年4月23日。
⑤ https://peoplesdemocracy.in/editions/20190317/cdate, 2020年4月23日。

马克思主义研究倾向的文章。(3)《马克思主义者》是印共(马)以季刊形式出版的理论刊物,旨在反思苏联的经验,介绍马克思的观点,也涉及中国问题。例如,2018年7—9月的季刊刊登了习近平主席在中国共产党第十九届中央委员会第一次全体会议的讲话。①

为了照顾印度语言的多样性和向更多民众传播政党的理念,左翼政党会用孟加拉语、马拉亚姆语、旁遮普语、卡纳达语和古吉拉特语等各种语言发行一些周刊或双周刊。除了出版物之外,印度左翼政党也建立了官方网站,主要用来介绍政党的基本概况、马克思主义在印度的发展,以及用马克思主义的观点去分析印度的社会问题。

第三,马克思主义研究者。

印度马克思主义研究者的分布与印度马克思主义研究特征紧密相关。由于印度马克思主义研究侧重于运用马克思主义立场、观点和方法解读印度历史文化、解决印度社会现实问题,所以印度马克思主义研究者大都分布在各学科中,没有专门的研究马克思主义的队伍。

在政治理论研究领域,有马克思主义学者R.辛格和B.查克拉巴蒂。

R.辛格(Randhir Singh)是印度学生运动的创始人之一,在二战时加入了印度共产党,在20世纪40年代参加了印度自由运动,曾被英国殖民当局投入监狱。1947年印巴分治的时候,他活跃在旁遮普的许多村镇中,组织人民参加社会革命以实现自由。他在大部分时间任教于德里大学的政治学系,课程十分受学生欢迎。除了教书育人,他还组织教师运动,在大学中争取民主权利和改革,在工人、学生和教师中开展社会主义教育,经营马克思主义俱乐部和整合社会主义团体,组织一些宣传手册和简报的撰写和出版,也编辑和制作期刊,例如,《探索》《社会文摘》《马克思主义评论》《科学与社会》《新左派评论》等。②他写过许多与马克思主义相关的论文,例如《马克思主义的传统》,该文试图在众多宣称是马克思主义的思想流派中,指出马克思主义的真正

---

① https://elections.cpim.org/sites/default/files/marxist/201803-marxist-editorial.pdf,2020年4月23日。

② Randhir Singh, *Marxism, Socialism and Indian Politics: A View from the Left*, Aakar Books, 2008, pp. 10 – 15.

传统。① R. 辛格一直宣称自己从马克思主义或"马克思的马克思主义"出发进行写作，以区别于官方的马克思主义，其代表作之一是 2008 年出版的《马克思主义、社会主义和印度政治》。B. 巴特拉伊曾这样评价 R. 辛格，说他"是我们时代最伟大的马克思主义理论家之一"②。

B. 查克拉巴蒂（Bidyut Chakrabarty）是德里大学政治学系教授和印度共产主义研究者、当代印度政治经济学和社会运动专家。1985 年，他从伦敦政治经济学院获得博士学位，他的研究兴趣主要包括公共治理、印度政治、印度政治思想和运动以及印度的民族主义运动。在印度的思想和运动方面，围绕左翼和共产主义思想，出版了《印度共产主义：事件、过程和意识形态》（2014）、《印度左翼激进主义》（2015）等。③

政治经济学领域代表人物帕特奈克出生于印度东南部的奥里萨邦，曾获罗德奖学金赴英留学，在牛津大学获得哲学博士学位。毕业后，帕特奈克曾短暂地执教于剑桥大学，随后他返回印度，于 1974—2010 年在尼赫鲁大学任教，且主编了《社会科学家》期刊。作为马克思主义研究者，他提供了批判经济学的框架，而作为马克思主义的政治实践者，他是印共（马）的党员，提出了许多公共政策。2006—2011 年，他曾任喀拉拉邦计划委员会副主席，在党刊上经常就经济问题发表看法。他也是联合国四人高级别工作组的成员，为全球金融体系改革提出建议。他的代表作包括《资本主义下的积累和稳定》《帝国主义理论》《货币价值》《马克思的资本》等。

在历史学研究领域，有马克思主义历史学家 R. 古哈（Ramachandra Guha）和 I. 哈比布（Irfan Habib）。R. 古哈出生于印度南部卡拉塔克邦的班加罗尔市，曾在加尔各答社会科学研究中心、耶鲁大学等科研机构和高校任职，代表作是与 M. 加吉尔（Madhav Gadgil）合著的《这片开裂的土地：印度生态史》。④ 在该书中，针对马克思主义生产方式范畴

---

① Randhir Singh, The Tradition of Marxism, *Economic and Political Weekly*, Vol. 24, No. 43, 1989.

② Prof Randhir Singh Passes Away, *The Tribune*, Feb. 2, 2016, https：//www.tribuneindia.com/news/nation/prof-randhir-singh-passes-away/190816.html.

③ Department of Political Science, University of Delhi, http：//www.polscience.du.ac.in/web4/index.php? page = prof.-bidyut-chakrabarty, 2020 年 4 月 23 日。

④ 侯丽：《对话印度史学家拉马钱德拉·古哈》，《中国社会科学网》2015 年 2 月 9 日，http：//www.cssn.cn/zx/201502/t20150209_1509978.shtml.

的局限性，他们引入了"资源利用模式"概念，阐述了四种资源利用模式，提出了生态史的一般理论。随后，他们以自己的理论框架，结合原始资料，分析了前殖民地时期印度社会多元文化与多元化生态的组合，以及考察了印度历史上资源利用方式的演变路径。① I. 哈比布任教于阿尔及尔穆斯林大学，是阿尔及尔学派的代表性人物之一。他以研究莫卧儿帝国时期的农业经济而出名，深刻改变了讲授和阅读历史的方式。② 他的《印度历史的文集》（1995）覆盖了一系列选题，例如，从印地语中非暴力教义的起源到英国工业革命的资金来源，但文集的统一主题是从马克思主义视角去理解印度历史。③

三 21 世纪印度马克思主义研究主要议题

21 世纪印度马克思主义研究延续了 20 世纪印度马克思主义研究路径，既关注理论范式的论争和批判，如围绕着什么是真正的马克思主义的论争和对新自由主义的批判；也切中印度社会的现实问题，讨论马克思主义对这些问题的适用性。

第一，关于"什么是真正的马克思主义"论争。

在这个方面，R. 辛格撰写过许多相关的论文，例如《马克思主义的传统》。在该文中，R. 辛格试图在众多宣称是马克思主义流派中寻找马克思主义的真正传统。在他看来，马克思主义并不仅仅是解释世界，它更多是要改变世界，它是关于人类解放的共产主义，最终要解决的是人和自然以及人和人的对立问题。因而，政治而非经济应当在马克思主义中占据主导地位。除了作为政治学家、社会学家和历史学家，马克思首先是一个革命主义者。马克思认识到政治活动中的解放性质，革命行动的净化力量和参与革命的人的本性。④ 在 2008 年出版的论文集《马克思主义、社会主义和印度政治》中，R. 辛格再次以"革命主义者"

---

① 《这片开裂的土地：印度生态史》，《中国社会科学网》2016 年 3 月 31 日，http://ex.cssn.cn/zt/zt_xkzt/zt_lsxzt/zgszt/sts/sts_zz/201603/t20160331_2947924.shtml。

② Prof Irfan Habib, *Outlook*, April 2007, https://www.outlookindia.com/magazine/story/prof-irfan-habib/234450.

③ Anand Swamy (review), Essays in Indian History: Towards a Marxist Perception, *Journal of Economic History*, Vol. 56, No. 4, 1996.

④ Randhir Singh, The Tradition of Marxism, *Economic and Political Weekly*, Vol. 24, No. 43, 1989.

的角度理解马克思主义,指出如果要真正推动人民的利益,前提条件是实现社会激进和革命性的转变。如果理论和实践没有以此作为基调,那么它就会让步于实证主义和机会主义,最终沦落为一个无效的政治实践。[1]

针对马克思主义如何与时俱进,在《黑暗时期的马克思主义:新世纪选集》中,B. S. 古普塔做出了自己的回答。他说,要理解真正的马克思主义,需要:(1)避免以教条的方法去理解马克思主义,包括葛兰西、卢森堡与法兰克福学派都提供了理解马克思主义的替代路径;(2)不仅要避免理论上的教条,也要在实践中应对挑战,尤其是东欧剧变与苏联解体后,社会呈现多元主义和知识出现多样化,真正的马克思主义也要处理这些问题。[2]

关于真正马克思主义的论争并未停留在学术领域,它也表现在印度左翼政党内部的论争中。一方面,走议会民主道路的一派宣称自己是正统的马列主义者,例如,印共(马)和印共,它们是印度议会体制中左派阵线两个最主要的代表性力量;另一方面,宣称暴力是革命的唯一方式的印共(毛)派认为自己是马列主义的真正追随者。他们认为在印度的议会左派中,马列主义已经完全失去了它们的革命潜力。尽管左翼政党内部存在论争,但这两个派别都有效地巩固了自己的意识形态平台,动员了在社会和经济地位中处于劣势的人。以印共(马)为主体的议会派在西孟加拉邦、喀拉拉邦和特里普拉邦是政治权力的强有力竞争者,印共(毛)派则成功地在一些农村地区赢得了本地人民的支持。[3]

第二,关于马克思主义的现实性问题。

随着全球化与印度经济的发展,马克思主义是否过时的问题也是印度马克思主义者迫切需要澄清的问题。2018 年在接受《印度斯坦报》采访时,R. 古哈着重谈论了马克思思想中对当下仍具有重要意义和适

---

[1] Randhir Singh, *Marxism, Socialism and Indian Politics: A View from the Left*, Aakar Books, 2008, p. 7.
[2] Sobhanlal Datta Gupta, *Marxism in Dark Times: Select Essays for the New Century*, Anthem Press, 2012.
[3] Bidyut Chakrabarty, *Communism in India: Events, Processes and Ideologies*, Oxford University Press, 2014, pp. 2 - 3.

用性的三个方面。（1）马克思和恩格斯在《共产党宣言》中所说的，人类社会迄今为止的历史都是阶级斗争的历史，社会冲突在人类历史中基本上扮演了主要推动力的作用。（2）马克思是第一个关注技术在塑造社会生活中具有重要作用的伟大思想家。在《哲学的贫困》中，马克思说到，社会关系和生产力是紧密关联的。为了获得新的生产力，人们需要改变生产模式；为了改变生产模式，人们改变了生存方式；而为了改变生存方式，他们改变了所有的社会关系。手工磨坊带来的是封建地主社会，蒸汽机带来的是工业资本主义社会。马克思认识到了新技术的引入可以深刻地改变人们之间的相处方式。（3）主要与印度相关联，马克思在 1853 年在《纽约每日论坛报》中对印度的评价。马克思指责了东印度公司通过战争和投机对印度资源的掠夺。殖民主义者基本完全忽略了公共事业，引起了印度农业的恶化。此外，英国摧毁了富有活力的手工业传统，使得乡村共同体去组织化，引入了窒息的行政官僚体系，摧毁了印度的行政等。马克思正确地认识到了英国的统治阶级将印度的人民和土地看做是改善自身的一种途径。因而 R. 古哈认为，马克思主义的阶级斗争思想、生产力与生产关系的辩证法以及对殖民主义的批判在当今社会仍然极具现实性。[①]

2000 年，在印共（马）以孟加拉语发行的报纸《马克思主义道路》20 周年纪念日讲话中，帕特奈克指出，以马克思主义分析印度社会的主要目的是勾勒出一个路线图以指明如何终结印度人民所承受的多方面剥削。印度革命行动的主要目标应当是消除使国家绝大多数人口处于压迫之中的社会和阶级剥削体系。就人数而言，印度是世界上贫困人口最多的一个国家。从数量上而言，如果没有在印度和南亚地区消除贫困，那么就无法实现在全世界消除贫困的目标。而印度的贫困在独立后的几十余年里未得到有效解决恰好说明了印度存在严重的剥削。在帕特奈克看来，只有应用马克思主义关于科学社会主义的理论和实践才能将印度人民从饥饿、疾病、文盲和贫困等问题中解救出来，而只有以马克思主

[①] Ramachandra Guha, Three Things Karl Marx Got Mostly Right, *Hindustan Times*, 5th May, 2018. http：//ramachandraguha. in/archives/three-things-karl-marx-got-mostly-right-hindustan-times. html.

义为指导的印共（马）才能担此重任。① 因而，在印度仍然存在大量的经济、社会和政治剥削的情况下，马克思主义就具有现实性。事实上，印度的马克思主义者们相信，不仅仅是在印度，而且是在世界其他地方，只要存在贫困、不平等和剥削问题，马克思主义就一直具有现实性。

然而，在现实的政治层面，也有学者对马克思主义是否能够重新回到印度表示担忧。B. 尼罗拉（Basanta Nirola）说，目前印度仅有几个政党以马克思主义作为意识形态指导。这些政党不仅在选举中表现一般，而且其影响力也基本局限在喀拉拉邦、特里普拉邦和西孟加拉邦，在其他各邦中，它们的作用微乎其微。他认为，印度共产党衰落的原因可能包括：没有根据变化了的形势调整自身、政党内部缺少有影响力的领导人和政党间缺乏一致性，以及政党未能根据民众的关切提出议题。这些都对印度马克思主义的未来发展提出了挑战。②

第三，关于新自由主义经济政策的批判。

帕特奈克是新自由主义经济政策的坚定批评者，他认为印度的经济增长伴随着绝对贫困程度的增加，解决该问题的唯一方案是改变国家的阶级定位。在《社会主义再思考》③ 一文中，帕特奈克指出，社会主义和经济自由主义基本上具有同样的学术来源，即亚当·斯密的观点。在亚当·斯密看来，资本主义社会是一个自我驱动的经济秩序，主权或者政府对该秩序施加的任何限制基本上都归于无效，甚至是有害的。亚当·斯密认为这种秩序是自然法原则，且就结果而言是进步的，能够提升整个国家的福利。因而，他和他的追随者所持有的一个隐含结论是历史已经到达终点，资本主义之外别无他物。然而，根据马克思主义的论断，即使接受资本主义社会构成了一个自我驱动的秩序，这一秩序也并不是善意和进步的，而是敌对的和剥削性的，并且会带来经济增长和财富的两极分化。当政府的干预无法修正这种秩序，人们就需要采取革命

---

① Prakash Karat At the 20th Anniversary Meeting of Marxbadi Path, 26th August, 2000, *CPI* (*M*), https://www.cpim.org/content/marxist-analysis-indian-society-0.

② https://www.youthkiawaaz.com/2018/10/relevance-of-marxism-after-karl-marx/，2020 年 4 月 23 日。

③ Prabhat Patnaik, Re-Envisioning Socialism, *Economic and Political Weekly*, Vol. 42, No. 44, 2007.

性的行动推翻这种秩序。

第四,关于左翼政党未来发展之路。

印度左翼政党走向了两种截然相反的发展路径。(1) 议会左派试图通过诉诸议会的途径,以实现人类解放的马克思主义目标。议会左翼政党不再强调阶级对抗是建立一个平等社会的方式,而是接受选举是改变社会经济的一个工具。通过选举获得权力后,印共或印共(马)从一个本质上是煽动和对抗性的力量转变为一个分配荫庇资源的制度。在利用一系列相互矛盾的阶级力量的社会联盟的基础上,改革主义的左派政党在一个民主选举的政府中维持了自身的活力,且这样的社会在经济中并不有利于左派的意识形态目标。未来议会左派的政治权力取决于它们在何种程度上能够通过立法和议会外的斗争巩固自己的社会基础。尽管政党的领导是成功的重要决定因素,但它的成功概率也受到基层政党管理者之间关系的影响。通过一个很好的组织网络,议会的左派维持和保留了一个支持性基础,而当大众的觉醒带来了一个平行权力中心的崛起和巩固,且能对左派的权力形成挑战后,议会中左派的基础就会崩溃。(2) 印共(毛)派延续了过往武装斗争的意识形态,试图诉诸暴力镇压阶级敌人,建立一个没有阶级的社会。过去,这些极左派运动似乎不加批判地接受马列主义,但印度的社会经济和文化具有多样性,无法从单一的视角去理解。在意识到这样的多样性之后,毛主义以创新性的方式重新塑造了马克思—列宁主义,根据印度不同区域的现实做出特定的应对,例如在安德拉邦,毛主义利用了民众反封建主义的情绪,而在奥里萨邦和恰蒂斯加尔地区,毛主义则利用了民众对森林资源的权利主张进行政治动员。毛主义根据印度特定地区的环境表达自己的理念和政策主张,这使它逐渐成为受压迫阶层最有效的代表。[1]

四 21 世纪印度马克思主义发展困境

尽管左翼政党和马克思主义是印度社会的活跃力量,但它们在印度的发展也面临一些困境,主要体现为以下几个方面:

第一,印度认同政治崛起带来的冲击。印度政治文化和实践中日益

---

[1] Bidyut Chakrabarty, *Communism in India: Events, Processes and Ideologies*, Oxford University Press, 2014, pp. 3 – 4.

受到教派主义等传统认同政治的影响。这一方面有悖于左翼政党倡导的世俗主义；另一方面它们对马克思的阶级斗争观点直接形成挑战。根据马克思主义，所谓的身份等都是虚幻的意识形态。在印度包括种姓、教派、宗教、语言和区域的族群冲突中，尽管部分冲突背后隐藏的是阶级利益，但有的族群冲突却无法用阶级斗争的观点给予解释。以身份为基础构成的团体间冲突动员了大众，对左翼政党以阶级斗争为基础去发展群众基础赢得选票形成了冲击。为了迎合民众，左翼政党甚至开始对宗教采取了日益妥协的态度。

第二，左翼政党群众基础日益削弱。马克思主义政党强调以工人阶级为主的无产阶级作为政党基础，然而在印度，无产阶级在政治上十分消极和被动。[1] 因而，印度左翼政党的支持基础主要根植于农村。在左翼政党执政的邦，它们都采取了较为彻底的土地改革措施，同时深入到印度农村建立许多基层和外围组织，以巩固和扩大群众基础。但随着1990年代印度实行经济改革后，印共或印共（马）等左派力量执政的邦政府为了发展经济，需要引进外资、发展制造业和兴建基础设施。这种经济发展战略的转变可能会对民众的土地、房屋等个人财产带来损害，因而会威胁到左翼政党的执政基础。

例如，就印共（马）为何会在2011年西孟加拉邦议会选举中失利的问题，有分析指出，在过去30多年里，印共（马）在西孟加拉邦的连续执政使得该邦避免了剧烈变化。然而，曾经是左派支柱的邦内部的共产主义干部逐渐疏远大众和知识分子。这种脱节最明显地反映在土地问题上，即为了工业发展的目的，西孟加拉邦穷人的土地被残忍地夺走。[2] 为了发展制造业而征收土地直接威胁到了农民的利益和印共（马）的支持基础。

第三，政党的分散化与左翼政党的不团结。在左翼政党中，印共（马）在西孟加拉邦、喀拉拉邦和特里普拉邦长期执政，而在2011年西孟加拉邦议会选举中，印共（马）溃败，地方性政党全印草根国大党取代了印共（马）获得了执政地位。印共（马）选举失利的原因有

---

[1] Bipan Chandra, Marxism in India: Need for Total Rectification, *Mainstream Weekly*, July 7, 2009. https://www.mainstreamweekly.net/article1483.html.

[2] Sanjay Kumar, Marxism Liberated in India, *The Diplomat*, May 26, 2011. https://thediplomat.com/2011/05/marxism-liberated-in-india/.

许多①，其中一个重要因素是印度地方性政党的崛起。印度的大部分地方邦都有根植于本邦群众的地方性政党。这些地方性政党通过与印度人民党或国大党等全国性政党合作，在人民院选举中获得支持，而换取在地方邦政府的执政。因而，地方性政党的崛起对长期在地方邦执政，无法在联邦层面主导建立政府的左翼政党形成了挑战。为了获得竞选优势，印度的左翼政党需要加强团结，在竞选中结成统一战线。然而，由于对发展道路和斗争路线存在分歧，自印共成立后，左翼政党内部不断分化，形成了以印共、印共（马）和印共（毛）为主的局面。印共和印共（马）在路线方针政策和对印度国家性质的认识上没有根本分歧，在面临严峻的竞选局势，它们已经意识到了加强彼此间合作的必要性。

第四，印度经济发展模式转型与左翼的孤立处境。今天，印度的左派和劳工运动的危机在于：它们所继承的"马克思主义"是一个经过改变的、甚至教条化的苏联马克思主义。随着独立后印度的经济民族主义和国家主导的发展战略的共识被打破，对印度的知识分子和政治领导人而言，印度经济战略和政策走向完全拥护新自由主义理念。然而，印度的左翼政党却抓住过去的发展模式不放，目前处于十分孤立和逐渐被边缘化的地位。如果左翼政党不希望被自由主义和右派的社会民主所吸收，他们需要重新审视经典马克思主义的传统，抓住印度社会和经济发展模式的转型，根据印度人民的关切和形势变化调整政策主张。②

综上所述，自20世纪20年代马克思主义传入印度之后，它就深刻影响到了印度的政治实践与学术研究。在马克思主义的指导下，印度相继诞生了印共和印共（马）等左翼政党。利用印度的选举政治，它们在人民院中占据了一定席位，又成功地在地方各邦中长期执政。与此同时，马克思主义也渗透到经济、政治、历史、法学、哲学等学科领域，一批马克思主义学者相继涌现。在继承20世纪马克思主义发展成就的基础上，21世纪印度马克思主义顺应时代变化，紧密结合现实，围绕什么是真正的马克思主义、马克思主义的现实性、对新自由主义经济政策的批判、左翼政党的未来发展道路等议题展开了激烈讨论。尽管马克

---

① 参见官进胜《印共（马）在西孟加拉邦失去执政地位的原因探析》，《当代世界与社会主义》2012年第1期。

② Stephen Sherlock, Berlin, Moscow & Bombay: The Marxism that India Inherited, *South Asia*, Vol. xxi, No. 1, 1988. http://sa.org.au/interventions/india.htm.

思主义在当今印度仍然具有影响力,但其未来发展也面临着诸多困境,突出表现为:印度认同政治崛起带来的冲击、左翼政党群众基础的弱化、政党的分散化与左翼政党的不团结,以及印度经济战略转型带来的左派的孤立地位。因此,印度马克思主义的未来发展任重而道远。

第十四章　坚持与创新中的马克思主义
——越南和老挝

第一节　越南

1911年开始，越南革命领袖阮必成（胡志明）前往欧洲、美洲、非洲，为越南寻找救国之道，最终将马克思主义引入越南，从此开始了马克思主义在越南的具体运用与创造性发展过程。马克思主义在越南的传播与发展历程大致可以分为三个阶段：一是寻找马克思主义的指导以争取民族独立和解放的民族民主革命斗争阶段；二是1986年革新之前按苏联模式建设传统社会主义阶段；三是1986年至今的革新与融入阶段。[①] 21世纪以来，越南在总结国内外社会主义实践经验和教训的基础上，通过与各种错误思潮作斗争，并积极地借鉴其他社会主义国家的理论创新成果，不断深化了对马克思主义和社会主义的认识，初步形成了越南马克思主义理论创新成果。越南马克思主义理论创新成果源于越南社会主义实践，同时又反作用于越南社会主义实践，对越南革新取得的成就起着重要指导作用。然而，当前越南马克思主义理论研究力量较为薄弱，理论创新成果不足，社会主义也面临着不少问题和挑战。

一　越南马克思主义传播与发展历程

第一，越南马克思主义理论研究机构和刊物。

越南马克思主义主要研究机构包括三类：党校系统、科研系统和理

[①] 潘金娥等：《马克思主义本土化的国际经验与启示》，社会科学文献出版社2017年版，第120页。

论宣传系统。此外，越共中央理论委员会则是越共中央马克思主义理论的最高智囊机构，常设有秘书处。

1. 党校系统主要是指越共中央党校，即胡志明国家政治学院，以及中央党校管辖的新闻宣传大学。1945年越南独立后，越共中央成立了以胡志明名字命名的"阮爱国中央党校"，为越南党政干部培训马克思主义理论。直到20世纪80年代以前，越南在马克思主义理论方面开展的工作主要是翻译和介绍；为此在越共中央党校下设了翻译、介绍和编纂马克思主义经典著作的专门机构，即"马克思列宁主义经典作家研究院"。在1991年越共七大正式确立胡志明思想以后，该院改名为"马克思列宁主义和胡志明思想研究院"。最近十多年来，鉴于译介工作已经完成，越共中央党校将相关机构进行了调整，设立了若干研究院（所）。其中，胡志明与党的领袖研究院主要职能包括：研究胡志明生平思想，越南称之为"胡志明学"；研究越共其他主要领导人的思想；为党的干部和各高校政治课教员讲授胡志明思想，指导胡志明思想课程的教学等。此外还有：政治经济学研究所、哲学研究所、科学社会主义研究所分别把研究和传授马克思主义政治经济学、马克思主义哲学和科学社会主义作为其主要职能。目前，越共中央党校（即胡志明国家政治学院）除了河内的总部外，还在中部、南部和北部地区设有三个区域性分支机构，主要职能是培训当地的党政干部，并以短期培训为主。

越南胡志明国家政治学院管辖的越南新闻宣传大学，是一个有别于中央党校和传媒大学建制的机构。其职能包括政治思想理论方面的教学和研究，即：培训党政干部；培养思想政治教育和媒体宣传等相关专业的本科生和研究生；研究马克思主义理论；总结越南的革新成果和思想动态等。该校主办的《政治理论》（月刊），是越共中央机关刊物《共产主义》杂志之外的最为重要的理论刊物。相比于其他高校，该校规模比较大，在校师生近4万人，而且设有三个分支机构，除了在河内的中央党校内设的总部外，还在越南中部和南部设有分校区，行政关系隶属于越共中央党校，但实际上相对独立。

2. 科研系统主要包括以下几种机构。（1）隶属于越南社会科学翰林院（原名为越南社会科学人文中心、越南社会科学院）的哲学研究所下设的马克思主义哲学研究室，但目前专门从事马克思主义研究的科研人员多数已经退休，年轻人很少研究马克思主义理论。本所的《哲学杂志》（月刊）也是与马克思主义理论研究相关的较为重要的刊物。（2）在越南军队和公安系统的科研机构和高等学校中，也有一些从事马克思主义理论研究的人。他们经常在越南《人民军队报》或党刊发表研究成果，对西方和平演变、各种错误思潮等进行批判，在越南思想理论界具有一定的地位。

3. 理论宣传刊物系统主要包括：越共中央机关刊物为《共产主义》杂志（半月刊）和《越南共产党电子报》（即其官方网站），《人民报》（包括其网站）等。其中，《共产主义》杂志政治地位最高，刊登的是国家领导人的重要讲话和主要学者的重要理论文章。《人民军队报》及其网站也是重要理论宣传阵地。

4. 作为越共中央马克思主义理论的最高智囊机构，越共中央理论委员会成立于1992年。越共中央理论委员会主席为越共中央书记处书记，其他20多名成员分别是党校、社科院、党刊、军队和高校系统的理论家。现任主席为越共中央书记处书记阮春胜（2018年3月当选），越共中央总书记阮富仲、前政治局委员和书记处常务书记苏辉若、丁世兄、阮德平等曾任该机构主席。其运作方式为：在越共中央办公楼设秘书处负责日常事务处理（现任秘书长阮曰通），每月召开一次会议，围绕党的重大理论决策工作进行讨论，并承担党的代表大会文件的起草和组织工作。

除了上面几类主要机构之外，越南高校一般不设立马克思主义理论专业和科研机构，但开设越南共产党党史、马克思主义哲学、马克思主义政治经济学等课程教学内容，包括越南国家大学等个别高校从事思想理论教育的教员参与了相关理论研究工作，有少量作品发表。

第二，越南马克思主义理论发展历程。

尽管越南革命领袖很早就接受了马克思主义，之后逐渐传播开来并以此为指导取得了越南的民族独立和国家统一，但实际上，其影响范围仅限于党政高级干部的学习和教育。越南理论界的研究工作直到1986年革新之后才逐渐开始。在1986年召开的越共六大上，越南共产党提出"革新首先是思维革新"的观点，由此启动了越南对马克思主义和社会主义相关理论重新认识和研究的新阶段，经过不断发展，逐渐形成了具有越南特色的马克思主义和社会主义理论观点。

20世纪80年代末90年代初，随着苏东剧变和社会主义阵营解体，世界社会主义陷入严重的危机。在越南国内,不少人对社会主义失去了信心,对越南选择社会主义发展道路的正确性产生了怀疑,越南社会主义道路遭受了巨大考验。在1991年召开的越共七大上,越南坚定了社会主义发展目标,通过了越南《社会主义过渡时期国家建设纲领》,并第一次正式提出了"胡志明思想"。为了统一国内各界的思想认识,1992年5月,越共中央书记处发出指示,同时部长会议主席签署决定,成立马克思列宁主义、胡志明思想学科全国通用教材中央指导编纂委员会,设立了"KX-10号计划"研究项目,组织全国范围内马克思列宁主义理论工作者和教员参与该项研究和调查工作。越共中央指导委员会经过筛选,决定选取"马克思的社会经济形态学说""马克思的剩余价值学说""马克思关于工人阶级的历史使命说""关于当今时代的一些问题"这四个重大问题进行深入研究,并对否定马克思列宁主义的论点进行了分析和批判。1996年,《关于当代马克思列宁主义的若干问题》公开发行。[①] 该成果是越南编纂马克思列宁主义、胡志明思想学科全国通用教材的最基本指导方针。该书阐述了越南共产党对马克思主义基本原理的认识,并且结合时代特点和越南的具体情况,提出了越南处于社会主义过渡时期的理论观点。因而可以说,该书是1986年革新以来越南马克思主义理论研究的奠基性成果,它标志着越南马克思主义本土化研究和探索的开端。

进入21世纪,越共九大(2001)前后,越南相关部门设立了多个国家级课题,对越南社会主义建设进行了全面总结,为十大报告做准备。其中,由越共中央理论委员会主席阮德平主编的国家级1号课题《关于社会主义与越南走向社会主义的道路》,汇集了国内主要理论科研单位,包括越共中央理论委员会、越南国家政治学院、越南社会科学院、政治军事学院、政府部门的高级政策咨询机构的主要学者,此外,还有一些政府高级官员也参与了研究。研究成果于2003年6月由越南国家政治出版社出版[②]。该著作全面回顾和总结了越南社会主义发展历程,提出了对越南社会主义发展方向的建议,反映了越共理论家对马克

---

① 马克思列宁主义、胡志明思想学科全国通用教材中央指导编纂委员会著:《关于当代马列主义的若干问题》,赵玉兰译,中央编译出版社1997年版。

② [越南]阮德平:《关于社会主义和越南的社会主义道路》,越南国家政治出版社2003年版。

思主义的认识;该著作指出了现阶段越南走向社会主义道路六个方面的基本内容,反映了越南共产党在越共十大前对"什么是越南社会主义"和"怎样建设越南社会主义"两个重大理论问题做出了解答,也是越南共产党把马克思主义运用于越南的实际,并通过总结实践经验而得到的符合越南特点的理论成果。

2006 年越共十大召开前后,越南理论界对 20 年来的革新理论与实践进行总结,以此为据提出越南未来的发展规划和方向。主要代表作是越共中央政治局委员、越共中央理论委员会主席苏辉若等主编的《1986—2005 年党的理论思维革新过程回顾》①,该书分别由越南国内研究政治、经济、文化、党建、外交和军队建设等各方面的顶级专家撰写相关内容,对越南 20 年来理论与实践的革新成果进行了高度总结和概括。

2011 年越共十一大前,越共中央采取同样的方式,由越共中央理论委员会组织国内主要理论家对过去 5 年和革新 25 年的成果进行总结,为十一大报告的起草做准备。相关理论成果主要有:越共中央理论委员会主编的《当前形势下面临的理论与实践问题》②,阮唯贵、阮必远主编的《属于人民、来自人民和为了人民的越南社会主义法治国家:理论与实践》③,范文德等主编的《马克思主义哲学与时代》④ 等。与越共十大前不同的是,越共十一大前越南与马克思主义理论有关的研究成果越来越多,成果内容开始更多地关注越南政治系统的革新,旨在为越南政治体制改革和建设社会主义法治国家提供理论依据。尤其值得一提的是,越共十一大前,越共中央理论委员会设立了一个国家级课题,准备研究越南社会主义理论体系问题;课题由越共中央政治局委员、时任越共中央理论委员会主席苏辉若主持。该研究成果建议把越南关于马克思主义和社会主义的认识系列观点命名为"胡志明时代的发展主说"。然而,由于理论界对此名称的意见分歧较大,未能作为正式提法加以推广

---

① [越南] 苏辉若等主编:《1986—2005 年党的理论思维革新过程回顾》(上、下),越南政治理论出版社 2005 年。
② 越共中央理论委员会主编:《当前形势下面临的理论与实践问题》,越南国家政治出版社 2011 年版。
③ [越南] 阮唯贵、阮必远主编:《属于人民、来自人民和为了人民的越南社会主义法治国家:理论与实践》,越南国家政治出版社 2008 年版。
④ [越南] 范文德等主编:《马克思主义哲学与时代》,越南社会科学出版社 2009 年版。

运用。

2016年1月,越共十二大召开。与此前几次党代会相似,越共中央提前3年就成立了文件起草小组,并安排越共中央理论委员会设立了多个课题组,对越南革新30年实践进行总结,为最终起草十二大政治报告提供依据。因此,2015—2016年,越南出版和刊发了多个相关成果。其中,主要代表作有:(1)现任越共中央政治局书记处常务书记、原越共中央理论委员会主席丁世兄等主编、由越南主要马克思主义理论家撰写的《越南革新和发展30年》[1],对过去30年来越南社会主义革新历程进行了总结,全面评价了革新的国内外背景对党的革新路线形成和发展的影响,分析了社会主义定向的市场经济、工业化、现代化、文化发展和人文建设、社会管理和发展、保卫社会主义祖国、对外路线和政策、建设社会主义法治国家和党的建设等各个领域的革新发展过程,并对未来5—10年影响越南革新的因素以及越南发展的目标、观点、策略等做出预测。(2)越共中央理论委员会主编的《批判各种错误观点,捍卫越南共产党的路线、纲领的思想根基》。这本书搜集了24篇文章,以充分有力的资料和论据,从各个角度有力地批驳了歪曲和否认马克思列宁主义和胡志明思想、歪曲越南共产党纲领和路线的各种错误观点。

此外,越南真理国家政治出版社(曾用名:真理出版社、国家政治出版社)2017年出版了《共产主义》杂志副总编范必胜、编委阮灵啸合著的《当前越南跨越资本主义制度向社会主义过渡》一书,明确了当前越南处于跨越资本主义制度向社会主义过渡的社会主义革命中的这一主题。该书分为五章,通过概括越南和世界上一些国家跨越资本主义制度向社会主义过渡的理论与实践,明确了一些新概念、新范畴,指出越南等落后国家跨越资本主义制度向社会主义过渡的先决条件是要继承现代资本主义成就和发挥越南共产党的领导作用。该研究成果的目的是为越共和国家制定过渡时期国家发展政策提供理论依据。

二 21世纪越南马克思主义发展路径

从越南马克思主义研究发展历程看,在21世纪前的主要传播方式是翻译介绍和宣传马克思主义,并由越共中央理论委员会作为主要机构

---

[1] [越南]丁世兄等主编:《越南革新和发展30年》,越南国家政治出版社2015年版。

来组织全国科研人员进行研究和成果发布，以统一全国的思想理论，并指导越南按照社会主义方向发展革新。

21世纪以来，越南马克思主义理论探索和创新主要通过以下四个路径进行。

第一，通过总结越南革新实践经验教训，不断深化和丰富对社会主义的认识。

从越共九大开始，越南通过科技部设立了多个国家级课题，发动全国理论工作者对越南社会主义建设进行全面总结，为撰写下一届党的代表大会政治报告做准备。其中，阮德平主持完成的《关于社会主义与越南走向社会主义的道路》一书的观点代表了越南共产党在越共十大前对"什么是越南社会主义"和"怎样建设越南社会主义"这两个重大问题的解答，是越南共产党将马克思主义运用到越南的实践，并通过总结实践经验而得到的符合越南特点的理论成果。越共十大召开前，苏辉若主持的国家级课题结项成果为《1986—2005年党的理论思维革新过程回顾》（上、下），集中反映了越南理论界对革新20年来在政治、经济、文化、党建、外交和军队建设等方面的理论与实践成果。为了迎接越共十一大召开，从2008年初开始，越共中央理论委员会受命召集全国理论研究力量，设立多项研究课题，让学者和各级干部对越南经济社会的实践和理论进行总结，形成各个领域和地方的分报告后提交越共中央理论委员会进行概括。之后由越共中央理论委员会提交一份总报告给越共中央政治局和越共十一大文件起草小组，作为大会的政治报告和各项方针路线制定的依据。越共十二大的政治报告起草过程也沿革了此前的做法。报告起草小组对过去30年和最近5年以来的越南社会主义革新实践分别进行了全面总结，提出了越南革新的五点经验，并对越南社会主义定向的市场经济、越南社会主义法治国家等作出新理论阐释。越共十二大报告还重新归纳了越南社会主义的特征，在越南社会主义定向的市场经济，越南社会主义法治国家，越南文化、外交、国防和安全、党的建设等各个方面提出新观点。[①]

第二，通过与各种错误思潮作斗争，坚持与发展马克思主义。

越南社会主义革新始终伴随着与各种错误思潮作斗争而不断发展，

[①] 参见潘金娥《从越共十二大看越南革新的走向》，《当代世界与社会主义》2016年第1期。

并且往往与中国出现的思潮密切相关。在中共十七大前夕,中国的理论界有人提出"只有民主社会主义才能救中国",越南理论界也受此影响,再次讨论越南的"道路选择"问题。针对此现象,阮德平在《人民报》上发文指出:"尽管世界变了,但时代没有变。我们党、我国人民和我们国家,依然坚持走时代之路——社会主义道路……这个时代就是从资本主义向社会主义过渡的时代。"① 阮德平的这篇文章在关键时刻为越南社会主义发展道路和方向定了基调。越共十一大对1991年通过的《社会主义过渡时期的国家建设纲领》进行补充和修改,有人乘此机会再次攻击马克思的经济社会形态理论和越南共产党的领导地位,越南理论界再次出现理论交锋。阮富仲、苏辉若、阮德平等一批坚定的马克思主义理论家,顶住各种压力,最终继续保留了《社会主义过渡时期的国家建设纲领》名称,只在其后加上了"2011年补充和发展"。新纲领继续强调当前越南依旧处于向社会主义过渡时期,阶级斗争和民族斗争形势依然复杂。但值得注意的是,越共十一大报告在表述越南社会主义基本特征时,对坚持"经济体制以公有制为主体"意见分歧很大,最终采取大会表决方式,结果因65%的人反对而未将这点写进报告。不过,也有不少人对"采取投票方式对理论观点进行表决"的做法表示异议。②

越共十二大召开前,越南理论界在作理论准备的过程中,越南学术界再次出现了激烈的争论,要求越南重新选择道路、认为马克思主义不再适合越南等论调再次响起。为此,越共中央机关杂志、军队杂志等刊登了多篇越共中央理论家批驳错误观点的文章。越共中央理论委员会副主席黎有义在《要分辨敌对观点和那些与党的观点和路线不同的意见》一文中指出,与各种错误和敌对观点作斗争是当前党的思想理论工作的一项重要任务,目的是要挫败敌对势力的阴谋和"和平演变"以及党内的"自我转化",巩固党内思想的统一和社会的共识。③ 越共中央理

---

① [越南]阮德平:《继续坚定、创造性地走社会主义道路》,谷源洋、潘金娥译,《政治学研究》2007年第4期。
② 潘金娥:《越南马克思主义理论创新的路径与成果》,《马克思主义研究》2015年第6期。
③ [越南]黎有义:《要分辨敌对观点和那些与党的观点和路线不同的意见》,《全民国防》2013年12月13日。

论委员会副主席武文贤撰文《错误和敌对观点的各种形态》，指出当前敌对势力攻击越南思想领域的途径有以下六点。（1）攻击党的思想基础，即攻击马克思列宁主义，说什么"马克思列宁主义是外来的，不适用于越南"。（2）否定胡志明思想，说什么"胡志明引进马克思列宁主义导致越南阶级斗争，造成兄弟间互相残杀"；妄言胡志明是民族主义者，"是胡志明错误地把马克思列宁主义引进到越南来"。（3）攻击党的路线，提出"越南不经过资本主义发展阶段而直接进入社会主义是错误的"，主张在越南共产党领导下建设民主社会主义制度，主张学习瑞典、芬兰的民主社会主义模式，主张改良主义和和平过渡。（4）否定工人阶级的历史使命观点，认为工人阶级是那些没有学问的人，因此工人阶级的领导者只会宣扬暴力和专制，没有能力领导当代科技发展的新社会。（5）否定社会主义的目标、理想、道路，抹黑社会主义，认为越南社会主义正彷徨在十字路口，迟早要走向资本主义。（6）否定党的领导下取得的成就，抹黑党的领导，以人权为借口破坏国家安定团结等。[①] 越共《共产主义》杂志在 2013 年底刊登了该社总编辑武文福的文章，驳斥了"马克思列宁主义外来且源于西方所以不再适合越南"的错误观点。武文福指出，我们有充分的依据肯定：（1）马列学说具有强大的生命力且拥有时代价值，因为这是科学和革命的学说。马克思列宁主义与胡志明思想，已真正成为越南共产党领导越南社会主义建设事业和保卫祖国的思想理论基础和革命行动指南。（2）马克思列宁主义是科学而正确的学说，但也是特定历史环境和时代条件的产物，所以不能针对各个时代、各个国家的所有问题作出充分、具体、细致的解答。因此，应将马克思列宁主义视为随着人类的知识、科学和实践发展进程需要不断补充和发展的开放性学说。在运用这一学说的基本原理时，务必基于每个国家的具体历史条件，在此基础上创造性运用。越南革命所取得的历史性胜利，正是基于越南党和人民对马克思列宁主义的创造性运用，同时也为马克思列宁主义的发展作出了贡献。[②]

第三，通过借鉴他国经验，构建越南马克思主义理论体系。

---

① ［越南］武文贤：《各种错误和敌对观点》，越南信息网，2013 年 12 月 13 日，http：//www.vietnamplus.vn/nhan-dien-dau-tranh-voi-cac-loai-quan-diem-sai-trai-thu-dich/234924.vnp。

② ［越南］武文福：《马列主义是否"外来且来源于西方所以不再符合越南"？》，越南《共产主义》2014 年 1 月（第 855 期）。

2000年，中越两国社会科学理论工作者分别在北京和河内举行了关于两国社会主义的理论研讨会，对社会主义的普遍性和特殊性进行了深入交流。中越两国都派出政治局委员发表主旨报告，并且邀请了两国理论界的学者参会，参会论文汇编成文集《社会主义：理论与实践》[①]。从2003年开始，中越两党每年轮流举行两党高层理论研讨会，分别就两国社会主义的经济增长模式、执政党建设、群众路线、社会主义文化建设等问题进行交流，截至2015年共举行了11届研讨会。越南非常重视中越研讨会的理论成果，每次都把参会论文翻译出来刊登在杂志和网络上，并且把这种交流模式扩大到其他国家，目前已经与古巴、老挝等国建立了类似的理论研讨机制。此外，理论界还通过多种渠道与世界社会主义国家就社会主义建设过程中遇到的新问题进行交流。例如，中越两国社会科学院2009年创办"中越马克思主义论坛"，受到了越南有关部门的高度重视，该论坛从2013年起发展成为涵盖中国、越南、老挝、古巴和朝鲜等国学者参与的"社会主义国际论坛"，每年轮流在相关国家召开。这些交流，为越南马克思主义本土化的理论创新提供了很好的经验和启示。

第四，主办马克思主义、社会主义国际研讨会，深化和更新对马克思主义理论的认识。

越共中央和下属的主要理论研究机构在本国和国际共产主义运动的重要时间节点，都主办相关理论研讨会，促进理论研究工作不断跟上时代步伐。例如，在胡志明诞辰（1890年）100周年、110周年、120周年，越南共产党建党80周年、《共产党宣言》发表160周年和170周年等重大时间节点，都举行了大型国际研讨会，邀请国内外学者共同对相关人物和理论进行探讨。

2017年是十月革命爆发100周年，越南举行了多场纪念活动。例如，2017年8月17日，越共中央党校主办了"纪念俄国十月革命100周年与一个世纪的现实社会主义：历史价值与时代意义"国际学术研讨会。邀请来自中国、俄罗斯、老挝和古巴等社会主义国家的专家前来出席会议。2017年10月18日，越南《共产主义》《人民军队报》和新闻宣传学院主办"俄国十月革命的历史和时代意义"研讨会。2017年10

[①] 李慎明主编：《社会主义：理论与实践》，社会科学文献出版社2001年版。

月 26 日,越共中央宣教部、中央理论委员会、越南社会科学翰林院和胡志明国家政治学院在河内主办"俄国十月革命和社会主义成为现实 100 周年——历史价值与时代意义"学术研讨会。会议一致认为,俄国十月革命是具有历史意义和国际意义的重大事件,革命的成果是各国社会主义道路的起点。从十月革命、从社会主义阵营建设事业、从苏东剧变,以及从当今社会主义改革和革新中获得的经验教训和总结的规律,都对科学社会主义、各国社会主义建设事业和发展道路十分有益,并将继续创造性地运用到各国的现实中去。

2017 年 11 月 5 日,越共中央在首都河内举行十月革命 100 周年纪念大会,越南党政现任和前任领导人以及曾经在苏联或俄罗斯留学和工作的越南人代表大约有 3500 人参加。越南共产党中央总书记阮富仲在纪念大会上发表讲话说:纪念俄国十月革命,让我们更清楚地认识到这场革命给人类带来的巨大价值和贡献,更深刻地认识到苏联模式社会主义崩溃所带来的血的教训,更坚定走党、胡志明主席和越南人民选择的面向民族独立与社会主义相结合的革新道路。阮富仲指出,在吸取苏联社会主义建设事业成功经验和失败教训的基础上,越南共产党正在坚定、坚持稳步推进越南全面革新事业。30 多年来,越南取得了巨大成就。这是在坚持和创新运用马克思列宁主义、胡志明思想基础上进行有原则、活跃的革新所取得的成果,同时也是每个越南人深刻认识伟大的十月革命对越南乃至世界革命所具有的历史意义及现实价值的基础。此外,越南国家主席陈大光撰写了纪念文章并发表在《共产主义》杂志上,强调十月革命的时代意义和宝贵经验是具有持久价值的无价之宝,继续为越南革命和人类进步注入活力。"无论世界如何变化,十月革命依然是社会主义力量的象征。"[1]

2018 年是马克思诞辰 200 周年,越共中央理论委员会和越共中央宣教部、越南社科院等机构于 5 月上旬主办了主题为"马克思主义遗产与时代意义"国际研讨会;同时,中越老社会主义国家联合主办"第六届社会主义国际论坛",邀请 100 多名各国马克思主义理论家前来交流和探讨,越共中央书记处领导出席会议并发表讲话。

---

[1] 马桂花、乐艳娜:《越南、古巴纪念十月革命 100 周年》,新华社,2017 年 11 月 8 日,http://news.163.com/17/1108/11/D2NE5EAC00018AOQ.html。

在纪念十月革命 100 周年和马克思诞辰 200 周年的背景下，越南学者发表了一些重要研究成果，对马克思主义有了更加深入的认识。这主要表现在以下几个方面。（1）深入认识马克思的社会经济形态学说。越南国防部社会人文军事科学研究院阮德胜大校在《马克思的社会经济形态学说的科学性和革命性》[①] 中指出，1960 年 11 月在莫斯科召开的 81 国共产党和工人党大会认为，自俄国十月革命起，世界进入了从资本主义向社会主义过渡的时代。该观点体现了对马克思社会经济形态学说的继承和创造性运用，是全部社会历史观念中具有深刻科学性和革命性的学说，是科学分析社会发展运动过程的方法论依据。（2）深入认识列宁的新经济政策对越南革新的指导意义。越共中央理论委员会委员、马列经典研究院原院长陈阮宣在《列宁新经济政策及其时代意义》[②] 中指出，1921 年起草的新经济政策是列宁关于社会主义建设的最重要理论遗产之一，在当前越南社会主义建设事业中仍有巨大的时代意义。革新 30 年来，越共创造地运用和发展了列宁的新经济政策，发展多成分经济，建设社会主义定向的市场经济，根据自身具体条件积极主动融入国际，因此，在经济社会发展中取得了重要成就，越南在国际上的地位日益提高。（3）用马克思主义关于经济与政治的辩证关系理论来分析越南的政府与市场关系。胡志明国家政治学院哲学研究院黎氏清霞在《马克思关于经济与政治之间关系的观点》《解决好当前越南国家与市场之间的关系》两文中运用马克思主义相关理论对当前越南革新如何解决"政治革新与经济革新不同步"[③]问题进行了分析，认为国家和市场之间始终存在辩证关系。尽管依然存在市场多或少一点、国家对市场的干预多一点或少一点的争论，但国内外学者都已认识到调节的作用，在市场经济条件下，国家的市场经济管理职能不可或缺，当然，发

[①] ［越南］阮德胜：《马克思社会经济形态学说的科学性和革命性》，越南《共产主义》杂志网站，2017 年 8 月 29 日，http：//www.tapchicongsan.org.vn/Home/Nghiencuu-Traodoi/2017/46640/Tinh-khoa-hoc-va--cach-mang-trong-hoc-thuyet-cua-C-Mac.aspx.

[②] ［越南］陈阮宣：《列宁新经济政策及其时代意义》，越南《共产主义》杂志网站，2017 年 4 月 21 日，http：//www.tapchicongsan.org.vn/Home/Nghiencuu-Traodoi/2017/44521/Chinh-sach-Kinh-te-moi-cua-VI-Lenin-va-y-nghia-thoi.aspx。

[③] ［越南］黎氏清霞：《马克思关于经济与政治间关系的观点》，越南《共产主义》杂志网站，2017 年 6 月 3 日，http：//www.tapchicongsan.org.vn/Home/Nghiencuu-Traodoi/2017/45651/Quan-diem-cua-C--Mac-ve-moi-quan-he--giua-kinh-te.aspx。

展市场经济是人类历史的必然。①

三 21世纪越南马克思主义理论创新

在社会主义革新实践中,越南共产党不断丰富和更新了对社会主义以及越南社会主义发展阶段和特征的认识,并逐渐形成了关于建设越南经济、政治、文化、外交和党的建设等方面的一系列观点。其中,有些理论相对成熟,但大多数依然存在着争议。

第一,继续充实和发展胡志明思想的内涵。

在1991年召开的越共七大上,越南共产党首次正式提出了"胡志明思想"。此后,越南共产党开始对胡志明思想进行了广泛深入的研究、挖掘和充实。越共九大和十一大对胡志明思想的内涵不断丰富和充实。越南理论家双成认为:"胡志明思想是一个宏大的体系,覆盖诸多领域,涉及众多学科。对它有多种分类方法,按照从党的二大至今的传统分类法,可以把胡志明思想分为:胡志明思想、胡志明道德、胡志明方法和胡志明风格。其中,胡志明思想涵盖胡志明的人文思想、经济思想、政治思想、军事思想和文化思想等。"② 基于这样的观点,越南学者从政治、党建、经济、文化教育、外交和军事等各个领域挖掘胡志明的论点,并结合历史背景和实践加以论述和发展,从而逐渐发展成为胡志明在各个领域的思想理论。双成认为:"胡志明思想、胡志明道德、胡志明方法和胡志明风格构成了胡志明思想体系,它是一个有机的整体,互为辩证关系。"越共理论家杨富协指出,胡志明曾经说过:孔子提倡修身,耶稣天主教提倡人道,马克思的辩证哲学思想以及孙中山的民生思想,这些思想都有"爱民"的成分,胡志明曾自称是这些人的学生。他认为,通过"爱民"这条线把几种思想流派汇集在一起,从而建立"属于人民、来自人民、为了人民"的越南社会主义。据此,有人提出:胡志明思想包含了以上各种思想成分,不过也有部分人对此持反对

---

① [越南]黎氏清霞:《解决好当前越南国家与市场间的关系》,越南《共产主义》杂志网站,2017年2月17日,http://www.tapchicongsan.org.vn/Home/Nghiencuu-Traodoi/2017/45935/Giai-quyet-moi-quan-he--giua-nha-nuoc-va-thi-truong-o.aspx。

② [越南]双成:《胡志明思想的概念和体系》,越南《共产主义》杂志,1993年第1期,转引自谭志词译文,《东南亚纵横》1995年第2期。

意见，批评这是一种"汇集理论"①。越共《共产主义》杂志主编、越南理论家左玉晋认为："胡志明从一个爱国主义者成为一个社会主义者，正是因为从马克思列宁主义那里得到感悟，把握了时代的精神和发展趋向，坚定地把民族独立和社会主义的目标相结合。可以明确的是，胡志明思想不仅仅是把马克思列宁主义创造性地运用于解决越南革命任务，而且还进一步发展了马克思列宁主义，他能够解决国家在新的历史时代条件下在实践中出现的新问题，是我们党和我们民族的无比宝贵的重大思想和理论成果。"②

越南共产党认为，胡志明思想源于马克思列宁主义，但并不局限于马克思列宁主义。越共十一大上通过的《越南社会主义过渡时期国家建设纲领》（2011年增补）指出，胡志明思想是关于越南革命的基本问题之全面而深刻的系统观点，是创造性地运用和发展马克思列宁主义于我国的具体条件的结果，它继承和发展了我国民族的优良传统价值，吸收了人类文明的精华；它是我们党和我国人民无比巨大而宝贵的精神财富，永远照亮我国人民争取革命事业胜利的道路。越共十二大报告并未对胡志明思想进行论述，但强调越南共产党长期把"学习和践行胡志明道德榜样"作为党风建设的主要内容。

目前，越南理论界继续丰富胡志明思想，预计今后有可能以胡志明思想为核心，构建一整套关于越南社会主义和越南社会主义道路的思想体系。

第二，越南社会主义过渡时期理论。

越南共产党认为，当前时代依然是1917年俄国十月革命开创的从资本主义向社会主义过渡的时代。越南共产党根据越南的具体情况和当今时代的特点，发展了马克思列宁主义关于从资本主义向社会主义过渡时期的理论，尤其是社会主义发展阶段理论，将当前越南的发展阶段定位于向社会主义过渡时期。

越南理论家遵循马克思的历史唯物主义，认为马克思阐述的五种社会经济形态是人类社会发展的一般规律，而每个民族可在时代和民族的

---

① 潘金娥：《越南共产党的政治革新》，《中共中央党校学报》2010年第4期。
② ［越南］左玉晋：《在越南向社会主义过渡时期坚持和创造性运用马列主义和胡志明思想》，http://www.baomoi.com/Kien-dinh-va-van-dung-sang-tao-chu-nghia-Mac-Lenin-tu-tuong-Ho-Chi-Minh--trong-thoi-ky-qua-do-len-chu--nghia-xa-hoi-o-nuoc-ta/122/5557436.epi。

历史条件下跳过某一种形态，越南跨越了奴隶制社会经济形态以及资本主义社会经济形态。① 越共认为，当前越南为跨越资本主义发展阶段向社会主义过渡时期。例如，越共九大将本国的发展阶段定位于"跨越资本主义制度向社会主义过渡时期"，即跨越了资本主义生产关系和上层建筑占支配地位的阶段，从半殖民地半封建社会不经过完全的资本主义制度占支配地位时期，就直接向社会主义制度跨越。

针对那些认为越南过早地进入社会主义道路的错误思想，原越共中央委员、越南社会科学院院长阮唯贵指出，要正确地认识马克思关于人类社会发展是一个循序渐进的自然历史过程的观点，它是指人类社会历史从总体上看，经过了原始共产主义社会、奴隶社会、封建社会和资本主义社会，目前正在从资本主义社会向共产主义社会的第一个阶段，即社会主义社会过渡，而非指每一个国家都需要经历这些发展阶段；根据社会发展动力不平衡规律，在特定历史条件下，有一些国家不经过某个发展阶段，如意大利和西班牙等国的封建主义直接就在奴隶制度中生长，而美国不经过封建主义社会阶段，越南则没有经历奴隶社会阶段，也可以跨越资本主义阶段而直接向社会主义过渡。因此，必须与那些攻击列宁学说、攻击越南走社会主义道路过早而妄图实行资本主义的思想坚决作斗争。②

越共十一大通过的《社会主义过渡时期国家建设纲领》（2011 年增补）再次明确指出："我国正向社会主义过渡……当前阶段的一个显著特点就是，不同的社会制度和不同发展水平的国家并存，既合作又斗争，为了国家利益和民族利益而进行剧烈的竞争。各国人民为了和平、民族独立、民主、发展和社会进步而斗争，尽管遇到了很多困难和挑战，但是将有新的发展。按照历史进化的规律，人类一定会到达社会主义。"③ 该纲领还明确了越南社会主义过渡时期的任务和方向，即经济上要发展多种所有制形式、多种经济成分、多种组织经营方式和多种分

---

① ［越南］武文福：《马列主义是否"外来且源于西方因而不符合越南"？》，越南《共产主义》杂志，2014 年 1 月第 855 期。

② ［越南］阮唯贵：《经济社会形态学说的永恒价值》，载范文德等主编《马克思主义哲学与时代》，第 333—337 页。

③ 越南共产党：《第十一次全国代表大会文件》，越南国家政治出版社 2011 年版，第 70—71 页。

配方式的社会主义定向的市场经济;文化上要建设先进而富有民族特色,全面发展,多样化而统一,富有人文、民主、进步精神的越南文化;政治上要建设和不断完善社会主义民主,保证民主能够在各级、各部门的现实生活中得以体现。[1] 越共十二大报告继续坚持越南处于向社会主义过渡时期的观点。然而,越共并未明确越南何时完成社会主义过渡时期,也未明确是否"社会主义过渡时期"结束就意味着进入马克思恩格斯所说的共产主义第一阶段,只提出到21世纪中叶把越南建成现代化方向的工业化国家。关于越南是否还应把当前发展阶段定位于向社会主义过渡时期,至今依然是理论界争论的一个问题。

《共产主义》杂志副总编范必胜认为,在跨越资本主义向社会主义过渡时期,在经济上,应该发展多种经济成分,调动资金、技术、管理等一切生产潜能,提高人民收入和生活水平。政治上,应该在独立自主的基础上保持政治稳定。其中,越南已经承认了在向社会主义过渡时期要发展社会主义定向的市场经济并取得了成功,但在国家、文化、社会等其他领域仍都未强调社会主义性质,如此造成了理论与实践的脱节,难以协调和落实。因此,他建议:越南在过渡时期应集中建设四大支柱:社会主义定向的市场经济、社会主义定向的法治国家、社会主义定向的先进文化、社会主义定向的民主社会。[2]

第三,对什么是社会主义和越南社会主义道路的认识。

什么是社会主义?这是越南长期以来探讨并将继续探讨的一个重大理论问题。一些学者认为,社会主义最重要、最本质的特征就是比资本主义具有更高的发展阶段、具有许多优越性的品质,例如更加富裕、更加公平、人民更加幸福。[3] 越南社会科学院副院长范文德指出,革新之前,胡志明在继承马克思主义观点的基础上,对社会主义的实质提出了一些简明的解释,例如,"社会主义是'不断发展的社会,物质越来越丰富,精神越来越好';'所有的人都吃饱、穿暖,生活幸福、自由';

---

[1] 越南共产党:《社会主义过渡时期国家建设纲领》(2011年增补),越南共产党电子报2011年3月4日。

[2] 范必胜、阮灵啸:《当前越南跨越资本主义制度向社会主义过渡》,越南真理国家政治出版社2017年版,http://www.tapchicongsan.org.vn/Home/Thong-tin-ly-luan/2017/46678/Qua-do-len-Chu-nghia-xa-hoi-bo-qua-che-do-tu.aspx。

[3] 黎友层:《关于社会主义的本质》,载李慎明主编《社会主义:理论与实践》,社会科学文献出版社2001年版,第55页。

'所有的人都能温饱、幸福和学习进步'；'每一个人、每一个民族都越来越温饱，我们的子孙越来越幸福'；'劳动人民摆脱了贫穷，从而使每个人都有了工作，享有温饱和幸福生活'；'社会主义就是如何使民富、国强'。"①

从越共六大、七大、九大、十大，越南共产党对于越南社会主义的认识越来越贴近现实。越共十一大最终将过渡时期的越南社会主义基本特征概括为八点："我们正在建设的社会主义社会是一个民富、国强、民主、公平、文明的社会；人民当家作主；建立了以现代生产力和与之相适应的先进生产关系的高度发达的经济体制；建立了浓郁民族特色的先进文化体制；人们生活温饱、自由、幸福，并具备了全面发展的条件；整个越南各民族平等、团结、互相尊重、互相帮助，共同发展；建立了在共产党领导下的属于人民、来自人民和为了人民的社会主义法治国家；与世界各国人民建立了友好合作关系。"②

另外，越共十一大报告还提出了建设越南社会主义的八个基本方向和需要处理好的八大关系。其中，八个基本方向是：（1）大力推进国家的工业化和现代化，使之与发展知识经济、保护资源和环境相结合；（2）发展社会主义定向的市场经济；（3）建设先进的、富于民族特色的文化，提高人口素质，提高人民生活水平，实现社会进步和公平；（4）保证国防牢固、国家安全以及社会秩序安定；（5）实行独立、自主、和平、友好、合作与发展的对外路线，主动而积极地融入国际；（6）建设社会主义民主，实行民族大团结，加强和扩大民族统一阵线；（7）建设属于人民、来自人民和为了人民的社会主义法治国家；（8）建设廉洁、坚强的党。在落实上述基本方向的过程中，必须特别注意把握和解决好"八大关系"，即：革新、稳定和发展之间的关系；经济革新和政治革新之间的关系；市场经济与社会主义定向之间的关系；生产力发展与建设和逐步完善社会主义生产关系之间的关系；经济增长与文化发展、实现社会进步与公平之间的关系；建设社会主义与保卫社会主义祖国之间的关系；独立、自主和融入国际之间的关系；党的

---

① ［越南］范文德：《越南社会主义革新的理论创新》，潘金娥译，《马克思主义研究》2011 年第 4 期。
② 越南共产党：《社会主义过渡时期国家建设纲领》（2011 年增补），越南共产党电子报 2011 年 3 月 4 日。

领导、国家管理和人民作主之间的关系。① 在此基础上,越共十二大又补充了一对新的关系,即"政府与市场"的关系。② 因此,我们可以把处理好上述九种关系视为目前越南对"怎样建设社会主义"这个问题的回答。

值得注意的是,越共十一大纲领概括的越南社会主义基本特征,删除了1991年纲领提出的"把人们从压迫、剥削和不公中解放出来,各尽所能,按劳分配"这半句话,以及"主要生产资料以公有制为基础"的表述。很明显,修改后的纲领更加淡化了传统社会主义特征所强调的"公有制""按劳分配"的基本特征,去掉"压迫""剥削"和"不公"等被认为不适合越南当前实际情况的表述,从而使"越南社会主义"更加脱离传统定义。

对于上述修改,越共内部也存在不同意见。越共中央总书记阮富仲和原越共中央党校校长、新任越共中央理论委员会副主席黎有义等理论家就认为,应该保留"主要生产资料以公有制为基础";但有人认为:上述改动是十一大取得的"突破性"胜利,这一改动将保证"从今往后,将再不会发生公有化运动,因为不仅党的纲领不允许,并且持这种观念的人会越来越多"③。十一大报告和纲领起草小组常务组长、原越共中央经济委员会常务副部长阮文邓在谈到十一大的创新点和重要内容时,也指出:"十一大关于建设和完善生产关系的重要主张和政策强调,在各种混合所有制形式中,要以股份制企业为主并鼓励它们发展,目的是使这种经营组织形式在国民经济中得到推广,进而推动生产经营和所有制的社会化。"④ 由此可见,越共关于社会主义所有制的观点,已经从实行生产资料的"公有制为主体"转变为"社会所有制",并逐渐提升了私人经济的地位,越共十大提出"私人经济是经济发展的动力"。越共十二届五中全会决议提出了要把私人经济发展成为社会主义定向的

---

① 越南共产党:《第十一次全国代表大会文件》,越南国家政治出版社2011年版,第70页。

② 潘金娥:《越共十二大提出革新发展"九大关系"》,《中国社会科学报》2016年3月31日。

③ 参见潘金娥《当前越南共产党面临的问题与挑战》,《当代世界与社会主义》2014年第6期。

④ 参见越共电子报访谈记录:"十一大文件中的重要内容和创新"的在线访谈,http://www.dangcongsan.vn/cpv/Modules/News/NewsDetail.aspx?co_id=30110&cn_id=453758。

市场经济中的重要动力的目标,要促进私人经济快速、持续增长。关于国有经济的主导作用的提法,越南不少理论家认为应该废除这一点,或者将其限制在一定范围内。《共产主义》杂志副总编贰黎认为,"主导作用"应该被理解为对市场的引领作用和克服市场的固有缺陷。如果说,强调国有经济的主导作用就是维持国有经济的垄断地位;那么,这就在无形中背离了市场的本质,是"一个致命的错误"[1]。

第四,对越南社会主义定向的市场经济体制的认识

越南经济体制革新的目标是建立社会主义定向的市场经济体制。所谓社会主义定向的市场经济体制,就是越南共产党领导下的按照社会主义方向发展的市场经济体制。

2001年,越共九大明确提出了"越南跨越资本主义制度,但可以接受和继承资本主义制度下的人类文明成果,包括一定程度上的资本主义生产关系和上层建筑,但不让其占有统治地位"的观点,并正式提出了"社会主义定向的市场经济"概念,即社会主义定向的、由国家管理的、按市场机制运行的商品经济就是社会主义定向的市场经济。

2006年,越共十大将建立社会主义定向的市场经济体制作为越南经济体制改革的目标。2008年3月,越共十届六中全会通过了关于经济体制改革的重要决议:《继续完善社会主义定向的市场经济的决议》。决议提出:市场经济是人类文明的成果,在资本主义社会得到高度发展,但它本身并不等同于资本主义……要把市场经济作为建设社会主义的手段;现代市场经济是建设社会职能的手段,是建设社会主义的本质和目标的手段。[2] 至此,越共对社会主义和市场经济之间的关系的认识发生了根本变化,充分肯定了市场经济的地位和作用。

2011年,越共十一大报告继续强调:继续完善社会主义定向的市场经济体制是推动经济结构重组、改变增长方式、稳定宏观经济的重要前提,是未来10年的"三个战略突破"之一。至越共十一大,越南对本国社会主义过渡时期的经济体制的理论认识更加丰富。在此基础上,

---

[1] [越南] 贰黎:《当今越南大力发展和不断完善社会主义定向的市场经济》,越南《共产主义》杂志网站,2017年4月19日,http://www.tapchicongsan.org.vn/Home/Nghiencuu-Traodoi/2017/44490/Phat-trien-manh-me-va-khong-ngung-hoan-thien-nen-kinh-te.aspx。

[2] 越共中央宣教部:《十届六中全会决议研究资料》,越南国家政治出版社2008年版,第68—69页。

2016年越共十二大对越南社会主义定向的市场经济给出了明确的定性。越共十二大政治报告提出："越南社会主义定向的市场经济是完全和同步按照市场经济规律运行的经济体制，同时保证社会主义的方向与国家的每个发展阶段相符合。它是现代的且融入国际的市场经济体制，在社会主义法治国家的管理下、由越南共产党领导，旨在实现'民富、国强、民主、公平、文明'的目标；具有与生产力发展水平相符合的进步的生产关系；它有多种所有制形式、多种经济成分，其中，国家经济占主导地位，私人经济是经济的重要动力；各种经济成分的主体是平等的，按照法律进行合作和竞争；市场在有效调配资源方面发挥主要作用，是解放生产力的主要动力；国家的资源要根据战略、规划和计划并按照市场机制进行分配。国家发挥定向、建设和完善经济体制的作用，创造平等、透明和良好的竞争环境；通过使用国家资源、各种手段和政策来定向调节经济，推动生产经营和环境保护；在发展的每一个过程和每一项政策中，都要落实社会进步和公平。在经济社会发展过程中发挥人民当家作主的作用。"[1] 以上表述已经明确概括了社会主义定向的市场经济的相关基本问题。其中，关于社会主义的定向性，体现在五个方面：社会主义法治国家的管理、越南共产党领导、在经济社会发展过程中发挥人民当家作主的作用、确定了适当的生产关系以推动生产力的快速发展、在发展的每一个过程和每一项政策中都要落实社会进步和公平等。[2]

第五，关于越南社会主义法治国家的理论观点。

越南的政治革新与经济革新同时启动于1986年越共六大。1994年越共中央七届四中会议上，会议文件第一次正式使用了"社会主义法治国家"概念，提出："继续建设并逐步完善社会主义法治国家，即属于人民、来自人民、为了人民，用法律来管理社会生活的各个方面的国家。"[3] 经过20年的摸索，在2006年越共十大上，越南把建设"社会

---

[1] 越南共产党：《第十二次全国代表大会文件》，越南国家政治出版社2016年版，第102—105页。

[2] 潘金娥：《越共十二大提出革新发展"九大关系"》，《中国社会科学报》2016年3月31日。

[3] ［越］冯友富、阮文邓、阮日通主编：《党的第十二次全国代表大会文件中的术语解读》，越南国家政治出版社2016年版，第228页。

主义法治国家"作为越南政治系统革新的目标和方向，表明越南致力于探索出本国政治革新的独特思路。在 2011 年通过的过渡时期增补纲领中，对越南国家的性质和内涵再次做了明确表述："我们国家是在党的领导下的属于人民、来自人民和为了人民的社会主义法治国家，国家所有权力属于人民，其基础是在越南共产党领导下的工人阶级、农民阶级联盟和知识分子队伍。国家权力是统一的，国家在行使立法、行政和司法权时，有分工、配合和监督。国家颁布法律，并通过法律来组织和管理社会，不断加强社会主义法治。"① 越共十二大报告援引了越南 2013 年新宪法的表述："越南社会主义国家是属于人民、来自人民、为了人民的社会主义法治国家"；报告强调，继续建设和完善在党的领导下的社会主义法治国家是政治系统革新的重心。②

所谓"社会主义法治国家"，简单地说就是"法律至上的社会主义国家"，旨在通过建立一整套完备的法律制度，把越南共产党对国家和社会的领导纳入法律框架内，实际做到"党通过宪法和法律来领导国家和社会"。越南理论家冯友富、阮文邓、阮曰通主编的《党的第十二次全国代表大会文件中的术语解读》一书指出："社会主义法治国家是一种社会主义国家模式，是在工人、农民和知识分子联盟基础上，在越南共产党的领导下建立起来的属于工人阶级和劳动人民的国家。在越南社会主义法治国家，每个人在法律面前一律平等。越南社会主义法治国家在逐渐形成过程中，具有以下特征：国家属于人民、来自人民和为了人民；国家所有权力属于人民，其基础是工人阶级与农民阶级和知识分子的联盟；社会主义法治国家承认法律的至高无上地位，法律支配国家和社会，国家不能在法律之上或者法律之外颁布法律；国家权力是统一的，国家在行使立法、行政和司法权时，有分工、配合和监督；越南社会主义法治国家具有工人阶级的本质，同时具有深刻的人民性和民族性；社会主义法治国家的经济基础是社会主义定向的市场经济体制、政治基础是社会主义民主政治、社会基础是民族大团结，并在越南共产党领导下。社会主义法治国家必须保证彻底的社会主义民主，而在经济生

---

① 越南共产党：《社会主义过渡时期国家建设纲领》（2011 年增补），越南共产党电子报 2011 年 3 月 4 日。
② 越南共产党：《第十二次全国代表大会文件》，越南国家政治出版社 2016 年版，第 175 页。

活中发挥社会主义民主具有决定意义。国会是人民最高的代表机构、是国家权力的最高代表机构,决定国家重大事项,并且是最高的监督机构,尤其是对国家资源的管理和使用进行监督。政府对国家的各项政治、经济、文化、社会、国防、安全和外交等事务进行统一管理。司法机关的中心是法院系统,要按照"独立地进行审判、会审、判决,并且只遵循于法律的原则活动;人民法院集体判决并且按多数来决定;当事人和被告的权利得到保障"[1]。范文德认为,法治国家应该被视为一个政治系统的环境和组织行使国家权力的方式,包括一个民主社会的要求、原则和组织运行等的体系。[2]

越南政治体制改革的目标是建立越南社会主义法治国家,这是越南共产党在民主与集中之间找到的一个新的契合点。建立越南社会主义法治国家的主要内容就是把越南共产党对国家和社会的权力用法律框架来加以约束,从而实现以"法治"代替"人治"。目前,关于社会主义法治国家的理论还不完善,尤其是如何处理党的领导和国家的管理方面,无论是理论还是实践中都还存在着问题,对此,越南学界至今也还在争论之中。[3]

除了上述几方面的理论观点之外,越南共产党还提出"建设富有浓郁越南民族特色的文化""建设团结共识的社会"等观点,在加强党的执政能力方面也形成了自己的理论观点,如防止党员干部的"自我演变"和"自我转化"等。

从总体上看,越南与马克思主义、社会主义有关的理论研究较为活跃,各种思潮和思想的斗争经常伴随着越共各次党的代表大会召开而显得异常激烈。由于意见分歧较大,至今为止,还未能够像中国一样形成一整套关于本国社会主义建设的系统的理论体系。当然,越南理论家也在不断地努力。估计今后,越南共产党将以胡志明思想为核心,加上时代因素和越南民族特色,形成一套越南共产党在将马克思列宁主义运用于越南实践中总结得出的关于社会主义和越南社会主义道路的比较系统

---

[1] [越南]冯友富、阮文邓、阮曰通主编:《党的第十二次全国代表大会文件中的术语解读》,越南国家政治出版社2016年版,第229—231页。

[2] [越南]范文德:《革新30年来越南共产党对社会主义法治国家的认识》,潘金娥、周增亮编译,《党政研究》2018年第1期。

[3] 潘金娥:《越南政治权力结构特征探析》,《当代世界与社会主义》2017年第6期。

的理论体系。

四　当前越南马克思主义面临的挑战

越南共产党在总结成就与问题时坦言，越共的理论创新明显滞后于实践发展需要。在越共十二大上，越共中央总书记阮富仲强调要加强对实践的总结和研究工作，为党和国家的决策提供理论指导和科学依据。马克思主义政党尤其要注重理论武装，由于越共的理论创新未能跟上实践发展需要，从而给越南共产党的执政地位和今后的发展方向带来了不确定性。

越南共产党多次在党的代表大会上指出理论研究和创新的不足。例如，越共十一大指出，"理论研究及实践总结工作未能阐明有关执政党、有关社会主义及我国走向社会主义道路的若干问题"[1]。而其中原因概括起来，主要体现在以下几个方面。[2]

第一，党员干部对越南社会主义改革的方向认识不统一。

经过近30多年的探索，关于"什么是社会主义""越南走向社会主义的道路"等问题，至今依然是越南需要阐述的重大理论课题。越共每次代表大会的政治报告都对越南社会主义的特征做出新的阐述，但人们对此问题的认识并非越来越清晰，而是相反。越南今后是否能够坚持社会主义发展方向？是否应该坚持社会主义发展方向？尽管越南共产党的文件已经对这两个问题做出了肯定回答，但党员干部对此问题的看法并不完全一致。在对越南进行考察的过程中，发现越南理论界有几种倾向：不少理论家认为越南应该学习欧洲民主社会主义发展模式，认为瑞典模式值得借鉴；另一些人则明确反对，认为民主社会主义的实质是资本主义，在越南没有前途；一些人批评越共思想保守，"害怕方向问题甚于害怕落后"；有人则明确批评越南"选错了道路"，认为越南不应该跨越资本主义发展阶段，因而需要回过头去重新选择资本主义发展道路。在2013年越南修改宪法和越共十二大前3年，越南理论界再次出现了"选择道路"问题的争论，而这些争论，往往引向否定越南现

---

[1]　越南共产党：《第十一次全国代表大会文件》，越南国家政治出版社2011年版，第172页。

[2]　参见潘金娥《当前越南共产党面临的问题与挑战》，《当代世界与社会主义》2014年第6期。

行政治制度。

第二，对社会主义革新实践中出现的一些新问题认识混乱。

1. 对越南社会主义法治国家的认识还不清晰。尽管越南共产党文件中已经把建设"属于人民、来自人民和为了人民的越南社会主义法治国家"确定为越南政治系统改革的目标，但实际上学界还存在着不同看法。有人认为，"法治国家"专指资本主义的国家体制，不能与社会主义结合在一起；有人则认为这是一个中性词，在不同制度下决定其具有不同性质。

关于越南国家名称，有人主张用"越南法治国家"；也有人主张用"越南社会主义法治国家"，但把"属于人民、来自人民和为了人民"的定语去掉；还有人提出，越南的法治国家是否应该和西方资本主义国家一样实行三权分立等。这些问题，目前理论界的意见并不一致，因而对政治系统改革的认识并不清晰。对于如何处理党和政府的关系、集中和民主的关系等，依旧在摸索之中。从总体上看，越南主张改革党的领导方式，即强调通过党对国家和社会领导方式的改革，把越南从"人治"社会变成"法治"国家。然而，过去几年的实践表明，越南的党政关系出现了较为混乱的局面，出现了越南共产党的地位、威信和掌控能力明显下降等问题。越南共产党意识到了问题的严重性，越共十二大报告尤其强调提高党的执政能力，并从十二大以后加强了党的领导。

2. 对社会主义定向的市场经济理论认识不足，实践驾驭能力有限。越共十一大把越南社会主义特征中"以生产资料公有制为主体"这一重要特征放弃，而提出"社会所有制"才是社会主义应有之义。然而，究竟怎样才能实现"社会所有制"？私有制是否也属于"社会所有制"？越南的理论家却未能给出答案。在经济体制改革的实现路径方面，越南把推进国有经济的股份化改革作为重要内容，然而实践表明，越南国有企业改革效果并不理想。目前，越南国有企业占比大约为30%，且大多数亏损严重。为此，社会上对国有企业实行私有化的呼声越来越高，两届政府总理都表示要加快推进国有企业改革并进行股份化改革，但困难重重。越共十二大后，新一届政府继续按照建立和完善社会主义定向的市场经济体制目标，大力改变经济增长方式和调整经济结构，加快对国有经济改革，提出只要能够按照市场原则经营的企业，不管是盈利还是亏损，都要进行股份化改革，目标是国有企业比例要下降到大约

10%左右。与此同时，鼓励企业按照现代企业管理模式进行改革，尤其是按照符合跨太平洋伙伴关系协议（TPP）的规则导向进行改革。然而，在美国退出 TPP 的影响下，越南国有企业私有化进程也受到了影响。2017 年下半年以来，越共高举反腐大旗，对以原越共中央政治局委员丁罗升为代表的官员和大批国有企业官员进行了惩处，国有企业的管理队伍和管理方式必将需要更多的时间来重新调整，目前前景并不明确。

第三，在积极融入国际的革新路线下没有解决如何保证越南共产党的执政安全问题。

越共十大以来，越南共产党不断地加深融入国际，把注重意识形态和周边国家的外交优先方向调整为全方位、多变化的外交路线，提出"积极主动地融入国际"，并成为本地区和国际舞台上发挥重要影响力的成员。从实践效果来看，尽管越南过去十多年的外交为其获得了较大的活动空间，推动美越关系提升的同时，与日本、印度和欧洲等西方国家的关系也不断密切，但这种淡化意识形态的外交战略，为国外敌对势力对越南的"和平演变"以及原南越政权流亡西方的反共势力对越南进行渗透提供了方便。过去几年的实践表明，越共政权的稳定受到前所未有的冲击。对于在全面开放条件下如何稳定领导权和执政党地位，越共实际上并不十分有把握。越共十二大继续坚持"全面积极地融入国际"作为今后深化改革的方向。因此，权衡好国家政权掌控的度，巧妙地把握好革新中权力的"收"与"放"的关系，将是越南共产党需要认真研究的课题。目前，越共把加强党员干部政治思想教育与反对贪污腐败、防止党员干部的"自我演变"和"自我转化"作为越共十一大以来党的思想建设和干部队伍建设的重要内容，这也是越南共产党试图保证执政安全的措施之一。

五　21 世纪越南马克思主义发展前景

根据越共十二大报告制定的越南到 2030 年和本世纪中叶的发展方向和目标，即越南将继续坚持共产党的领导，逐渐向社会主义过渡并实现国家的工业化和现代化，我们估计，到 21 世纪中叶，越南将继续坚持马克思主义作为指导思想，通过总结越南的实践经验，对马克思主义做出新的阐释并发展形成关于越南社会主义的较为系统的理论体系。在这样的大背景和大前提下，今后越南马克思主义研究将呈现活跃趋势。

（1）越南共产党将会进一步加强越共中央理论委员会、越共中央党校、越南社会科学院和其他科研机构对马克思主义的研究工作，通过设立一系列研究课题，激发理论研究的积极性，丰富和发展越南学界关于马克思主义理论的研究成果。

（2）积极向中国学习如何推进马克思主义理论研究工作。从过去的经验来看，越南对马克思主义中国化的理论成果颇为赞叹。尤其是十八大以来以习近平同志为核心的党中央在马克思主义中国化和中国特色社会主义建设方面有很多新的创举，越南共产党领导人以及学者越来越关注中国，并派出代表团前来"取经"。中共十九大以来，中国特色社会主义发展道路和习近平新时代中国特色社会主义思想在越南乃至世界各地引起了强烈反响，越南从各个途径学习和借鉴中国的经验。例如，在2017年11月，习近平同志访问越南前夕，越南国家政治出版社翻译出版了中国社科院原副院长李慎明主编的《居安思危——苏共亡党20年的思考》一书。该书越文译者阮荣光还负责翻译了《习近平谈治国理政》越文版，他经常应邀到越共中央党校以及各省干部培训班、越南人民军队干部培训班讲授中国共产党治党治国经验，并在越南国家电视台阐释中国特色社会主义道路问题。在听了阮荣光的讲授内容之后，越共党的干部学员们反响很强烈。越南将会继续坚持"创造性地把马克思主义与越南的具体实践相结合"之路，提出具有越南特色的马克思主义理论观点。

（3）在思想理论路线领域，围绕着越南社会主义和马克思主义的斗争还将继续。过去十多年来，越南推行政治和社会民主化进程以及积极地融入国际的外交战略，使得新自由主义、历史虚无主义等各种社会思潮在越南泛滥，在党内形成了一定的势力。因此，预计在阮富仲作为总书记期间，思想理论战线领域里的斗争仍然比较激烈，而且有时会以反腐败斗争方式表现出来。在2021年越共十三大之前，预计思想理论界仍有较为强烈的斗争。

（4）越南马克思主义研究和社会主义道路将会继续受到中越关系、美越关系乃至国际格局变动的影响。历史经验表明，越南作为社会主义阵营中的一个成员，其发展道路与原苏联、俄罗斯、中国有着密切的关系。目前，俄罗斯已经放弃了社会主义道路，越南共产党的外部支撑主要源于中国。因此，中越关系尤其是中越两党关系的好坏，对越南共产党的执政安全来说至关重要。而美国以及在美国和西方侨居的海外南越反共势力，对越共的执政安全构成了严重威胁。因此，如何处理中越关系和美越关系，关系到越南共产党的生死存亡。可以肯定的是，一旦越共放弃政权，越南马克思主义研究将立刻被视为异端。

从理论观点上看，21世纪以来，越南对于马克思主义的态度，已经从强调把握好马克思主义变为强调马克思主义运用要符合于越南的实际。越共十二大文件则放弃了此前一直强调的"国际共产主义"，而是更加强调要着眼于越南国家利益和现实需要。

综上所述，越南社会主义革新30多年来，克服了改革过程中出现的种种问题，坚持了以马克思列宁主义和胡志明思想作为指导思想，坚持了越南走向社会主义的道路，使越南马克思主义研究和社会主义建设取得了重大成就，例如，越南马克思主义发展路径、越南社会主义过渡理论、越南社会主义道路、越南社会主义革新，以及越南社会主义法治国家建设等方面。然而，自越共十大以来，随着政治革新的推进和外交路线的调整，越南社会主义革新受到内外种种因素的影响越来越大，越南共产党面临的问题和挑战空前严峻。尽管越南共产党继续强调要创造性地运用和发展马克思主义，坚持走社会主义道路，但对于什么是社会主义、越南社会主义道路究竟如何走，以及是否需要坚持共产党的领导地位等重要问题认识比较模糊。究竟怎样才能既坚持马克思主义，同时又结合本国实际和时代特征丰富和发展马克思主义？这对于越南或其他社会主义国家来说，都依然是一个需要不断探索的课题。

第二节　老挝

1893年，湄公河东岸地区（今老挝主体部分）在经历了暹罗（今泰国）和越南100多年的统治之后，又落入了法国殖民统治者手中（后来又遭到日本、美国的侵略）。20世纪上半叶，老挝人民举行了多次反抗法国殖民统治的起义，1945年宣布独立。隔年法国再度入侵，直到1953年老挝王国才正式独立。老挝人民党（人民革命党）在领导老挝的民族民主革命、社会主义革命和建设过程中，力图使马克思列宁主义老挝化。① 目前，老挝是世界上仅存的五个马克思主义政党执政的国家之一。老挝人民革命党是老挝唯一的政党，马克思主义在老挝的传播与发展伴随着老挝人民革命党的发展而不断丰富和深化，这体现了马克思主义与老挝本土实际的良好结合，也彰显出马克思主义强大的生命力。下面，我们将主要讨论老挝民族民主革命时期、社会主义改造与调整时期、全面革新时期老挝马克思主义的发展状况。

一 民族民主革命时期的马克思主义

成立老挝人民民主共和国前，老挝共产主义组织经过了由印度支那共产党老挝地区支部到老挝人民党（1972年改称为老挝人民革命党）的发展，召开了两次党代会，确立了马克思主义在老挝的指导地位。

第一，作为老挝人民党前身的印度支那共产党老挝地区支部。

19世纪中期，越南、老挝先后沦为法国的殖民地，与柬埔寨三国组成法属印度支那。越南是法属印度支那的中心，越南早期的共产主义者如胡志明等人在20世纪20年代曾留学法国，接受了马克思主义，对老挝共产主义活动影响很大。"1928年，在胡志明同志革命活动的影响和指导下，一些有共产主义思想倾向的老挝青年成立了'共同革命理想青年协会'，其他进步群众团体如工会、红十字小组、'巴沙密'协会，也在万象、他曲、丰督、波宁、沙湾拿吉、巴色等地建立。"② 1930年2月3日，胡志明以共产国际代表的身份在中国香港（九龙）召集会议，将在越南前期成立的"印度支那共产党""安南共产党"和"印度支那共产主义联盟"3个共产主义组织合并成为"越南共产党"。随后，老挝各地的革命组织，纷纷转为该党的小组。1930年10月，越南共产党改名为印度支那共产党，"作为无产阶级先锋队和一切被压迫群众的引路人的共产党，它领导的革命就不能只是为了越南、柬埔寨或老挝一个国家。既然革命的敌人有一支遍布整个印度支那的集中的统一的力量，那么，共产党也只有把印度支那无产阶级的力量集合到印度支那无产阶级领导的统一的战斗行列中来，才能抗击敌人。因此，越南共产党必须改名为印度支那共产党……事实上，在1930年到1931年的整个革

---

① 上述内容由本书主编撰写，特此说明。
② 蔡文枞编译：《老挝人民革命党简史》，《东南亚研究》1991年第1期。

命高潮中，印度支那共产党还没有在老挝和柬埔寨建立支部"①。尽管没有成立老挝人民革命党支部，但老挝的基层党小组组织、领导了老挝各地人民的罢工斗争，并在"援助印度支那局"的直接帮助下，开办了数批党的干部和群众组织骨干培训班，学习形势与任务、党的建设与群团建设工作，以及领导斗争方式等内容。

1935年3月，印度支那共产党第一次代表大会在中国（澳门）召开，老挝发动群众的工作得到了大会肯定，老挝选出的两位代表进入13名中央执委。第二年，印度支那共产党老挝地区支部成立，开始领导群众运动，建立地下据点，组织军事训练，建立革命武装。1945年，老挝地区支部在"打倒法国，驱除日本"的口号下，发动老挝人民举行夺权起义，争取独立，一度成立临时政府。1946年，法国重返老挝后，老挝地区支部提出了"全民、全面、长期抗战"的路线，宣传、教育和动员群众进入革命组织，建立和发展革命武装力量。1950年8月，在越南（公强）成立了老挝抗法统一战线，把"拉萨翁""塞塔提腊""发翁"等游击队武装力量联合起来，组成了"老挝自由阵线部队"；通过了12点政治纲领，包括建设武装力量、政治力量、革命政权和根据地等。1951年2月，印度支那共产党第二次代表大会在越南（登光）召开，会议指出："由于印度支那和世界局势的新条件，在越南要成立政治纲领和纪律符合越南国情的革命政党，在老挝和柬埔寨也要成立发挥各自国情的革命政党。"② 会后，印度支那共产党的老挝人民革命党员成立了"老挝人民集团"，继续领导本国人民的革命斗争，并进行建立本国政党的筹备工作。

第二，作为马克思主义政党的老挝人民党。

1954年7月21日，法国在《日内瓦协议》上签字，承认印度支那三国的主权、独立、统一和领土完整，历时半个多世纪的法国殖民统治在老挝宣告结束；但美国拒绝在《日内瓦协议》上签字，并开始干涉和侵略老挝，成为老挝人民的直接敌人。面对这一新形势，原属印度支那共产党的老挝共产党人，于1955年3月22日至4月6日在虎潘省召

---

① ［越南］陈辉燎：《越南人民抗法八十年史》（第2卷），北京大学东语系越南语专业译，生活·读书·新知三联书店1974年版，第47—48页。

② 蔡文枞编译：《老挝人民革命党简史》，《东南亚研究》1991年第1期。

开第一次全国代表大会，出席大会的 20 名代表，代表了全国近 400 名党员。大会通过了凯山．丰威汉（以下简称凯山）所作的建党报告，将党的名称定为"老挝人民党"，通过了党的章程和各项任务，选举 5 人组成的中央指导委员会。

（1）老挝人民党的历史背景。老挝人民党是在以农业人口为主的落后国家建立起来的党，是继承印度支那共产党事业的党，是继承祖先为国牺牲的英勇传统的党。

（2）老挝人民党的阶级基础。老挝人民党是马列主义的政党，是代表工人阶级和劳动人民利益的党，是坚决维护全国各民族各阶层正当权益的党，是以"为国家服务，为人民服务"作为行动指南的党。

（3）老挝人民党的总任务与当前任务。总任务是团结、领导全民完成民族解放事业，把老挝建成一个和平、独立、民主、统一和繁荣的国家；当前紧迫的战略任务是：建设党，建设革命武装，培育群众力量，改善人民生活。

（4）建立工农联盟基础上的民族统一战线。当时的主要敌人是破坏停火协议的美帝国主义、法国殖民者及其走狗；依靠作为革命主力的工农群众，动员知识分子为革命服务，争取社会贤达、僧人、各族头人，要求王国政府与巴特寮真诚合作，共同执行日内瓦协议和停火协议，维护和平，进行自由普选，统一祖国。

老挝人民党成立后，党员队伍由成立时不到 400 人迅速扩大至 1957 年底的 4500 人；党组织发展到 12 个省中的 58 个县，建立了 578 个支部；武装力量中党员比例达到了 11%。[1] 但在革命彻底胜利前，老挝人民党处于"地下"状态，即使在"解放区"也没有以党的名义进行公开活动，而是以"老挝爱国战线"的名义进行活动。

第三，老挝爱国战线开启了老挝独立与民主发展之路。

1956 年 1 月，老挝民族统一战线大会在桑怒省召开，宣布成立老挝爱国战线。老挝爱国战线向国民和世界宣布了自己的政治目标：为建设一个和平、独立、中立、民主、统一和繁荣的老挝而奋斗。这次大会通过了老挝爱国战线 12 条纲领。"老挝爱国战线 12 条纲领，是过去'老挝革命 12 大政策'的进一步发展和具体化。以此为背景，老挝爱国

---

[1] 蔡文枞编译：《老挝人民革命党简史》，《东南亚研究》1991 年第 1 期。

战线把老挝引导到独立与民主的发展轨道之上"①。

1968年10月31日,老挝爱国战线特别大会一致通过《老挝爱国政治纲领》。这个《政治纲领》是在前两次提出的救国和建国的政治路线基础上,根据目前发展形势提出来的:"老挝全国人民团结一致,坚决进行抗美救国战斗,建设一个和平、独立、中立、民主、统一和繁荣的老挝"②。此外,还提出了实现上述政治目标的12条政策,即:(1)广泛地团结社会各阶层、各民族、各宗教以及爱国、爱和平的各党派、各种组织、各种力量和个人;(2)实现各民族之间的各方面的平等和团结互助;(3)尊重、保护佛教,团结各宗教力量;(4)保障充分实现人民的自由、民主权利;(5)实现男女平等,发挥妇女在抗美救国和建设祖国事业中的一切能力和作用;(6)建立保障国家主权、为人民利益服务的民主、民族联合政权;(7)建立真正爱国爱民、保卫祖国的武装力量;(8)建立和发展民族自主的经济财政;(9)发展文化、教育和医疗事业;(10)关心人民的生活,实现公平和社会进步;(11)保护老挝侨民、外国侨民的正当权益;(12)实行和平、独立、中立的对外政策。"上述的政治目标和12条政策是完全符合我国各民族各阶层人民的愿望、保障我们祖国和人民的共同利益的……沿着和平、独立、中立、民主、统一和繁荣的道路建设祖国"③。

第四,老挝民族民主革命胜利,为不经过资本主义阶段进入社会主义准备必要条件。

1968年底,老挝解放区自北至南连成一片,约占全国领土的三分之二,全国一半以上的人口获得解放。1971—1972年,老挝军民粉碎了美国发动的"岚山719战役"和"黑狮战役",完全收复了查尔平原,为老挝抗美战争结束和内部和平谈判奠定了基础。老挝人民党于1972年2月3日在虎潘省召开第二次党代会,出席代表125人,代表2万多名党员;为"与党的阶级性和先进性相称",把党的名称改为"老挝人民革命党";大会听取并通过了凯山所作的政治报告,确立了新的

---

① 申旭:《老挝史》,云南人民出版社2011年版,第220页。
② 老挝爱国战线出版社编:《老挝爱国战线政治纲领》,老挝爱国战线出版社1969年版,第18页。
③ 老挝爱国战线出版社编:《老挝爱国战线政治纲领》,老挝爱国战线出版社1969年版,第17页。

政治纲领。

（1）在党的建设方面，以马列主义，真正爱国主义与无产阶级国际主义作为党的思想基础和一切行动指南，实行民主集中制原则，制定严格的党纪党规，把批评与自我批评作为党的发展原则。

（2）当前老挝社会的两大基本矛盾。老挝全民族与美帝国主义侵略者之间的矛盾；各族人民特别是各族劳动人民与买办官僚、军阀、资本家、封建主之间的矛盾。这两种矛盾相互关联、相互影响，必须一起解决，而当前则必须集中力量解决第一个矛盾。

（3）当前老挝社会的基本任务。团结各族人民，打倒帝国主义侵略者，打倒买办官僚、军阀、资本家集团和封建阶级，在全国完成民族民主革命。为不经过资本主义发展阶段进入社会主义准备一切必要条件，将老挝建成一个和平、独立、民主、统一和繁荣的国家。

（4）当前老挝社会的主要任务和政治目标。高举民族民主革命旗帜，增强全民族团结，团结一切革命力量和爱国力量，与越南、柬埔寨人民紧密团结，经济建设，发展各方面的革命力量，推动捍卫、巩固和扩大解放区的斗争，加强推进敌占区人民的斗争运动。[1]

1975年12月1—2日，老挝爱国战线出面在万象召开全国人民代表大会，接受国王的退位书以及临时民族联合政府和民族政治联合委员会的自行解散书，宣布废除君主制，成立老挝人民民主共和国，成立最高人民议会和共和国政府；老挝人民革命党成为老挝的执政党，进行公开活动。从此，老挝走上了社会主义发展道路，马克思主义在老挝的发展也进入了新阶段。

二 社会主义改造与调整时期的马克思主义

第一，老挝人民革命党对老挝所处社会发展阶段和社会性质的认识变化。

在1972年2月召开的党的二大上，老挝人民革命党最早提出要在民族民主革命胜利后走社会主义道路。当时提出：当前老挝革命的基本任务是继续将抗美救国斗争进行到底，同时还要为老挝不经过资本主义发展阶段直接进入社会主义准备一切必要条件。1975年10月，老挝人

---

[1] 蔡文枞编译：《老挝人民革命党简史》，《东南亚研究》1991年第1期。

民革命党召开了抗美救国斗争取得胜利后的第一次中央全会，即二届三中全会，这次会议宣布，"老挝已经完成了民族民主革命，并开始不经过资本主义发展阶段而直接进入社会主义阶段"①，今后的主要任务是进行社会主义改造和社会主义建设。

1982年4月召开的党的三大上，凯山进一步提出："不经过资本主义发展阶段直接进入社会主义，这是我国革命的必经之路……这是我国革命向前发展的规律，也是符合当代民族独立和社会主义运动的必然规律和发展趋势的。""我们是在严重的自给自足的小农经济基础上进入社会主义的，这可以说是一条世界上还没有先例的崭新道路，因此，我们必须要经过长期、复杂、艰巨的里程，必然要经历一系列逐步过渡的阶段。"②

1986年11月召开的党的四大上，凯山多次引用列宁的观点对"不经过资本主义发展阶段直接进入社会主义"这一特点进行了充分论述：（1）对这一特点在社会主义建设的整个过程已经、正在和将要在各个领域产生的影响要有充分的认识，认识到其困难性、复杂性和长期性。"如果与各社会主义兄弟国家相比较，我国的过渡时期需要的时间一定会更长，困难会更大，更负责。列宁曾指出：'由于历史进程的曲折而不得不开始社会主义革命的那个国家愈落后，它由旧的资本主义关系过渡到社会主义关系就愈困难。'"③（2）对这一特点的变化要作经常的分析。凯山说，要像列宁曾经指出的那样，用辩证唯物主义的观点、全面的观点，对具体问题具体分析。因此，要经常地调查研究我国正处于进入社会主义的漫长道路上的哪个阶段，并且在每次制定经济、社会计划时都要确切分析和估计经济、社会、政治、文化、思想等各方面的状况。（3）对这一特点要作更进一步的灵活分析。"我国过渡时期的复杂性和长期性敦促我们必须把过渡时期分成若干阶段，并为每个阶段制定出与之相适应的方针和任务。列宁曾说过：'在这整个时期（过渡时

---

① 王晓平、刘务勇：《当代国外社会主义理论与实践研究》，甘肃人民出版社2004年版，第87页。

② 吴彬康等主编：《八十年代世界共产党代表大会重要文件选编》，中国广播电视出版社1989年版，第274页。

③ 吴彬康等主编：《八十年代世界共产党代表大会重要文件选编》，中国广播电视出版社1989年版，第302页。

期）内，我们的政策是把它分成若干个更小的过渡步骤，而我们要完成任务所遇到的一切困难，制定政策方面所遇到的一切困难以及政策的一切高明之处，就在于考虑到每个过渡步骤的特殊任务。'我们的复杂性和灵活性不仅在于为整个过渡时期制定方针和任务，而且还要为从现在到 2000 年和第二个五年计划制定具体的方向和任务。"①（4）借用列宁所说的：不发达国家如果不经过资本主义发展阶段而进入社会主义的话，无论如何一定要有各社会主义兄弟国家的援助。

1989 年 1 月，老挝人民革命党召开四届七中全会，凯山重新分析了本国国情，认为老挝农民占全国人口的 90%，农林产品占国内生产总值的 60% 以上，生产力水平和国民经济的起点很低，迄今为止仍是世界上最不发达的国家之一。目前，老挝尚不具备建设社会主义的物质基础，还处在建设和发展人民民主制度、为逐步进入社会主义创造必要条件的历史阶段。1991 年 3 月党的五大和 1996 年 3 月党的六大都重申了党的四届七中全会关于老挝社会性质的表述，老挝处在继续建设和发展人民民主制度、为逐步走上社会主义创造基本因素的阶段，即朝着社会主义的方向建设人民民主制度阶段。"五大"后颁布的老挝第一部宪法规定："老挝人民民主共和国是人民民主国家"；并把建国后长期使用的政治口号"将老挝建设成为和平、独立、民主、统一和社会主义的国家"中的"社会主义"改为"繁荣昌盛"；把国徽图案中的五角星、镰刀、斧子改为老挝民族的象征——塔銮佛塔。

第二，老挝人民革命党对社会主义改造经验教训的总结。

从 1975 年 10 月党的二届三中全会开始，老挝便进入了社会主义改造时期。这个时期，老挝人民革命党犯了急躁冒进的错误，不顾本国国情，照搬苏联模式，着重变革生产关系，急于实现国有化、农业合作化，以彻底改造和消灭资产阶级，解决社会主义和资本主义两条道路谁胜谁负的问题。1977 年 2 月，在老挝最高人民议会和部长会议上，强调要进行生产关系的革命，改造旧的生产关系，建立社会主义的生产关系，即要"消除买办资本家经济和封建地主经济，改造个体经济，建立和发展国有经济和集体经济"，"以农业合作的形式，逐步将分散的、

---

① 吴彬康等主编：《八十年代世界共产党代表大会重要文件选编》，中国广播电视出版社 1989 年版，第 302—303 页。

落后的小农业转为社会主义大生产"①。

从1976年开始,对私营工商业进行社会主义改造,把王国政府控制的私营工厂企业实行国有化或公私合营;对私营商业则推行"限制、利用、改造"政策,禁止私商收购、贩运和销售农副产品和其他商品,禁止私人商号进口和出口商品;禁止农民到市场上出售粮食和其他农产品;私商的经营活动和经营范围受到严格限制。1977年,老挝人民革命党中央委员会通过4号决议,强调要使农民逐步走上集体化生产和社会主义道路。1978年,老挝部长会议通过了《在全国开展农业合作化运动的决议》。凯山强调"农业合作化运动必须在1980年基本完成(即有70%—80%的农民入社)"②。本来原计划分四步走进行合作化改造,由于要限期完成,结果各地采取了强迫或变相强迫的方式让农民入社。这种过"左"的政策,脱离了老挝实际,造成了经济停滞,生产下降。

1979年11月,老挝人民革命党召开二届七中全会,对经济工作中的失误进行了反思。同年12月,凯山明确指出:在存在着私营经济的过渡时期,任何政党,如果禁止人民交换商品、从事贸易,都是不合适的,实际上是愚蠢的。一个政党如果实行这种政策就等于自杀。老挝的私营经济,对生产和生活仍然是有用的,因此,我们必须继续利用它。后来凯山在总结这段经验教训时又说:我们主要的缺点是急于铲除非社会主义经济。在条件尚不具备的情况下,搞工业国有化、农业合作化。原因在于"对老挝国情的估计不符合实际,犯了急躁冒进,超越阶段,取消非社会主义经济成分的错误"。这些错误归结为两点:"一是照抄外国模式,二是没有独立自主"③。

第三,马克思主义老挝化的发端

老挝人民革命党的三大,是在老挝人民革命党已经公开活动的情况下召开的。在这次会议上,凯山宣布:老挝人民革命党"是一个真正的马列主义政党,真正的工人阶级的新型政党"④。(1)老挝人民革命党

---

① 王晓平、刘务勇:《当代国外社会主义理论与实践研究》,甘肃人民出版社2004年版,第87页。
② 俎洪生:《老挝农业合作化的挫折及其教训》,《东南亚纵横》1998年第4期。
③ 肖枫主编:《社会主义向何处去:冷战后世界社会主义运动大扫描》,当代世界出版社1999年版,第465页。
④ 吴彬康等主编:《八十年代世界共产党代表大会重要文件选编》,中国广播电视出版社1989年版,第280页。

自诞生之日起，作为印度支那共产党的一个支部，就领导老挝各族人民为反抗帝国主义和反动派的统治与侵略，进行了长期艰苦卓绝、激烈尖锐的斗争，直至完成民族民主革命，进而领导新时期社会主义建设。在这场斗争实践中，把大部分来自农民家庭环境的党员，从开始只具有"民主觉悟"锤炼成为具有"阶级觉悟"的革命者，成为无产阶级先锋队成员。（2）老挝人民革命党始终忠于马列主义，忠于工人阶级、劳动人民和国家的利益，把马列主义作为自己的思想基础和一切行动指南。自建党以来，老挝人民革命党始终严格遵循列宁主义的建党原则，把在政治上、思想上和组织上提高党的建设工作的质量、增强党的战斗力和领导能力作为与党和各族人民的革命事业的成败息息相关的决定性任务。老挝人民革命党始终重视马列主义的宣传教育，使马列主义逐步在各族人民的政治生活和精神生活中占主导地位。（3）老挝人民革命党始终把马列主义与老挝实际结合起来，制定党的路线、方针和政策。凯山在党的四大政治报告中说，整个政治报告的指导思想是：努力把马列主义理论紧密地同我国的社会主义建设实践相结合，科学性与革命性相结合，思想性与理论性相结合，概括与具体相结合。"党的路线不是从书本上抄下来的，而是要下功夫花力气，在掌握我国国情、民情和社会历史等实际情况和基本特点后，经过研究、探索和思考制定出来的。只有这样，我们党才能正确地和创造性地运用马列主义的基本原理和兄弟国家的经验制定出路线，才不至于陷入教条主义。"[1] 因此，要研究老挝的紧迫问题，研究老挝的历史和民族特点，研究老挝社会主义建设中产生的矛盾和主要规律，只有这样，才能丰富马列主义思想宝库。新的经济观念就是密切联系实际，敢于承认事实，符合客观规律，符合我国各个发展时期特点的马列主义唯物辩证法。"一个执政党的力量，不是源于它可以不顾客观规律地发号施令而是源于正确地认识和创造性运用这些规律。路线的正确性、计划的准确性、各项政策的灵活性及各党组织的创造能力，在很大程度上取决于正确地认识和运用客观规律。"[2]

---

[1] 吴彬康等主编：《八十年代世界共产党代表大会重要文件选编》，中国广播电视出版社1989年版，第322、296页。

[2] 吴彬康等主编：《八十年代世界共产党代表大会重要文件选编》，中国广播电视出版社1989年版，第297页。

三 全面革新时期的马克思主义

第一，继续推进马克思主义老挝化进程，将凯山思想与马克思列宁主义并列作为老挝人民革命党的指导思想。

20世纪80年代末90年代初，苏东剧变给老挝带来了巨大冲击，但老挝人民革命党态度鲜明、立场坚定，顶住了内外压力。过去，老挝一直以苏联为楷模，提倡向苏联学习；现在，革命与和平的靠山已不复存在，世界两种力量对比发生了变化，日益不利于坚持马列主义、坚持社会主义目标的国家。1989年10月，老挝人民革命党的四届八中全会明确提出要坚持"六项原则"，即："坚持社会主义；坚持马列主义是党的思想基础；党的领导是一切胜利的决定因素；坚持在集中原则基础上发扬民主；增强人民民主专政的力量和效力；坚持真正的爱国主义和纯洁的国际主义相结合"[①]。1991年3月，老挝人民革命党的五大通过了"新党章"。新党章重申："老挝人民革命党以马列主义的普遍原理作为自己的理论思想基础，同时吸收人类智慧的精髓，结合本国实际条件和实践，运用科学理论和借鉴外国经验，将朴实的爱国主义与纯洁的国际主义相结合"[②]。同年12月底召开的党的五届四中全会指出，苏东剧变的根本原因在于，没有坚持马列主义原则、放松了政治思想工作、没有改变过去僵化的经济体制、受国际上意识形态淡化的影响。

1995年，老挝人民革命党建党40周年，老挝人民革命党主席坎代总结革命事业胜利的决定因素时指出"两个紧紧"：一是紧紧把握马列主义的革命性和科学性，不是僵化、教条而是认真地研究、学习兄弟党和别国的经验；二是紧紧把握本国特点和实际，在运用马列主义理论和外部经验的同时，发扬独立、开创精神，只有这样，老挝党"才能保证制定适合老挝国情和符合人民愿望、利益的路线和政策"[③]。其后召开的党代会都重申了这一基本原则，继续坚定马列主义和社会主义信念，将马列主义创造性地运用于老挝的实践中去。

2015年3月，老挝人民革命党总书记朱马里在建党60周年大会上

[①] 肖枫主编：《社会主义向何处去：冷战后世界社会主义运动大扫描》，当代世界出版社1999年版，第461页。
[②] 申旭、马树况编著：《当代老挝》，四川人民出版社1992年版，第357页。
[③] 张唤摘译：《坎代主席谈老挝人民革命党40年》，《当代世界》1995年第10期。

首次提出"凯山思想":"忠于和坚持马列主义、凯山主席科学思想,坚定社会主义目标。同时我们党积极主动和富于创新地运用马列主义理论,使之符合我国各时期实际情况和特点"①。在 2016 年 1 月,党的十大把"凯山思想"与马列主义并列作为党的指导思想,在新修订的党章中把党的九大坚持的"马列主义和党的优良传统"改为"马列主义、凯山思想",作为党的思想和理论基础、组织与行动指南,并号召广大党员干部要不断地加强马列主义特别是凯山思想的学习。凯山思想体现了老挝人民革命党将马列主义与本国国情相结合的初步成果,是对老挝特色社会主义理论的积极探索。

第二,经济体制的全面革新。

老挝是在"自然性质的、自给自足的小农经济"基础上进行社会主义探索的。凯山在党的四大时就已经认识到:商品生产经济(包括简单商品生产),任何时候都比自给自足的自然经济先进。因此,要促进商品货币关系的发展,为社会生产越来越多的商品,为进行商品交换创造一切条件,旨在按社会主义的方向使自然经济变为商品生产。在建立新的经济管理体制时,"计划要与市场挂钩,要懂得利用价值规律,计划要灵活地反映供需关系和货币商品关系"②。

从 20 世纪 80 年代开始,老挝就逐步对工商业推行"承包制""租赁制"和"股份制"。1990 年发布的《关于把国营企业转为其他私有制形式的决定》指出,"把不须保留的国营企业以租赁、出售、股份或承包经营的形式,转为其他私有权形式","有必要保留的企业拟是在国民经济社会和国防中有重要意义的企业"③。1995 年 10 月,老挝最高人民议会三届七次会议强调,要充分运用多种所有制和各种经济成分按照市场经济机制来推动国家管理下的商品经济发展,加快实现从自然经济向商品经济的转变。1997 年,党的六届四中全会专门研究如何建立党领导和国家管理的市场经济机制问题,并通过了《关于整顿市场经济机制的决议》。首先是把从事日用品和出口商品生产的企业转向其他私有权形式,到 1997 年多数国营企业都实行了私营化。2001 年,党的七大

---

① 郭业洲主编:《当代世界政党文献 2015》,党建读物出版社 2016 年版,第 258 页。
② 吴彬康等主编:《八十年代世界共产党代表大会重要文件选编》,中国广播电视出版社 1989 年版,第 308 页。
③ 马树洪编:《当代老挝经济》,云南大学出版社 2000 年版,第 47 页。

重申必须向市场经济过渡，到 2020 年要形成国家管理的市场经济体系。2003 年，老挝国会批准修改后的宪法规定，"老挝人民民主共和国国民经济建立在稳定的多种成分并存的经济基础之上"，"遵循市场经济原则运行，在国家管理与坚持社会主义制度下，展开竞争与合作，发展生产与贸易"①。2003 年，老挝开始按市场化原则对大中型国有企业进行分批分期改革，到 2005 年底已有 3 批共 14 家国有大中型企业进行了改革。2006 年，党的八大总结了国有企业改革的经验教训，强调在发挥多种经济成分作用的同时，要巩固和建设国有经济和集体经济，使之成为经济的主干和中坚力量。② 2011 年 3 月，党的九大尽管提出要"发展、壮大国有企业"，研究在有关领域新增国有企业，但也强调对国有企业根据混合制或股份制进行改制，有条件的还要实现上市。"继续坚持以经济建设为中心，为大力发展生产力创造条件，努力实现自然经济向商品经济转变，建立和完善社会主义方向的市场经济"③。

第三，政治体制的全面革新。

整顿和健全党和政府的组织机构，特别是整顿那些掌握政治、经济权力的组织机构，是老挝人民革命党全面革新开放以来在政治体制领域采取的一项重大措施。凯山在党的四大政治报告上这样强调："经验告诉我们，如果不经常整顿党的领导与管理的组织机构，不管我们如何改变经济基础，仍然会有贪污盗窃分子钻进国家工作机关，利用人民赋予他们的权力来欺压人民和侵吞人民交给他们管理的财产，变成特权分子，成为寄生虫。"④

2011 年，朱马里总书记在党的九大政治报告中，指出党和政府的组织机构中存在着一些不能满足新时期政治任务和国家管理的现象。例如，党的各级组织机构中存在着不能严格执行民主集中制，分工不明确，对待工作敷衍了事，对干部要求不严，"干与不干一个样"的现象并有发展趋势；各级政府机构中存在着服务不够便捷，组织机构、运行

---

① 许定友主编：《世界主要政党规章制度文献：越南、老挝、朝鲜、古巴》，中央编译出版社 2016 年版，第 93 页。
② 赵明义等：《理论与实际结合：马克思主义·科学社会主义当代化与本国化研究》，山东人民出版社 2009 年版，第 418 页。
③ 于洪君主编：《当代世界政党文献 2012》，党建读物出版社 2013 年版，第 292 页。
④ 吴彬康等主编：《八十年代世界共产党代表大会重要文件选编》，中国广播电视出版社 1989 年版，第 317 页。

体制中的官僚主义、不透明问题，为腐败滋生提供条件；党员干部队伍中，存在着政治锐化变质，革命道德品质下滑，铺张浪费严重，机会主义抬头，贪污腐败滋生的现象。

为此，老挝人民革命党的九大提出，要"积极开展政府机构改革，使之更加精简、稳固、坚强，符合我国行政管理战略的要求……当前要切实落实贯彻'把省建成战略单位，把县建成全面坚强的单位，把村建成发展单位'的指导方针"①。2012年2月，又专门出台了《老挝人民革命党关于"三建"工作的决议》，提出实行分级管理，进一步明确和完善中央与地方协作机制，以清除那些不适应市场经济环境的行政管理政策、体制、法律和规定，广泛建立"一站式"服务体系，为人民和经营者享受便捷服务创造条件，坚决打击官僚主义作风，堵塞贪污腐败、以权谋私漏洞。

毫无疑问，把党的建设与政府的建设紧密结合起来，重点是完善党对政府的领导，确保党既不放弃领导，又不以党代政，重视研究把党的路线、方针、政策转变为法律法规的工作，明确党领导政府的原则、内容和机制。制定党的领导活动的规章制度、党内严密的管理制度，使党的领导活动有法可依，符合法律规定。为发挥党员干部的先锋模范作用，要制定有关规章制度，健全各种机制，为群众监督党员创造便利。2011年8月，制定了《关于老挝人民革命党中央纪律检查委员会组织和运行的决定》。2012年6月，制定了《老挝人民革命党中央政治局关于党员禁令的新规定》，在这个"新规定"中，包括禁止有悖于党的路线、决议、文件以及党章和国家法律的个人观点和行为；禁止鼓吹多党制、多元化思想，禁止拉帮结派以及分裂党内团结和民族团结的言行；禁止参与非法赌博或者为其提供便利；禁止从事算命、巫术等迷信活动，禁止出家为僧和利用宗教从事非法活动等15项内容。另外，还要开展定期、系统、全面的检查，把党的检查与政府监督和人民监督结合起来，通过检查遏制各种消极腐败现象。

值得一提的是，从2010年开始，老挝人民革命党与中国共产党联合主办了六次研讨会，内容涵盖马克思主义理论的各个方面。这是基于中国和老挝同为共产党领导的社会主义国家，理想信念相通，发展道路

---

① 于洪君主编：《当代世界政党文献2012》，党建读物出版社2013年版，第294页。

相近，前途命运相关，在推进本国社会主义现代化建设过程中，都面临着一些相同或相似的课题。2016 年，老挝人民革命党中央总书记、国家主席本扬访华时签署了《中国共产党和老挝人民革命党合作计划（2016—2020）》。根据该计划，中国广西将与老挝开展党政干部培训合作，以实际举措落实好该计划。计划 2018—2020 年，广西每年邀请 30 名老挝中央各部委党委常委以及委员、各省（首都）党委常委以及委员、厅长和副厅长、县委书记及县长等到广西主办为期 10 天的培训；每年邀请 30 名老挝县委副书记以及副县长到广西主办为期 15 天的培训。同时，2018—2020 年，老挝将每年邀请 2—3 名广西的专家学者赴老挝进行专题宣讲和授课。

综上所述，马克思主义在老挝的传播与发展，始终与老挝人民党（人民革命党）的命运紧密结合在一起。不论在老挝民族民主革命时期，还是在老挝社会主义改革与调整时期，抑或在老挝全面革新时期，马克思列宁主义始终与老挝的实际相结合，实现了马克思主义的老挝化，并产生了具有老挝特色的马克思主义——凯山思想。这也说明，马克思主义，只有与各个国家、各个民族的具体实际以及时代特征相结合，才具有强大的生命力。

第十五章　继往开来
——21世纪中国马克思主义新发展

早在1899年,西方传教士李提摩太就在《万国公报》上提到了"马克思"的名字和《共产党宣言》的一段文字。1901年,在几个中国留日学生创办的《译书汇编》(东京,1900年创办)上,贺长雄的《近世政治史》第一次介绍了马克思主义和共产主义。1902年,梁启超在《新民丛报》上发文介绍马克思主义和共产主义,并称马克思为"社会主义之泰斗"。但在十月革命之前,"马克思"和"马克思主义"并没有真正来到中国。

正如毛泽东同志所说,十月革命一声炮响,给我们送来了马克思列宁主义。李大钊是中国第一个马克思主义者和中国共产主义先驱。1919年,李大钊发表了《我的马克思主义观》,第一次从"唯物史观""政治经济学""科学社会主义"三个方面系统介绍了马克思主义。1920年,他组织成立了中国第一个学习和研究马克思主义的团体——马克思主义研究会。1921年,中国共产党正式成立。从此,就开始了马克思主义基本原理与中国具体实际、中国传统文化相结合的过程。在这个结合过程中实现了两次飞跃:第一次飞跃的理论成果是毛泽东思想,第二次飞跃的理论成果是邓小平理论。习近平新时代中国特色社会主义思想是马克思主义基本原理与中国具体实际、中国传统文化相结合的又一次飞跃。①

进入21世纪,中国经济继续保持高速增长,尤其是在加入WTO后的国际化、以IT为核心的信息化、以城市为中心的城镇化、致力于经济转型的新型工业化、体制机制改革的深化等合力作用下,中国在经

---

① 上述内容由本书主编撰写,特此说明。

济、政治、文化、社会、生态等方面都发生了前所未有的变化。伟大的实践需要伟大的理论指导,并必然推动理论的大发展,形成道路自信、理论自信、制度自信、文化自信的话语体系,这正是马克思主义中国化的逻辑。21世纪马克思主义更加强调问题导向性、理论整体性、价值协同性和文明包容性,是一种逐渐形成并日益完善的理论新形态。① 21世纪中国马克思主义研究,在总体上呈现出清晰的三条主线:一是马克思主义基本原理研究;二是马克思主义中国化研究;三是马克思主义用于解决中国发展中的具体重大现实问题研究。②

一 马克思主义基本原理研究

第一,马克思主义哲学研究。

2001年是中国加入WTO的元年,开启了全面融入全球化的时代,以解释世界和改造世界为存在价值的马克思主义哲学的实践性、创新性、全球化、中国化和时代化等问题受到中国理论界高度重视。为了更好地融入全球化,形成和提高全球化进程中中国的话语体系,更好地解决中国问题,学界围绕马克思主义哲学的全球化和中国化展开了如下研究。

1. 关于马克思主义哲学的理论形态与当代价值问题。例如,王南湜指出,50多年来,中国马克思主义哲学发展趋向,就是从理论哲学到实践哲学;从一种笼统的实践哲学转向回归马克思的实践哲学,即从包含实体性哲学范式和主体性哲学范式两种类型的理论哲学回归实践哲学,进而转向回归历史唯物主义。③ 黄楠森提出,用实践唯物主义来取代苏联教科书式的"辩证唯物主义与历史唯物主义"具体形态划分中

---

① 钟明华、缪燚晶:《21世纪马克思主义初探:基于人类运共同体的思考》,《探索》2020年第2期。
② 需要说明的是,这里的"21世纪中国马克思主义研究",基本上不包括"国外马克思主义"在中国的传播与发展状况。
③ 王南湜:《从理论哲学到实践哲学——50多年来中国马克思主义哲学的发展》,《河南大学学报(社科版)》2005年第4期;《现今中国马克思主义哲学研究中的三个核心问题:一种基于回归马克思实践哲学范式的考察》,《哲学研究》2012年第3期。

的辩证唯物主义。① 孙伟平等总结了21世纪初中国马克思主义哲学研究的"人学"、实践唯物主义、历史唯物主义等新形态。② 汪信砚认为马克思主义哲学区别于以往任何一种哲学的根本特点，就在于它具有鲜明的实践性，并从实践性等方面论证了马克思主义哲学的科学性，论述了马克思主义哲学的解释世界、改造世界社会功能。③ 乔瑞金更具体地指出技术实践论是马克思哲学思想的核心和本质特征。④ 对此，段忠桥提出反对意见，他认为实践唯物主义取向的错误就在于把实践说成是马克思主义哲学的本质特征，会使当前马哲研究陷入困境。⑤

孙正聿认为马克思主义哲学的当代价值在其本身所具有的实践性、批判性、创新性、理想性、人民性等理论品格。⑥ 王凤才基于21世纪世界马克思主义的话语体系，从解释路径的视角，更系统、完整、科学地梳理了马克思主义哲学的理论形态：国外马克思学阐释路径、正统马克思主义阐释路径、西方马克思主义阐释路径、东欧新马克思主义阐释路径、中国化马克思主义阐释路径，并认为马克思最吸引人的是他的"四种精神"，即科学精神、批判精神、乌托邦精神、实践精神。⑦

2. 关于马克思主义哲学的创新发展问题。关于马克思主义哲学的创新发展问题，不同的学者有不同的侧重，但都重视从学术建构上进行创新。例如。孙正聿认为要以"实践"为核心范畴和解释原则，以"改变世界"的世界观为"活的灵魂"，以"不忘本来""吸收外来""面向未来"的理念、视野和担当，致力于从重大的现实问题中提炼出有学理性的新理论、概括出有规律性的新实践，构建具有主体性、原创性的当代中国马克思主义哲学学术体系。⑧ 孙伟平等强调事实与价值是

---

① 黄楠森：《〈德意志意识形态〉与当代中国马克思主义哲学研究的三个问题》，《马克思主义研究》2005年第4期。
② 孙伟平、张明仓、王湘楠：《近年来我国马克思主义哲学研究评述》，《哲学研究》2003年第3期。
③ 汪信砚：《略论马克思主义哲学的中国化》，《天津社会科学》2001年第6期；《马克思主义哲学面临的诘难与挑战》，《红旗文稿》2006年第8期。
④ 乔瑞金：《马克思哲学思想的本质特征：技术实践论》，《哲学堂》2004年第004期。
⑤ 段忠桥：《实践唯物主义取向使当前马哲研究陷入困境》，《中国社会科学报》2015年3月25日。
⑥ 孙正聿：《马克思主义哲学的理论品格》，《中国社会科学报》2018年4月27日。
⑦ 王凤才：《21世纪世界马克思主义基本格局》，《学习与探索》2017年第10期。
⑧ 孙正聿：《构建当代中国马克思主义哲学学术体系》，《哲学研究》2019年第4期。

哲学的两个具有异质性的基本维度，它们各有其内在要求和基本特征，各有其适用范围和独特功能，但总体上是相互关联、相互作用、内在统一的。立足哲学的事实维度和价值维度解读马克思哲学，可以发现，马克思主义哲学主要是一种有着鲜明的价值立场、伟大的价值目标、明晰的价值原则、突出的价值实践风格的价值哲学。只有确认、张扬马克思主义哲学的实践品格和价值维度，才能真正理解马克思主义哲学的人民主体性，把握马克思主义哲学真理性与人民性的高度统一；才能真正把握马克思所发动的哲学革命的意义之所在，走出传统的将价值问题当作事实问题处理的误区。在新的时代背景和实践基础上，重新审视马克思主义哲学的立场、出发点和宗旨，彰显马克思主义哲学的主体向度和价值原则，建构基于事实维度与价值维度相统一的马克思主义哲学新形态，应该是马克思主义哲学创新的方向和路径。① 而王新生则认为重建马克思哲学的历史主义根基具有根本性意义，可以纠正长期以来单纯从认知进路上和单纯从规范进路上解释马克思主义哲学的两种错误倾向。②

许全兴提出自创新，即认为马克思主义哲学正处于包括哲学研究的方法、对象、内容、体系和功能等方面的自我革命中。③ 王南湜提出以"超越理论哲学，走向实践哲学"为创新路径，以"颠覆旧的哲学体系、建构新理论"为主要创新方式，着眼于前人未涉及的领域或层面，将某种哲学的内在可能性加以展开。④ 任平提出"一体两翼"的创新路径：一体，即在对新全球化时代重大问题的反思和"改变世界"的实践中弘扬马克思主义"反思的问题学"本性；"两翼"，即以时代视野重新深度解读马克思原典和通过中西哲学对话而重新阐述马克思主义的当代价值。⑤ 王海锋则主张通过对"当代中国"的马克思主义哲学研究

---

① 孙伟平：《彰显价值维度：马克思主义哲学创新的方向》，《哲学研究》2019 年第 12 期。
② 王新生：《马克思哲学的历史主义根基：遗忘与重建》，《吉林大学社会科学学报》2009 年第 2 期。
③ 许全兴：《马克思主义哲学正处于自我革命中》，《江苏社会科学》2010 年第 6 期。
④ 王南湜：《实践概念与马克思主义哲学的创新》，《吉林大学社会科学学报》2004 年第 5 期。
⑤ 任平：《新全球化历史语境与马克思主义哲学三大创新路径》，《江海学刊》2003 年第 1 期。

的学术史作出整体性梳理和研究，揭示其创新逻辑演变史、问题史以及理论创新机制，尤其是要重点突出地破解一些核心问题，从而推动新时代马克思主义哲学的发展。① 此外，陈先达等学者着重强调以问题导向推动马克思主义哲学创新。

3. 关于马克思主义哲学的全球化、时代化问题。陈先达指出，马克思主义哲学只有立足于现实、与时俱进、具有世界眼光和感召力，才能发挥其认识世界和改造世界的方法论作用。② 何萍对比世界马克思主义哲学的发展，认为中国马克思主义哲学缺乏一种全球化视角，所以应加强中国马克思主义哲学的发展与世界马克思主义哲学的发展之间的联系。③ 郑忆石也指出中国马克思主义哲学研究离不开全球意识，在重新认识"尊重差异、包容多样"的全球意识中，马克思主义哲学会获得新的生机和发展。④ 任平主张中国学者必须与从"世界走向中国"到"中国走向世界"进程的根本转折相呼应，实现学术话语方式的根本转变，与国外学术之间进行开放性对话，不再简单地照抄照搬西方学术话语。汪信砚指出要判断马克思主义哲学的当代性，就必须考察马克思主义哲学与现时代精神的关系。无产阶级反对资产阶级、社会主义逐步代替资本主义、大科学、大实践都仍然是现时代精神。⑤

4. 关于中国马克思主义哲学研究进展，以及马克思主义哲学中国化问题。韩庆祥梳理了中国马克思主义哲学研究重点的转向：从着重研究整个世界转换为着重研究人的生活世界；从物质观念发展为物质与实践相统一的观念；从唯物论、认识论、辩证法和唯物史观等"四大板块结构"丰富为"涌现一批哲学发展的生长点"，既见物又见人、恢复和确立了人在马克思主义哲学体系中的地位，注重研究人的问题，关怀人的生存与发展，出现人学、价值哲学和生存哲学等；从"无我哲学"

---

① 王海锋：《书写当代中国马克思主义哲学研究的学术史》，《哲学研究》2019 年第 1 期。

② 陈先达：《以问题为导向推动马克思主义哲学创新》，《中国高等教育》2017 年第 2 期；《评马克思主义哲学的"困境"》，《中国人民大学学报》2002 年第 2 期。

③ 何萍：《全球化与中国马克思主义哲学的命运》，《江淮论坛》2000 年第 1 期；《马克思主义哲学中国化研究的世界视野》，《学术月刊》2003 年第 11 期。

④ 郑忆石：《当代中国马克思主义哲学在"全球意识"中行进》，《中共贵州省委党校学报》2014 年第 5 期。

⑤ 汪信砚：《现时代精神与马克思主义哲学》，《江汉论坛》2001 年第 12 期。

变化为"有我哲学";从"注解—论证"的哲学提升为"批判—前导"的哲学。决策层提出的"以人为本""以人为核心"的发展理念、加强党的执政能力建设、构建社会主义和谐社会等思想,一定程度上都得益于这些努力及其思想贡献。① 胡大平总结了 21 世纪头十年马克思主义哲学理论研究热点:教科书批评、马克思主义哲学的本体论基础和生存论导向、现代性问题与马克思主义哲学当代价值、马克思主义文本学、西方马克思主义的接受与批评、女性主义和马克思主义等。② 汪信砚、任平分别研究了 21 世纪以来和改革开放 40 年来两个时间段,教科书改革、原理研究与体系创新、马克思主义哲学史、文本—文献学解读、与中西方哲学对话、反思的问题学、部门哲学、马克思主义中国化、马克思主义出场学等九种范式依次出场,这些范式在如何研究和发展马克思主义哲学的问题上有着不同的主张,成为未来推动中国马克思主义哲学创新的主要路径和主要方法。这个过程造就了马克思主义哲学的中国学派——习近平新时代中国特色社会主义思想。研究的重心也移向了各个领域,例如,经济哲学、政治哲学、文化哲学、生态哲学等。还有"中国道路""中国实践""中国经验""中国问题""人类命运共同体"等中国马克思主义哲学研究话题,并高度评价习近平对马克思主义哲学的发展和贡献。

汪信砚驳斥了对马克思主义哲学中国化的误解甚至曲解。例如,马克思主义哲学中国化是虚假命题、不科学不准确、反马克思主义、根本不可能、完全没必要、百年西学东渐史的一个组成部分、使马克思主义哲学在中国具体化、在学术层面上应定位于对中国传统文化的改造、只是中国马克思主义哲学研究的一个特殊领域、仅仅关乎于中国马克思主义哲学研究等片面观点;提出马克思主义哲学中国化应该成为整个当代中国马克思主义哲学研究的根本范式,认为马克思主义哲学中国化应大力强化民族意识、世界意识和人类意识。③ 而这最关键的地方在于:坚

---

① 韩庆祥:《当代中国马克思主义哲学研究的进展》,《哲学研究》2006 年第 5 期。
② 胡大平:《近十年马克思主义哲学理论热点解析》,《南京大学学报》(哲学·人文科学·社版)2012 年第 1 期。
③ 汪信砚:《马克思主义哲学中国化与中国道路的哲学表达》,《哲学研究》2018 年第 1 期;《当前我国马克思主义哲学研究的三个误区》,《哲学研究》2005 年第 4 期;《"马克思主义哲学中国化"辨误》,《哲学研究》2008 年第 10 期。

持运用马克思主义哲学的基本立场、观点和方法，创造性地研究中国社会现实和当前实践中的各种问题，通过这种创造性的研究来丰富和发展马克思主义哲学。何萍指出马克思主义哲学中国化研究必须以中国的现代化为中心论题，研究中国马克思主义哲学与世界马克思主义哲学以及中国其他哲学、社会思潮间的互动关系。① 任平也强调马克思主义哲学中国化主要是实现马克思主义哲学与全球文明对话、与中国传统文化对话、与国外马克思主义对话。② 郭建宁指出马克思主义中国化的关键是马克思主义哲学中国化，并提出推进马克思主义哲学中国化的途径：理论与实践互动，在中国特色社会主义伟大实践中、在汲取和传承中华优秀传统文化中回答时代课题等③。

许全兴提出马克思主义中国化应区分为政治层面的中国化和学术层面的中国化，防止以政治层面的中国化代替学术层面的中国化；积极发掘和汲取中国哲学的精华和西方优秀文明成果，并融入马克思主义哲学。④ 马俊峰认为当前马克思主义哲学中国化最主要的是要创建一种能够促使马克思主义哲学理论创新的机制，创建出一套使理论研究工作和宣传教育工作合理配合、相互促进的制度和体制。⑤ 杨耕提出了中国马克思主义哲学体系设想：建构马克思主义哲学体系必须以无产阶级和人类解放为理论主题，以实践为逻辑起点和建构原则，以实践唯物主义、辩证唯物主义、历史唯物主义的一体化作为马克思主义哲学体系的基本框架，哲学批判、意识形态批判和资本批判高度关联、融为一体，这是马克思独特的思维方式，是马克思主义哲学的独特的存在方式。⑥ 张文喜重视从学术体系上真正实现马克思主义哲学的中国化：建构当代中国马克思主义哲学学术体系，首先应该把批判所要求的付诸实践；学术或学科所要求的，则是专注于体系的积极建构、积极创新，唤醒崇高的人

---

① 何萍：《开展以中国现代化为中心论题的马克思主义哲学中国化研究》，《马克思主义与现实》2005 年第 1 期。
② 任平：《论中国话语的马克思主义哲学建构的坐标与原则》，《江海学刊》2018 年第 1 期。
③ 郭建宁：《马克思主义哲学中国化的当代思考》，《哲学研究》2015 年第 9 期。
④ 许全兴：《马克思主义哲学中国化的若干新思考》，《中共中央党校学报》2004 年第 1 期。
⑤ 马俊峰：《马克思主义哲学中国化的几个问题》，《学术研究》2006 年第 3 期。
⑥ 杨耕：《关于中国马克思主义哲学体系的历史沉思》，《哲学研究》2016 年第 1 期。

类力量；就衡量马克思主义哲学学术体系的标准、尺度、指令以及关键之处而言，应当清楚地看到对时代精神中占统治地位的知性原则进行全面批判的必要性和重要性，尤为关键的是对唯物主义的社会主义倾向进行重新阐释。①

5. 关于21世纪中国马克思主义哲学展望。21世纪伊始，陈先达就探讨了中国马克思主义哲学的未来走向，指出马克思主义哲学在世纪之交面临着许多重大课题，认为中国马克思主义哲学在未来的发展中应该强化问题意识，实现主题多样化、道路民族化、风格个性化。②黄楠森认为21世纪辩证唯物主义占主导地位的哲学多元化趋势将长期保持下去，中国马克思主义哲学体系将在比较与争论中日益完善，形成一个比较完整严密、崭新而得到公认的科学思想体系，并进一步提出通过三步研究计划建构马克思主义哲学的当代形态。③汪信砚认为应注重从当代世界和当代中国的现实，特别是从全球化和中国现代化建设实践中获取发展马克思主义哲学的"真正的内容"：马克思主义的社会哲学、经济哲学、政治哲学、文化哲学、道德哲学、价值哲学、人生哲学、法哲学、生态哲学、传播哲学等。马克思主义哲学研究亟须进行研究方法、对象、内容、体系和功能等方面的自我革命，以新形态、新体系来建构兼具时代性、民族性的辩证唯物史观。

关于21世纪中国马克思主义哲学研究展望，国内学者从不同角度提出了研究思路和设想。（1）围绕问题进行研究。例如，张一兵、胡大平指出马克思主义哲学研究必须立足现实问题的解决，提出和探索新的重大理论问题和现实问题，从"问题中的哲学"升华出"哲学中的问题"。体现马克思主义的实践性、创新性、与时俱进等理论品格。此外，学风和文风问题也是马克思主义哲学研究的一个重要问题。应该研究怎样以马克思主义重新审视当今世界无产阶级解放的可能道路和现实

---

① 张文喜：《在学术和体系建构中的当代中国马克思主义哲学》，《中国社会科学》2020年第2期。
② 陈先达：《关于中国马克思主义哲学的未来走向》，《中国人民大学学报》2000年第2期。
③ 黄楠森：《谈谈我国马克思主义哲学的现状与前景》，《哲学动态》2000年第2期；《怎样建构马克思主义哲学的当代形态》，《山东社会科学》2001年第1期。

策略。①（2）围绕专题进行研究。例如，接过当代西方哲学提出的问题，诸如语言问题、意志问题、人的问题、人的非理性因素问题，进行马克思主义哲学研究或对马克思主义经典作家关于某一理论问题的论述进行系统考察和深入探索。

第二，马克思主义政治经济学研究。

进入 21 世纪，中国马克思主义政治经济学研究呈现出重视原著、重构体系、超越传统、联系实际等诸多特点。其中，劳动价值论、剩余价值论、剥削理论、所有制理论、国企改革等专题研究成为主要研究领域和兴趣所在。

1. 关于劳动价值论问题。20 世纪末至 21 世纪初，IT 业的迅猛发展和泡沫破灭，引起了学界关于财富和价值来源的讨论，在政治经济学领域里，劳动价值论及其相关理论逐渐成为研究的热点。特别是 2001 年江泽民在纪念建党 80 周年大会上的讲话，提出了对劳动价值论的再认识，掀起了全国范围内关于劳动价值理论的研究热潮，形成改造派和传承派两大流派。改造派认为经典马克思主义的劳动价值论已经不适应新的时代条件，需要改造、更新甚至重建。例如，晏智杰认为劳动价值论同现实存在差距与矛盾、马克思主义劳动价值论存在理论缺陷②，必须扩展价值范畴，把非劳动要素确定成价值的源泉，包括自然界的动植物、矿物等都创造价值。不过，传承派仍占主流地位，其认为必须坚持和发展马克思主义的劳动价值理论。例如，顾钰民认为深化对价值源泉的认识的核心是要从理论上论证人的活劳动是新价值的唯一源泉，其他生产要素包括科学技术本身和物化劳动都不创造价值。③ 把非劳动要素当作价值的源泉，实质上是用要素价值理论代替劳动价值理论，用西方经济学观点否定劳动价值论。

2. 关于收入分配领域是否存在剥削问题。蔡继明认为非劳动生产要素本质上是按各种生产要素（包括非劳动要素）在价值创造中所作

---

① 张一兵、胡大平：《三大历史语境——面向 21 世纪的中国马克思主义哲学》，《江苏社会科学》2002 年第 2 期。
② 晏智杰：《本本主义不是科学的研究态度与思维方式》，《高校理论战线》2002 年第 9 期。
③ 顾钰民：《深化对价值创造与价值分配的认识》，《教学与研究》2001 年第 12 期。

的贡献进行分配，不具有剥削性质。① 史正富认为现代"管理革命"和"资本革命"改变了马克思价值理论得以孕育的客观条件，创造价值的劳动是包含创业者、管理者及专业资本经营者在内的组合劳动。资本和劳动都参与了剩余价值的分享。② 因此，赵振华认为，深化对劳动价值论的认识，其关键和落脚点都是对剥削问题的认识或再认识。他提出，作为经济学意义上的剥削，指的是除了按生产要素分配以外的一切其他收入。③ 卫兴华认为，剥削有合法的与非法的两类，对待剥削不能简单地从道义的原则去看，而应当用历史唯物主义的观点去研究。

3. 关于所有制及其实现形式问题。（1）非公有制经济的地位问题。周新城认为允许和适当鼓励非公有制经济的发展是必要的和正确的，是我国社会主义初级阶段的基本经济制度。但私有制经济仍然是资本主义经济的性质并没有发生变化④。卫兴华认为，不能把非公有制经济的地位和作用同其自身的社会性质混同起来。非公有制经济是社会主义市场经济的重要组成部分，但不是社会主义经济的重要组成部分。⑤（2）股份制问题。厉以宁提出新公有制的四种形式：经过改制的新的国家所有制；公众持股参股的股份制企业，即混合所有制企业；没有国家投资的公众持股企业；源于私人捐赠的公益性基金所有制所办的企业。⑥ 蒋学模认为公有制的核心和主要内容在于公有财产权，公有制的实现形式有国家或集体所有、国家或集体资本控股的股份制企业。⑦ 由此，理论界基本形成共识：所有制和所有制的实现形式是两个不同的范畴，股份制作为一种资本组织和运营方式，可以为公有制经济所用，也可以为非公有制经济所用；实行股份制的企业未必都是公有制经济。

4. 关于国有企业改革问题。随着20世纪末掀起的"抓大放小"国

---

① 蔡继明：《非劳动生产要素参与分配不等于剥削》，《学习论坛》2002年第1期。
② 史正富：《劳动、价值和企业所有权——马克思劳动价值论的现代拓展》，《经济研究》2002年第2期。
③ 赵振华：《刍议剥削问题》，《中国经济问题》2002年第1期。
④ 周新城：《资本家能当劳动模范吗？》，《真理的追求》2000年第6期。
⑤ 卫兴华：《马克思主义经典作家的剥削观与我国的现实》，《经济学动态》2002年第3期；《社会主义经济和有中国特色社会主义经济的几个理论问题》，《南方经济》2000年第9期。
⑥ 厉以宁：《论新公有制企业》，《经济学动态》2004年第1期。
⑦ 蒋学模：《解读"使股份制成为公有制的主要形式"》，《上海行政学院学报》2004年第3期。

企改革在 21 世纪的深入开展,学界也对这一问题进行了广泛探讨。特别是 2004 年发生在国内的科龙电器的 MBO 案例,由郎咸平率先引起了国有企业"管理层收购"合理性的大讨论,并出现了消减国企论和壮大国企论两种不同的观点。(1)消减国企论。① 例如,萧灼基认为国家可以逐步退出一般竞争性企业,但实际效果不显著,因此要坚决按照中央战略调整的方针,加快退出的步伐。汪洋、徐枫从规模角度指出国企改革首先退出的是中小国企,进而在大型企业的禁入、限入方面,实行民营企业逐渐准入策略。(2)壮大国企论。② 李强认为只有国家占有大量的实物形态,才能在总体上保持公有制的主体地位和发挥国有经济的主导作用,才能避免在政治上处于受资产阶级摆布的地位。卫兴华坚持"公有制是社会主义的经济基础"这一马克思主义的根本原理,应警惕私有化思潮。

上述关于"国进民退"的争论持续到中国政府为了应对 2008 年世界金融危机而实施的 4 万亿刺激计划,并形成了三派不同的观点。

(1)反对派:对"国进民退"普遍担忧。③ 例如,吴敬琏指出 4 万亿刺激计划对民营经济产生了严重的"挤出效应",发生了大规模的"国进民退",这并非好状况。陈志武指出强化"国进民退"会造成中国经济模式的转型难以实现、就业增长必然走下坡路、人民收入增长受到影响、延误产业结构调整、民主法治进程停滞等问题,会带来逆法治化和逆市场化的后果。许小年也认为"国进民退"背离改革开放 30 年以来的市场化方向,政府管理经济和经营企业会导致效率低下,是没有希望的。

(2)支持派:对"国进民退"持肯定态度。④ 例如,乔新生认为中国以公有制为主体,"国进民退"是对中国前一段时间改革成效整体反思之后,重新做出的慎重决策。冯冬宁认为特殊类、资源类领域的"国

---

① 萧灼基:《国企改革要加大力度,加快进度》,《中外企业家》2005 年第 5 期;汪洋、徐枫:《关于国有资产转移中的"资产流失"问题研究》,《经济纵横》2005 年第 9 期。
② 李强:《驳出卖国企只是"形态变化"论》,《真理的追求》2000 年第 4 期。
③ 陈志武:《"国进民退"的五大后果》,《中国民营科技与经济》2012 年 Z3 期;许小年:《"国进民退"与改革开放背道而驰》,《东方早报》2009 年 9 月 26 日。
④ 乔新生:《中国的改革需要自己的理论——谈对"国进民退"现象的新思考》,《中国经济导报》2009 年 10 月 29 日;冯冬宁:《新一轮国进民退孰是孰非》,《鲁中晨报》2009 年 10 月 26 日。

进"能缩小贫富差距、促进改革共识、应对经济危机、维护社会稳定等。

（3）不讨论派：认为不存在"国进民退"和要慎言"国进民退"。① 例如，王东京指出判断是否存在"国进民退"的依据是普遍性和政治性，若既不普遍也无政治背景，"国进民退"的提法属危言耸听。马建堂用企业单位数、工业总产值、资产、利润总额等经济数据，否认"国进民退"的论断。刘伟认为"进退"取决于宏观调控和操作领域等很多因素，关键在于是否按照市场规则、经济规则来进行。卫兴华指出"进退"的提法不科学，"国进民退"或"国退民进"均与以公有制为主体、国有经济为主导、多种所有制经济共同发展的基本经济制度，与宪法的规定，与中国特色社会主义道路等相悖。

5. 关于全球金融危机问题。

马克思主义政治经济学研究界基本认为金融危机的根源在于资本主义制度造成的资本主义基本矛盾，因此金融危机未超越马克思关于经济危机的理论逻辑。例如，王伟光认为资本主义私有制是形成金融危机的根本原因，金融资本的独立性、逐利性和贪婪性是危机的直接原因。金融危机是资本主义无法克服的制度性危机、全面危机乃至全球性危机，而社会主义市场经济使防范规避危机成为可能。② 洪银兴认为金融危机产生于虚拟经济，其根本原因仍然没有超出马克思当时的判断，本质上还是实体经济的危机，应以有效的政府干预和制度调整克服市场失灵。③ 白暴力等人认为金融危机是实体经济中以房屋为代表的商品供给相对过剩、有效需求不足，实体经济矛盾尖锐化的表现和反映。④ 林毅夫详细分析了危机的三个根源：房地产泡沫成分不小，美国的双赤字影

---

① 王东京：《质疑所谓"国进民退"》，《经济参考报》2009年11月24日；刘伟：《审视国资进退需要辩证视野》，《21世纪经济报道》2009年11月2日；卫兴华：《警惕"公有制为主体"流于空谈》，《经济学动态》2005年第11期，《2004年政治经济学研究新动态》，《经济学动态》2005年第4期。

② 王伟光：《运用马克思主义立场、观点和方法，科学认识美国金融危机的本质和原因》，《光明日报》2009年5月12日。

③ 洪银兴：《虚拟经济及其引发金融危机的政治经济学分析》，《经济学家》2009年第11期。

④ 白暴力、刘永军、白瑞雪：《当前世界金融—经济危机的根源与集中强烈爆发的原因》，《思想理论教育导刊》2009年第5期。

响了美元的地位，基于房地产抵押贷款合同所构造的金融衍生品将风险传递到投资银行、保险公司，实质上扩散了风险，进而引起了次贷危机；次贷危机后不久就出现了连锁反应，引起了金融危机。①

金融危机带给中国社会主义市场经济以深刻教训与启示。例如，应"以美为戒"，走自己的路，坚持和完善社会主义市场经济体制。逄锦聚总结了金融危机带来的启示：要正确认识和妥善处理生产分配和消费的关系、实体经济和虚拟经济的关系、金融创新和风险防范的关系、市场经济的自发发展和政府宏观调控的关系、经济政策的短期性和经济发展长期性的关系、金融自主和对外开放的关系等。

6. 关于经典马克思主义政治经济学思想资源、当代价值及创新问题。

洪银兴总结了经典马克思主义政治经济学在研究对象、研究任务和研究方法等方面的开创性研究：第一次明确提出政治经济学研究对象是人与人之间的社会关系，首创了生产商品的劳动二重性学说，创立了科学的劳动价值论；建立了科学的剩余价值学说，发现了资本积累的一般规律和历史趋向；揭示了资本主义为社会主义所替代的必然性，并预见了未来的社会主义和共产主义社会的一些基本特征。② 颜鹏飞对马克思政治经济学逻辑体系构筑学说进行了再发掘，并将其重构为三部分：一是方法论部分，即马克思的这一学说是"思想总体"再现"生产总体"和"具体总体"；二是批判部分；三是主体部分，即六册书计划。

学者们通过对马克思主义政治经济学文本，例如《资本论》等的再解读，发掘其现代价值。裴小革指出，《资本论》有西方主流经济理论的交换价值概念，但西方主流经济理论却没有《资本论》的价值概念，《资本论》的产权理论则为说明产权清晰给什么人才最有利于生产力的发展，提供了最重要的理论基础。③ 逄锦聚指出，《资本论》是一部具有划时代意义的巨著，在政治经济学领域实现了革命变革，创立了马克思主义政治经济学，为构建中国特色社会主义政治经济学提供了基本立场、基本观点和根本方法论的指导，并在主要范畴和理论体系、话语体

---

① 林毅夫：《金融危机与发展中国家》，《财经界》2009 年第 3 期。
② 洪银兴：《政治经济学的与时俱进》，《政治经济学评论》2003 年第 1 期。
③ 裴小革：《论〈资本论〉在政治经济学基本理论创新中的基础作用》，《河北师范大学学报》（哲学社会科学版）2005 年第 1 期。

系建设方面提供了重要借鉴。①

政治经济学的理论创新问题。为了构建现代政治经济学体系,程恩富等人提出,现代马克思主义政治经济学的现实性、科学性和辩证性的理论假设:新的活劳动创造价值假设、利己和利他经济人假设、资源和需要双约束假设、公平与效率互促同向变动假设;②并强调"马学为体、西学为用、国学为根"的学术原则。颜鹏飞则提出要通过"回到马克思""发展马克思",重构现代政治经济学体系;并提出了中国特色的政治经济学体系的五册结构的总体框架设计:(1)绪论——包括广义政治经济学研究对象和方法,广义政治经济学史和"生产一般";(2)商品和货币共同的逻辑起点;(3)资本主义经济部分[商品和货币、市场竞争和生产价格、货币作为资本、信用和金融市场、所有制(股份制、企业和产权)、分配、国家或政府、对外经济关系、全球化和世界市场];(4)中国特色的社会主义经济的生产、社会主义市场经济、所有制、分配、国家的政府、对外经济开放;(5)全球化、世界经济全球化和国际经济关系、经济全球化和中国经济关系、全球化发展趋向等。③马艳对现代政治经济学进行了定义:以经典马克思主义经济学精髓思想为基础,包括现代资本主义经济学和社会主义经济学的理论创新体系,使用数理逻辑对现代政治经济学进行经典表达、系统创新与拓展应用的研究;并证明尽管西方经济学与马克思主义经济学在本质层面是根本对立的,但在技术层面则是可以相互沟通的,沟通的最好方法是数理逻辑方法。她强调,现代政治经济学的发展方向在于国际化、应用化、数学化和学派化,发展基本路径则在于内容创新、数理分析和实证分析的统一。④

---

① 逄锦聚:《世界金融危机与我国的改革开放、经济发展》,《当代世界与社会主义》2009年第3期;《〈资本论〉与中国特色社会主义政治经济学——纪念〈资本论〉第一卷出版150周年》,《南开学报》(哲学社会科学版)2017年第4期。
② 程恩富:《现代马克思主义政治经济学的四大理论假设》,《中国社会科学》2007年第1期。
③ 颜鹏飞:《"回到马克思""发展马克思"与现代政治经济学体系的重构》,《财经理论与实践》2005年第3期;《马克思经济学逻辑体系筑学说与中国特色的政治经济学体系》,《福建论坛》(人文社会科学版)2006年第12期。
④ 马艳:《论现代政治经济学数理逻辑表达与创新的重要价值》,《教学与研究》2007年第7期;《现代政治经济学与西方经济学沟通综合的意义与路径分析》,《海派经济学》2008年第2期;《现代马克思主义政治经济学理论创新的基本路径》,《学术月刊》2011年第7期。

7. 关于中国特色社会主义政治经济学及其体系问题

2014年7月8日，习近平同志在中央经济形势专家座谈会上明确提出：各级党委和政府要学好用好政治经济学；2015年11月23日，在中央政治局第28次集体学习时，他进一步号召不断开拓当代中国马克思主义政治经济学新境界，为马克思主义政治经济学创新发展贡献中国智慧。从而指明了中国马克思主义政治经济学研究与发展的根本方向。掀起了学界对中国特色社会主义政治经济学的研究热潮。

（1）关于中国特色社会主义政治经济学的研究范式、对象、原则、方法等问题。

在研究范式上，洪银兴坚持马克思主义政治经济学范式：基本立场是代表无产阶级根本利益；研究对象是在一定生产力水平基础上的生产关系；基本任务是阐述经济规律，尤其是社会主义代替资本主义的必然性；研究方法是唯物辩证法和历史唯物主义。在此基础上形成一系列的经济学基本原理和基本经济范畴。① 任保平、邱海平则主张以《资本论》为范式。②

在研究对象上，卫兴华认为既要系统和深入研究中国特色社会主义生产关系，又要从理论上研究怎样更好更快地发展社会生产力；③ 周新城认为研究对象是包含了多层次内容的生产关系：社会经济关系、组织经济关系、决定社会制度本质的经济关系、具体的经济运行过程中发生的经济关系、基本制度、具体的经济体制、运行机制等。④

在构建原则上，程恩富从《资本论》和政治经济学的一般原理出发，阐述了坚持中国特色社会主义政治经济学的八个重大原则：科技领先型的持续原则、民生导向型的生产原则、公有主体型的产权原则、劳动主体型的分配原则、国家主导型的市场、绩效优先型的增速原则、结

---

① 洪银兴：《政治经济学是中国话语体系重要构成》，《解放日报》2015年12月29日。
② 任保平：《以〈资本论〉为范式构建中国特色社会主义政治经济学理论体系》；邱海平：《〈资本论〉的创新性研究对于构建中国特色社会主义政治经济学的重大意义》，《马克思主义研究》2020年第2期。
③ 卫兴华：《创新政治经济学研究对象》，《人民日报》2016年12月21日。
④ 周新城：《关于中国特色社会主义政治经济学的研究对象》，《海派经济学》2018年第1期。

构协调型的平衡原则、自力主导型的开放原则。①

在研究方法上，何爱平指出应借鉴西方经济学的成果和研究方法，从研究范式、研究领域、研究方法、伦理基础等方面开展比较研究，构建比较马克思主义。② 张晖明指出需要自觉运用马克思主义方法论，即善于用好两个市场、两种资本和资源，注意处理好中国因素与世界潮流的关系，开拓马克思主义政治经济学的新境界；还提出以"求实、求真、求是"，推进马克思主义政治经济学学科体系的全面创新。③ 他还从方法论演进史角度提出，斯大林对辩证唯物主义和历史唯物主义的"分工"格式化了经济学的方法论，导致经济理论研究被"格式化"框约，使丰富的实践演化进程不能随时代发展产生新的研究纲领，也不能内生出适合需要的更为具体的研究方法。这样两个方面的因"格式化"产生的后果，割裂了经济理论和实践，制约和阻碍了政治经济学理论的发展。④

在研究的重点问题上，张宇认为关键是研究社会主义初级阶段的基本经济制度、社会主义和市场经济的关系、社会主义初级阶段的收入分配、社会主义市场经济中政府和市场的关系、经济全球化与对外开放、以人民为中心的发展思想等问题。逢锦聚指出关键在处理好理论创新与实践的关系、与马克思恩格斯创立的政治经济学的关系、与西方经济学的关系、与中国传统文化中的经济思想的关系、马克思社会主义政治经济学中国化与国际化的关系等。⑤

（2）关于中国特色社会主义政治经济学的体系问题。洪银兴提出中国特色社会主义政治经济学的逻辑体系可以按改革和发展的重大问题分章，包括社会主义初级阶段的基本经济制度、社会主义市场经济、社会主义基本分配制度等，以马克思主义、中华优秀传统文化、国外哲学

---

① 程恩富：《〈资本论〉与中国特色社会主义政治经济学的八个重大原则》，《〈资本论〉研究》2016年第00期。
② 何爱平、张志敏：《比较马克思主义：中国特色社会主义政治经济学研究的一种创新探索》，《西北大学学报》（哲学社会科学版）2016年第5期。
③ 张晖明、陆军芳、张成强：《求实、求真、求是，推进马克思主义政治经济学学科体系全面创新》，《毛泽东邓小平理论研究》2016年第1期。
④ 张晖明、任瑞敏：《方法论的格式化与社会主义政治经济学的发展境遇——基于新中国成立以来政治经济学的发展历程的讨论》，《复旦学报》（社会科学版）2020年第1期。
⑤ 逢锦聚：《中国特色社会主义政治经济学论纲》，《政治经济学评论》2016年第5期。

社会科学为理论资源;并认为创新、协调、绿色、开放、共享新发展理念是中国特色社会主义政治经济学最简洁、最深刻的凝练和概括,是中国特色社会主义政治经济学的思想精髓。[1] 张宇提出中国特色社会主义政治经济学体系应当包括四个部分,一是经济制度,二是经济运行,三是经济发展,四是对外开放等。[2] 根据党的十九大精神,顾海良提出新时代中国特色社会主义政治经济学是准确把握社会主要矛盾变化的新特征、新趋向和新要求,以贯彻新发展理念和建设现代化经济体系为中心论题,形成涵盖经济制度、经济体制和经济运行的系统化的经济学说。[3] 任保平认为,新时代中国特色社会主义政治经济学的框架和范围包括习近平新时代中国特色社会主义经济思想、新时代中国特色社会主义经济的重大理论问题、重大实践问题、重大历史经验总结等。[4]

(3) 关于21世纪中国马克思主义政治经济学研究展望。学术界在总体上形成了共识,即在坚持马克思主义政治经济学基本立场、观点、方法和原理的基础上,超越对马克思主义政治经济学各个具体理论的争论,围绕现实问题,积极吸收西方经济学等多种经济学流派的科学成分,扩展和深化对马克思主义政治经济学核心范畴的研究,推进马克思主义政治经济学研究的现代化、多元化、融合化水平,[5] 实现理论创新、形成科学理论体系:既要从近代以来世界体系的发展与中国自身社会结构的实际出发,又要从理论上重新解释新中国成立以来的国家性质和特点及其与生产关系和社会生产力的关系,重新构建一个中国近代以来的社会发展分析范式。[6] 要把致力于构建中国特色社会主义政治经济

---

[1] 洪银兴:《推动中国特色社会主义政治经济学理论体系建构》,《中国社会科学报》2017年5月5日;《新发展理念与中国特色社会主义政治经济学》,《毛泽东邓小平理论研究》2017年第8期。

[2] 张宇:《中国特色社会主义政治经济学需要深入研究的若干问题》,《政治经济学评论》2016年第4期;《中国特色社会主义政治经济学的科学内涵》,《经济研究》2017年第5期。

[3] 顾海良:《新时代中国特色社会主义政治经济学发展研究》,《求索》2017年第12期。

[4] 任保平:《理解新时代的中国特色社会主义政治经济学》,《西北大学学报》(哲学社会科学版)2018年第3期。

[5] 何爱平、任保平:《新中国60年来马克思主义政治经济学研究的回顾与前瞻》,《马克思主义研究》2009年第7期。

[6] 邱海平:《论中国政治经济学的创新及逻辑起点——基于唯物史观对于中国现代历史适用性的思考》,《教学与研究》2010年第3期。

学话语体系作为最重要的研究任务：把政治经济学植根于中国改革开放和经济发展的丰厚土壤，系统展示中国特色社会主义发展道路和发展经验，并上升到理论高度；系统整理改革开放以来党的重要文献和经济学界提出的一系列重大理论创新，形成基本理论命题，形成基本的概念和理论假设。① 还要在研究方法上，打破教条主义，不"唯上"、不"跟风"：规范分析须增强研究的深度；实证分析须重视马克思主义政治经济学高度重视数学方法的传统，增强定量分析；重构政治经济学的历史观，给马克思主义政治经济学发展创新植入中国元素、贡献中国智慧，从历史资料的整理构建起政治经济学的中国历史观。② 此外，还应进行政策反思研究，面向现实重大问题开展研究。例如，深入研究如何理解和发展混合所有制经济、私有产权神话和理性人假说；如何使市场对资源配置起决定性作用，政府如何更好发挥作用；研究要在各种要素按贡献和供求参与收入分配的大背景下展开，例如，如何实现按劳分配为主体？在拉动经济增长方面，如何实现需求侧和供给侧共同发力等。③

第三，科学社会主义研究。

进入 21 世纪，科学社会主义不论在理论研究方面还是在学科建设方面，既面临着良好的机遇，又面临着严峻的挑战。

1. 关于科学社会主义新阐释问题。郭大俊认为科学社会主义就是马克思主义，马克思主义就是科学社会主义，而列宁指出的马克思主义三个组成部分的说法是对马克思恩格斯文本的误解。④ 对此，高放从逻辑上论证了列宁的三组成部分说符合马克思主义本意：马克思恩格斯都是先学哲学、再学经济学、后成为科学社会主义者的。其中，哲学、经济学为科学社会主义奠定了两大理论基础，马克思一生的两大发现正是为科学社会主义奠定了两大理论基础。如果缺少这两大理论基础，社会主义就不可能从空想变成科学。⑤ 严书翰认为，广义的科学社会主义是

---

① 胡家勇：《建设中国特色社会主义政治经济学话语体系》，《学习与探索》2016 年第 7 期。
② 任保平、段雨晨：《为马克思主义政治经济学的创新发展贡献中国智慧》，《陕西师范大学学报》（哲学社会科学版）2016 年第 1 期。
③ 洪银兴：《十八大以来需要进一步研究的几个政治经济学重大理论问题》，《南京大学学报》（哲学·人文科学·社会科学）2016 年第 2 期。
④ 郭大俊：《"马克思主义三个组成部分说"献疑》，《江汉论坛》2001 年第 2 期。
⑤ 高放：《科学社会主义研究中五个问题歧见述评》，《东南学术》2005 年第 1 期。

由马克思恩格斯创立的科学社会主义、列宁主义和中国共产党人对科学社会主义的发展三部分构成的，而狭义的科学社会主义主要包括社会化生产与生产资料资本家私人占有、工人阶级与资产阶级、生产资料公有制与生产资料私有制、社会革命与社会改良、民主与专政、经济发展与社会平等、商品经济与有计划组织社会生产、人的自由全面发展与全人类解放、基本原则与各国实际等九对基本范畴。①

2. 关于科学社会主义基本原则问题。秦宣基于《共产党宣言》，提出了科学社会主义的基本原则：实现人的自由而全面发展是社会主义的价值目标、实现绝大多数人利益并最终达到共同富裕是社会主义的出发点和归宿、促进社会生产力的不断发展是社会主义的根本任务、消灭私有制建立生产资料公有制是实现社会主义目标的前提、无产阶级政党的领导和无产阶级的统治是建立社会主义的根本保证。② 周新城指出基本原则包括无产阶级必须在自己组织的政党的领导下进行革命和建设、必须夺取政权并建立无产阶级专政、消灭私有制建立公有制、社会主义革命必须同传统观念彻底决裂。秦刚则认为科学社会主义基本原则包括：社会主义取代资本主义是客观历史的必然，无产阶级和劳动群众是实现社会主义的依靠力量，实现人的解放和自由全面发展是社会主义新社会的最高价值追求，无产阶级进行社会革命必然要组成无产阶级政党，无产阶级要建立新型国家政权和社会制度，劳动群众要成为国家和社会的主人，社会主义以解放和发展生产力为根本任务，不断满足全体社会成员各个方面的需要，社会主义是一个不断变化、改革、从不成熟到成熟、从不完善到完善的发展过程。③

3. 关于科学社会主义与民主社会主义的关系问题。高放回顾了百年来科学社会主义与民主社会主义关系演变的历史，指出民主社会主义对科学社会主义构成了挑战：民主社会主义的影响超过科学社会主义的原因在于它能够顺应世界客观发展的形势，逐步推进改良路线，多方发

---

① 严书翰：《科学社会主义前沿问题研究》，《理论学刊》2012年第7期；《科学社会主义基本范畴解析》，《当代世界与社会主义》2010年第4期。
② 秦宣：《论科学社会主义的基本原则——重读〈共产党宣言〉》，《教学与研究》2008年第3期。
③ 秦刚：《坚持把科学社会主义基本原则同中国实际和时代要求相结合》，《学习时报》2018年5月11日。

扬民主，不断调整政策，接受群众监督，发展经济给群众以实惠等。但是，民主社会主义的局限性在于未能从根本上改变资本主义制度。共产党要坚持科学社会主义不动摇，借鉴民主社会主义发展社会主义民主；善于联合各类社会主义政党，尤其是民主社会主义政党，实行多党合作，结成广泛的统一战线，从而推进世界社会主义运动。[1] 周新城指出，民主社会主义是主张在资本主义框架下进行社会改良的思潮，它与科学社会主义是有本质区别的、是根本对立的，围绕着民主社会主义的争论，是一场事关我国举什么旗、走什么路的斗争；必须坚持科学社会主义基本原则，不能把社会主义的本质归结为像民主、公平这样的抽象的价值；一种社会制度的性质取决于生产资料归谁所有、政权归谁掌握，实行社会福利制度、工人参加管理和监督是政策，而不是社会制度的本质、不是社会主义和资本主义的区别；必须划清科学社会主义与民主社会主义的界限，坚定不移地走中国特色社会主义道路。[2]

4. 关于科学社会主义与中国特色社会主义的关系问题。石仲泉认为中国化马克思主义理论是科学社会主义的一个新形态。[3] 李崇富认为科学社会主义是中国特色社会主义最直接的理论基础，中国特色社会主义是马克思主义及其科学社会主义在中国的运用、发展和创新，是科学社会主义中国化的新形态[4]。严书翰指出中国特色社会主义理论体系在八个方面坚持了科学社会主义基本原则：以历史唯物主义为理论基础、以解放和发展生产力为根本任务、代表最广大人民的根本利益、以工人阶级政党为领导核心、以公有制和按劳分配为社会主义经济制度的基础、人民当家作主的社会主义民主政治的本质、改革和完善社会主制

---

[1] 高放：《百年来科学社会主义与民主社会主义关系的演变——兼谈"只有社会主义民主才能救中国"》，《理论学刊》2007 年第 6 期；《民主社会主义对科学社会主义的挑战》，《社会科学研究》2007 年第 5 期。

[2] 周新城：《划清科学社会主义与民主社会主义的界限》，《思想理论教育导刊》2007 年第 7 期；《关于中国应该走什么道路的争论——必须划清科学社会主义与民主社会主义的界限》，《贵州师范大学学报》（社会科学版）2012 年第 4 期。

[3] 石仲泉：《邓小平理论：科学社会主义观的一个新形态》，《中国特色社会主义研究》2004 年第 4 期。

[4] 李崇富：《论中国特色社会主义是科学社会主义的新形态》，《北京联合大学学报》（人文社科版）2011 年第 1 期。

度和体制、坚持以实现共产主义为最高理想。[1] 秦刚认为中国特色社会主义在两个方面为科学社会主义作出了历史贡献：为东方国家坚持和发展社会主义提供了成功的范例；拓展了一条不同于资本主义现代化的新途径，为发展中国家摆脱贫困、走向现代化提供新的选择。[2] 李景治指出科学社会主义在世界上高高举起了中国特色社会主义伟大旗帜，是因为中国特色社会主义解决了科学社会主义在当今世界发展、振兴的根本问题，代表了科学社会主义在当今世界的具体实现形态。中国特色社会主义道路焕发了科学社会主义的强大生机和活力。[3]

由此可见，21世纪马克思主义原理研究应在以下几个方面进一步加强。（1）加强中国马克思主义理论研究的深度，增强学理性探讨，提升阐述的力度，而不停留于对领导人讲话、重大会议决议精神做注解和说明。从历史和现实相结合的高度，动态、全面、深入地揭示出马克思主义诸多形态间"继承和发展"的内在联系。（2）开阔研究的视野，从整个马克思主义历史高度，全面、系统地研究马克思主义经典作家的思想之间联系，从各个不同历史时期的具体实际出发，讲清理论背后的实际，逻辑背后的历史，揭示出其中继承和发展的历史必然性。（3）增强研究的综合性。马克思主义博大精深，各个经典作家的思想也都形成了完整的理论体系，因此在研究中就必须坚持全面性、整体性和综合性的原则，必须把其中的每一个具体思想和观点都放到整个思想体系中去加以综合性的认识；还应在坚持唯物史观的基础上，借鉴实证研究方法等方法论，实现研究方法上的突破。

二　中国化马克思主义研究

第一，中国化马克思主义理论总体研究。

1. 关于中国化马克思主义的内涵问题。学界基本上把马克思主义

---

[1] 严书翰：《中国特色社会主义是扎根于当代中国的科学社会主义》，《理论学刊》2010年第3期。

[2] 秦刚：《中国特色社会主义对科学社会主义的历史贡献》，《文汇报》2018年2月28日。

[3] 李景治：《科学社会主义为什么要高举中国特色社会主义伟大旗帜》，《北京行政学院学报》2020年第1期。

中国化等同于中国化马克思主义,只是略作区分:中国化马克思主义是理论成果,马克思主义中国化主要指与中国具体实际相结合、与中国优秀传统文化相结合的发展过程,表现为中国化、民族化等特征。梅荣政认为中国化马克思主义是与经典马克思主义一脉相承的,表现在世界观相同、理论与实际统一的理论本性相同、历史使命相同,贯通经典马克思主义哲学、政治经济学、科学社会主义三个组成部分;集中全面体现在党的基本理论、基本路线、基本纲领,涵盖了经济、政治、文化各个方面。① 安启念梳理了学术界对马克思主义中国化的三类定义:第一,运用马克思主义解决中国革命、建设和改革的实际问题;第二,这是把中国革命、建设和改革的实践经验和历史经验提升为理论,是马克思主义的创新发展;第三,赋予马克思主义中国形式、中国风格。② 中国化马克思主义要解决的问题是深化和把握共产党执政规律、社会主义建设规律、人类社会发展规律等。

2. 关于中国化马克思主义价值问题。(1) 时代价值。能够正确认识和积极回应21世纪新变化、准确把握新的时代特征。(2) 理论价值。既保持马克思主义开放性和时代性,拓展马克思主义中国化广阔的理论视域、开辟高远的理论境界、彰显强劲的理论态势、呼唤丰富的理论创造、实现崭新的理论飞跃;又为坚定道路自信、理论自信、制度自信、文化自信,为塑造文明大国、东方大国、负责任大国、社会主义大国的形象提供理论支持。③ (3) 现实价值。坚守人民立场,坚持以人民为中心的价值追求;贯彻生产力和生产关系、人民民主、文化建设、社会建设、人与自然关系的思想,统筹推进"五位一体"总体布局;贯彻世界历史的思想,坚持互利共赢开放战略、构建人类命运共同体;贯彻马克思主义政党建设的思想,进行伟大斗争、建设伟大工程、推进伟大事业、实现伟大梦想。④ 吴晓明认为中国化马克思主义在完成其中国

---

① 梅荣政:《世纪之交马克思主义中国化的历史特点》,《武汉大学学报》(社会科学版) 2003年第1期。
② 安启念:《当前中国马克思主义中国化研究中的两个问题》,《重庆邮电大学学报》(社会科学版) 2017年第4期。
③ 曹富雄、荣之君、郭淑兰:《21世纪中国马克思主义发展的价值取向——马克思主义发展的当代中国形态研究》,《北京行政学院学报》2017年第6期。
④ 国防大学政治学院:《用鲜活丰富的当代中国实践推动马克思主义发展》,《解放军报》2018年6月4日。

现代化任务的同时,正积极地开启出一种新文明类型(超越现代资本主义文明)的可能性。①

3. 关于如何创新发展中国化马克思主义的问题。理论界均主张坚持马克思主义基本原理同中国具体实际相结合的基本原则,包心鉴进一步提出坚持马克思主义与时俱进的理论品质和活力源泉、坚持马克思主义的群众观点和群众路线,是马克思主义中国化的根本保证。②孙应帅也指出21世纪发展中国马克思主义,既要始终坚持马克思主义立场、观点、方法,而不拘泥于马克思主义经典作家的具体结论和个别论断,又要坚持理论与实践相结合、坚持继承与创新相结合、坚持古今中外相结合,将马克思主义中国化推进到新境界。③郭建宁指出,应立足中国实践、总结中国经验、汲取中华文化、站在时代前沿、具有国际视野、阐述好中国特色、打造中国话语体系等,来发展21世纪中国化马克思主义。④

第二,邓小平理论研究。

邓小平理论作为中国化马克思主义的第二个理论形态、中国特色社会主义理论体系的第一个理论形态,1997年在党的十五大上被确定为党的指导思想。因其博大精深的理论体系、指导发展的理论地位,21世纪以来,仍然是学界研究的热点和重点。正如包心鉴所说,邓小平理论不仅属于20世纪,而且属于21世纪,它对21世纪中国特色社会主义事业的继续拓展,必将发挥久远性的指导作用。在当代中国,在新世纪的漫漫征途上,只有邓小平理论而没有别的理论能够解决社会主义的前途和命运问题。毫无疑问,对21世纪中国化马克思主义发展的研究,也自邓小平理论开始。

1. 关于邓小平理论的内涵与特点问题,学界主要从科学体系上进行解读,形成了三层次说、四层次说、五层次说等理论观点。例如,刘毅强把邓小平理论的科学体系总结为涵盖"精髓、主题、基本问题"的三个层次:第一个层次是理论精髓——"解放思想、实事求是";第

---

① 吴晓明:《马克思主义中国化与新文明类型的可能性》,《哲学研究》2019年第7期。
② 包心鉴:《马克思主义中国化的历史经验及启示——从毛泽东思想到"三个代表"重要思想》,《求是》2003年第24期。
③ 孙应帅:《努力发展21世纪中国的马克思主义》,《前线》2016年第7期。
④ 郭建宁:《发展21世纪中国的马克思主义》,《光明日报》2015年10月11日。

二个层次是理论主题,即首要的基本理论问题——"什么是社会主义,怎样建设社会主义";第三个层次是建设有中国特色社会主义的基本问题:发展道路、发展阶段、根本任务、发展动力、外部条件、政治保证、战略步骤、党的领导和依靠力量以及祖国统一等一系列基本问题。而这一系列基本问题在政策上涵盖了实际工作中的经济、政治、科技、教育、文化、民族、军事、外交、统一战线、党的建设等各个领域。[1] 赵曜把邓小平理论的科学体系概括为四个不同层次的内容:第一层次是主题和主线,即建设有中国特色的社会主义;第二层次是哲学基础,即马克思主义哲学;第三层次是核心内容,即党在社会主义初级阶段的基本路线;第四层次是基本理论,即本质论、改革开放论、市场经济理论、初级阶段理论、现代化建设理论、民主政治建设理论、国防和军事理论、对外关系理论、"一国两制"理论、社会主义的领导力量和依靠力量理论、党建理论。[2] 包心鉴从历史和逻辑的视角,把邓小平理论的科学体系概括为五个层次的内涵:第一层次是基石理论,即社会主义初级阶段论;第二层次是支柱理论,亦即基本规律理论,包括社会主义本质论、社会主义改革动力论、社会主义市场经济论、社会主义全面发展论这四个基本理论;第三层次是分支理论,即基石理论和支柱理论在建设有中国特色社会主义各个层面的展开,包括社会主义的根本任务、"三个有利于"的标准、我国经济发展的战略步骤、社会主义的政治保证、社会主义的外部条件、社会主义的依靠力量、"一国两制"统一国家等重要论述;第四层次是应用理论,即建设有中国特色社会主义的基本理论在实践中的深入展开,包括党在社会主义初级阶段的基本路线、基本纲领以及由此引申的若干基本范畴;第五层次是世界观和方法论,主要包括:坚持解放思想与实事求是的有机统一、把一切从中国实际出发作为实现马克思主义基本原理与中国实际相结合的逻辑出发点、坚持全面的科学的国情分析、把人民群众的创造精神与实际利益有机地统一起来,理清世界局势,把握发展机遇。[3]

---

[1] 刘毅强:《邓小平理论是中国特色社会主义理论体系的奠基之作》,《湖南社会科学》2008 年第 6 期。

[2] 赵曜:《全面系统地把握邓小平理论的科学体系》,《学习论坛》2004 年第 8 期。

[3] 包心鉴:《邓小平理论:21 世纪中国特色社会主义胜利前进的旗帜》,《中共云南省委党校学报》2000 年第 1 期。

2. 关于邓小平理论对马克思主义的继承和发展问题。(1) 关于邓小平理论对马克思主义的继承，唐洲雁等人认为主要表现在以下几个方面：继承了马克思主义的生产力理论、未来共产主义社会大体上可分为第一阶段和高级阶段的社会阶段划分的思想、社会发展动力理论、世界历史理论的基本精神、马克思主义的时代观、马克思晚年提出的东方社会发展理论[1]、跨越资本主义制度的"卡夫丁峡谷"的设想等。(2) 关于邓小平理论对马克思主义的发展，荣开明认为主要表现在：由政治革命为重心转向以经济建设为重心的理论重心的转移，由高度集中的计划经济体制转换为社会主义市场经济体制的体制目标的转换。在马克思主义历史上，开创了诸多全新理论观点：首次提出社会主义本质的理论，首次提出社会主义初级阶段和初级阶段社会主义的理论；首次提出社会主义市场经济的理论；首次提出让一部分人、一部分地区靠诚实劳动、遵纪守法先富起来，先富带后富，最终实现共同富裕的理论；首次提出科学技术是第一生产力的理论；首次提出社会主义国家对外开放的理论；首次提出和平与发展是当代世界两大主题的理论；首次提出"一个国家、两种制度"的理论；首次提出分三步走，基本实现我国社会主义现代化的理论。理论的突破和创新，还相应地表现在社会主义发展阶段、发展动力、发展目标、发展条件、社会经济形态、所有制结构、分配形式、阶级、阶层结构、社会主义与资本主义及其相互关系等方面。综合经济、政治、科技、教育、文化、民族、军事、外交、统一战线、党的建设等方面，内涵极其丰富，贯通马克思主义哲学、政治经济学、科学社会主义等领域。它是一个包括基本理论、基本路线、基本纲领诸层次结构的立体网络式的、系统完备而又开放的科学理论体系。基于中国现实和实践，横向考察，梳理了邓小平理论在理论创新、体制创新、政策创新、方法论创新等方面对马克思主义的重大创新。[2]

3. 关于邓小平理论的地位问题。(1) 开创和奠基了中国化马克思主义。田克勤认为邓小平理论，在形成发展的背景条件、哲学基础、核心概念、逻辑前提和基本框架等方面成为中国特色社会主义理论体系的

---

[1] 唐洲雁、王小梅：《邓小平理论对马克思列宁主义、毛泽东思想的继承和发展研究述评》，《毛泽东邓小平理论研究》2002 年第 6 期。

[2] 荣开明：《邓小平理论创新的纵横考察》，《中州学刊》2001 年第 6 期。

开创之作；肖贵清认为邓小平理论从实事求是的思想路线、"三个有利于"标准、改革开放、"什么是社会主义，怎样建设社会主义"等方面，奠定了中国特色社会主义理论体系形成的基础，构建了中国特色社会主义理论体系的基石、主体内容和基本框架。① 荣开明则认为邓小平理论是马克思主义中国化的第二次历史性飞跃，是 20 世纪中华民族复兴史上继三民主义、毛泽东思想之后的第三个伟大战略理论。奠定了中国特色社会主义理论体系的本源之基，并为实现中华民族伟大复兴的中国梦奠定了指导思想的历史基础。（2）具有重要的世界意义。田克勤指出邓小平理论初步解决了 21 世纪社会主义所面临的重大历史课题，找到了一条建设社会主义的正确道路，对世界社会主义的振兴产生了巨大而深远的影响；遵循现代化一般规律，为世界各国的现代化提供了一个崭新的模式。② 荣开明从世界社会主义发展视角，指出邓小平理论是社会主义第四次历史性飞跃的产物。③

第三，"三个代表"重要思想研究。

2000 年，江泽民南巡途中，在粤沪江浙发表了"三个代表"重要谈话：我们党始终成为中国先进社会生产力的发展要求、中国先进文化的前进方向、中国最广大人民的根本利益的忠实代表。在建党 80 周年的"七·一"讲话中，完整地阐述了"三个代表"重要思想的科学内涵，从而引发了理论界对"三个代表"重要思想的深入系统的研究。

1. 关于"三个代表"重要思想对马克思主义的继承和发展问题。理论界一致认为，"三个代表"重要思想是对毛泽东思想、邓小平理论的继承和发展，或是新的历史条件下中国共产党人对马克思列宁主义、毛泽东思想、邓小平理论的坚持、继承和发展。④ 在此基础上，不同学者从不同视角进行了更为具体的阐释。例如，石仲泉认为这是《共产党宣言》历经列宁主义、毛泽东思想和邓小平理论三个阶段后的又一次发

---

① 肖贵清：《邓小平理论与中国特色社会主义理论体系的关系》，《社会主义研究》2008 年第 2 期。

② 田克勤：《论邓小平理论与中国特色社会主义理论体系的内在逻辑关系》，《思想理论教育》2014 年第 7 期；《邓小平理论的国际意义》，《前线》2004 年第 7 期。

③ 荣开明：《邓小平理论历史地位的多视角探讨》，《江汉论坛》2012 年第 3 期。

④ 李忠杰：《全面把握"三个代表"的科学内涵》，《江苏社会科学》2001 年第 5 期。

展。① 徐崇温认为是对马克思主义的社会基本矛盾论、马克思主义生产力论、马克思主义文化建设论、人民是历史的主体论的推进，是对马克思主义的世界观和方法论、共产主义的远大理想的发展。② 包心鉴认为，"三个代表"重要思想是对马克思主义建党学说的科学发展，在党的性质、宗旨、任务等方面都作出了适应时代要求的新发展。③ 此外，韩振峰认为是对马克思主义社会发展动力理论、社会形态理论、马克思主义群众史观、马克思主义社会主义社会主要矛盾理论、邓小平社会主义本质理论、马克思主义关于党的性质和宗旨理论的继承和发展。

2. "三个代表"重要思想要回答的根本问题。石仲泉指出"三个代表"重要思想是对"建设什么样的党、怎样建设党"这个根本问题的回答，它深刻地揭示了党的本质，把对党的认识提高到了一个新境界。韩振峰认为"三个代表"重要思想不仅是对共产党本质的科学概括，也是社会主义本质的集中体现，它为中国找到了党的建设与社会主义现代化建设、党的本质与社会主义本质的结合点。汪青松提出"三个代表"重要思想要回答"建设什么样的党、怎样建设党"和"什么是社会主义、怎样建设社会主义"的双重主题。

3. "三个代表"重要思想的系统科学性问题。针对有人对"三个代表"重要思想提出时间短、偶然性较大、缺乏系统性和逻辑性的质疑，马克思主义理论界对此进行了积极的回应。例如，石仲泉指出"三个代表"重要思想的系统性、科学性和创新性，表现在建设中国特色社会主义的思想路线、发展道路、发展阶段和发展战略、根本任务、发展动力、依靠力量、国际战略、领导力量和根本目的等重大问题上，表现在提出的一系列紧密联系、相互贯通的新思想、新观点和新论断。④

4. 关于如何贯彻落实"三个代表"重要思想问题。丁晋清指出，要真正实践"三个代表"，必须继承发扬马克思主义学风，即理论联系实际、按实际情况决定工作方针，其中最根本的就是坚持解放思想，实

---

① 石仲泉：《邓小平理论与毛泽东思想和中国特色社会主义理论体系——纪念邓小平诞辰110周年》，《毛泽东思想研究》2014年第3期。
② 徐崇温：《"三个代表"重要思想对马克思主义的继承和发展》，《马克思主义研究》2003年第4期。
③ 包心鉴：《"三个代表"思想的时代价值、实践指向和创新意义——纪念中国共产党成立80周年》，《山东社会科学》2001年第3期。
④ 石仲泉：《"三个代表"重要思想是一个系统的科学理论》，《求是》2003年第14期。

事求是①；汪青松认为其关键在于坚持与时俱进。②

第四，科学发展观研究。

2003 年，党的十六届三中全会通过的《中共中央关于完善社会主义市场经济体制若干问题的决定》首次提出科学发展观，即"坚持以人为本，树立全面、协调、可持续的发展观，促进经济社会和人的全面发展"。此后，理论界非常积极地参与到科学发展观的讨论和研究当中，并产生了丰富的理论成果。

1. 关于科学发展观的内涵问题。王伟光从结构上把科学发展观界定为：根本目的是以人为本，主要内容是促进全面发展，基本原则是保持协调发展，综合要求是实现可持续发展，内在实质是实现经济社会更快更好地发展，指导方针是实现统筹兼顾。③ 包心鉴结合新的时代特点和实践要求，指出科学发展观是揭示了中国现代化发展"以人为本"的本质和核心、全面协调可持续的状态、经济社会和人的全面发展的目标和"五个统筹"的基本要求，集中体现了马克思主义中国化的世界观和方法论。④ 祝黄河和季明从解决问题的角度，指出科学发展观回答了中国特色社会主义"为什么发展""为谁发展""靠谁发展""如何发展""发展什么""什么是发展""如何科学地评价发展"等一系列重大问题。

2. 关于科学发展观对马克思主义的继承和发展问题。学界一致肯定科学发展观继承和发展了经典马克思主义和中国化马克思主义两个一脉相承的体系。在此基础上，祝黄河具体指出科学发展观坚持并发展了马克思主义社会发展理论，即辩证唯物主义和历史唯物主义所揭示的人类社会发展规律和发展前景；⑤ 季明则认为科学发展观在理论上丰富和发展了马克思主义的科学社会主义，在实践上拓展了科学社会主义的新

---

① 丁晋清：《马克思主义学风建设与实践"三个代表"》，《探索》2001 年第 5 期。

② 汪青松：《"三个代表"重要思想的双重主题及其理论体系》，《当代中国史研究》2003 年第 4 期；《论中国共产党"三个代表"与时俱进的实践品格》，《安徽大学学报》2002 年第 6 期。

③ 王伟光：《深刻理解科学发展观的理论内涵》，《理论视野》2004 年第 3 期。

④ 包心鉴：《科学发展观与马克思主义中国化》，《湘潭大学学报》（哲学社会科学版）2006 年第 6 期。

⑤ 祝黄河：《科学发展观是马克思主义发展理论的最新成果》，《科学社会主义》2006 年第 5 期。

路径。①

3. 关于科学发展观与其他热点问题的关系。王忠武认为科学发展观是先进社会科学理论的具体推广和转化形式,也具有内在的道德合理性、道德目标及其道德规范与道德控制的要求;② 包心鉴指出科学发展观为包括政治体制改革在内的当代中国改革与发展提供了根本指针,因此,深化政治体制改革的核心价值是坚持以人为本,以人为本是政治体制改革的目标定位、动力定位和标准定位;深化政治体制改革的根本环节是统筹政治关系,形成政治发展的共识与合力。③ 李慎明则指出贯彻科学发展观,必须坚持走中国特色社会主义政治发展道路,坚定不移发展社会主义民主政治,为实现科学发展提供政治保障。④

第五,习近平新时代中国特色社会主义思想研究。

2017年,党的十九大报告明确指出,习近平新时代中国特色社会主义思想,是对马克思列宁主义、毛泽东思想、邓小平理论、"三个代表"重要思想、科学发展观的继承和发展,是马克思主义中国化最新成果,是党和人民实践经验和集体智慧的结晶,是中国特色社会主义理论体系的重要组成部分,是全党全国人民为实现中华民族伟大复兴而奋斗的行动指南,必须长期坚持并不断发展。同时,它也昭示着中国特色社会主义理论和实践都进入了新时代。习近平新时代中国特色社会主义思想的研究正在蓬勃开展。

1. 关于习近平新时代中国特色社会主义思想的形成问题,学界普遍认为,其理论上源于马克思主义基本原理、毛泽东思想的精髓、中国特色社会主义理论体系的主体内容和中华优秀传统文化,是中国特色社会主义新篇章。⑤ 基于此共识,韩庆祥具体指出历史新变革、历史新方位、矛盾新转化、历史新使命、时代新课题和成果新拓展等是习近平新时代中国特色社会主义思想实现马克思主义中国化新飞跃的坚实基础和

---

① 季明:《科学发展观——当代中国马克思主义社会发展理论》,《中共云南省委党校学报》2008年第1期。
② 王忠武:《科学发展观的道德辨证》,《东岳论丛》2005年第4期。
③ 包心鉴:《科学发展观与深化中国政治体制改革》,《理论探讨》2009年第5期。
④ 李慎明:《贯彻科学发展观 坚定不移发展社会主义民主政治》,《理论前沿》2009年第1期。
⑤ 商志晓:《中国特色社会主义理论新篇章》,《中国社会科学报》2017年10月12日。

立论根据。① 陈金龙则认为十八大以来各领域的实践、改革开放以来以及中华人民共和国成立以来坚持和发展中国特色社会主义的实践、习近平个人的实践经历，是习近平新时代中国特色社会主义思想形成的实践基础。中国特色社会主义进入新时代、世界社会主义发展以及解决人类问题的理论诉求，是习近平新时代中国特色社会主义思想形成的时代条件。② 张士海认为其内在的逻辑主要体现为五个坚持：坚持中国立场与世界眼光相结合、坚持现实需要与历史反思相结合、坚持实践创新与理论指导相结合、坚持理论继承与理论发展相结合、坚持部分阐释与整体建构相结合。③ 金民卿考察了习近平新时代中国特色社会主义思想形成的主观条件，即习近平牢牢坚持马克思列宁主义、毛泽东思想、邓小平理论、"三个代表"重要思想、科学发展观的指导，坚持解放思想、实事求是、与时俱进、求真务实，紧密结合新的时代条件和实践要求，以全新的视野深化对共产党执政规律、社会主义建设规律、人类社会发展规律的认识。④

2. 关于习近平新时代中国特色社会主义思想的体系结构问题。理论界一致认为：该思想是一个系统完整、逻辑严密，涵盖改革发展稳定、内政外交国防、治党治国治军等各个方面的科学理论体系。党的十九大从坚持和发展中国特色社会主义的总目标、总任务、总体布局、战略布局和发展方向、发展方式、发展动力、战略步骤、外部条件、政治保证等方面阐述了这一思想的丰富内涵，并从"坚持党对一切工作的领导"开始布局，对经济、政治、法治、科技、文化、教育、民生、民族、宗教、社会、生态文明、国家安全、国防和军队、"一国两制"和祖国统一、统一战线、外交、党的建设等14个方面阐述了新时代坚持和发展中国特色社会主义的基本方略，形成了一个彼此依存、相互关联协调、不可分割的科学理论整体，并提出了新方位、社会矛盾、分两步

---

① 韩庆祥：《习近平新时代中国特色社会主义思想是一个系统完整、逻辑严密的科学理论体系》，《理论导报》2017年第12期。
② 陈金龙：《习近平新时代中国特色社会主义思想的形成》，《安徽师范大学学报》（人文社会科学版）2018年第2期。
③ 张士海：《论习近平新时代中国特色社会主义思想的内在逻辑》，《中共中央党校学报》2018年第4期。
④ 金民卿：《全面领会习近平新时代中国特色社会主义思想》，《人民论坛》2017年第S2期。

建设的战略目标，以及坚持和发展中国特色社会主义的新方略。① 金民卿从理论和实践的结合上，指出该思想体系涵盖了新时代坚持和发展中国特色社会主义的总目标、总任务、总体布局、战略布局和发展方向、发展方式、发展动力、战略步骤、外部条件、政治保证等基本问题，形成了重大理论创新成果。陈金龙指出，明确的主题、核心内容和基本方略，构成习近平新时代中国特色社会主义思想的有机整体。张士海认为，习近平新时代中国特色社会主义思想涵盖了"新时代坚持和发展什么样的中国特色社会主义、怎样坚持和发展中国特色社会主义"的主题，"决胜全面建成小康社会、开启全面建设社会主义现代化国家新征程"的主线，"解放思想、实事求是、与时俱进、求真务实"的灵魂，"为中国人民谋幸福、为中华民族谋复兴"的主旨。②

3. 关于习近平新时代中国特色社会主义思想的理论品质问题。学界一致认为习近平新时代中国特色社会主义思想具有继承性、科学性、实践性、创新性、人民性、党性、使命自觉性、时代性、历史性和未来性等理论品质。顾海良根据恩格斯、列宁等经典作家对马克思主义理论的科学性和革命性的概括和阐释，指出习近平新时代中国特色社会主义思想实现了科学性和真理性、人民性和实践性、开放性和时代性的统一；认为其显著特点在于历史、现实和未来的结合，即以近五年来中国社会的历史性变革为现实根据，以实现中华民族伟大复兴中国梦的历史视界展现其深刻的时代意蕴，以对世界社会主义 500 年的历史回溯揭示其深远的世界意义，在不忘初心的历史探索中升华根本宗旨、核心立场、历史使命和奋进路向。③ 陈金龙着重分析了该思想体系所彰显的强烈的问题意识、深厚的人民情怀、睿智的辩证精神和开阔的国际视野等 21 世纪中国马克思主义的特征。④ 秦宣强调了其创新性，指出该思想体

---

① 靳诺：《习近平新时代中国特色社会主义思想的划时代意义》，《中国高等教育》2017年第21期。
② 张士海：《习近平新时代中国特色社会主义思想是马克思主义中国化的最新成果》，《国外理论动态》2017年第11期。
③ 顾海良：《历史视界 时代意蕴 理论菁华——习近平新时代中国特色社会主义思想研究》，《当代世界与社会主义》2017年第6期；《马克思主义中国化与马克思主义理论特征的升华》，《中国高校社会科学》2020年第1期。
④ 陈金龙：《关于习近平新时代中国特色社会主义思想的若干思考》，《思想理论教育》2017年第12期。

系提出了一系列新理念新思想新战略，在基本立场、指导思想、奋斗目标、制度设计、战略部署、基本方略、国际战略等几个方面具有鲜明的特色。① 田鹏颖指出该思想是世界社会主义合规律性与合目的性的统一。② 韩振峰指出，该思想体系具有党性与人民性有机统一、世界观与方法论有机统一、继承性与创新性有机统一、中国立场与世界胸怀有机统一、顶层规划与重大举措有机统一等理论品质。

4. 关于习近平新时代中国特色社会主义思想的地位和价值问题。理论界一致认为习近平新时代中国特色社会主义思想是对马克思主义的继承和发展，是新时代中国共产党坚持和发展马克思主义的最新理论成果，是当代中国马克思主义、21 世纪马克思主义，具有重大理论意义、实践意义和世界意义。韩喜平具体从实践逻辑、理论逻辑上阐释该思想的价值：围绕着坚持和发展中国特色社会主义，以全新视野深化了对共产党执政规律、社会主义建设规律和人类社会发展规律的认识，续写了马克思主义在 21 世纪发展的新篇章。③ 陈金龙特别阐释了该思想的世界意义：蕴含世界社会主义发展的中国智慧、发展中国家走向现代化的中国经验、全球治理的中国方案，澄清了历史终结论、文明冲突论、西方中心论的理论迷雾，在人类思想史上具有重要地位。④ 齐卫平阐释了该思想在发展国家、武装全党、团结人民和凝聚社会等四个方面所具有的强大理论引领功能。⑤ 韩振峰用三重境界来定位该思想的地位和价值：开辟了马克思主义发展新境界、中国特色社会主义发展新境界、新时代党建新境界。⑥ 肖贵清从科学社会主义角度进行了价值阐释：该思想为科学社会主义理论注入新的原创性内容，形成了科学社会主义的最新理

---

① 秦宣：《习近平新时代中国特色社会主义思想的特色》，《教学与研究》2017 年第 12 期。

② 田鹏颖：《习近平新时代中国特色社会主义思想的理论逻辑和实践逻辑》，《中国高等教育》2018 年第 2 期。

③ 韩喜平：《习近平新时代中国特色社会主义思想是 21 世纪马克思主义》，《党建研究》2018 年第 10 期。

④ 陈金龙：《论习近平新时代中国特色社会主义思想的世界意义》，《华东师范大学学报》（哲学社会科学版）2018 年第 3 期。

⑤ 齐卫平：《习近平新时代中国特色社会主义思想：时代回应与理论功能》，《理论与改革》2018 年第 5 期。

⑥ 韩振峰：《习近平新时代中国特色社会主义思想的几个重大问题初探》，《北京交通大学学报》（社会科学版）2018 年第 1 期。

论成果。肖贵清从历史、时代、理论、实践等"四重维度"阐释了该思想对科学社会主义的创新和发展。① 何怀远指出习近平新时代中国特色社会主义思想系统回答了怎样推进社会主义事业，经济文化落后的国家怎样建设社会主义，如何发展社会主义民主政治，不同文化、不同社会制度、不同发展水平的国家和民族如何共处同一时空的世界，人类未来道路如何走等重大问题。②

我们认为，21世纪马克思主义中国化发展前景，关键在于以习近平新时代中国特色社会主义思想为指导，增强中国马克思主义研究的系统化、具体化、国际化水平：马克思主义与中国特色社会主义波澜壮阔的具体实践相结合、相促进，解决了中国发展中的问题，并形成了日益丰富的理论成果，在中国特色社会主义新时代把马克思主义进一步推向更高境界；深化了马克思主义和中国化马克思主义的世界意义，致力于解决人类社会面临的问题，为发展中国家提供了中国方案，为科学社会主义开辟了中国道路，打造和深化了人类命运共同体。

三 中国马克思主义现实关切问题研究

第一，中国话语体系问题研究。

每个时代都有反映时代的话语体系。在评价《资本论》的科学成就时，恩格斯曾经指出："一门科学提出的每一种新见解都包含这门科学的术语的革命。"③ 恩格斯还说："一个民族要想站在科学的最高峰，就一刻也不能没有理论思维。"④ 2013年11月，党的十八届三中全会通过的《中共中央关于全面深化改革若干重大问题的决定》提出：加强国际传播能力和对外话语体系建设，推动中华文化走向世界。2013年12月，习近平在全国宣传思想工作会议上指出：着力打造融通中外的新概念新范畴新表述，讲好中国故事，传播好中国声音。这表明，建设国家话语体系已成为一种国家战略。2016年5月17日，习近平总书记在哲

---

① 肖贵清：《习近平新时代中国特色社会主义思想对科学社会主义创新和发展的四重维度》，《思想理论教育》2018年第9期。
② 何怀远：《21世纪马克思主义的新发展》，《红旗文稿》2018年第23期。
③ 《马克思恩格斯文集》第5卷，人民出版社2009年版，"英文版序言"第32页。
④ 《马克思恩格斯选集》第3卷，人民出版社1995年版，第467页。

学社会科学工作座谈会上的讲话中指出：发挥我国哲学社会科学作用，要注意加强话语体系建设。关于中国话语体系的研究，成为近年来中国马克思主义研究的重点之一。

1. 关于中国话语体系内涵及其演化研究。

现代话语研究源于20世纪50年代的美国，最初以"话语分析"为基本学科形态，20世纪70年代末传入中国。21世纪以来，"话语体系"在中国成为一个横跨政治、经济、文化等人文社会科学领域的术语。在建设有中国特色的话语学体系过程中，中国话语研究范式逐渐由语言层面扩展到文化等诸多领域，呈现出"从话语内部走向话语秩序、话语文化和话语文明，从个体或群体话语走向国家话语，从国内话语走向国际话语"的趋向①；逐渐由微观的学术层面向"中国媒体的语用策略、成因"拓展，由宣传执政党的政治理论和思想路线层面，逐渐扩展到政治、经济、文化等诸多领域，成为一个具有广泛社会意义的术语，国家话语体系等逐渐成为学术热点。中国话语体系主要是指中国特色哲学社会科学学科体系、学术体系、话语体系。

关于中国话语体系。肖贵清曾简明指出邓小平理论就是当代中国主流话语体系。② 李忠杰认为中国话语体系就其本质内容来说，就是中国特色社会主义，因为中国特色社会主义道路、理论和制度体系主导着中国社会发展进程。③ 赵士发指出当代中国的话语体系实质上是承载着当代中国的核心利益与价值诉求，体现中国道路和方案的表达系统，当代中国话语体系的建构也就是马克思主义中国化、时代化与大众化的话语体系的形成并为中国与世界人民所认同，表现为各种相互联系的话语形式，语言、文字、符号、图像、声音、表情等，它们以不同方式和不同的所指与能指表达中国人民生存和发展的意愿和心声。政治话语是上层，学术话语是中层，日常话语是底层。④

---

① 陈汝东：《论话语研究的现状与趋势》，《浙江大学学报》（人文社会科学版）2008年第6期。

② 肖贵清：《邓小平与中国特色社会主义话语体系的建构》，《思想理论教育导刊》2014年第8期。

③ 李忠杰：《谈中国话语体系的科学化大众化国际化》，《北京日报》2012年5月14日。

④ 赵士发：《当代中国话语体系的双重构建》，《中国社会科学报》2016年3月31日。

2. 关于中国话语体系建构的意义研究。

吴泽群指出，当今世界的权力正在发生转移，由历史上的"暴力""资本"，转向知识和科技创新，现在日趋转向"话语权力"，这一方面是学术发展的需要，不仅要解释世界，更在于改造世界。张宇认为，在新的世界方位中构建中国的学术话语体系，是当前中国理论界和学界面临的一项重大而紧迫的时代课题。[①] 另一方面是中国特色社会主义事业发展的需要。例如，严书翰认为中国哲学社会科学话语体系建设，是巩固马克思主义在我国意识形态领域指导地位和巩固全党全国人民团结奋斗共同思想基础的必然要求，是增强我国软实力的一项重要任务。[②] 陈汝东着重强调了中国话语体系的世界意义，拓展国际话语空间，需要输出国家价值，在全球树立一面国家文化旗帜；而世界也期待中国能形成系统的国家思想理论，为国际社会的发展和国际秩序的建构提供理论支撑。[③] 所以，构建中国话语体系必要且迫切。

3. 关于中国话语体系建构策略研究。

针对中国话语权不足的问题，习近平提出了建立话语权的两个路径：一是不断推进中国特色社会主义事业，实现中华民族的伟大复兴；二是"讲好中国故事，传播好中国声音"。构建中国哲学社会科学话语体系，必须以马克思主义为指导，必须植根中国特色社会主义生动实践，应把握古与今、中与外的关系，要处理好学术话语、政治话语、群众话语的关系。受此启发，黄力之从中国话语体系的重建面临的三大基本问题提出"批判—反思—行动"的建构思路：一是中国话语体系重建直接针对的是西方话语体系，破除全盘西化的文化心态，才能重建话语体系；二是确认中国话语体系的基本问题域，即中国问题与中国眼中的世界问题，前者肯定中国道路的独特性及其独特意义，后者确认西方中心主义已失去对世界的支配权，中国道路正在产生世界性意义；三是中国话语体系重建的中国方式，即组织和动员中国学界整体性地参与重建中国话语体系的工作。这既由 20 世纪中国的历史所决定，也由中国的

---

① 张宇：《构建世界方位中的中国学术话语体系》，《中国社会科学报》2012 年 11 月 2 日。

② 严书翰：《加强我国哲学社会科学话语体系建设的几个重要问题》，《党的文献》2014 年第 6 期。

③ 陈汝东：《论国家话语体系的建构》，《江淮论坛》2015 年第 2 期。

历史文化传统所决定。① 赵士发提出以马克思主义中国化为核心构建当代中国话语体系：一是从理论与实践上继续推进中国特色社会主义理论与实践的发展；二是加强教育科学文化事业的领导，将马克思主义、中国优秀传统文化和世界先进文明成果有机统一起来，让社会主义核心价值体系和价值观成为当代中国话语体系的核心内容；三是加强对中介即媒体文化的引领；四是对话语主体和受众进行引导。培养一批当代中国话语体系的建设者，让他们在国内发挥正能量，在国际上发出中国声音，讲好中国故事，让中国话语体系得到世界认同。② 田鹏颖从对西方话语体系的批判和反思视角，提出通过解构西方话语体系，建构中国话语体系。他说，面临西方话语垄断，崛起中的中国不能通过照搬和套用西方话语逻辑来建构中国话语体系，必须在解构西方话语中确立和把握中国话语体系。③

此外，郭建宁提出建构中国话语体系的"三重维度"，即中国特色社会主义伟大实践、弘扬中华优秀传统文化、回答时代课题。④ 吴泽群指出从做好、讲好、传好中国特色社会主义的伟大事业的"三个基本环节"来建构。高文兵主张主要从"三个方面"构建：弘扬马克思主义中国化的优良传统，打造融通中外的当代中华文化，推进实现中华民族伟大复兴中国梦的实践。魏建斌等则提出应从宣扬中国特色社会主义道路、理论和制度三个方面建构中国特色社会主义话语体系。张传民主张将中国话语体系置于与世界话语体系的对话和对比中，提出构建中国话语体系的文化自觉、理论自觉；邓伯军、谭培文提出构成马克思主义中国化话语体系的三个方法论自觉，即普遍性原则的哲学方法论、逻辑性原则的科学方法论、特殊性原则的学科方法论。李忠杰指出应进一步提高中国话语体系的科学化、大众化、国际化水平。施旭指出当前学术话语体系的形成与运作决不单纯是思想、表达和理解问题，必须有"体制语境"的支撑。张凤阳认为应以社会主义核心价值观作为建设当代中国

---

① 黄力之：《论中国话语体系重建的三大基本问题》，《马克思主义研究》2016年第10期。

② 赵士发：《马克思主义中国化与当代中国话语体系的构建》，《马克思主义哲学研究》2017年第1期。

③ 田鹏颖：《在解构"西方话语"中建构中国话语体系》，《马克思主义研究》2016年第6期。

④ 郭建宁：《中国话语体系构建的三重维度》，《人民论坛》2015年第10期。

话语体系的指导纲领。俞婷、丁俊萍将历史逻辑、理论逻辑和实践逻辑相统一，适应全球化进程与坚守民族特色相统一，对内提升大众化水平与对外提升国际化水平相统一，作为构建当代中国话语体系的原则与路径。

我们认为，21世纪中国马克思主义话语体系，应加强国家话语体系和国家话语能力、国际传播能力研究。要着重于：系统性，即形成一套系统完整的当代中国话语学理论，阐明当代中国话语的基本性质和规律；实质性、深刻性，即超越对国家话语体系等概念的阐释研究，进行实质性话语层面的研究；学术性，即避免简单的、重复的口号宣传，要多从语言学、话语学等方面进行学理性分析，深入探求话语体系的内在规律，[1] 既有政治性又有学术性，以政治性为目标、以学术性为根基；加强对国家话语能力特别是国家修辞能力的深入、全面、系统研究。关键是要把中国特色社会主义的伟大事业做好、讲好、传好，坚持马克思主义指导下的普惠价值来建构中国话语体系，既要讲中国特色，又要讲多样、平等、包容、互鉴，为全人类共同的美好未来提供中国方案。在中国话语体系建设中，要把中国道路的内在逻辑讲清楚。[2]

第二，中国道路问题研究。

马克思主义既承认人类文明发展的普遍性和共同性，又强调不同国家、不同地区在不同发展阶段的具体性和特殊性，必然走上不同的社会发展道路，产生不同发展模式。2004年，乔舒亚·库珀·雷默发表的《北京共识》研究报告首次提出"中国模式"，掀起了对中国模式和中国道路的研究热潮。党的十七大把中国特色社会主义事业概括为中国特色社会主义道路和中国特色社会主义理论体系的结合。所谓"中国道路"，即中国特色社会主义道路，就是在中国共产党领导下，立足基本国情，以经济建设为中心，坚持四项基本原则，坚持改革开放，解放和发展社会生产力，巩固和完善社会主义制度，建设社会主义市场经济、社会主义民主政治、社会主义先进文化、社会主义和谐社会，建设富强民主文明和谐的社会主义现代化国家。党的十八大把中国特色社会主义

---

[1] 郭湛、桑明旭：《话语体系的本质属性、发展趋势与内在张力——兼论哲学社会科学话语体系建设的立场和原则》，《中国高校社会科学》2016年第3期。

[2] 吴泽群：《建构中国话语体系须关注的基本问题》，《学习时报》2017年3月10日。

事业概括为中国特色社会主义道路、中国特色社会主义理论体系和中国特色社会主义制度的统一。习近平同志在十二届全国人大一次会议闭幕式讲话中明确指出,"中国道路"就是中国特色社会主义道路。至此,关于什么是"中国道路",在国内已经基本达成共识。从此,理论界围绕着中国道路问题进行了学理上的深入研究。

1. 关于中国道路内涵问题。韩庆祥从学术性解释框架角度把中国道路概括为"五维中国"——中国奇迹、中国道路、中国理论、中国方案、中国话语。① 包心鉴指出,中国道路是在和平与发展的时代,坚持以人民为主体,经济、政治、文化、社会、生态文明全面推进,独立自主与开放包容相统一的社会主义初级阶段的社会主义发展道路。以改革开放为基础和源泉、以实现中国现代化为主题和目标不断地健全和完善中国特色社会主义社会形态。是改革开放成功选择的一条充满生机活力之路,是中国人民自主选择的一条坚持人民中心之路,是中华文明历史选择的一条深蕴文明基因之路,是顺应时代自觉选择的一条联通世界文明之路。② 朱炳元、史春燕则认为中国道路,是在全球化的时代背景下,中国亿万人民在中国共产党领导下,立足中国的基本国情,以经济建设为中心,坚持四项基本原则,坚持改革开放,独立自主,艰苦奋斗,建设富强民主文明和谐的社会主义国家的伟大而又成功的实践;包括在这一过程中走过的道路、形成的理论和总结出的基本经验;"四位一体"总体布局,是中国道路的内涵和具体体现。③

2. 关于中国道路的特征问题。在《中国震撼——一个"文明型国家"的崛起》中,张维为归纳了"中国模式"的八大特点和八大理念。"八大特点"是指:实践理性、强势政府、稳定优先、民生为大、渐进改革、顺序差异、混合经济、对外开放。"八大理念"是指:实事求是、民生为大、整体思维、政府是必要的善、良政善治、得民心者得天下与

---

① 韩庆祥、张健:《论五维中国:解释当代中国道路和中国话语的一种学术框架》,《江海学刊》2020年第1期。
② 包心鉴:《中国道路与中国特色社会主义社会形态》,《科学社会主义》2010年第6期;《我们为什么对中国道路充满自信——论中国特色社会主义道路的内在逻辑和独特优势》,《中国高校社会科学》2019年第4期。
③ 朱炳元、史春燕:《中国道路的理论价值、基本内涵和实践特色》,《当代世界与社会主义》2011年第6期。

选贤任能、兼收并蓄与推陈出新、和谐中道与和而不同。① 孙力指出制度创新是中国道路的核心机制，无论中国道路也好，中国模式也好，中国经验也好，它的核心内容，它所运作的中轴就是制度，一个既不同于资本主义，又大相径庭于原苏联模式的社会主义制度。② 此外，徐崇温也认为中国道路的根本特色，就在于坚持了社会主义的基本制度；郭建宁认为中国道路的独特优势在把制度优势更好转化为治理效能；③ 陈晋指出中国道路是具有实践特色、理论特色、民族特色、时代特色的社会主义道路；秦刚则强调了中国道路的创新特质。

3. 关于中国道路的意义问题。陈学明认为中国道路是对马克思主义的"证实"——既用实践证明了马克思主义的一系列基本理论没有过时，又用实践推翻了马克思主义原有的一些不合时宜的结论，更用实践向前推进了马克思主义；并指出中国道路以新的丰富内容构建了当代科学社会主义新理论形态，并在实践中至少有五大贡献：在阐明社会主义发展阶段理论方面、在论述社会主义本质方面、在探索社会主义发展动力方面、在发展科学社会主义的建党学说方面，以及在重塑社会主义与资本主义的关系方面。④ 秦刚指出中国道路使社会主义与现代化建设成为更加紧密的一体化进程、一体化事业，从根本上解决了在中国这样一个经济文化比较落后的国家如何通过社会主义发展来加快实现现代化的问题，实现了对传统社会主义模式的更新和超越、对资本主义道路的超越。⑤ 此外，吴晓明认为中国道路是中国化马克思主义创新的实践基础——构成马克思主义中国化的深刻基础和强大动力，是中国化马克思主义理论创新的源头活水。⑥

中国道路还具有世界意义。徐崇温认为中国道路是通过和平发展方

---

① 张维为：《在国际比较中解读中国道路》，《求是》2012年第21期。
② 孙力：《制度创新：中国道路的核心机制》，《江苏行政学院学报》2011年第5期。
③ 郭建宁：《中国之治彰显中国道路的独特优势》，《中国党政干部论坛》2020年第4期。
④ 陈学明：《中国道路对马克思主义的"证实"——论中国道路的马克思主义意义之一》，《南京政治学院学报》2015年第4期；《论中国道路对科学社会主义理论的发展》，《中国浦东干部学院学报》2015年第6期。
⑤ 秦刚：《中国道路：社会主义与现代化的结合》，《思想理论教育导刊》2017年第10期；《中国道路：对传统社会主义模式的更新和超越》，《中共中央党校学报》2017年第6期。
⑥ 吴晓明：《中国道路：中国化马克思主义创新的实践基础》，《理论视野》2013年第10期。

式，开辟出了一条不同于西方化、却更成功的现代化道路，在发展经济、摆脱贫困方面，为第三世界指出了奋斗方向，开创了当代社会主义的新形态。① 陈学明指出中国特色社会主义道路也属于世界历史，它对人类文明作出了历史性的贡献——增强了人类文明的物质基础、彰显了人类文明发展的多样性、开辟了和平发展的人类文明新路、为人类文明破解难题提供了借鉴。

当然，21世纪中国马克思主义关于中国道路问题的研究，未来应重点关注以下几对重大关系：中国道路的普遍性与特殊性关系问题、现代化道路与社会主义道路的关系问题、改革开放前后的道路的关系问题、坚持中国道路与排除各种干扰的关系问题、坚持走和平发展道路与坚决维护国家核心利益的关系问题等。

第三，生态文明问题研究。

生态问题已经成为当今世界人类社会发展的一个中心问题，日益引起人们的广泛关注。21世纪以来，中国生态文明建设思想得以深化，提出了实施可持续发展战略和建设资源节约型、环境友好型社会等重要举措；党的十七大报告首次提出生态文明概念；党的十八大以来，将推进生态文明建设纳入国家发展大计，并作出了一系列战略部署；党的十九大报告深刻阐述了关于生态文明建设的总体设计和战略部署，首次把"美丽"纳入社会主义现代化强国目标，把"坚持人与自然和谐共生"作为新时代坚持和发展中国特色社会主义的14个基本方略之一。2020年伊始爆发的新型肺炎疫情席卷全球，更引发了人们对生态文明的普遍关注。郇庆治指出必须从人文社会科学视角重新思考中华民族长远发展所面临的生态文明等一系列根本性和基础性问题。② 毫无疑问，生态文明问题已成为21世纪中国马克思主义研究的热点问题之一。

1. 经典马克思主义生态文明思想研究，主要是从马克思主义经典著作中探求生态文明思想。例如，陈学明梳理了《1844年经济学哲学手稿》《共产党宣言》《资本论》中所包含的对资本主义条件下自然异化的批判、生态矛盾的剖析以及自然和社会之间新陈代谢断裂的说明

---

① 徐崇温：《中国道路的国际影响和世界意义》，《毛泽东邓小平理论研究》2018年第1期。

② 郇庆治：《深入探讨社会主义生态文明建设的"进路"难题》，《毛泽东邓小平理论研究》2020年第1期。

等生态世界观，认为马克思的生态世界观的核心是必须推翻资本主义制度才能真正解决生态危机，马克思主义的生态世界观是当今世界唯一能指引人们消除生态危机、建设生态文明的思想武器。[1] 此外，方世南等还研究了《德意志意识形态》《英国工人阶级状况》《自然辩证法》等经典著作中的生态文明理论，认为马克思恩格斯将生态文明思想置于"自然—社会—人"的整体系统中，提出了自然解放、社会解放和人的解放的整体性解放思想，将生态文明界定为人类自觉地协调好人与自然、人与社会以及人与人的关系所呈现出的文明状态，揭示出资本主义私有制是导致生态文明系统失衡的根本原因，预示着生态文明时代人与自然和解、人与社会和解以及人的自由而全面发展的时代。方世南还根据《马克思恩格斯文集》进一步系统、全面、整体地分析了马克思主义的生态文明思想。例如，关于人与自然界和谐的思想，关于社会有机体通过物质转换可持续发展的思想，关于自然异化、劳动异化、商品异化、资本异化与人的异化的思想，关于生态系统与社会系统关联性的思想，关于人的自然属性与社会属性相结合和能动性与受动性对立统一的思想，以及关于人的两大提升、人类的两大和解与人类社会进步发展的两大主义等思想，在哲学、政治经济学、科学社会主义有机联系的整体理论体系中显露出了精辟而深刻的生态文明思想。生态文明思想是马克思主义理论体系的重要组成部分。[2]

2. 西方马克思主义生态文明思想研究，即生态学马克思主义研究。例如，陈学明研究了高兹、莱斯、J. B. 福斯特等生态学马克思主义者的思想并指出，生态学马克思主义通过揭示生态危机、环境恶化与资本主义的内在联系，来说明生态问题往往表现为人与自然的关系问题，实际上是人与人之间的关系问题；保护生态环境的最佳选择是先进的社会主义，建设生态文明最根本的意义就在于创建一种人的新的存在方式，把建设生态文明与创造人的新生活结合在一起。王雨辰指出：生态学马克思主义理论家根据历史唯物主义关于社会和自然之间相互制约及其辩

---

[1] 陈学明：《论中国道路对人类文明的历史性贡献》，《上海师范大学学报》（哲学社会科学版）2013年第3期。

[2] 方世南：《马克思恩格斯生态文明思想的整体性逻辑》，《思想理论教育》2014年第11期；《以整体性视野挖掘〈马克思恩格斯文集〉中的生态文明思想》，《鄱阳湖学刊》2017年第4期。

证统一的思想，抛弃了西方绿色思潮仅仅从价值观的维度建构生态文明的思路，建立了制度批判、价值批判和技术批判三个维度相统一的生态文明理论。① 郇庆治认为生态学马克思主义作为生态社会主义或"绿色左翼"理论，着眼于新型的"社会关系"或"社会自然关系"的"社会主义生态文明"，已发展成为一个庞大的理论话语体系。

3. 社会主义生态文明研究。1985年，刘思华在学界最早提出建设社会主义生态文明的新命题。② 郇庆治认为社会主义生态文明蕴含于党代会报告、习近平系列论述、生态学马克思主义或生态社会主义等文献或理论中，包含生态文明、生态文明建设、生态文明理论、生态文明制度、习近平生态文明思想、社会主义生态文明观、人与自然和谐共生的现代化、绿色发展、生态环境治理体系、全球生态文明建设等概念术语，构成了完整意义上的绿色乌托邦未来想象，蕴涵着当代中国现代化发展与文明创新中最为重要的政治想象与动量。③

4. 中国化马克思主义生态文明思想研究。作为马克思主义重要组成部分的生态文明思想同样面临中国化的迫切需要。秦书生、王宽指出，毛泽东、邓小平、江泽民、胡锦涛和习近平等中国共产党人把马克思主义生态文明思想与中国生态文明建设实践相结合，形成了一个体系完整的中国马克思主义生态文明思想。任暟界定了中国马克思主义生态文明理论，认为它是融中国特色社会主义生态文明的实践创新、制度创新、理论创新于一体，具有鲜明本土特色和民族气派的理论，其建构要以马克思主义世界观和方法论为根本指导，以中国道路、中国实践、中国理论为蓝本，融合中华传统文化的生态智慧，承续西方生态文明理论之精华，兼容当代环境科学、系统科学、生态学的原理和方法，从哲学、政治经济学、科学社会主义三个维度展开。这一建构有助于开显马克思主义中国化研究的生态视域与范式转换，丰富马克思主义理论宝库。④

---

① 王雨辰：《以历史唯物主义为基础的生态文明理论何以可能？——从生态学马克思主义的视角看》，《哲学研究》2010年第12期。

② 刘思华：《对建设社会主义生态文明论的若干回忆——兼述我的"马克思主义生态文明观"》，《中国地质大学学报》（社会科学版）2008年第4期。

③ 郇庆治：《社会主义生态文明：理论与实践向度》，《江汉论坛》2009年第9期；《生态文明及其建设理论的十大基础范畴》，《中国特色社会主义研究》2018年第4期。

④ 任暟：《关于建构当代中国马克思主义生态文明理论的思考》，《教学与研究》2018年第5期。

近年来，学界尤其注重习近平生态文明思想研究。例如，常纪文指出生态文明理念是马克思主义中国化的新发展，并已经基本形成习近平生态文明思想体系："保护生态环境至关重要"的认识论，"生态兴则文明兴，生态衰则文明衰"的历史观，"保护生态环境就是保护生产力"的范畴论，"要满足物质文化和生态环境需要"的需求论，"要以系统工程思路抓生态建设"的系统论，"为生态文明建设提供可靠制度保障"的法治论，"涵盖技术和资金、宣传和科研、生产和生活、体制制度机制建设和改革"的系统观，"党政同责、一岗双责、齐抓共管"的领导观，"生态环境保护监测网络、领导干部干预留痕制度、国家法律法规和党内法规惩治、目标评价考核、离任审计"的方法论等。[①] 秦书生指出习近平生态文明思想是一个由目标方向、关键问题、总体思路、抓住重点、制度保障、思想观念、国际合作等七个方面构成的理论体系。目标方向是走向社会主义生态文明新时代，建设美丽中国；着力推进绿色发展，形成绿色发展方式和生活方式是关键；总体思路是以系统的思维统筹谋划环境治理；重点是要着力解决损害群众健康的突出环境问题；要用最严格的制度、最严密的法治保障生态文明建设；要树立生态文明理念，强化公民环境意识；国际社会应该携手同行，共谋全球生态文明建设之路。[②]

王凤才结合党的十九大报告，从人与自然关系角度考察了人类文明发展历程，分析了生态治理、绿色发展与生态文明的关系问题：生态文明建设功在当代、利在千秋，在中国特色社会主义现代化建设基本方略中占有非常重要的地位；人类文明发展可以分为原始文明、农业文明、工业文明、生态文明，生态文明是未来文明的发展方向；生态治理是通往生态文明之"消极路径"、绿色发展是通往生态文明之"积极路径"，为了实现绿色发展，要牢固树立社会主义生态文明观，推动形成人与自然和谐发展的现代化建设新格局，建设一个生态安全、生态宜居的美丽中国；努力保护好人类赖以生存的地球家园，构建一个尊崇自然、绿色

[①] 常纪文：《习近平生态文明思想的内涵》，《城市与环境研究》2018年第2期。
[②] 秦书生：《马克思恩格斯生态文明思想及其传承与发展》，《理论探索》2014年第1期；《习近平新时代中国特色社会主义生态文明思想的逻辑阐释》，《理论学刊》2018年第3期。

发展的美丽世界。①

我们认为，21 世纪中国马克思主义关于生态文明研究，（1）应深入挖掘马克思主义生态文明思想，了解马克思主义生态文明理论形成发展过程，揭示马克思恩格斯生态文明理论与同时代的生态理论之间的关系、马克思恩格斯生态文明思想的当代价值，特别是对中国特色社会主义生态文明的价值，应对马克思恩格斯生态文明理论进行专题研究和整体系统研究②。（2）中国生态文明建设理应包含强烈的制度创新要求；同时，要加强对生态学马克思主义、生态社会主义、绿色左翼理论的研究：既研究资本及其运行逻辑的社会和生态制度性的限制，又对市场机制之外的非市场化领域给予更多关注。例如，对于生态区域、人文历史遗产、公共服务部门、社区和家庭等社会生存（生活）空间，更多地要采用一种非市场化思维来理解与分析。（3）对于"国家""政府""社会""计划""教育""技术""创业"等现代社会制度形式的替代性意涵，需要做更多的研究工作，努力使之朝维护与推进社会公正和生态可持续方向进行变革，可称之为"社会生态转型"。③

第四，人类命运共同体问题研究。

中国是人类历史上第一个提出"人类命运共同体"概念的国家。2011 年，国务院新闻办发布《中国的和平发展》白皮书首次提出要以人类命运共同体视角认识和把握世界形势的变化和发展。2012 年，党的十八大报告进一步倡导世界各国要强化人类命运共同体意识。2017 年 1 月，习近平在日内瓦发表《共同构建人类命运共同体》的演讲，以全面系统地阐述了人类命运共同体理念。④ 2017 年 2 月，联合国人权理事会第 34 次会议首次将人类命运共同体理念写入联合国人权理事会决议。党的十九大报告明确提出了"构建人类命运共同体"的重要思想。可以这样说，构建人类命运共同体思想，是 21 世纪马克思主义和当代中国马克思主义的重要组成部分。

---

① 王凤才：《生态文明：生态治理与绿色发展》，《学习与探索》2018 年第 6 期。
② 方世南：《践行马克思恩格斯生态文明理论是马克思主义中国化的重大课题》，《中共杭州市委党校学报》2012 年第 1 期。
③ 郇庆治：《生态学马克思主义与生态文明制度创新》，《南京工业大学学报》（社会科学版）2016 年第 1 期。
④ 习近平：《共同构建人类命运共同体》，《光明日报》2017 年 1 月 20 日。

在马克思主义理论中，人是"类存在物"①。进入 21 世纪，随着世界相互联系、相互依存关系的不断加强，人类命运紧密相连的趋向日益突显。"共同体的利益高于共同体组成部分的利益，也作为现代国际关系的前提得到了确立。"② 现代人已经意识到，一个国家、地区或民族的利益离不开全人类的共同利益。目前，国内学者主要从"人类命运共同体"的内涵、特征、理论渊源、当代价值和构建路径等方面对其进行了研究。

1. 关于人类命运共同体的内涵问题。李慎明认为它在不同历史时期有着不同的内涵，其当今的含义是实现世界"和平、发展、共享"。③ 王公龙指出，人类命运共同体主要是指世界各国、各地区在经济、文化、安全等众多领域形成的空前的紧密联系和不可分割、命运相连的状态，涵盖着三层意蕴：一是中国认识世界的新理念，即共同利益观、和平权力观、全球治理观、国际责任观、文明互鉴观；二是中国倡导的国际关系新模式，即和平发展为导向、相互合作为途径、互利共赢为目标；三是中国外交调整的新思路，即基于人类命运共同体意识从阐释中国梦的美好愿景，到丰富和发展中国和平发展理论，再到以构建人类命运共同体为目标，调整中国外交政策。④ 田鹏颖、张晋铭认为人类命运共同体是经济、政治、社会、文化与生态五位一体统筹发展下构建超阶级、超国家和超民族人类价值的总布局和总路径。石云霞提出了构成人类命运共同体的"五大支柱"：在和平、发展、公平、正义、民主、自由等全人类的共同价值基础上，建立平等相待、互商互谅的伙伴关系，营造公道正义、共建共享的安全格局，谋求开放创新、包容互惠的发展前景，促进和而不同、兼收并蓄的文明交流，构筑尊崇自然、绿色发展的生态体系。推动世界更加均衡、公平、包容发展，构建以合作共赢为核心的新型国际关系。⑤ 王义桅根据党的十九大的论述"建设持

---

① 《马克思恩格斯选集》第 1 卷，人民出版社 1995 年版，第 47 页。
② [美]熊玢：《无政府状态与世界秩序》，余逊达、张铁军译，浙江人民出版社 2001 年版，第 196 页。
③ 李慎明：《正确认识和深刻理解构建人类命运共同体的科学内涵》，《世界社会主义研究》2019 年第 11 期。
④ 王公龙、韩旭：《人类命运共同体思想的四重维度探析》，《上海行政学院学报》2016 年第 3 期。
⑤ 石云霞：《同心打造人类命运共同体》，《人民日报》2016 年 11 月 17 日。

久和平、普遍安全、共同繁荣、开放包容、清洁美丽的世界",认为人类命运共同体是以持久和平为目标,以普遍安全为追求,以共同繁荣为机制,以开放包容为路径,以清洁美丽为基础的世界体系,是中国经济、政治、文化、社会、生态"五位一体"总体布局的国际延伸。①

2. 关于人类命运共同体的理论基础问题。人类命运共同体既非国外一些学者所说的乌托邦,亦非当下一些人想象的身临其境的"地球乐园"。其思想渊源主要是马克思恩格斯的共同体思想、中国优秀传统文化、中国共产党人的国际战略思想,是对马克思关于人类解放这一根本宗旨的完整理解和一贯追求。② 石云霞将之具体阐释为:唯物史观的社会共同体思想、党关于国际关系与世界格局的思想理论、马克思主义战略策略思想、中国共产党历代领导人的外交和国际战略思想和"大同""天下为公"等中国优秀传统文化。③ 田鹏颖则指出马克思世界历史理论是人类命运共同体的理论来源,即生根于马克思主义"民族史向世界史转变"的基本理论、孕育于马克思主义关于"三大社会形态"的基本判断、趋向于马克思主义"人的自由而全面发展"的最高阶段,实现了对"两个决不会"的创造性发展,回应"两个决不会"遇到的新课题:推动经济全球化新格局、应对共同威胁和挑战、追求人类共同价值、推动全球治理体系变革。④ 张华波、邓淑华梳理了唯物史观的马克思的发展共同体思想:共同体是人类存在的基本形式,发展共同体的过程性、阶段性和目标性统一于人的解放之中,资本主义社会共同体是"虚幻的共同体","自由人联合体"是人类社会的"真正共同体",是人类社会的最终目标等。因此,人类命运共同体是对马克思发展共同体思想的继承和发展。⑤ 王义桅指出人类命运共同体思想继承和弘扬了《联合国宪章》的宗旨和原则,在物质层面、制度层面、精神层面上求

---

① 王义桅:《人类命运共同体的丰富内涵》,《中国社会科学报》2018年5月22日;《怀古今中外 系东西南北 习近平人类命运共同体思想的大气魄》,《人民论坛》2017年第28期。
② 李德顺:《人类命运共同体理念的基础和意义》,《领导科学论坛》2017年第22期。
③ 石云霞:《习近平人类命运共同体思想科学体系研究》,《中国特色社会主义研究》2018年第2期。
④ 田鹏颖:《人类命运共同体思想对马克思世界历史理论的继承与发展》,《理论与改革》2017年第4期。
⑤ 张华波、邓淑华:《马克思发展共同体思想对构建人类命运共同体的启示》,《马克思主义研究》2017年第11期。

同存异、聚同化异,塑造"你中有我、我中有你"的人类新身份,开创天下为公、世界大同的人类新文明。①

3. 关于人类命运共同体的构建路径问题。中国作为构建人类命运共同体的首倡者,应当在推动构建人类命运共同体上发挥引领作用。学界围绕着人类命运共同体构建路径问题进行了探讨。例如,石云霞指出,打造人类命运共同体,首先应树立和增强人类命运共同体意识,坚持正确的历史观、文明观、公正观、安全观、发展观,形成和平、发展、公平、正义、民主、自由等全人类的共同价值观基础,建立平等相待、互商互谅的伙伴关系,营造公道正义、共建共享的安全格局,谋求开放创新、包容互惠的发展前景,促进和而不同、兼收并蓄的文明交流,构筑尊崇自然、绿色发展的生态体系。曹泳鑫认为经济共同体、文化共同体、政治共同体是命运共同体形成的最具基础性的三个支柱,人类命运共同体构建的关键是要争取在社会主义实践上取得重大成就,科学把握社会主义发展规律,深入揭示资本主义危机与人类命运危机的内在本质,促进人类的普遍觉悟。② 田鹏颖认为构建人类命运共同体需要正确的政策和策略,特别是要正确处理自觉坚持与自我发展的关系、民族主体与人类主体的关系、社会主义与资本主义的关系。方爱东认为重点要处理好人类命运共同体的共同利益与主权国家的核心利益之间的关系、人类命运共同体与人类共同价值的关系、国际权力扩散和东移态势下人类命运共同体中社会主义与资本主义之间的关系。③ 颜晓峰等人指出,构建人类命运共同体的路径是平等协商、合作共赢,"一带一路"就是构建人类命运共同体的伟大实践。

4. 关于人类命运共同体的地位问题。田鹏颖认为,构建人类命运共同体是应对人类社会面临的共同危机和挑战的中国智慧和中国方案,科学回答了建设一个什么样的世界的重大问题,实现了对马克思主义"两个决不会"理论的创造性发展,是人类探索21世纪世界治理方案,

---

① 王义桅:《怀古今中外 系东西南北 习近平人类命运共同体思想的大气魄》,《人民论坛》2017年第28期;《人类命运共同体的丰富内涵》,《中国社会科学报》2018年5月22日。
② 曹泳鑫:《从地域民族命运共同体到人类命运共同体——兼论共同体变革的历史条件和实践基础》,《世界民族》2018年第2期。
③ 方爱东:《构建"人类命运共同体"需要处理好的几对关系》,《社会主义研究》2019年第6期。

实现共生、共担、共建、共享的伟大实践智慧，是人类逐渐实现从虚幻共同体向自由人联合体的历史跨越的重大战略；在理论上丰富了马克思世界历史理论，在战略上为解决人类问题贡献了中国智慧和中国方案，在实践上为马克思自由人联合体的最高理想创造了现实条件。[1] 石云霞从对旧秩序的改革上探讨人类命运共同体的意义，认为这是对霸权主义和强权政治的正面回应，为当代国际关系发展提供了新理念、展现了新愿景。[2] 赵可金认为，人类命运共同体主旨在于弘扬和平、发展、合作、共赢的理念，超越不同国家、不同民族和不同宗教之间的隔阂、纷争和冲突，建设一个更具包容性、更加美好的世界，开辟了中国外交的新方向。[3] 左凤荣认为，人类命运共同体理念顺应了世界历史发展潮流，回答了中国的发展会给世界带来什么和当今世界将向何处去的问题。[4] 傅守祥指出，人类命运共同体的倡议融汇了传统的大同思想和当代的全球化思潮，超越种族、文化、国家与意识形态的界限，为思考人类未来提供了全新的视角，指向人类社会发展的根本出路，必将进一步推动国际关系的民主化、法治化和合理化发展。[5]

我们认为，21世纪中国马克思主义关于人类命运共同体的研究，重点应在明晰概念界定、剖析可能的国际影响力、采用多学科综合的研究方法。继续完善、拓展和丰富人类命运共同体理论体系，为其实践提供强大的思想指导；研究如何统筹发挥个体主体和社会主体两大力量，为人类命运共同体的构建提供主体动力；研究如何积极发挥人类命运共同体思想对未来全球多元现代性的引领功能，为人类解放道路的一与多、普遍与特殊提供可能，为逐步实现自由人联合体的真正共同体奠定基础。[6]

---

[1] 田鹏颖：《人类命运共同体思想是马克思"两个决不会"的创造性发展》，《学术论坛》2018年第2期。

[2] 石云霞：《同心打造人类命运共同体》，《人民日报》2016年11月17日。

[3] 赵可金：《"人类命运共同体"思想与中国外交新方向》，《人民论坛》2017年第34期。

[4] 左凤荣：《构建人类命运共同体彰显了新时代中国外交的责任担当》，《当代世界与社会主义》2018年第3期。

[5] 傅守祥：《人类命运共同体的中国智慧与文明自觉》，《求索》2017年第3期。

[6] 张华波、宋婧琳：《关于构建人类命运共同体问题的几点思考》，《理论导刊》2017年第8期。

综上所述，21世纪中国马克思主义研究主要集中在三大领域，即马克思主义基本原理、中国化马克思主义研究、中国马克思主义现实关切问题研究。首先，马克思主义基本原理研究主要聚焦于：（1）马克思主义哲学研究的理论形态与当代价值问题、马克思主义哲学的创新发展问题、马克思主义哲学的全球化与时代化问题、马克思主义哲学的中国化问题、马克思主义哲学的未来走向问题；（2）马克思主义政治经济学研究关心劳动价值论、剩余价值理论、剥削理论、所有制问题、国企改革问题、金融危机问题，以及经典马克思主义政治经济学的思想资源与当代价值问题、中国特色社会主义政治经济学及其体系问题；（3）科学社会主义关心科学社会主义的内涵、基本原则，以及科学社会主义与民主社会主义的关系问题、科学社会主义与中国特色社会主义的关系问题。其次，中国化马克思主义研究主要聚焦于：（1）中国化马克思主义理论总体研究，例如，中国化马克思主义理论的内涵、意义，以及如何创新发展中国化马克思主义；（2）邓小平理论研究，例如，邓小平理论的内涵与特点、邓小平理论与马克思主义、毛泽东思想之间的关系问题，以及邓小平理论的地位问题；（3）"三个代表"重要思想研究，例如，"三个代表"重要思想与马克思主义、毛泽东思想、邓小平理论之间的关系问题，它要回答的根本问题，它的科学理论体系，以及如何落实"三个代表"的问题；（4）科学发展观研究，例如，科学发展观的内涵，以及科学发展观与马克思主义、毛泽东思想、邓小平理论之间的关系问题；（5）习近平新时代中国特色社会主义思想研究，例如，该思想的形成，与马克思主义、毛泽东思想、邓小平理论之间的关系问题，习近平新时代中国特色社会主义思想的理论品质，以及地位问题。最后，中国马克思主义现实关切问题研究主要聚焦于：（1）中国话语体系问题研究，例如，中国话语体系的内涵、建构意义，以及建构策略等；（2）中国道路问题研究，例如，中国道路的内涵、特征、意义等；（3）生态文明问题研究，例如，经典马克思主义生态文明思想、生态学马克思主义思想、社会主义生态文明思想，以及中国化马克思主义生态文明思想，尤其是习近平生态文明思想；（4）人类命运共同体问题研究，例如，人类命运共同体的内涵、理论基础、构建路径，以及人类命运共同体理念的意义问题。①

当然，21世纪中国马克思主义研究重点问题不限于上述内容。因此，要想将中国马克思主义研究持续地推向深入，形成与中国特色社会主义的良性互动，那就必须加快完善有利于中国马克思主义研究的制度环境和体制规则。从制度和体制上加快改革，提高中国马克思主义学术研究的整体水平；打破"学术期刊等学术资源的垄断化、学术标准的西方化、学术机构的行政化"；学者、高校、出版社、媒体、政府、企业必须通力合作，以足够的思想高度和理论视域推动问题群的交叉式研究，形成学术的文化创新平台和渠道；②还要积极地扩宽研究视野，与西方学术开展广泛的交流与合作；积极地运用现代社会科学研究方法；采取切实措施，造就一批马克思主义理论学科的中青年学术带头人和研究后备军。③

四　21世纪中国马克思主义新发展

马克思主义已经走过170多年的发展进程，最近的几十年间，无论是理论逻辑还是实践逻辑，这条历史长河的主干越来越汇聚到了中国共产党领导的中国特色社会主义事业之中。党的十八大以来，在系统回答新时代坚持和发展什么样的中国特色社会主义、怎样坚持和发展中国特色社会主义这个重大时代课题中形成的习近平新时代中国特色社会主义思想，以理论与实践的统一形态，不断推进21世纪马克思主义的发展。

第一，21世纪马克思主义的新成就、新形态

中国特色社会主义的成功使科学社会主义在21世纪的中国焕发出强大生机活力，习近平新时代中国特色社会主义思想代表着21世纪马克思主义的新成就、新形态。

马克思主义诞生后，在其指导下，第一国际等国际工人组织相继创立和发展，在不同时期指导和推动了国际工人运动的联合和斗争。马克思恩格斯逝世后，资本主义的重大变化使第二国际理论家们对时代和无

---

① "综述"内容由本书主编撰写，特此说明。
② 施旭：《西方学术与中国话语体系建构》，《中国社会科学报》2015年12月15日。
③ 王怀超：《当前我国科学社会主义学科的研究现状及理论前沿问题》，《科学社会主义》2015年第3期。

产阶级革命的认识产生了严重分歧，对马克思主义根本原则的理解出现了重大分歧，以致形成了不同的主张和派别。19 世纪上半叶是资本主义阶级矛盾尖锐冲突的时期，到 19 世纪晚期和 20 世纪初期，资本主义获得了稳定发展，阶级矛盾出现了缓和，资产阶级民主有了重大发展。以伯恩施坦为代表的右派，看到了资本主义的繁荣发展、无产阶级和资产阶级之间阶级矛盾的缓和，以及资产阶级议会民主给无产阶级参政带来的希望，于是主张走议会道路，争取"和平长入社会主义"，由此，他们主张从根本上修正马克思主义或彻底否定马克思主义，宣传马克思主义过时论。这一理论被德国社会民主党继承下来，西欧历史上后来出现的所谓"第三条道路"等民主社会主义，都是这一思想传统的实践结果。但这些实践的结果是，没有一个国家真正和平成长为社会主义国家。以列宁、卢森堡等为代表的左派，坚决反对修正主义，主张无产阶级以社会革命夺取政权，建设社会主义。虽然伯恩施坦的修正主义在第二国际几个主要党派占据了上风，但第一个把社会主义由理论变成现实的是列宁。第二次世界大战结束后，一大批社会主义国家诞生，特别是中华人民共和国成立，极大壮大了世界社会主义力量。之后，尽管世界社会主义在发展中也出现了一些曲折，特别是 20 世纪 80 年代末 90 年代初苏东剧变，世界社会主义遭受严重挫折。但是，中国特色社会主义的成功充分证明，中国不但在世界上把社会主义的旗帜举住了、举稳了，而且把科学社会主义推向了崭新阶段。

中国共产党在坚持马克思主义的同时，推进马克思主义中国化，用发展着的马克思主义指导发展着的实践，开创和发展了中国特色社会主义，使近代以来久经磨难的中华民族迎来了从站起来、富起来到强起来的伟大飞跃，使一个有着 14 亿人口、经济文化相对落后的东方大国的经济实力、科技实力、国防实力、综合国力进入世界前列，国际地位实现前所未有的提升，党的面貌、国家的面貌、人民的面貌、军队的面貌、中华民族的面貌发生了前所未有的变化，中华民族正以崭新姿态屹立于世界的东方。在中国特色社会主义的辉煌成就和强劲发展势头面前，"社会主义失败论""历史终结论"不攻自破，在当代中国化马克思主义面前，"马克思主义过时论"苍白无力。

习近平新时代中国特色社会主义思想在马克思主义、科学社会主义的许多重大理论与实践问题上，作出了具有鲜明时代特色、实践特色、民族特色的重大贡献，推动着 21 世纪马克思主义的发展。

第二，推进 21 世纪社会主义事业的方法论

怎样推进社会主义事业？习近平新时代中国特色社会主义思想坚持科学社会主义理论逻辑和中国社会发展历史逻辑的辩证统一，昭示了推进社会主义事业的根本方法论。

所谓"理论逻辑"，就是事物发展的理论必然性。科学社会主义理论逻辑，就是按马克思恩格斯揭示的社会主义区别于资本主义的本质特征，明确社会主义该做什么、怎么做。科学社会主义理论逻辑保证着马克思主义政党实践的理论自觉和根本方向。习近平同志指出："中国特色社会主义是社会主义而不是其他什么主义，科学社会主义原则不能丢，丢了就不是社会主义。"[①] 理论逻辑反映的是事物的本质、规律和理想形态。所谓"历史逻辑"，就是由历史条件决定的历史演进与人基于这种特定历史条件的社会行动的必然性。每一个马克思主义政党在不同时代都面临着特定的时代条件，特定的世情、国情、党情，决定和制约着马克思主义政党实现科学社会主义理论的"可能性"，即能够做什么、不能做什么。这是社会主义道路上最根本的唯物论原则。中国特色社会主义的历史逻辑主要体现在两个方面：一是它根植于中国大地、反映中国人民愿望；二是要适应中国和时代发展进步要求，适应中国特色社会主义发展的历史阶段。我国的改革开放，源自于中国共产党人的一个重要认识：我国正处于并将长期处于社会主义初级阶段。即使中国特色社会主义进入了新时代，中国共产党人仍然清醒地认识到：我国仍处于并将长期处于社会主义初级阶段的基本国情没有变，我国是世界最大发展中国家的国际地位没有变。"两个没有变"，要求全党要牢牢把握社会主义初级阶段这个基本国情，牢牢立足社会主义初级阶段这个最大实际，牢牢坚持党的基本路线这个党和国家的生命线、人民的幸福线。

"理论逻辑"揭示的是"有理"，即有科学根据，"历史逻辑"揭示的是"有效"，即有实践成效。理论逻辑与历史逻辑的辩证统一，就是要寻求具体的社会实践既要"有理"，又要"有效"，实现"有理"与"有效"的统一。不是任何科学、正确、有理的理论在实践上都能取得应有效果，如果实现科学理论的条件不具备，结果甚至会适得其反，事

---

① 《习近平谈治国理政》第 1 卷，外文出版社 2018 年版，第 22 页。

与愿违。社会主义建设者的最根本智慧就在于把科学社会主义理论逻辑与各自国家的历史逻辑统一起来，具体地、历史地研究探索在特定的时代条件下，面对特定的世情、国情、党情，科学社会主义的哪些原则可以变成现实、哪些原则一时还不能变成现实；那些可以实现的科学社会主义原则，应当采取什么方式、什么进程来实现。如果过于强调科学社会主义理论逻辑而忽视时代、国家、民族发展的历史逻辑，就会犯教条主义错误或"左"的错误，欲速则不达；如果过于强调历史逻辑而忽视理论逻辑，就会犯经验主义错误或右的错误，走上离经叛道的错误道路。"左"的错误和右的错误都会损害甚至葬送社会主义。

中国共产党在新民主主义革命中，把科学社会主义的阶级、革命的理论逻辑与半殖民地半封建中国的历史逻辑结合起来，创造性地发展了马克思主义的阶级、革命、战争、政党、军队理论，走出了一条农村包围城市、武装夺取政权的道路；在社会主义改造过程中，把马克思主义政治经济学的理论逻辑与中国经济发展的历史逻辑统一起来，成功创造了社会主义改造的赎买模式；在社会主义改革过程中，全面地、系统地把科学社会主义理论逻辑与中国社会发展的历史逻辑统一起来，通过揭示什么是社会主义、怎样建设社会主义，建设什么样的党、怎样建设党，实现什么样的发展、怎样发展，新时代坚持和发展什么样的中国特色社会主义、怎样坚持和发展中国特色社会主义等一系列重大理论问题，突破了传统社会主义模式的束缚，开创和发展了中国特色社会主义，并把中国特色社会主义奋力推进到新时代。

第三，21世纪马克思东方社会理论新篇章

经济文化相对落后的国家怎样建设社会主义？习近平新时代中国特色社会主义思想坚持以经济建设为中心，牢固树立和贯彻新发展理念，成功书写了马克思东方社会理论新篇章。

科学社会主义是在揭露资本主义矛盾、批判资本主义弊端中建立的，因此它有一个重要特点：着重从社会关系性质上论证和界定未来社会主义的本质和特征。

按马克思恩格斯当时的设想：在经济关系上，资本主义生产资料私有制是阶级剥削和社会压迫的根源，是资本主义固有矛盾及其弊端的根源，未来的社会主义必须实行生产资料公有制；资本无限谋利的自由是不容干预的，资本主义实行的是市场经济，但资本主义市场经济无法摆脱周期性经济危机，未来的社会主义要实行计划经济；资本主义生产资料私有制决定了按资分配的资本主义原则，形成劳动面前的不公平，造成贫富两极分化，并加剧经济危机，未来的社会主义要实行按劳分配原则。在政治关系上，资本对国家采取的是一种利用关系，既要排斥国家对资本的干预，按资本的要求限制国家权力，同时又要国家在资本受到外在力量挑战时提供强有力的保护，因而使资本主义国家表面上凌驾于社会之上，实质上是地地道道的资产阶级专政国家。未来的社会主义，由于实现了生产资料公有制，人人都是生产资料的主人，人人也因而成为社会的主人、国家的主人，人民管理国家是社会主义的根本原则，并通过社会主义时期无产阶级专政的过渡而走向国家的消亡，过去具有阶级压迫职能的国家变成纯粹的社会生活管理机构。

按科学社会主义的理论逻辑，社会主义是在改造发达资本主义生产关系以及广泛社会关系的基础上建立起来的，它有一个重要前提，这就是社会主义是建立在高度发达的社会生产力基础之上的。

根据马克思的东方社会理论，俄国、中国、印度等东方殖民地、半殖民地国家，虽然经济文化相对落后，但在帝国主义统治相对薄弱的链条上，有无产阶级政党的坚强领导，建立巩固的工农联盟，是可以跨越资本主义的"卡夫丁峡谷"的。无产阶级革命成功后，要战胜资本主义世界的围剿，充分显现社会主义制度相对于资本主义制度的优越性，具有更艰巨的发展任务。

在经济文化相对落后的基础上，要建设什么样的社会主义、能够建设什么样的社会主义？在这方面，包括中国在内的不少社会主义国家都是有过经验教训的。中国特色社会主义的成功在于：

1. 坚持以经济建设为中心，并在此基础上推进政治建设、文化建设、社会建设和生态文明建设，使社会主义逐渐成为全面发展的社会主义。包括中国在内的许多社会主义国家，都是在经济文化相对落后的前工业社会走上社会主义道路的，而这时的西方发达国家几乎正在迈向后工业社会。任何一个社会主义建设者都必须回答"建设什么样的社会主义"这一基础性问题。走过一段历史弯路后，中国共产党人认识到：社会主义的根本任务是大力发展生产力，必须把发展作为执政兴国的第一要务。通过经济优先发展，补齐"经济短板"，为其他问题的解决奠定了雄厚的物质基础，较好处理了改革、发展、稳定的关系。在经济发展的基础上，中国共产党人适时明确提出经济建设、政治建设、文化建设、社会建设和生态文明建设"五位一体"总体布局，使中国特色社会主义成为全面发展的社会主义。应当说，经济优先是经济文化相对落后的国家建设社会主义的急切任务。推进社会主义的全面发展，既是科学社会主义的理论逻辑必然，也是社会主义自身发展的历史必然。

2. 坚持"五位一体"总体布局的同时贯彻新发展理念，把社会主义建设的目标任务与指导、评价社会主义建设的基本理念统一起来。社会主义社会的全面发展，应当是经济建设、政治建设、文化建设、社会建设和生态文明建设的全面发展、协调发展、可持续发展。但是，要做到这一点，既需要有科学理念的先导，也需要正确价值标准的过程性、结果性评价。习近平同志指出："发展理念是发展行动的先导，是管全局、管根本、管方向、管长远的东西，是发展思路、发展方向、发展着力点的集中体现。发展理念搞对了，目标任务就好定了，政策举措也就跟着好定了。"[①] 党中央提出创新发展、协调发展、绿色发展、开放发展、共享发展的新发展理念，既立足当代中国实际，鲜明突出社会主义的根本任务和本质要求，对开辟中国特色社会主义事业发展新境界作出了新的创造性回答，书写了中国特色社会主义政治经济学的新篇章，又把握世界发展潮流，聚焦国际社会面临的突出问题，对世界经济走出低迷困局提出了"中国方案""社会主义方案"。

第四，21世纪马克思主义政党治国理政理论新境界

如何发展社会主义民主政治？习近平新时代中国特色社会主义思想坚定不移走中国特色社会主义政治发展道路，把马克思主义政党治国理政理论推向新境界。

党的十九大报告强调：坚持人民当家作主。坚持党的领导、人民当家作主、依法治国有机统一是社会主义政治发展的必然要求。必须坚持中国特色社会主义政治发展道路。党的领导是人民当家作主和依法治国的根本保证，人民当家作主是社会主义民主政治的本质特征，依法治国是党领导人民治理国家的基本方式，三者统一于我国社会主义民主政治伟大实践。

[①] 《〈中共中央关于制定国民经济和社会发展第十三个五年规划的建议〉读本》，人民出版社2015年版，第65页。

社会主义是马克思主义政党的政治使命和政治生命，在建设中国特色社会主义事业伟大进程中，必须始终坚持中国共产党的领导。习近平新时代中国特色社会主义思想深刻揭示了党、党的领导与中国特色社会主义的关系。（1）中国共产党之所以叫共产党，就是因为从成立之日起我们党就把共产主义确立为远大理想。对马克思主义、共产主义的信仰，是共产党人的命脉和灵魂。（2）党政军民学，东西南北中，党是领导一切的。中国共产党领导是中国特色社会主义最本质特征，是中国特色社会主义制度的最大优势。把党的领导升华到社会制度层面，不仅标志着对中国特色社会主义的本质认识提升到了新的高度，而且从中国特色社会主义本质特征的高度，深化了对中国共产党与中国特色社会主义关系的认识。（3）中国共产党的领导是历史的选择、人民的选择，但这种选择不是一劳永逸的。党必须始终以自己的先进性、纯洁性引领社会，才能始终赢得人民拥护和信任。必须补足共产党人的精神之"钙"，坚持以零容忍态度惩治腐败，让权力始终为人民服务，使中国共产党始终成为中国特色社会主义事业的坚强领导核心。

社会主义事业是人民的事业，必须坚持"以人民为中心"的政治立场和发展思想。人民立场是中国共产党的根本政治立场，这是马克思主义政党区别于其他政党的显著标志。中国共产党长期坚持、全面贯彻、不断发展人民代表大会制度、中国共产党领导的多党合作和政治协商制度、基层群众自治制度，发展社会主义协商民主，巩固和发展最广泛的爱国统一战线，扩大人民群众有序政治参与，保证人民广泛参与国家治理和社会治理，使社会主义国家真正成为人民的国家；中国共产党坚持"以人民为中心"的发展思想，以保障和改善民生为重点，发展各项社会事业，保障人民平等参与、平等发展的权利，使改革发展成果更多更公平惠及全体人民，朝着实现全体人民共同富裕的目标稳步前进，使社会主义社会真正成为人民的社会；中国共产党把人民放在心中最高位置，坚持全心全意为人民服务的根本宗旨，实现好、维护好、发展好最广大人民根本利益，把人民拥护不拥护、赞成不赞成、高兴不高兴、答应不答应作为衡量一切工作得失的根本标准，使社会主义价值观真正成为人民的价值观。

党的领导和人民当家作主必须具有法律保障，成为国家意志。法治是国家治理体系和治理能力现代化的重要依托，也是党的领导和人民当家作主的形式和保障。中国共产党把全面依法治国确定为党领导人民治理国家的基本方略,是对国际共产主义运动和中国特色社会主义法治建设经验教训的深刻总结。不少社会主义国家的共产党通过革命取得了政权,却没能顺应现代社会的法治规律,最终丧失了党的执政地位,同时葬送了社会主义事业。中国共产党把依法执政确定为党治国理政的基本方式,实现党、国家、社会各项事务治理制度化、规范化、程序化,实现国家治理体系和治理能力现代化,把马克思主义政党治国理政的理论和实践推向新境界。

第五,21世纪马克思世界历史理论的实践形态

在多种文化、多种社会制度、不同发展水平的国家和民族共处同一时空的世界,人类未来道路如何走?习近平新时代中国特色社会主义思想坚持构建人类命运共同体,找到了马克思世界历史理论指导实践的新形态。

社会主义是对资本主义基本矛盾及其根本弊端进行克服的结果,因而是与资本主义相对立的全新社会形态。由于现实社会主义国家都是通过阶级斗争和社会革命改造资本主义制度或旧的社会制度得以建立的,于是就形成了现实社会主义国家与资本主义国家在意识形态上的尖锐对立。这种对立曾经使世界分裂为社会主义和资本主义两大阵营,进行了长达半个世纪的冷战。

历史证明,不同社会制度的国家或国家集团之间,和则两利,斗则两伤。不同社会制度的国家完全可以相互取长补短,共同创造美好未来。人类创造的各种文明都是劳动和智慧的结晶。人类生活在同一个地球村里,生活在历史和现实交汇的同一个时空里,越来越成为你中有我、我中有你的命运共同体。一切文明成果都值得尊重,一切文明成果都要珍惜。只要秉持包容精神,就不存在什么"文明冲突",就可以实现文明和谐。"文明交流互鉴,是推动人类文明进步和世界和平发展的重要动力。"[1] 秉承这一理念,中国共产党主张构建人类命运共同体,即建设持久和平、普遍安全、共同繁荣、开放包容、清洁美丽的世界。为此,中国高举和平、发展、合作、共赢的旗帜,恪守维护世界和平、促进共同发展的外交政策宗旨,在和平共处五项原则基础上发展同各国

---

[1] 《习近平谈治国理政》第1卷,外文出版社2018年版,第258页。

的友好合作，推动建设相互尊重、公平正义、合作共赢的新型国际关系。这一主张落实到国与国之间的国际交往实践中，书写了马克思世界历史理论的新篇章。

马克思的世界历史理论，揭示了在商品交换形成的世界市场中，人类命运无奈地被捆绑在资本扩张的历史过程中。人类命运共同体思想，根据经济全球化以及与之相伴随的多种社会制度、多种文化并存的局面，致力于让世界从单纯的、谋利性的世界市场走向多元的、平等交往的国际社会，在人类命运共同体存在形态问题上，实现了从分析世界市场到塑造国际社会的理论与实践的新阶段。

在马克思的世界历史理论中，世界市场的交换主体、交往主体、利益主体主要是阶级，主角是资产阶级，实质是资本关系。阶级关系国际化是交往共同体扩大的实质。作为当代人类命运共同体存在形态的国际社会，交往主体的代表者是主权国家。国家主权与统治阶级的权利有着直接的、天然的联系，但它同时又是阶级、个人、集团国际交往的安全和权益保障。人类命运共同体思想在交往主体问题上，实现了从揭露资本主体到尊重国家主权的新思路。

马克思的世界历史理论，揭示了资本扩张过程中文明霸凌和军事对抗，揭示了人类面临的尖锐的难题：在迈向未来理想世界的漫长过程中，人类该如何摆脱资本霸权、告别战争，实现共同发展？不同文明包容互鉴是破解这一历史难题的当代中国马克思主义智慧。中国共产党推动不同文明相互尊重、和谐共处，让文明交流互鉴成为增进各国人民友谊的桥梁、推动人类社会进步的动力、维护世界和平的纽带；主张从不同文明中寻求智慧、汲取营养，为人们提供精神支撑和心灵慰藉，携手解决人类共同面临的各种挑战。这就在人类命运共同体发展之路问题上，实现了从揭露文明霸凌到推进文明交流互鉴的新主张。

党的十九届四中全会通过的《中共中央关于坚持和完善中国特色社会主义制度、推进国家治理体系和治理能力现代化若干重大问题的决定》指出，中国共产党自成立以来，团结带领人民，坚持把马克思主义基本原理同中国具体实际相结合，赢得了中国革命胜利，并深刻总结国内外正反两方面经验，不断探索实践，不断改革创新，建立和完善社会主义制度，形成和发展党的领导和经济、政治、文化、社会、生态文明、军事、外事等各方面制度，加强和完善国家治理，取得历史性成就。党的十八大以来，我们党领导人民统筹推进"五位一体"总体布局、协调推进"四个全面"战略布局，推动中国特色社会主义制度更加完善、国家治理体系和治理能力现代化水平明显提高，为政治稳定、经济发展、文化繁荣、民族团结、人民幸福、社会安宁、国家统一提供了有力保障。实践证明，中国特色社会主义制度和国家治理体系是以马克思主义为指导、植根中国大地、具有深厚中华文化根基、深得人民拥护的制度和治理体系，是具有强大生命力和巨大优越性的制度和治理体系，是能够持续推动拥有近十四亿人口大国进步和发展、确保拥有五千多年文明史的中华民族实现"两个一百年"奋斗目标进而实现伟大复兴的制度和治理体系。

综上所述，本章主要从"理论逻辑""历史逻辑""实践逻辑"等方面，围绕着"怎样推进社会主义建设？经济文化相对落后的国家怎样建设社会主义？如何发展社会主义民主政治？在多元文化与制度碰撞中，人类未来道路如何走？"这四个问题层层展开，并从方法论、发展理论、治国理政理论、构建人类命运共同体等方面详尽回应了上述四个问题，深刻阐发了习近平新时代中国特色社会主义思想为什么是21世纪马克思主义发展的新成就、新形态。

应该说，理论的生命力在于不断创新，推动马克思主义不断发展是中国共产党人的神圣职责。要坚持用马克思主义的立场、观点、方法观察时代、解读时代、引领时代，用鲜活丰富的当代中国实践来推动马克思主义发展，坚持在改革中守正出新，在开放中博采众长，不断深化对共产党执政规律、社会主义建设规律、人类社会发展规律的认识，不断开辟当代中国马克思主义、21世纪马克思主义新境界。

五　如何发展21世纪中国马克思主义

众所周知，马克思主义深深地改变了19世纪与20世纪的世界理论范式和实践格局，在整个国际社会主义运动过程中发挥了世界观和方法论的指导作用。它犹如壮丽的日出，为无产阶级革命、人类解放、人的自由全面发展提供思想武器和方向指引。正如恩格斯所指出的："马克思的整个世界观不是教义，而是方法。它提供的不是现成的教条，而是进一步研究的出发点和供这种研究使用的方法。"① 进入21世纪以来，人类社会发展进入了新的历史阶段，呈现出许多新特点，面临许多新问题，尤其是人类面临新的生存性风险，大数据、人工智能的快速发展及其带来的风险与挑战，人民的共享发展难题日益凸显，国际治理趋于混乱无效，社会主义和资本主义都在发生深刻变化等，使人类可预见和不可预见的问题越来越具有整体性、复杂性特征。这就给21世纪马克思主义发展带来了更大的挑战与机遇，它需要从世界与人类的高度整体性、前瞻性地回答21世纪提出的时代命题。

20世纪马克思主义更多地关注马克思主义的科学性与阶级性、人民性的统一，真理性与价值性的统一，民族独立与人民解放的统一；21世纪马克思主义则需要在面对人类共同问题、应对共同挑战的视野中，站在创新与发展社会主义实践的基础上，更加聚焦马克思主义的人民性、时代性、规范性、整体性、实践性等主要特征，来认识、回答与解决这些问题，从而实现创新与发展21世纪马克思主义。

第一，解决人类生存性风险和共享发展难题以彰显人民性

人民是历史的创造者，是社会发展的推动者，"人民性是马克思主义最鲜明的品格"②。20世纪马克思主义的人民性主要聚焦国家独立、民族解放、人民自由等主题。而21世纪马克思主义的人民性，主要是在持续推动人类解放基础上，聚焦人类共同面临的生存性风险与共享发展的问题等。当今世界在快速发展中面临许多前所未有的挑战，在经济、政治、社会、文化、生态、安全等方面均发生着很大变化，因此21世纪马克思主义需要怎么发展、应该怎么发展，如何更加科学地认识和解释社会本质，客观看待和回应社会矛盾运动，正确反映和指导社会实践，亟待21世纪马克思主义提供应对方案。③ 这就需要21世纪马克思主义以解决人类社会共同面临的问题为主线，既坚守马克思为人类求解放的初心和使命，又为人类社会的持久安全、永续发展提出解决方案。

1. 在人类生存安全面临新挑战中为实现人类持久安全提供路径选择

当今世界最大的难题还是经济发展问题，涉及各国人民福祉。制约

---

① 《马克思恩格斯选集》第4卷，人民出版社1995年版，第742—743页。
② 习近平：《在纪念马克思诞辰200周年大会上的讲话》，《党建》2018年第5期。
③ 王骏：《21世纪马克思主义研究述评与前景展望》，《探索》2019年第6期。

人类生存安全的主要诱因是世界经济格局、治理格局的深刻变化，21世纪马克思主义需要为建构更加公正合理的国际政治经济秩序，为人类的持久安全、稳定提供方法论指引，让世界发展惠及各国人民，让世界人民共享发展成果。

一是世界经济格局的深刻变化影响世界人民生存安全。经济全球化及其快速发展深层次地改变了国际贸易格局，资本的全球性快速流动、资源的全球性配置极大地拓展了世界市场的空间，增强了市场动力，提高了经济运行效率。但是，近年来，不难发现全球经济发展乏力，逆全球化浪潮涌动，贸易壁垒、经贸摩擦接连不断，给世界经济带来了许多不确定因素，制约了全球经济发展，影响了人民福祉，导致一些地区的社会秩序、粮食、能源、医疗等安全问题日益突出，影响世界各国人民的生产、生活，特别是发展中国家贫困人口的生存问题。如何避免在全球化时代"你中有我、我中有你"的世界经济格局中坠入"冷战思维"的恶谷，亟待发展21世纪马克思主义政治经济学，特别是中国特色社会主义政治经济学，为全球经济治理提供解决方法，让世界经济发展更加能够惠及世界各国人民，以经济安全推动和维护人民生存安全。

二是世界治理格局的深刻变化使人类生存面临新的安全风险。长期以来，西方主导的国际治理模式主要以西方价值观为主导，以维护西方利益为旨归，在一些涉及人类重大利益问题时存在双重标准（如反恐、人权等），出现为了维护西方国家自身利益甚至个别西方国家利益而牺牲他国利益，暴露了全球治理过程中许多不公正、不合理、不完善的地方，暴露了全球治理过程中存在的霸权逻辑、强权思维。这是导致全球治理失灵的主要原因之一。因此，冷战结束后开启了新时期，但国际管理体系及其相应的制度安排严重滞后，规则背后的支撑理念也没有根本性演进。[①] 全球治理赤字问题给世界许多国家的人民带来比较严重的安全风险。一方面，冷战结束并没有终结冷战思维，相反，近年来冷战思维还有抬头之势，给地区安全造成很大压力，社会动荡与战乱依然是威胁世界人民生存的一大难题。诸如突尼斯、埃及、利比亚、叙利亚等国家的动乱，导致大量的难民潮出现。而个别西方国家在国际外交上出现极限施压，迫使他国妥协、投降，使得一些国际问题与某些国家内部动

---

① 秦亚：《全球治理失灵与秩序理念的重建》，《世界经济与政治》2013年第4期。

乱问题迟迟得不到解决。另一方面，恐怖主义、分裂主义、极端主义与跨国犯罪、贫困人口众多等，都给世界和平与人类发展带来许多不确定因素，各国人民的生存性风险不断增加。

因此，世界经济发展不平衡、增长乏力以及全球治理的混乱，一方面迫切需要为人类求解放求发展的马克思主义对这些问题作出回答，另一方面也亟待创新发展21世纪马克思主义，为人类的持久和平与可持续发展提供新的方法论指引。

2. 在人民共享发展难题日益突出中为实现人类永续发展提供价值指引

人类步入21世纪，共享的价值越来越得到认可。但是，全球生态恶化问题不断显现，既包括自然生态恶化导致人与自然的紧张关系，又包括国际社会生态恶化，导致人民难以共享发展成果。这需要21世纪马克思主义为推动人与自然和谐共生，营造世界更加公平正义的社会生态，让世界各国人民共享美好的生态环境和人类发展成果，提供一种以共享为导向的价值指引。

一是自然生态恶化威胁人类共有的生存空间。进入工业化以来，工业文明替代了农业文明，伴随着人类向大自然的过度索取，导致大量的物种灭绝或濒临灭绝，进而导致自然生态恶化，这已经严重影响到人类自身的生存。而且，当今世界一些发达国家通过产业链转移，让高污染、高耗能、高排放企业转移到发展中国家，生态恶化由发达国家向发展中国家"传递"，同时一些发达国家向发展中国家或国际公共海域转移垃圾。因此，如何回应人类的生存问题，如何化解人与自然的紧张关系，推动人与自然的和谐共生发展，进而构建一种人与自然良性互动的关系，是21世纪马克思主义必须回应的重大难题。

二是国际社会生态恶化导致人民难以共享发展成果。全球化时代资本、技术占有绝对优势的西方发达国家控制着世界市场，逐渐形成了西方主导的国际贸易体系。西方一些发达国家通过资本输出、技术输出、管理输出、品牌输出等对发展中国家进行控制，导致一些发展中国家劳动力尽管付出很大劳动，但共享劳动成果很少。这样就形成了发达国家处在产业链的高端，并同时阻挠发展中国家产业升级，而发展中国家处在产业链的低端，形成了一种新的不平等、不公正的国际社会生态。特别是西方的"丛林法则"致使"东西问题"和"南北问题"至今都没有得到很好解决。因而，导致发展中国家无法与发达国家平等共享人类社会发展的成果。21世纪随着科学技术的快速发展，使得人与人、人与社会、国家与国家之间的相互关系日益密切、相互依存度不断提高，共享就越来越成为国际社会的普遍要求。因此，21世纪马克思主义要把共享纳入范畴，为创造更好的国际社会秩序而构建一种更加合理的国际社会生态，推动世界各国共建共享、永续发展，从而为人民共享人类社会发展成果提供方法指引。

第二，引导世界"百年变局"的发展方向以彰显时代性

马克思指出："我们判断这样一个变革时代也不能以它的意识为根据；相反，这个意识必须从物质生活的矛盾中，从社会生产力和生产关系之间的现存冲突中去解释。"[1] 21世纪马克思主义的时代性，也就要立足和平与发展这一时代主题，深化对百年未有之大变局的把握，辩证分析以大数据与人工智能为代表的生产力快速发展，全面理解资本主义和社会主义各自的深刻变化以及复杂的竞合关系，坚持和发展社会主义，推动马克思主义时代化。因此，21世纪马克思主义不能停留在20世纪的视野层面，需要进一步创新发展，为把握21世纪的世界走向提供马克思主义的图景。

1. 深刻把握处于"百年未有之大变局"的世界走向

"现在世界上真正大的问题，带全球性的战略问题，一个是和平问题，一个是经济问题。"[2] 这两个问题至今仍然没有得到有效解决，21世纪不仅要把握和平与发展这一时代主题，还要把握世界正处于百年未有之大变局。这种大变局主要表现为两个方面。一是尽管地区冲突不断，局部战乱延绵，但是维护世界和平与发展仍然是各国人民的期盼，维护世界和平的力量在不断增长。对大多数国家而言，仍然以发展为第一要务，以和平促进发展为重要前提。这一点已成为共识。二是发展中国家的经济崛起，改变了世界经济、政治格局，世界战略格局出现重大调整。经济全球化、政治多极化和国际力量多元化引发的全球治理结构的"大变局"，以及新一轮科技革命加速重塑世界，带来人类经济活

---

[1] 《马克思恩格斯选集》第2卷，人民出版社2012年版，第3页。
[2] 《邓小平文选》第3卷，人民出版社1993年版，第105页。

动、生活方式和国家间竞争形态的"大变局"①。每个时代都有属于它自己的主要问题。面对国际权力结构、全球秩序、全球治理、科技革命等方面的深刻变化,世界往何处去的问题成为 21 世纪的重大时代问题。诸如对人的解放和人的自由全面发展提出的挑战,对经济全球化与全球治理提出的挑战,对人类的前途和命运提出的挑战等,特别是恐怖主义、极端民族主义、霸权主义、强权政治等问题,既表现出自冷战以来的新样态、新特点,又给世界带来很大的不确定性,甚至给一些国家带来巨大灾难,使得维护世界和平、促进共同发展的道路更加崎岖;同时也有全球化与逆全球化相互交织的问题,在全球化过程中难以避免的艰难险阻与惊涛骇浪,都对 21 世纪人类社会和平发展、共享发展提出了巨大挑战。"马克思主义能够永葆其美妙之青春,不断探索时代发展提出的新课题、回应人类社会面临的新挑战。"② 因此,创新和发展 21 世纪马克思主义,需要为世界走向勾勒出和平发展的路线图,描绘出共建、共享、共赢的美好图景,阐释人类命运与共的世界情怀,为建设持久和平、普遍安全、共同繁荣、开放包容、清洁美丽的世界指明价值方向。

2. 深化对大数据与人工智能深刻影响及其意义的理解

在 21 世纪初期,大数据与人工智能的快速发展,已经开始显现出在深层次上改变世界发展趋势、改变人类社会生活样态、改变社会生产状态的端倪。大数据与人工智能对人类社会发展产生的深刻影响,使得人的数据化与数据的人化同时出现,改变了人们传统的认知观念和认知结构。大数据使得数据从原来量的叠加转变为质的飞跃,使原来不那么密切的信息关系变得越来越紧密,直接推动信息从"因果关系"走向"相关关系",进而建构新观念,即由"相关关系"所形成的观念。大数据使得人们以信息的方式存在,通过数据化推动经济、政治、社会、文化等领域的深刻变化。这些变化改变了人的社会存在方式,人们不仅以物的存在方式呈现出来,还以信息的方式呈现出来,如健康、消费、交往等方面的信息。在这个一切都可以信息化的时代,人们感觉未来有

---

① 朱锋:《近期学界关于"百年未有之大变局"研究综述》,《人民论坛·学术前沿》2019 年第 7 期。

② 王骏:《21 世纪马克思主义研究述评与前景展望》,《探索》2019 年第 6 期。

许多不确定性,抑或说未来唯一可以确定的就是"不确定",信息安全的焦虑也就逐渐显现出来。人们的信息安全意识跟不上社会信息化的进程,也使得人们对自身的信息安全难以给予足够的重视。

同时,人工智能的"双刃剑"隐忧日益凸显。一方面,人工智能时代已扑面而来,人造工具(机器)的智能化和智能工具(机器)的人化,改变了人们认识世界的观念,特别是智能体的权利和义务的统一性问题。人工智能经历了半个多世纪的快速发展,在社会上得到广泛应用,承担人类诸多领域的劳动(尤其是人类无法完成的任务),但是如何认定智能体的"身份"确实是一个问题。例如智能机器人能否享有人类的权益,是否享有类似人的社会地位并得到法律的保护,是否享有人的尊严等。另一方面,特别引人关注的问题是,人工智能体将来是否会成为人类的"掘墓人"？尤其是在未来的战争中使用智能体的风险难以预测。因此,人工智能所带来的风险已成为21世纪的一个理论难点。

为此,大数据与人工智能引发的世界变革,给21世纪马克思主义带来了非常大的挑战,即对马克思主义的某些重要概念、观点等产生挑战,诸如对共同体的理解。大数据所建构起来的共同体,在一定程度上既有利于理解马克思的共同体思想,又对马克思的共同体思想提出了挑战。传统的共同体思想难以应对大数据所创构的数据共同体、信息共同体等,唯有不断创新发展马克思主义才能在更高层次上应对这一挑战。马克思主义的生命力表现在回应人类挑战时能够发挥思想、价值方面的引领力,因此创新发展21世纪马克思主义,需要立足时代特点,推进马克思主义时代化,更好运用马克思主义观察时代、解读时代、引领时代,真正搞懂面临的时代课题,深刻把握世界历史的脉络和走向。①

当今时代,资本主义与社会主义都发生了深刻变化,资本主义已不是马克思、恩格斯、列宁所处的那个时代的资本主义。一方面,资本主义的深刻变化亟待新的理解。毫无疑问,马克思对资本主义的生成方式、主要矛盾、历史发展趋势等基本论断至今仍然正确。"正像以往小生产由于自身的发展而必然造成消灭自身,即剥夺小私有者的条件一

---

① 《深刻认识马克思主义时代意义和现实意义 继续推进马克思主义中国化时代化大众化》,《人民日报》2017年9月30日。

样,现在资本主义生产方式也自己造成使自己必然走向灭亡的物质条件"①。马克思主义对"两个必然""两个绝不会"的重大判断仍然具有解释力。但是,相比较而言,20世纪的资本主义造成了资产阶级与无产阶级的对立、资本家与工人的对立、剥削者与被剥削者之间的对立等,而21世纪资本主义在生产力、生产方式、分配方式等方面都有了新的变化,所面临的问题不同、挑战不同。而与此同时,当代世界普遍发生的民族、种族、宗教信仰等方面矛盾的激化,性别歧视、人口泛滥、生态危机等方面问题的凸现,以及近半个世纪以来无产阶级革命的热情低迷和徘徊不前,使得无产阶级和资产阶级的矛盾几乎让位于其他多种形式的矛盾。②从这个意义上说,对21世纪资本主义的认识不能停留在原来的解释理论,要深入把握资本主义的新变化,亟待21世纪马克思主义提出新的解释范式。

另一方面,社会主义国家的深刻变化亟待新的理解。20世纪以来,社会主义国家的建设成就与经验丰富和发展了马克思主义。马克思对社会主义的基本判断是正确的,对共产主义的预测仍然具有解释力。但是,马克思那个时代并没有出现社会主义,原苏联与中国等国把马克思主义基本原理与各国实践相结合,建立了社会主义制度,开辟了人类社会发展的新纪元。因此,20世纪马克思主义重点聚焦于无产阶级革命,推动无产阶级革命夺取政权,并通过建立无产阶级政权来推动民族独立、人民解放。而21世纪马克思主义,既要总结一些国家社会主义建设实践的经验,如总结中国的社会主义建设经验,特别是改革开放以来中国特色社会主义建设的经验,同时要以史为鉴,总结原苏联东欧一些国家社会主义建设失败的惨痛教训;又要分析当今社会主义国家建设的多样性、复杂性,如中国、越南、朝鲜、古巴、老挝等国家的社会主义建设。为此,只有创新发展21世纪马克思主义,才能为坚持和发展社会主义提供思想引领,为不同国家的社会主义建设与发展提供理论思维、价值思维和方法论思考。

---

① 《马克思恩格斯文集》第9卷,人民出版社2009年版,第141页。
② 糜海波:《当代资本主义社会和阶级结构的多重分析》,《社会主义研究》2011年第6期。

第三，系统描述和解释 21 世纪的世界以彰显规范性

21 世纪马克思主义的规范性，主要是从马克思主义的立场、观点、方法去洞察世界的深刻变革，审视世界历史的新变化、新趋势，形成说明世界的"说明书"、解释世界的"解释学"、把握世界的"方法论"，从而形成一套不同于西方解释系统的知识体系。没有革命的理论就没有革命的行动。随着世界的发展以及社会主义的发展，对马克思主义的知识体系也就需要进一步深入研究。"21 世纪，马克思主义经过前两个世纪 170 多年的发展与积淀，特别是中国特色社会主义的实践创新发展为马克思主义注入了新的活力、增添了新的理论。"[①] 人类步入 21 世纪，发展起来后的问题不比不发展时少，如何让 21 世纪变得更加有利于人类的生存和发展，亟待许多新实践新理论来创新发展 21 世纪马克思主义，从而发挥马克思主义的规范性力量，系统描述和解释 21 世纪的世界。

1. 形成系统性描述 21 世纪的世界"说明书"

21 世纪被许多人称之为"这是一个最好的时代，也是一个最坏的时代"。之所以说是一个最好的时代，是因为生产力高度发展，世界多极化、经济全球化、文化多样化、社会信息化不断深入发展，国与国之间相互合作的空间不断加大、相互依存度不断提高，人类社会发展进入了一个新的相互融合、相互融通的阶段。这是过去任何一个时代都无法比拟的。但是，我们必须看到，人类也生活在一个充满矛盾的世界之中，长期以来地区冲突不断，贫困、失业、难民潮等问题的世界性蔓延，给世界许多国家带来了灾难。为此，人们不得不问，这个世界怎么了，人类应该有一双什么样的慧眼去看世界，应该有一种什么样的"说明书"去描述世界？

文艺复兴以来，随着工业革命的兴起，西方国家快速崛起，建立了一套描述世界的系统，其核心是建构了以自由、民主、平等、人权等为核心价值的描述系统，形成了一套说明世界的"说明书"。这个"说明书"既是资本主义开拓世界殖民地的旗帜、方向标，也是称霸世界的"借口"。尽管西方的"说明书"有诸多版本，但是有一个共同的特点：他们认为西方社会是文明的社会，是人类最理想的社会，西方的文明是先进的文明，其他文明是野蛮落后的文明，因而需要以西方文明去"改

[①] 王骏：《21 世纪马克思主义研究述评与前景展望》，《探索》2019 年第 6 期。

造"抑或"替代"其他文明。其中,福山的"历史终结论"给出了一个说明版本,但如今让世人见证了"历史终结论"的终结。特别是近年来随着西方社会矛盾的不断凸显,"后西方时代"日益成为世界反思西方社会的一种思潮。在一定程度上说,福山的这纸"说明书"不灵了,说明不了世界的问题。这张西方"名片"逐渐失去描述人类未来发展及其21世纪世界发展状况的能力。

面对西方"说明书"难以客观描述世界的现实,在这个人类社会发展的历史关键时期,亟待建构新的"说明书",即形成一套不同于西方现在的"说明书",一套让世界了解一个不一样的世界、让"人的世界还给人自己"的"说明书"。为此,面对21世纪人类面临的思想困惑和共同性问题,21世纪马克思主义需要建构一套不同于西方的"说明书",从而让世界人民了解人类社会走向现代化不是只有一条西方的现代化道路,还有其他的途径与道路。因此,亟待21世纪马克思主义建构一种描述性的规范,形成更好地能够说明21世纪世界格局深刻变革和描述人类社会发展趋势的"说明书"。

2. 形成系统性解释21世纪的世界"解释学"

面对21世纪初期的发展状况,世人需要一种可以理解并能看到希望的描述和解释。因而21世纪马克思主义要认识世界、改造世界,不仅要形成描述世界的"说明书",还要形成系统性解释世界的"解释学"。

21世纪马克思主义的世界"解释学"需要系统描述与阐释人类走向现代化的"两种范式"。人类走向现代化是21世纪的共同课题,也是世界大多数国家的共同愿景。在过去很长一段时间里,西方资本主义道路是人类走向现代化的重要路径,在这个过程中形成了一种解释范式,即唯有走西方资本主义道路才能使国家走向现代化。在20世纪很长一段时间里这被认为或者被描述为通向现代化的唯一道路。进入21世纪,中国的社会主义现代化建设创造了许多经验和做法,"拓展了发展中国家走向现代化的途径,给世界上那些既希望加快发展又希望保持自身独立性的国家和民族提供了全新选择"[①]。这为世界提供了另外一种解释

[①] 习近平:《决胜全面建成小康社会 夺取新时代中国特色社会主义伟大胜利——在中国共产党第十九次全国代表大会上的报告》,人民出版社2017年版,第16页。

范式，即走社会主义道路同样可以走向现代化。这就需要描述与阐释清楚，社会主义道路是如何以及为什么能够走向现代化；需要描述与阐释社会主义的制度优势与治理效能，从根本制度、基本制度、重要制度等层次建构社会主义走向现代化的解释范式。在此基础上，系统提炼与阐释社会主义现代化中政治、经济、文化、社会、生态等领域的实践经验与理论贡献，形成一种系统性解释21世纪社会主义走向现代化的"解释学"。因此，21世纪马克思主义既要建构讲清楚资本主义能够走向现代化的"解释学"，又要建构讲清楚社会主义能够走向现代化的"解释学"，从而让更多的发展中国家根据自己的实际情况创造性地开拓符合本国国情的现代化之路，更要坚定社会主义国家走社会主义现代化道路的信心。

21世纪马克思主义的世界"解释学"需要系统阐释好人类生存、发展的重大问题和人类未来发展趋势的问题。21世纪的显著特征是人类的生存发展问题更加需要站在命运与共的角度去审视，形成一种人类命运共同体意识。因而21世纪马克思主义形成系统性的世界"解释学"迫在眉睫，主要是形成能够系统性解释21世纪人类生存发展的重大问题和人类社会发展趋势问题的理论学说与解释范式。在人类发展进程中，西方的解释范式没有很好地解决人类命运与共的问题，特别是步入21世纪以来，一些发达国家的霸权行径、强权逻辑等做法，造成了国际社会的紧张局势和分裂趋势。因而，从人类命运共同体的角度来审视人类生存发展过程中遇到的重大问题和共同性问题，为人类未来发展指明方向，就需要构建21世纪马克思主义的知识体系。这就需要不断推动马克思主义时代化，在发展与创新基础上拓展马克思主义理论的解释力，建构一套把握21世纪世界发展主题、社会主要矛盾的解释系统和话语体系，有效回应时代课题、应对国际风险挑战，为21世纪人类文明进步提供一种具有规范力量的"解释学"。

21世纪马克思主义的世界"解释学"需要系统描述与阐释中国特色社会主义现代化建设经验以及其他社会主义国家建设经验，为构建21世纪马克思主义的世界"解释学"提供实践基础与理论支撑。进入21世纪，社会主义国家的实践可谓轰轰烈烈，在世界上产生了巨大影响，展现出了强大生命力。中国经过40多年的改革开放发展，中国特色社会主义现代化建设取得巨大成就，创造性地丰富和发展了马克思主义。中国特色社会主义的成功实践,一方面有利于破除世界上对社会主义前途命运的担忧,在世界思想体系中树立了马克思主义新的坐标,另一方面推动中国的 21 世纪马克思主义以一种更加自觉的理论姿态登上世界历史舞台,极大地推动了马克思主义在 21 世纪的发展。特别是 2012 年以来,以习近平同志为核心的中国共产党,面对百年未有之大变局,统筹国际国内两个大局,坚持问题导向,提出了一系列推动国家治理现代化与推动全球治理、构建人类持久和平发展的新思想新理念,为解决人类共同问题、应对共同挑战提供"中国智慧"和"中国方案"。因而,创新发展 21 世纪马克思主义,需要在总结提炼社会主义国家现代化建设实践经验与理论发展的基础上形成能够解释与推动世界和平与人类发展的"解释学"。

第四,整体观照人类存在和发展实践活动以彰显整体性

"经典马克思主义无论从理论旨趣、文本主题、学科体系,还是根本方法、实践追求都是一个统一的整体。"① 整体性构成马克思主义的一种根本特性。马克思主义作为一门学说具有整体性,作为一种实践指导思想也体现整体性。21 世纪马克思主义的整体性,一个非常重要的外在原因是 21 世纪世界各国遇到的问题具有全球性与交互性,因而需要发挥马克思主义的整体性特点对人类的实践、存在和发展进行整体观照。

1.21 世纪马克思主义以整体性的方式出场

马克思主义的整体性既是一种方法论,也是一种思维方式。"人的本质不是单个人所固有的抽象物,在其现实性上,它是一切社会关系的总和"②。人的社会关系总是以整体性的方式出现,因而人的实践活动也呈现整体性。恩格斯曾经说过,"法国的活动从来就是民族活动,这种活动从一开始就意识到自己的整体性和普遍性"③。这说明一个民族的实践活动也具有整体性。实践作为一种主客体的关系活动,总是以整体性的方式出现。创新发展 21 世纪马克思主义只有对整体进行把握,才能更加符合人的实践,符合人类社会发展,在个体与整体的相互活动

---

① 杨谦、代俊兰:《中国化马克思主义理论和实践的整体性特征》,《南开学报》(哲学社会科学版)2008 年第 4 期。
② 《马克思恩格斯选集》第 2 卷,第 135 页。
③ 《马克思恩格斯文集》第 1 卷,人民出版社 2009 年版,第 92 页。

中构成一种相互促进的循环。把握个体有利于理解整体，把握整体也更有利于理解个体。"正是由于为整体所支配的部分同时又支配着整体，意指整体的意义期望，才得以成为明白的理解。"① 在这个意义上，从世界的整体高度去理解各个民族也就提供了一种整体观照。当今中国与世界的关系更加紧密，中国的许多事情都具有世界性，具有世界意义，发展好中国特色社会主义也就有利于世界发展与全球治理，推动全球治理也有利于推进中国特色社会主义的国家治理体系和治理能力现代化。中国发展有利于世界和平，世界和平也有利于中国发展，它们之间构成一种相互促进的循环关系。因而，创新与发展21世纪马克思主义，也就需要有一种全球的人类整体性思维去理解与把握各个国家的马克思主义理论创新与发展，尤其是社会主义国家的实践发展与世界的互动及其意义，从而增强创新与发展21世纪马克思主义的理论自信与实践自信。

2. 对人类社会的生存和发展进行整体观照

马克思主义追求人的解放和人民幸福，这既包括每一个个人，又包括人类整体。21世纪马克思主义也就需要在更高层次上聚焦人类整体生存和发展问题。一方面，人类只有一个地球，这是人类共同的家园，但是如何守护好这个家园，需要各国拿出自己的政治诚意，拿出责任和担当。以环境为例，当今世界环境污染是一个极大的难题，人类在利用自然的过程中越来越感受到大自然的报复。这一点恩格斯早就警告过我们，"不要过分陶醉于我们人类对自然界的胜利。对于每一次这样的胜利，自然界都对我们进行报复"。这种报复最终会危及人类的生存。因而人类的生存和发展仍然面临很大挑战。这些问题为21世纪马克思主义的整体性提出了更高的要求。另一方面，面对分化的世界，积极构建人类命运共同体迫在眉睫。21世纪世界分化的痕迹日益显露。面对国际的复杂局势，特别是在百年未有之大变局中，从人类命运共同体的高度来审视当今时代发展，为人类指明前进方向，需要21世纪马克思主义提供方法论指引。习近平指出："世界命运应由各国共同掌握，国际规则应由各国共同书写，全球事务应由各国共同治理，发展成果应由各

---

① [德] 伽达默尔：《伽达默尔集》，邓安庆等译，上海远东出版社2003年版，第40页。

国共同分享。中方愿同世界各国一道，携手构建人类命运共同体。"①习近平从世界和平与发展大局、人类命运与共的整体高度来阐释全球治理，是马克思主义整体性在 21 世纪的具体实践。

3. 对人类社会的实践活动进行整体观照

21 世纪的生产力与信息技术的快速发展，使人类的实践活动越来越具有类的特性，具有更高层次的整体性。当前海量的信息为整体观照人类的实践活动提供了认知基础，而大数据以前所未有的海量信息推动人类实践的发展，因而我们更有可能站在一个更高平台上对人的实践活动、社会治理进行整体观照。特别是在现代国家治理体系中，不难发现大数据在交通、养老、医疗、教育、金融等领域的重要地位逐渐凸显，成为把握该领域的整体性和未来风险预测的重要工具，助推国家治理体系和治理能力的现代化。

信息创构了人的生产生活样态，对实践活动也有一个整体性把握。信息的迅猛发展，使得信息传播日益起到倍增效果，人的信息化和信息的人化，使人类的实践活动必须要放到更大的整体中去谋求发展。一方面，信息文明时代极大地推动类的发展，而类的发展又促进个体的发展。换言之，人是类的存在物，个体的发展在一定程度上说依赖于类的发展，因而只有放到类中才能真正实现个人的自由全面发展。另一方面，与传统的实践活动不同，信息文明时代人类的实践活动相互依存度高，损害他者也损害自身，成就他者在一定程度上也成就自己，两者构成一种相互性，这就必须要把人的实践活动放到人类的生态中去把握，破坏了人类的生态就等于破坏自身。因此，21 世纪马克思主义亟待在信息文明与人工智能的运用中得到丰富和发展，亟待从更高层次的整体性对现实活动进行观照，从而使理论之树植根于人类社会的伟大实践，又为人类实践活动提供整体观照。

第五，为创造人类美好生活提供新思想以彰显实践性

马克思主义是一种革命的理论，是为人民求解放的理论，其生命力在于指导社会主义革命与建设实践。马克思创立马克思主义理论本身不是为了理论而理论，而是为了指导革命实践，为了实现共产主义，为了

---

① 李伟红：《习近平会见出席全球首席执行官委员会特别圆桌峰会外方代表并座谈》，《人民日报》2018 年 6 月 22 日。

人类社会美好生活。习近平指出："马克思主义理论的科学性和革命性源于辩证唯物主义和历史唯物主义的科学世界观和方法论，为我们认识世界、改造世界提供了强大思想武器，为世界社会主义指明了正确前进方向。"① 从这个意义上说，马克思主义认识世界与改造世界的斗争精神、批判精神、革命精神、创造精神是在实践中得到体现，在实践中得到发展，指向人的自由全面发展与人类社会美好生活。21世纪马克思主义面对世界格局与人类社会发展遇到的新情况新问题新困境，也就需要提供认识世界改造世界以创造人类社会美好生活的方法论指导。

1. 在解决社会主义社会主要矛盾中推动21世纪马克思主义原创性发展

矛盾是社会发展的根本动力，也是推动21世纪马克思主义发展的根本动力。20世纪马克思主义的发展既揭示了社会主要矛盾，又为解决社会主要矛盾提供方法论指引，推动21世纪世界马克思主义运动。虽然苏联社会主义实践失败了，但是在推动20世纪马克思主义的主体性、原创性发展方面取得了重大成果，特别是列宁等领导人在推动20世纪马克思主义的创新发展方面作出了巨大贡献。在中国特色社会主义的伟大探索过程中尤其是解决社会主要矛盾过程中，形成了毛泽东思想、邓小平理论、"三个代表"重要思想、科学发展观、习近平新时代中国特色社会主义思想等具有原创性的中国化马克思主义。

21世纪马克思主义在各国社会主义实践经验总结中不断得到丰富和发展。以中国为例，中国特色社会主义的伟大实践为21世纪马克思主义发展注入了新的活力。党的十九大报告指出："经过长期努力，中国特色社会主义进入了新时代，这是我国发展新的历史方位。"② "马克思恩格斯眼中的'新时代'，依托于生产力的大解放大发展，推动生产关系发生重大变革、社会主要矛盾发展变化，最终实现一个每个人都得到自由发展进而全人类得以实现自由发展的美好社会。"③ 党的十八大以来，在坚持和发展中国特色社会主义过程中形成了习近平新时代中国

---

① 《深刻感悟和把握马克思主义真理力量 谱写新时代中国特色社会主义新篇章》，《人民日报》，2018年4月25日。
② 习近平：《决胜全面建成小康社会 夺取新时代中国特色社会主义伟大胜利——在中国共产党第十九次全国代表大会上的报告》，第10页。
③ 杨英杰：《马克思恩格斯眼中的"新时代"》，《红旗文稿》2018年第9期。

特色社会主义思想，这一思想以马克思主义立场、观点、方法分析世界变革，透析国际国内复杂局势，提出了一系列主体性、原创性观点，丰富和发展了马克思主义。在一定意义上说，中国化的马克思主义理论成果都聚焦于解决中国面临的时代课题和社会主要矛盾。中国在从站起来、富起来到强起来的过程中，"站起来"主要解决帝国主义和中华民族的矛盾，这是近代以来中国社会最主要的矛盾；"富起来"主要解决人民日益增长的物质文化需要同落后的社会生产之间的矛盾，这是中华人民共和国成立以来的社会主要矛盾；"强起来"主要解决人民日益增长的美好生活需要和不平衡不充分的发展之间的矛盾，这是新时代中国特色社会主义的社会主要矛盾。从站起来、富起来到强起来转变中的社会主要矛盾的变化及其解决，是推动中国化马克思主义原创性发展的根本动力。人民对美好生活的向往就是中国共产党的奋斗目标，中国共产党人在不断满足人民需要的过程中创造性地提出了一系列新思想新理念新观点新论断新战略，体现了中国实践、发展、创新的马克思主义话语表达，具有很强的主体性、原创性，丰富和发展了21世纪马克思主义。因而创新与发展21世纪马克思主义，需要社会主义国家在解决社会主要矛盾的实践基础上来实现。反过来说，21世纪马克思主义的创新与发展，也要特别观照社会主义国家对社会主要矛盾的解决实践与理论发展。

2. 为人类创造美好生活秩序提供新思想新理念

马克思主义始终是人民认识世界的方法论，是改造世界的强大思想武器，过去100多年的世界社会主义实践表明，马克思主义依然是正确的，依然具有强大的战斗力和旺盛的生命力。进入21世纪，马克思主义指引人们认识世界、改造世界，归根到底是为实现人的自由全面发展和创造人类社会的美好生活。

21世纪马克思主义需要为人类创造更加公正的社会秩序提供新思想新理念。长期以来，人类都在为追求理想的社会充满遐想，从空想社会主义走向科学社会主义，从原始社会走向共产主义社会，人类对未来美好生活的向往始终是存在的。资本主义社会创造了比过去一切时代都自由、平等的社会秩序，但人们越来越认识到资本主义制度难以真正解决社会公平正义问题，难以解决国际秩序的公平正义问题。因而实现社会公平正义，特别是实现国际秩序的公平正义，就需要社会主义社会作出历史性的伟大贡献。20 世纪马克思主义为人类的公平正义进行了丰富的理论阐释和初步的实践探索，取得了巨大进步。21 世纪马克思主义需要更加聚焦人类社会实践活动的公平正义，为构建更加公正的国际秩序提供新思想新理念。

21 世纪马克思主义需要为人类创造美好生活提供思想引领。马克思主义立足于 21 世纪初社会主义国家建设实践形成了一系列主体性、原创性的思想观念与价值判断，特别是在中国社会主义实践中推动了当代中国化马克思主义的发展，形成了习近平新时代中国特色社会主义思想。这一新思想为中国人民创造美好生活提供了方法与指导。以扶贫为例，贫困问题至今是人类的共同性问题，摆脱贫困过上美好生活是世界各国人民的共同心愿。中国在解决贫困方面，创造性地提出了"精准扶贫"新理念，谱写了人类扶贫史上的绚丽篇章，夯实了中国人民过上美好生活的物质基础与制度保障。同时，中国积极创造丰富的精神文化生活，提出中国价值、人类共同价值等标识性概念，积极推动人民的物质财富丰富与精神境界提升的双向互动，在不断丰富人民物质生活的过程中丰富人民的文化生活。

21 世纪马克思主义需要为实现世界的永久和平、永续发展提供思想引领。进入 21 世纪，人类的实践活动更加丰富多彩，但在创造美好生活过程中越来越具有不确定性、风险性，越发需要从人类命运与共的整体高度去把握实践。这就亟待增强 21 世纪马克思主义的前瞻性，加强 21 世纪马克思主义对实践的批判性，继续为人类创造美好生活提供新的思想武器与解决方案。在解决人类的前途命运方面，中国创造性地提出了"人类命运共同体"新理念。针对世界怎么了、怎么办的难题，针对治理赤字、信任赤字、和平赤字、发展赤字等问题，中国提出建设持久和平、普遍安全、共同繁荣、开放包容、清洁美丽的世界，强调人类命运相互依存、相互促进，优化全球治理体系，共同推动世界和平发展。在解决人类冲突、促进人类和谐共生方面，中国提出文明交流互鉴的新思想新理念，强调文明之间是平等的，需要相互尊重、平等相待，需要开放包容、互学互鉴等，为化解和超越文明隔阂、文明冲突、文明歧视等问题提供了中国智慧和中国方案。因此，创新发展 21 世纪马克思主义，需要不断为人类认识世界和改造世界、为人类创造美好生活提供新思想新理念。

新时代坚持和发展 21 世纪马克思主义，既要站在人类整体利益高度，充分考虑人类的生存安全问题，特别是要关注大数据与人工智能等生产技术的快速发展给人类带来的发展不确定性因素和潜在的安全风险；又要把握世界格局与人类文明的发展趋势，为构建一个更加公正合理的国际秩序，推动世界人民共享发展、人类永续发展而努力。"21 世纪马克思主义从世界历史的眼界、时空交织的视角，由更多关注社会主义国家建设发展或资本主义国家的批判拓展到积极关注人类社会发展、人类命运共同体的构建，实现了理论境界上的升华。"[1] 为此，既要深刻把握马克思主义基本原理的主体性、原创性发展，又要充分考虑与各国实践相结合所创立的社会主义理论，从而形成 21 世纪马克思主义发展的多重进路。因此，创新发展 21 世纪马克思主义，把握并彰显马克思主义的人民性、时代性、规范性、整体性、实践性等主要特征，为描述和阐释当今世界格局的深刻变革，为认识和把握人类未来发展方向，为解决人类共同问题，应对人类风险挑战，推动世界和平发展与人类可持续发展，提供说明 21 世纪世界的"说明书"、解释 21 世纪世界的"解释学"和认识 21 世纪世界的"方法论"，从而建构 21 世纪马克思主义的知识体系，为构建人类命运共同体提供切实可行的方案。

---

[1] 操奇：《发展 21 世纪马克思主义的三个维度》，《探索》2019 年第 6 期。

结　语[*]

在党的十九大报告中，习近平总书记指出："经过长期努力，中国特色社会主义进入新时代，这是我国发展新的历史方位。"[①] 在新时代中，深入推进马克思主义中国化时代化大众化，发展21世纪马克思主义和当代中国马克思主义，着力建构具有中国特色的哲学社会科学学科体系、学术体系和话语体系，是时代赋予当代中国哲学社会科学理论工作者的一项重大而又光荣的历史使命。那么，应该如何发展21世纪马克思主义与当代中国马克思主义呢？

一　问题导向与发展21世纪马克思主义

孙：陈老师您好！习近平总书记在哲学社会科学工作座谈会上的讲话中指出："这是一个需要理论而且一定能够产生理论的时代，这是一个需要思想而且一定能够产生思想的时代。我们不能辜负了这个时代。"[②] 可以说，发展21世纪马克思主义、当代中国马克思主义，是时代赋予当代中国马克思主义理论工作者的一项重大历史使命。在您看来，中国马克思主义理论界应当从哪些方面着手，才能真正担负起这一历史重任？

陈：我认为，在发展21世纪马克思主义和当代中国马克思主义的过程中，必须要坚持两个根本原则：首先，是问题导向原则。习近平总

---

[*] 本章内容是孙乐强对陈先达先生的访谈整理稿，访谈内容经过陈先生审阅，特此致谢！
[①] 习近平：《决胜全面建成小康社会　夺取新时代中国特色社会主义伟大胜利》，人民出版社2017年版，第10页。
[②] 习近平：《在哲学社会科学工作座谈会上的讲话》，《人民日报》2016年5月19日第2版。

书记指出:"坚持问题导向是马克思主义的鲜明特点。问题是创新的起点,也是创新的动力源。只有聆听时代的声音,回应时代的呼唤,认真研究解决重大而紧迫的问题,才能真正把握住历史脉络、找到发展规律,推动理论创新。"[①] 真正的哲学是时代精神的精华,世界上任何伟大的哲学社会科学成果都是在回答和解决时代提出的重大问题中创造出来的,马克思主义也不例外。如果不以问题为导向,不研究社会进步、人类发展的"真问题",不探讨资本主义向何处去的问题,马克思主义也就不可能产生;同样,如果不认真研究解决不同时代所提出的重大问题,也就不可能有列宁主义、毛泽东思想和中国特色社会主义理论体系。作为一种开放的理论体系,与时俱进是马克思主义的独特的理论品格,只有回应和解决实践中遇到的重大问题,才能真正实现理论创新,这也是马克思主义永葆生机活力的根源所在。习近平新时代中国特色社会主义思想之所以能开辟中国特色社会主义理论的新境界,就是因为它立足于中国特色社会主义在建设中遇到的重大问题,提出了一系列新观点新理念新思路。任何脱离实际问题的教条主义、本本主义,或功利化的实用主义,只会窒息马克思主义的生命力。

其次,要坚持以人民为中心的研究导向。习近平总书记指出:"为什么人的问题是哲学社会科学研究的根本性、原则性问题。"[②] 坚持以人民为中心的研究导向应是马克思主义哲学研究的根本原则。世界上没有纯而又纯的哲学社会科学。马克思主义决不只是一种单纯的科学体系,它也包含着鲜明的政治立场和实践旨趣,即自觉地服务于无产阶级和人类解放。可以说,"哲学为人民"是马克思主义哲学的本质特征,脱离了人民就等于脱离了实践。我不相信一个不热爱人民、不关心实践、只关心本本的人,能真正有勇气、有决心、有兴趣投身于创造性推进马克思主义哲学的伟大事业之中。

孙:改革开放40多年来,我国的国外马克思主义研究方面已取得了长足进步和发展,目前这一方向也已成为马克思主义理论学科下面的一个二级学科。那么,在发展21世纪马克思主义和当代中国马克

---

① 习近平:《在哲学社会科学工作座谈会上的讲话》,《人民日报》2016年5月19日第2版。

② 习近平:《在哲学社会科学工作座谈会上的讲话》,《人民日报》2016年5月19日第2版。

思主义的过程中,我们应当如何正确认识和对待国外马克思主义的研究成果?

陈:发展21世纪马克思主义,特别是发展当代中国马克思主义,必须要立足中国实际,这是根本。脱离了中国实践,发展马克思主义就是一句空话。同时,还必须具有世界眼光,要积极吸收和借鉴人类文明的一切有益成果,不断发展和创新马克思主义。从当前世界局势来看,发展马克思主义,离不开对当代资本主义运行机制及其发展规律的研究,这就要求我们必须要深入剖析当代资本主义新变化新发展新形态,把握其内在本质,系统深化对当代资本主义内在矛盾及其发展趋势的规律性认识。在这方面,国外马克思主义研究成果能够为我们提供重要启示,我们应当充分吸收和借鉴。但另一方面,我们也必须对国外马克思主义保持清醒认识,决不能带着猎奇心态,一味地求新求变,制造一些新奇概念,卖弄一些空洞的文字游戏;更不能全盘照搬,用于指导和发展当代中国马克思主义,这样就完全本末倒置了。

国外马克思主义有各种各样的派别,应该具体分析,深入分析它们各自的观点和得失。他山之石,可以攻玉。但我们应该懂得,由于社会背景和历史条件不同,西方马克思主义尽管对资本主义持批判态度,但他们主导趋向走的是学术化、学院化道路,而不是以推翻资本主义社会、实现马克思主义伟大理想而从事马克思主义研究。我们则不同,在中国,马克思主义是行动指南。不忘初心,牢记使命,是我们研究马克思主义的目的。

毫无疑问,由于西方马克思主义处在西方社会环境下,直接面对资本主义社会,他们对资本主义社会中的问题可以有较深入的观察和切身感受,我们可以从西方马克思主义者包括左翼思想家们那里吸取他们对资本主义的批判思想,但他们的学术化、学院化趋向,又限制了他们继承和发挥马克思主义的革命实践精神,把马克思主义研究导向纯学术研究,摒弃马克思主义的历史使命,容易变成讲坛上的马克思主义或论坛上的马克思主义,这种马克思主义可以为西方统治者所容忍,可以出书,可以授课,因为它对西方资产阶级的统治并没有多大威胁。特别是由于西方马克思主义所处的社会和思想环境,其中一些学派往往容易与西方哲学结合,产生出种种旗号的马克思主义,导致对马克思主义的肢解。

正因为这样,我们既不能盲目排斥西方马克思主义,也不能不加分析地把西方马克思主义的观点奉为创新,盲目跟风,应该对他们的观点和著作进行具体分析和研究。马克思主义研究应该重视学术性,应该写出高质量的学术性著作,但从方向或理论趋向上说,我们的马克思主义研究不能走脱离中国特色社会主义建设、脱离人民群众、脱离现实实践的学院化道路。学术性与学院化是不同的。如果我们的马克思主义研究走学院化道路,就会把中国马克思主义理论研究带入死胡同,更不用说什么在实践中发展马克思主义了。

在马克思主义研究中,我们不能轻中马,重西马,这不是对西方马克思主义采取拒斥态度,而是中国马克思主义研究的主次问题。作为一个专业,我们应该有人毕生从事西方马克思主义研究;作为一个马克思主义理论工作者,我们也应该关注西方马克思主义研究的进展和动态。但我们举什么旗帜,坚持什么观点,仍然要坚持马克思主义基本原理与中国实际相结合的马克思主义中国化道路,立足中国实际,解决中国问题,坚定马克思主义理论信仰,有分析有鉴别地对待国外马克思主义流派,使后者真正服务于对中国问题和中国化马克思主义的研究。

孙:您说,发展当代中国马克思主义需要世界视野,但要突出中国立场,以中国问题为中心。那么,在您看来,我们需要进一步加强对哪些问题的研究?或者说,应当以何种方式推进这种研究?

陈:中国马克思主义理论工作者有特别有利的条件从事创造性的马克思主义研究工作。第一,中国共产党旗帜鲜明地坚持马克思主义,坚持马克思主义中国化道路,这为中国马克思主义理论工作者树立了创造性发展马克思主义的榜样,并为其指明了方向。中国特色社会主义理论体系是马克思主义中国化的最新成就,是对马克思主义的创造性发展,特别是习近平新时代中国特色社会主义思想是21世纪的马克思主义,是当代中国的马克思主义。中国马克思主义理论工作者有科学的指导思想和丰富的理论资源。第二,中国马克思主义面对建设新时代中国特色社会主义、实现中华民族伟大复兴的实践,这是任何其他国家的马克思主义研究所没有的条件。实践是理论之母,是推动马克思主义创造性发展的动力。可以说,中国特色社会主义伟大建设实践,为中国马克思主义理论工作者的创造性研究开拓了极其广阔的空间,中国马克思主义理论研究大有可为。我们这些马克思主义理论工作者可以说是"生逢其时"。习近平总书记指出:"我国哲学社会科学应该以我们正在做的事情为中心,从我国改革发展的实践中挖掘新材料、发现新问题、提出新观点、构建新理论……提炼出有学理性的新理论,概括出有规律性的新实践。"①

事实上,中国特色社会主义建设是社会主义发展史、马克思主义历史上的一项前无古人的伟大创举。要发展21世纪马克思主义和当代中国马克思主义,中国马克思主义理论工作者必须扎根中国大地,立足中国实际,认真研究、解决中国特色社会主义建设实践中遇到的重大理论和现实问题,尤其是改革中出现的重大问题。习近平总书记讲要将改革彻底进行下去,这其中会遇到很多新问题新挑战,需要马克思主义理论工作者认真研究、细致探索。坚持马克思主义,坚持中国特色社会主义理论,创造性地研究马克思主义,为中国特色社会主义建设立德立言,献计献策,是马克思主义理论工作者应该承担的社会历史使命。

党的十八大以来,以习近平同志为核心的党中央以巨大的政治勇气和强烈的责任担当,出台了一系列重大方针政策,提出了一系列重大举措,推进了一系列重大工程,解决了许多长期想解决而没有解决的问题,办成了许多过去想办而没有办成的大事。这些历史性变革,对党和国家事业发展具有重大而深远的影响。但我们不能认为现在一切问题都解决了,可以高枕无忧了。实际上,我们面对的需要解决的问题并不少,尤其是进入改革深水区,会碰到新的问题。作为马克思主义理论工作者,我们必须坚持历史唯物主义,客观地认识问题、分析问题,既要充分看到中国特色社会主义的伟大成就,尤其是党的十八大以来的重大成就,但也不能掩盖问题,必须以一个学者所应承担的社会责任,研究这些问题,为中国特色社会主义建设贡献自己的力量。

我们从事马克思主义理论教学和研究工作,是在一个非常重要的领域即意识形态领域工作。这是一个存在思想理论斗争的领域,是一个关系到中国特色社会主义举旗定向的领域。作为一个马克思主义理论工作者,对思想理论领域中存在的问题不能视而不见。苏联解体、东欧剧变以来,一些别有用心的人一直鼓吹马克思主义失败了,宣扬"马克思主义过时论",这是完全错误的。苏东的失败决不是马克思主义本身的失

---

① 习近平:《习近平谈治国理政》第二卷,外文出版社2017年版,第344页。

败,而是修正主义和教条主义的失败,是故步自封和封闭僵化体制的失败。这些教训进一步从反面证明了马克思主义的科学性,证明了理论联系实际、实事求是路线的正确性,证明了全面从严治党的重要性。苏联解体和东欧剧变并不是因为当政者创造性地与本国实际结合起来应用马克思主义,而是走了一条从教条主义到修正主义,再到最终解散共产党、取消马克思主义的道路,走了一条从深陷泥潭到彻底没顶的道路。

还有一些人鼓吹"普世价值"和西方的"宪政民主",指责中国特色的政治制度是专制制度,以民主和专制的两极对立来抹黑中国共产党。西方民主制度真的就是人民当家作主吗?真能代表民意吗?不能。表面上看,西方民主倡导一人一票制,可以用选票来表现民意。其实,真正参与投票的人数往往并非一国人民的大多数,而且由于各个政党对选票的瓜分,当选者其实对全国人民而言并非多数。我们还不说黑金政治、舆论操纵以及种种选举怪招、"奥步",这种表演民主、拜票民主、拉选民主、金钱民主,称不上是真正代表民意的民主。同样,西方国家所谓的多党制,实际上仍是一个党,它们所代表的其实只是同一个阶级中的不同利益集团。例如美国,不论是民主党还是共和党,谁上台执政都不会改变美国的资本主义性质。近年来,关于西方民主制度危机的评论不绝于耳,西方有识之士不断抨击西方民主制度已走向穷途末路。我们国家则不同。从领导角度说,中国实行中国共产党领导下的多党合作制。社会主义国家绝不能实行多党制,实行所谓轮流坐庄的政党轮替制,否则,将会重蹈苏联解体和东欧剧变的覆辙。这是由社会主义制度的本质决定的。除以马克思主义为指导的共产党外,世界上没有任何一种性质的政党能担负建设一个消灭剥削、消除两极对立、全民共同富裕的社会主义社会。在中国,共产党的绝对领导和社会主义制度是不可分的。没有共产党领导的社会主义社会,正如没有社会主义制度的共产党领导一样,都是不可能的。

二 中国道路与历史唯物主义的当代发展

孙:中国特色社会主义道路是中国共产党领导中国人民在革命、建设和改革的长期实践中,探索出来的一条符合中国实际的发展道路。我们一般将其简称为中国道路。当然了,学界也有另一种叫法即中国模式。那么，在您看来，这两种叫法一样吗？

陈：我觉得还是有差别的。就局部而言，我们可以使用"模式"这个用语，无论是管理模式、经营模式、增长模式等，都是表示一种具体方法；但对整个国家发展而言，我个人更倾向于中国道路这个提法而不用中国模式，它可能更符合马克思主义关于社会发展方向认识的原意。从字面意思来看，"模式"往往指的是一种静态的、稳固的、定型的范式，就像制作糕点的模型一样，所有产品都是从一个模型中生产出来的，都是一个样。但是，如果用"模式"来称谓一个国家的发展道路，就可能会带来一些不必要的问题和麻烦。从内涵来看，中国模式似乎是说中国的发展道路已经定型了固定了，不会再变化、调整、发展了，它就像一个成熟的生产模型一样，似乎可以为其他国家提供一个现成的发展模子，只要把这套模具移植过去，就能直接投入生产了。实际上，我们仍处于社会主义初级阶段，全面实现小康社会、实现社会主义现代化还有一段路要走，即使实现了社会主义现代化，中国的社会主义社会仍然要向前发展，发展不会终结。"模式"很难表达出中国特色社会主义建设正在向前发展的动态内涵。而"道路"则不同，它体现的是一种发展过程，是活生生的实践本身。道路的特点就在于它的实践性，没有实践就不可能有道路，就像鲁迅所说，"其实地上本没有路，走的人多了，也便成了路"。既然是道路，就会有崎岖、曲折，甚至是岔路口；既然是实践，就不会停止前进的步伐，就不会是定型的、完成的，而是要随着实践的变化而不断向前发展。中国道路向世界提供的是发展中国家实现现代化的一种方案、一种选择、一种道路，而不是一种必须按照原样复制的模板。

孙：目前国外学界关于中国道路的认识鱼龙混杂，评价也褒贬不一，甚至是故意歪曲和抹黑中国。那么，在您看来，中国道路究竟是一条什么样的道路？它具有什么样的独特性？

陈：道路问题是关系党的事业兴衰成败、国家前途和民族命运的大问题。习近平总书记曾用"四个不是"高屋建瓴地说明了中国道路的实质：中国道路不是简单套用马克思主义经典作家设想的模板，不是其他国家社会主义实践的再版，也不是简单延续我国历史文化的母版，更不是国外现代化发展的翻版。① 实际上,这"四个不是"的核心,归根结底,就是如何理解"三化"即马克思主义中国化、儒化和西化的关系问题,这是理解中国道路实质的关键所在。

儒家文化是古代封建王朝守成治国的母版。中国共产党领导的革命不是旧式的王朝政权更替,而是彻底推翻旧制度的社会形态变革;中国共产党领导的社会主义建设和改革事业更是一项开天辟地、前无古人的伟大创举,在中国历史上根本没有什么母版可循。尽管我们也借用历史上的小康世界和大同世界的用语,但内容完全不同。以儒家学说为代表的中国传统文化确实博大精深,我们需要继承这份遗产,充分发扬中华优秀传统文化的精华,但这种继承不是简单的回归,而是要与时俱进,在当代语境中实现对中国传统文化的创造性转化、创新性发展。这"两创"是有前提的,就是必须坚持马克思主义的指导地位,而不是回到以儒治国的道路。

资本主义道路实际上是资本的殖民扩张之路,整部资本主义发展史就是一部野蛮、暴力、黑暗的血泪史。通过殖民扩张,资本主义国家实现了富强文明,而那些被侵略过的国家却陷入到巨大的灾难之中。这条道路是血腥的、残暴的,而西方国家却厚颜无耻地将其宣称为人类文明发展的共同道路,将其夸大为放之四海而皆准的普适模式,这恰恰是西方鼓吹资本主义制度优越论的集中体现,是西方意识形态话语霸权的产物。即使到了今天,这种本质依然没有改变,它们打着"普世价值"的旗号,到处进行所谓的"文明输出",给世界带来的并不是和平,依然是灾难。只要看看中东,看看那些被西方"民主化"的国家,看看近年来持续不断的动乱、战争、恐怖主义活动,自然就明白了。由于具体国情、时代背景、社会制度、文化底蕴和传统等方面的差异,决定了中国只能走自己的道路,决不可能重复西方资本主义的道路。西方文明基本上是建立在海外殖民掠夺之上的,英国、美国、西班牙、葡萄牙、法国等都是如此,我们完全依靠中国人民的艰苦奋斗、自力更生,发展到现在可以自主制造汽车、卫星、航母,这几十年的成就比它们几百年的成就还要多。

中国是社会主义国家,中国不可能走西方资本主义通过殖民扩张实

---

① 习近平:《习近平谈治国理政》第二卷,外文出版社2017年版,第344页。

现现代化的老路。中国的文化是和平的文化，不是西方殖民扩张的文化；我国的工业化是在被资本主义世界封锁的情况下，依靠党的领导和人民的力量，完全独立自主、自力更生实现的；改革开放之后，我国一直致力于维护世界和平、促进世界各国的共同发展。这些都充分表明，中国道路是一条没有侵略、没有掠夺的和平发展道路，是完全不同于西方资本主义的社会主义现代化道路。而"普世价值"论所包含的政治祸心就在于，要彻底否定中国道路的合法性，企图让我们党改旗易帜，抛弃马克思主义和社会主义方向，妄图使中国重蹈"红旗落地"的覆辙。

还有一些人将改革开放前后两个历史时期绝对对立起来：或者是否定改革前的社会主义建设为社会主义基本经济制度和政治制度的奠基作用；或者是企图否定我国改革开放和市场经济体制的社会主义本质。习近平总书记指出："近些年来，国内外有些舆论提出中国现在搞的究竟还是不是社会主义的疑问，有人说是'资本社会主义'，还有人干脆说是'国家资本主义'、'新官僚资本主义'。这些都是完全错误的。"[①]我们的道路就是中国特色社会主义道路，不论怎么改革、怎么开放，都始终是沿着社会主义方向前进的，这一点是决不能否认的。

中国道路是科学社会主义原则与中国实际相结合的产物，是马克思主义中国化的产物，没有这个"化"，一切都无从谈起。中国革命和社会主义建设，尤其是我国的改革开放不是对马克思主义经典作家设想模板的简单套用，也不是对苏联和东欧社会主义实践的简单移植，而是立足中国国情，将马克思主义普遍原理与中国具体实际相结合的产物。如果没有从实际出发，没有坚持实事求是的马克思主义根本原则，中国革命、建设和改革就不可能取得成功。

孙：在当前国外学界，"中国威胁论"确实有着广泛市场，说什么"国强必霸"，这本身就是对中国道路的一种误解或故意扭曲。如您所说，中国道路实际上是一条和平发展之路。那么，在您看来，这种和平发展之路的根源和依据究竟是什么？

陈：习近平总书记指出："中国走和平发展道路，不是权宜之计，

[①] 中共中央宣传部：《习近平总书记系列重要讲话读本》（2016年版），人民出版社2016年版，第29页。

更不是外交辞令，而是从历史、现实、未来的客观判断中得出的结论，是思想自信和实践自觉的有机统一。"① 中国走和平发展道路的自信自觉，根源于中华文明的深厚渊源，根源于对实现中国发展目标条件的认识，根源于对世界发展大势和时代潮流的把握。

中华民族是爱好和平的民族，中华文化是倡导和平的文化。"国虽大，好战必亡"。自古以来，中华民族就积极开展对外和平交流，而不是侵略扩张；执着于保家卫国的爱国主义，而不是开疆拓土的殖民主义；中国曾长期是世界上最强大的国家之一，却没有像西方国家那样走上殖民侵略的霸权主义道路。这种对和平的追求深深植根于中华文明之中，流淌在中国人民的血液之中。近代以来，中华民族屡遭西方帝国主义的侵略，但中国人民从中学到的不是国强必霸、弱肉强食的强盗逻辑，而是更加坚定了维护和平的决心。新中国成立以来，中国人民在党的领导下，依靠自己的艰苦奋斗，通过和平方式确立了社会主义基本经济制度；改革开放以来，我国在和平发展理念的指导下，在经济、政治、文化、社会建设等各个方面取得了举世瞩目的伟大成就。历史实践充分证明，中国特色社会主义和平发展道路，既符合中国人民的根本利益，符合周边国家的根本利益，也符合世界各国人民的根本利益，是一条人间正道，走得通、走得对、走得好。当前，我国正处在实现"两个一百年"奋斗目标和中华民族伟大复兴的历史征程之中，如果没有和平的发展环境，一切都可能成为泡影。最后，从世界大势来看，当前世界格局已经发生了重大变化，和平、发展、合作、共赢，已成为当今世界不可抗拒的发展潮流，顺之则昌，逆之则亡。就像习近平总书记所说："什么是当今世界的潮流？答案只有一个，那就是和平、发展、合作、共赢。中国不认同'国强必霸'的陈旧逻辑。当今世界，殖民主义、霸权主义的老路还能走得通吗？答案是否定的。不仅走不通，而且一定会碰得头破血流。只有和平发展道路可以走得通。"②

孙：从历史唯物主义的角度看，中国道路的形成究竟有何意义？

陈：由于各国的国情和实际情况不同，各国的发展道路也不尽相同，每个国家都应当走自己的发展道路，绝不存在放之四海而皆准的唯

---

① 习近平：《习近平谈治国理政》第一卷，外文出版社2014年版，第267页。
② 习近平：《习近平谈治国理政》第一卷，外文出版社2014年版，第266页。

一的发展模式。中国道路的形成恰恰证明了历史唯物主义的科学性和真理性，是对马克思社会发展理论的进一步丰富和中国化发展。另一方面，中国道路不仅是具有中国特色的中国之路，而且也是具有世界历史意义的中国之路。说它是中国之路，是因为它本身就深深扎根于中国大地，具有鲜明的中国特色和民族特征；说它是具有世界历史意义的中国之路，是因为它提供了一种完全不同于西方发展道路的中国方案。它向世界表明，西方道路决不是人类社会发展的唯一模式，资本主义制度也决不是人类社会发展的唯一道路。不同民族国家完全没必要接受西方兜售的"灵丹妙药"，更没有必要重复西方资本主义的覆辙；相反，它们完全可以依靠自己的力量，建立与本民族国家实际情况相符合的发展道路和制度，走上民族国家复兴的康庄大道。它有力驳斥了西方中心主义的话语霸权，彻底揭穿了西方"普世价值"的虚假谎言，把西方道路夸大为人类文明发展的唯一道路，或曲解为放之四海而皆准的普适模式，是完全错误的。总之一句话，中国道路开辟了一条完全不同于西方资本主义的和平发展道路，为人类积极探索更好的社会制度和发展道路，提供了中国方案，贡献了中国智慧，积累了中国经验。

三　文化自信与当代中国哲学社会科学话语体系的建构

孙：党的十八大明确提出了中国特色社会主义"三个自信"的谱系。在庆祝中国共产党成立 95 周年大会上，习近平总书记在"三个自信"的基础上，又提出了"文化自信"。那么，在您看来，今天为什么要提出"文化自信"呢？您是如何理解的？

陈：文化自信不单纯是个学术问题，更是一个极其重要的政治问题。习近平总书记说："文化自信，是更基础、更广泛、更深厚的自信。"[①] 没有文化自信，道路自信、理论自信、制度自信就没有精神支柱。脱离了中国历史和文化，就很难说清中国道路的历史必然性，很难说清中国特色社会主义理论体系的中国意蕴，很难说清中国特色社会主义制度的特点和独特优势。在文化上，如果认为自己一切都不如人，那么，道路自信、理论自信、制度自信就建立不起来。

---

① 习近平：《习近平谈治国理政》第二卷，外文出版社 2017 年版，第 36 页。

近代以来，中国遭受了西方列强的长期欺凌，沦为半殖民地半封建社会，国人心中开始弥漫着一种自卑情绪。从技不如人，到制度不如人，再到文化不如人，似乎中国的一切都不如人，甚至连西方的月亮都比中国的圆。在这种自卑情绪的作用下，国人渐渐丧失了文化自信，甚至形成了崇洋媚外、全盘西化的扭曲人格。尽管中国革命、建设和改革都取得了伟大成就，实现了从站起来、富起来到强起来的历史性飞跃，但这种文化上的自卑心态并没有因此而绝种，甚至还拥有广泛市场。在他们看来，西方道路才是人类文明发展的共同道路，而中国则"冒天下之大不韪"，背离了世界文明发展之路，是逆历史潮流而动的。那么，他们凭什么说中国基于自身国情、历史和文化传统选择的道路是逆流，而西方道路就是人类文明共同发展之路呢？归根到底，还是文化不自信。他们把西方"普世价值"作为标准来衡量中国现实，把别人鞋子的尺码作为尺度来衡量自己的鞋子是否合脚。如果说，"郑人买履"是宁愿相信鞋样而不相信自己脚的蠢人，那么，这种鄙视自己文化而只相信西方文化优越的论调，则是曾经被殖民的思维余毒未尽的残渣。以此来看，文化自信是道路自信、理论自信、制度自信的精神支撑，是主心骨。一个对自己民族文化都不自信的人，怎么会坚定道路自信、理论自信、制度自信呢！所以，在此背景下，习总书记提出文化自信问题，决不单纯是基于学术或理论的考量，而是有着极为重要的政治意义。如果脱离了中国历史和当代现实，只把文化自信理解为一个学术问题，那就忽视了它的政治意义。

孙：有些人认为，所谓文化自信就是要重回传统文化，重回孔夫子文化，这显然是一种文化复古主义的观点。在您看来，我们今天所讲的文化自信究竟是一种什么样的文化自信？

陈：中国有五千年的文化发展史，中国传统文化博大精深，是中华民族文化之根。我们对自己的传统文化抱有尊崇和礼敬之心，这是应该的。但文化自信并不能简单地仅仅归结为对传统文化的自信，还应当包括对革命文化和红色文化、社会主义先进文化的自信。这是一个统一过程。没有传统文化就没有根，但没有红色文化和社会主义先进文化就没有中华文化的延续和创造性发展，就是中华文化的断流。如果断流了，就谈不上文化自信。文化不能断流，不能光靠祖宗过日子，更要依靠子孙后代的继承、创新和发展。因此，文化自信不能简单地认为是对传统文化的自信，如果对自己的革命文化、红色文化都不自信，对社会主义先进文化不自信，那么文化自信就会缺乏现实的社会根基。

我们强调革命文化和社会主义先进文化，丝毫无损于我们传统文化的博大精深、辉煌灿烂。但社会是发展的，社会制度是变化的。现代人不是生活在古代中国，现代人的思想观念、生活方式以及人际关系，都不同于古代。社会主义现代化应该包括思想观念的现代化，包括生活方式的现代化，包括相互交往的礼仪和称呼的变化，不可能原封不动地搬用古代的东西。好的传统要继承，但也要变化，以适合现代人的现代生活。比如，古代的礼主要是典章制度，即使是属于仪式方面的礼节也往往体现了当时的等级制度的要求。我们现在也要讲礼，但不能完全恢复古礼，包括婚礼、葬礼，都应该移风易俗。再比如，"和为贵"是中国处理人际关系甚至国家关系的重要原则，但我们并不能只讲"和为贵"而否定斗争。习近平总书记说："实现伟大梦想，必须进行伟大斗争。社会是在矛盾运动中前进的，有矛盾就会有斗争。我们党要团结带领人民有效应对重大挑战、抵御重大风险、克服重大阻力、解决重大矛盾，必须进行具有许多新的历史特点的伟大斗争，任何贪图享受、消极懈怠、回避矛盾的思想和行为都是错误的。"[①] 无论是在国际上对霸权主义，在国内对一切反对中国共产党、反对社会主义的思想理论，必须旗帜鲜明地进行斗争。有段时期马克思主义被歪曲为斗争哲学，"斗争"二字成了一个贬义词，而"和"变成一个褒义词，并被无条件地置于道德制高点上，这当然是对马克思主义哲学的曲解。

孙：刚才您说，文化自信必须包含红色文化。伴随改革开放成长起来的青年人，由于没有经历过革命年代，对红色文化往往缺少直接体验，再加上市场经济、娱乐文化和商业文化等的冲击，有些青年人在红色文化的传承方面表现得确实不够坚决、不够坚定。那么，在您看来，当前，加强红色文化的传承教育究竟有何重要意义？

陈：我们经常说没有中国共产党，就没有新中国，中国人民选择马克思主义和社会主义是历史的必然。对于我们这个年龄的人而言，这是毫无异议的。新中国成立之初，我在复旦上大学时，马克思主义政治课

[①] 习近平：《决胜全面建成小康社会 夺取新时代中国特色社会主义伟大胜利》，人民出版社2017年版，第15页。

就是一门重要课程，当时叫社会发展史。后来，我到中国人民大学任教，政治课也是非常有吸引力的课程。当时，马克思主义的指导地位、马克思主义教员的地位、马克思主义课程的重要性，很少听说有人怀疑过。现在形势不一样了，年轻一代没有经历过那段历史，对中国共产党为什么会选择马克思主义作为指导思想缺乏直接的历史体验，再加上利益分化导致的思想多元化、价值观念的多样化以及各种思潮的影响，难免会对马克思主义意识形态产生困惑或疑虑。从这个角度来看，理解红色文化形成的必然性，继承和弘扬红色文化，是我们坚定马克思主义理论自信的基础。

一个国家实行什么样的主义，关键要看这个主义能否解决这个国家面临的历史性课题。在中华民族积贫积弱、任人宰割的时期，各种主义和思潮都进行过尝试，资本主义道路没走通，改良主义、自由主义、无政府主义、文化复古主义、民粹主义等也都"你方唱罢我登场"，但都没能解决中国的前途和命运问题。正是无路可走，才选择革命的道路。毛主席曾说，找过很多路都走不通，只能上山，打游击，走武装革命道路解决中国问题。也正是在这样的背景下，中国共产党和中国人民选择了马克思主义，最终带领中国人民走出了漫漫长夜，取得了民主革命的胜利，建立了新中国。不经历革命文化这个环节，就不可能直接从中国传统文化过渡到社会主义先进文化，就理解不了为什么今天要坚持马克思主义指导地位毫不动摇，就理解不了文化自信的根源和基础。

孙：2017年1月，中共中央办公厅、国务院办公厅印发了《关于实施中华优秀传统文化传承发展工程的意见》（以下简称《意见》）。在您看来，在实施这一工程的过程中，我们应当如何看待马克思主义与中华优秀传统文化、西方文化之间的内在关系？

陈：我们讲的文化自信，不是夜郎自大式的盲目自信，更不是"唯我独尊"、拒斥一切的封闭自信，而是以文化自觉为基础的包容开放、兼收并蓄的自信。因此，在树立文化自信的过程中，正确认识、处理好古今中外文化之间的关系，就极为重要。

就古今关系而言，最为核心的一个问题，就是如何看待马克思主义与以儒学为主导的中国传统文化之间的关系。在《意见》印发后，有些人就迷惑了：中国共产党不是以马克思主义为指导思想吗，为什么还要传承和发展中华优秀传统文化呢？这是否意味着要放弃马克思主义，重走过去以儒治国的老路呢？实际上，这种非此即彼、水火不容的认识不仅是完全错误的，而且是极其有害的。单纯从文化领域来理解马克思主义与中国传统文化之间的关系，是说不清的，必须上升到社会存在变革的高度，才能真正把握二者的关系。我前面已多次说过，中国社会从以儒学为指导到以马克思主义为指导，不是封建王朝更替的结果，而是社会形态根本变革的产物。中国革命的胜利、社会主义建设和改革开放取得的伟大成就都是在马克思主义指导下获得的，是马克思主义和中国实际相结合的产物。因此，作为中国共产党领导的社会主义国家，不论何时何地，我们都必须要高举马克思主义旗帜毫不动摇。

为什么还要继承和弘扬中华优秀传统文化呢？文化是一个国家、一个民族的灵魂，抛弃了这个灵魂，就等于隔断了这个国家、这个民族的精神血脉。中华文明源远流长、博大精深，其中蕴含着古人丰富的治国理政、立德化民的智慧，是我们建设中国特色社会主义的思想宝库和资源。马克思主义要与中国实际相结合，自然就包含着与中国传统文化的结合。因此，必须要从中国传统文化中汲取营养，不断创新、丰富、发展马克思主义的中国特征、民族特色。

更为重要的是，马克思主义主要是革命学说，主要是提供一个科学世界观和方法论，但社会生活是多样的。以儒学为主导的中国传统文化具有道德伦理特色，它对人的人格和道德培养，对成"人"教育，对如何做人，提供了中国智慧。在解决人民日益增长的美好生活需要和不平衡不充分的发展之间的社会主要矛盾中，中国传统文化的精华对人民的文化需求，对道德素质的培养有重要作用。因此，我们需要充分挖掘、吸收和运用中国优秀传统文化中蕴含的智慧来帮助解决当代问题。当然，对中国优秀传统文化的继承和弘扬，必须坚持古为今用、推陈出新，结合新的实践和时代要求进行正确取舍，坚持有鉴别的对待、有扬弃的继承，努力实现优秀传统文化的创造性转化、创新性发展，使之与现实文化相融相通，共同服务以文化人的时代任务。

抽象地将马克思主义与中国传统文化对立起来是错误的：不能因为指导思想是马克思主义，就全盘否定中国优秀传统文化的精髓和当代价值，这是文化虚无主义；也不能因为要继承和弘扬优秀传统文化，就反对马克思主义的指导地位，这是文化复古主义。

中外关系问题，就是如何处理好本民族文化与外来文化之间的关系问题。习近平总书记指出，强调文化自信，"不是要搞自我封闭，更不是要搞唯我独尊、'只此一家，别无分店'。各国各民族都应该虚心学习、积极借鉴别国别民族思想文化的长处和精华，这是增强本国本民族思想文化自尊、自信、自立的重要条件。"① 因此，我们必须要坚持从本国本民族实际出发，坚持取长补短，择善而从，兼收并蓄，不断汲取各国文明的长处和精华，不断丰富和发展中华文化。

孙：习近平总书记指出，要发挥哲学社会科学的重要作用，就必须加强中国特色哲学社会科学话语体系的建构。您认为，当下我们应当如何推进这一工作？

陈：话语不是单纯的词句，它必须具有坚实的理论和文化支撑。没有理论自信和文化自信作为支撑，话语就不能称其为话语，最多只能算是一种词语。所谓中国特色哲学社会科学话语体系，必须是马克思主义指导下的话语体系，是体现中国特色社会主义理论内核的话语表达形式。从这个角度而言，话语体系建构的核心不在于概念、范畴的外延建设，而是在于内涵提升：一方面，必须要立足中国特色社会主义实践，坚持马克思主义理论指导，对原有范畴概念进行马克思主义化改造和融合，赋予它们新的内涵，使其上升到中国话语的高度；另一方面，要从我国改革发展的实践中提出新观点、构建新理论，致力于打造融通中外文化、体现中国特色的新范畴新概念新表述，大力推动中国话语体系的创新发展。在这一过程中，当代中国哲学社会科学理论工作者应当自觉承担这一历史使命，在国际上要敢于发声，反对西方话语霸权，用中国话语讲好中国故事，传播好中国声音，积极提升中国话语的国际影响力；在意识形态领域，要坚定马克思主义理论信仰，同各种错误思潮作斗争，用马克思主义话语体系解释好中国历史和现实，坚定道路自信、理论自信、制度自信和文化自信，坚实捍卫马克思主义一元指导地位，全面巩固和提升马克思主义话语权；在学术上，要坚持以人民为中心的研究导向，建立自己的学术话语体系和评价体系，真正推动中国哲学社会科学的繁荣创新发展。

---

① 习近平：《在纪念孔子诞辰 2565 周年国际学术研讨会暨国际儒学联合会第五届会员大会开幕式上的讲话》，《人民日报》2014 年 9 月 25 日第 2 版。

四 坚定马克思主义信仰与青年教师的历史使命

孙：习近平总书记在哲学社会科学工作座谈会上发表的重要讲话中指出："实际工作中，在有的领域中马克思主义被边缘化、空泛化、标签化，在一些学科中'失语'、教材中'失踪'、论坛上'失声'。"[①] 作为一名青年教师，目前我也在承担着研究生公共课教学工作，在教学中也发现，大部分学生对马克思主义理论课程是感兴趣的，但也有一部分学生似乎没什么兴趣。那么，在您看来，导致马克思主义逐渐被边缘化的原因主要有哪些呢？

陈：这种现象的产生不是偶然的，其原因有大环境方面的，也有小环境方面的。就大环境而言，主要是东欧剧变和苏联解体，世界社会主义革命低潮，西方国家尤其是美国推行思想渗透等。就小环境而言，主要是改革开放以来，我们经历了深刻的社会变化，在人际关系、意识形态方面也出现了一些新问题。比如，利益分化导致思想的多元化、价值观念的多元化。试想，如果只是让经济利益成为我们高校各个专业导向的指挥棒，成为学习动力的指挥棒，那么，在这种弥漫着拜金主义的社会氛围里，马克思主义怎么可能不被边缘化呢？

青年人如果只是着眼于个人经济利益，就容易认为没必要去学习马克思主义，而是去学习那些他们认为更"有用"的、能赚大钱的东西。马克思主义确实不如计算机实用，后者能带来直接的、看得见的计算运用和高报酬。可是，如果我们从民族国家命运、社会前途角度去考虑，马克思主义的巨大作用是其他东西无法比拟的。我说过，马克思主义不是关于个人发财致富的科学，而是关于人类解放的科学。

马克思主义信仰，包含着政治立场、理想信念和价值倾向等问题，这是决定人生方向和追求的大问题。青年人的思想政治教育，就是要把这些问题说清楚说透，让青年们认识到马克思主义和专门知识有很大区别，这是管方向的，说起来很抽象，但实际上是非常具体的。每个人都有一个"为谁服务"的问题，我们要通过教育让青年们解决好这个认

---

① 习近平：《在哲学社会科学工作座谈会上的讲话》，《人民日报》2016年5月19日第2版。

识问题。

孙：习近平总书记反复强调，意识形态工作是党的一项极端重要的工作。在全国高校思想政治工作会议上，习近平总书记又高屋建瓴地指出，高校思想政治工作关系高校培养什么样的人、如何培养人以及为谁培养人这个根本问题，要坚持把立德树人贯穿教育教学全过程，实现全程育人、全方位育人。您如何看待这一问题？

陈：这个问题太重要了。如果这个问题解决不好，经济发展再快，也会导致"精神缺钙"，甚至会导致政治上变质、经济上贪婪、道德上堕落、生活上腐化等。比如苏联，当时科学技术、军事力量都与美国不相上下，然而它还是失败了，关键就在于它取消了马克思主义的指导地位，在意识形态领域完全处于溃败地位。如果苏联仍然坚持马克思主义指导，以马克思主义来纠正错误，守住意识形态这个阵地，苏联不至于在那么短的时间内溃不成军。所以，不论中国GDP有多高，科学有多发展，都必须坚持把理想和信仰教育、把社会主义核心价值观教育放在重要地位。

就大学而言，首先必须解决"培养什么样的人、如何培养人以及为谁培养人"这个根本问题。大学最大的特点是什么？既是传授知识的地方，也是培养人的地方。很多人不懂得这个道理，他们只相信一个口号"知识改变命运"。但实际上，知识可以改变命运，也可以送掉你的命。法国哲学家蒙田讲过一句话："一个没有善良知识的人，任何知识对他都是有害的"。很多造假药的、制毒的人不少是学化学的、学生物的，他们都是有知识的人。因此，大学必须既要传授知识又要培养人，而且首先是培养人。

在封建社会，知识改变命运的最大特点是读书做官；在工业社会，知识改变命运的最大特点是用知识创造价值，即所谓"知识资本"；在发展中国家，知识改变命运的最大特点是阶层流动；在我们国家，知识改变个人的命运应该和民族命运的改变相结合。你不仅要改变自己的命运，也应该同时有助于改变国家和民族的命运。这四种情况都是不一样的，对于我们来说，我们是社会主义国家，社会主义的属性决定了个人改变命运的同时，也要对国家和民族作出贡献，这才是最正确的最有前途的道路。我们高校应该培养既有才能同时又具有爱国主义和社会主义信仰的人才，也就是又红又专的人才，不能培养所谓精致的利己主义者。

青年人在思想观念解放、在新事物新技术的接受和创新方面、在社会条件方面，都更具优越性。面对多种多样的选择空间，有什么样的价值观，就会做出什么样的选择。年轻人如果只讲钱，别的什么都无所谓，就会陷入"有奶便是娘"的实用主义误区，有风浪乍起就会晕头转向。只有那些将个人选择和理想信念结合起来的人，才是真正懂得选择的人。有舵有帆之船，即使在风急浪高的大海中航行，也不会倾覆。

孙：如您所说，今天马克思主义的公信力确实没有以前那么强了。那么，在您看来，我们如何才能进一步提升这种公信力？

陈：客观地说，现在的年轻教师理论水平都不低，比20世纪五六十年代我们当老师时的水平高很多，知识面也宽很多，但为什么面对学生讲课公信力却没有那么强了呢？我想，不能把原因单纯归结于思政课教师，不能让老师来承担各种社会问题的责任。当然思想政治教员有作为思想政治课老师的责任，就是要帮助学生理解这些社会问题，要传道授业解惑，比如高房价、看病难以及贪污腐败等社会问题。这些问题当然不是政治课老师造成的，但是老师们却有责任解释清楚这些问题。我认为，我们搞马克思主义的，不是无原则的歌德派，也不是无原则的反对派，而应该是实事求是派。马克思说："理论只要说服人，就能掌握群众；而理论只要彻底，就能说服人。所谓彻底，就是抓住事物的根本。"[1] 只要我们把产生这些问题的原因讲清楚了、讲透了，把以习近平同志为核心的党中央采取什么措施解决这些问题，我们取得了什么成效，我们的发展方向是什么，我们要建设一个什么样的中国特色社会主义，如何建设，讲得比较清楚，令人信服，自然就能提高马克思主义解决问题的公信力和说服力。

孙：讲好马克思主义理论课也是我们青年马克思主义理论工作者的历史使命和时代责任。您认为，在当前形势下，我们青年教师应该如何做，才能更好地担负起这一使命呢？

陈：我认为，首先，必须解决自身信仰问题。理论深度可以慢慢提高，但是基本的政治态度、政治信仰是不可动摇的，拥护中国共产党、拥护社会主义是必须坚持的。有的思想政治课老师，自己都没有从思想

---

[1] 《马克思恩格斯选集》第1卷，人民出版社2012年版，第9—10页。

深处真正信仰马克思主义，怎么能让青年学生信仰呢？自己都站不稳，还想扶别人？所以，讲好这门课，前提是要自己坚定信仰。做一个马克思主义者很难，做一个坚定的马克思主义者更难，这不仅要有深厚的马克思主义理论学养，吸取人类积累的广博的知识，而且要有关心社会现实问题和以人民利益为中心的激情和热情。曲论阿世，信口乱言，我死后管它洪水滔天的人，不可能成为马克思主义的坚定信仰者。我期待着马克思主义理论工作者能够像握枪的战士一样，成为理论战线的战士，以实际行动去捍卫马克思主义。

讲好思想政治课，还要善于"抓问题"。一些青年人不相信马克思主义，主要不是因为他们读了马克思主义著作以后有什么新见解，而是由于对某些社会乱象的不满连带引起的反应。对现实问题不满，必然也会影响到马克思主义的威信。了解学生心中的问题，才能洞悉学生所惑，并由此找到马克思主义原理通往年轻人心灵的路径。像我前面说的，贫富差距、贪污腐败、道德滑坡等社会乱象，不是老师们造成的，但是他们有责任去解释、说明、探索这个问题，引导青年学生实事求是地分析、认识这些社会问题。应该如何解释呢？我们应该向学生讲清楚，"制"与"治"是不同的。"制"，指的是基本制度；"治"，指的是治理。当前我国社会中的一些乱象，从根本上说并不在于我们的基本政治制度和基本经济制度，尽管我们的体制还存在需要改革的东西，但我们的基本政治制度和基本经济制度是符合我国国情的。我们许多问题出在治理上，有些地方、有些方面的国家管理和治理还不到位。我们要认真学习习近平新时代中国特色社会主义思想。如果青年学生能从社会治理和国家管理角度去理解、分析社会问题，就不会因为对社会乱象不满而盲目地反对马克思主义，埋怨社会主义制度。因为这些社会乱象既不符合马克思主义，也不符合社会主义本质，只有坚持党的领导，坚持马克思主义，坚持社会主义，坚持全面从严治党，才能解决这些问题。

当然，引导青年学生正确看待这些社会现象，更为重要的是要培养正确的历史观。现在年轻一代，对过去的历史事实不了解，缺乏有效的纵向比较，没有形成正确的历史观。比如，看待国共抗战，应该肯定国民政府在全面抗战中的作用，组织过几次大的战役，但也应该看到国军节节败退，一直退守四川一隅；而共产党坚持敌后抗战，反对投降，成为抗日战争的中流砥柱。这都是事实，应该全面分析。又如，对于计划经济时期的布票粮票的事，要放在当时条件下来认识，年轻人不懂得在当时困难条件下这些票所发挥的实际作用。我们当然不希望过这种生活，可是当时物质高度匮乏，为了保证老百姓的基本生存需要不得已才采取这些措施。这些措施体现了当时条件下的公平原则。再如，对于人民群众在历史中的作用，青年学生看到的都是政治舞台上的领导人，人民群众看不见、摸不着，看不到人民群众对于国家命运的支撑作用。事实上，没有老百姓的支撑，任何政权都不能长久维持下去。水可载舟，亦可覆舟，讲的就是这个道理。站在前台的领导毕竟是少数，最后决定命运的恰恰是老百姓这个"绝对多数"。思想政治课教师在讲解马克思主义基本理论时，必须要结合这些历史问题，从事实出发，把理论讲透彻、讲明白，而不能单纯停留在抽象的条条框框上，否则，就会使理论教育苍白无力。有理走遍天下，无理寸步难行。所谓理论就是要讲理，要把"理"讲深讲透。如果马克思主义理论课讲不清楚"理"，或者"无理"可讲，只是在一些空洞的概念中来回倒腾，这种课是讲不好的。

附　　录[*]

21世纪德国马克思主义学者（王凤才）[①]

1. 费彻尔（Iring Fetscher，1922—2014）

德国马克思学家、马克思主义哲学家、民主社会主义者。

主要著作：《黑格尔的人性论：主观精神哲学及其与整个体系关系的描述》（1950）、《黑格尔精神哲学光谱中的个体与共同体》（1953）、《辩证唯物主义：对两个新描述的观察》（1953）、《作为形而上学世界观的辩证唯物主义形成》（1953）、《对辩证唯物主义与历史唯物主义历史观的批评》（1955）、《评斯大林的〈辩证唯物主义与历史唯物主义〉》（1956）、《从马克思到苏维埃理论》（3卷本，1956）、《马克思与马克思主义：从无产阶级哲学到无产阶级世界观》（1957，1967，1971）、《卢梭的政治哲学：民主自由概念的历史》（第1版1960；第10版2009）、《马克思列宁主义光谱中的自由》（1960）、《马克思主义》（第1卷：《哲学、意识形态》，1962；第2卷：《经济学、社会学》；第3卷：《政治学》，1965）、《黑格尔踪迹下的E. 布洛赫》（1965）、《马克思恩格斯研究集》（4卷本，1966—1967）、《右翼极端主义》（1967）、《今天的具体民主》（1967）、《共产主义：从马克思到

---

[*] "附录"内容，除"德国"外，其他国家由其他作者提供、本书主编整理。特此说明。

[①] 21世纪德国马克思主义研究，可以分为四个派别：（1）马克思学家，例如，费彻尔、W. F. 豪克、诺伊豪斯、胡贝曼、福尔格拉夫、黑克尔等人；（2）马克思主义正统派，例如，施蒂勒、施泰格瓦尔德、霍尔茨、哈恩、迈彻尔、特雅登、比朔夫、泽普曼、蔡泽等人；（3）马克思主义创新派，例如，克勒纳、豪伊尔、P. 罗默、利贝拉姆、阿尔特法特、胡弗施密特、莱比格尔等人；（4）马克思主义重建派，例如，哈贝马斯、维尔默、奥菲、霍耐特等人。（详见王凤才《重新发现马克思》，第306—335页。）

毛泽东》（合著，1969）、《民主：基础问题与表现形式》（1970）、《社会民主主义与社会主义之间的民主》（1973）、《马克思主义画像》（1975）、《人的生存条件：进步的辩证法》（1976）、《现象学与历史唯物主义：马尔库塞的哲学开端》（1980）、《从福利国家到新生活质量：民主社会主义的挑战》（1982）、《新保守主义：一个新的时代精神？》（1985）、《工业社会的未来》（1988）、《政治、社会运动与生态伦理学》（1988）、《从希望原则到责任原则：从 E. 布洛赫到 H. 约纳斯》（1989）、《乌托邦、幻想、希望：为德国政治文化辩护》（1990）、《两德统一的中间观察》（1994）、《欧洲发展：文化差异与整体公民社会形成》（1995）、《个体化抑或团结》（合著，2003）、《为了一个更好的社会：社会主义与社会民主研究》（合著，2007）；等。

2. 施蒂勒（Gottfried Stiehler, 1924—2007）

德国正统马克思主义哲学家。

主要著作：《G. 瓦格纳（1660—1717）：一个数学哲学家与德国爱国者》（1956）、《黑格尔与马克思主义论矛盾：科学唯物主义辩证法对唯心主义辩证法的批判性克服问题》（1960）、《前马克思主义的唯物主义史文献》（1961）、《黑格尔的〈精神现象学〉中的辩证法》（1964）、《辩证矛盾：形式与功能》（1966）、《辩证法与实践》（1968）、《从康德到黑格尔的唯心主义：描述与批评》（1970）、《自由与社会：马克思列宁主义自由观》（1973）、《社会与历史：历史进步的基础与内在动力》（1974）、《变化与发展：前马克思主义辩证法研究》（1974）、《矛盾辩证法与社会分析》（1977）、《个体性在社会主义中的价值》（1978）、《辩证法与社会：辩证法在历史唯物主义中的应用》（1981）、《我们的自由建立在什么基础之上？》（1984）、《"我"在社会中的位置》（1984）、《辩证法与社会科学》（1987）、《生成与存在：对社会的哲学观察》（1997）、《人与历史：社会辩证法研究》（2002）、《主体的权力与限度》（2006）等。

3. 施泰格瓦尔德（Robert Steigerwald, 1925—2016）

德国正统马克思主义哲学家，德国马克思主义大会协调小组成员，（乌帕塔尔）马克思恩格斯基金会名誉主席。作为德国马克思主义教育协会主席，长期担任《马克思主义杂志》主编，被视为德国共产党的理论先驱。

主要著作:《马克思主义、宗教与当代》(1973)、《共和国早期:从革命结束到华盛顿执政(1783—1793)》(1977 英文版)、《反垄断主义斗争的战略问题》(Robert Steigerwald & Willi Gerns, 1977)、《为了一个社会主义联邦共和国:德国共产党的战略问题与答案》(Robert Steigerwald/ Willi Gerns, 1977)、《真正的或反革命的社会主义:哈夫曼、杜契克、比尔曼想做什么?》(1977)、《人权讨论》(1977)、《德国共产党的道路与目标:德共纲领的问题与答案》(合著,1979)、《德帝国主义的资产阶级哲学与修正主义》(1980)、《消灭进步、历史、知识与真理:当代资产阶级哲学的基本趋向》(合著,1981)、《马克思主义与后期资产阶级意识形态》(1981)、《抗议运动:冲突问题与共同性》(1982)、《今天的反垄断主义斗争》(合著,1983)、《另外的历史书:新历史的冲突特征》(合著,1986)、《我们是自然的奴隶吗?:保守地利用生物》(1988)、《共产主义者必须改变思想:重组与我们、人权与阶级问题》(合著,1989)、《告别唯物主义:唯物主义与现代科学》(1994)、《告别唯物主义:对当今唯物主义批判的反批判》(1999)、《共产主义:赞同与反对》(2002)、《沙滩中的房屋:社会主义谱系》(2008)、《R. 施泰格瓦尔德文集》(3卷本,2009、2010)等。

4. 克勒纳(Hermann Klenner, 1926—)

德国左翼马克思主义法学家、政治学家、哲学家,德国马克思主义大会协调小组成员,被誉为"现代百科全书式人物"[1]。

主要著作:《在阶级斗争指导下立法方法的形式与意义》(1953)、《马克思列宁主义论法的本质》(1954)、《宪法研究》(带文献附录,1964)、《民主德国公民的政治权利》(1967)、《权利的空白:对纯粹法学的谴责》(1972)、《科技进步条件下的人权》(合著,1976)、《危机中的法哲学》(1976)、《人权、虚伪与真理》(1978)、《马克思主义与人权:法哲学研究》(1982)、《从自然法到法的本性》(1984)、《民主德国劳动法:联合国"发展权利宣言"》(1987)、《法哲学的真实性与真诚性》(合著,1987)、《断裂与改革前景》(合著,1989)、《霍布斯"所有人反对所有人的战争"》(1989)、《19 世纪的德国法哲学》

---

[1] Vgl. Uwe-Jens Heuer, Hermann Klenner-ein moderner Enzykolpädist, *Zeitschrift Marxistische Erneuerung*, Nr. 65, März 2006, S. 158–173.

(1991)、《论法国大革命》(1991)、《康德的法哲学与法律学说》(合著,1996)、《欧盟作为民主法治的福利国家规定与和平秩序?》(1998)、《最佳利益原则:英国启蒙时期法哲学与政治哲学》(1998)、《公民解放:启蒙时期法哲学研究》(2002)、《法的历史性:德国古典法思考》(2003)、《法与犯罪》(2004)、《历史唯物主义法哲学:文集》(2009)等。

5. 豪伊尔(Uwe-Jens Heuer, 1927—2011)

德国批判马克思主义法学家、政治家,马克思主义论坛发言人,德国马克思主义大会协调小组成员,被誉为"顽强的民主斗士"。

主要著作:《一般土地法与阶级斗争:作为18世纪末普鲁士封建制度危机表达的一般土地法原则的论争》(1960)、《国民经济计划与管理的新经济体制中的民主与法律》(1965)、《社会主义经济发展与法律》(1967)、《历史法则与政治组织》(1974)、《经济法的社会有效性》(1979)、《社会主义法律与经济管理》(1982)、《经济动力与经济法》(1986)、《关于社会主义民主的思考》(1987)、《创新、内驱力与经济法》(1988)、《马克思主义与民主》(1989)、《新德国,新宪法?!》(合著,1992)、《一分为二:如何对待德国统一社会党历史》(合著,1992)、《回顾:民主德国历史的政治层面与法律层面》(合著,1993)、《"犯罪国家":政治正义与如何对待民主德国历史》(合著,1994)、《民主德国的法律秩序》(1995)、《巨大的忧虑:"马克思主义论坛"是什么?思考什么?想做什么?》(合著,1995)、《从马克思主义视角批评"共产主义黑皮书"》(1998)、《民主与专政》(合著,1998)、《冲突:一个法学家在两个德国》(2002)、《马克思主义与政治》(2004)、《马克思主义与信仰》(2006)等。

6. 霍尔茨(Hans Heinz Holz, 1927—2011)

德国正统马克思主义哲学家,传统马克思列宁主义捍卫者,《马克思主义杂志》出版人,被视为"传统马克思主义堡垒"。

主要著作:《萨特:对其哲学的阐述与批判》(1951)、《语言与世界:语言哲学问题》(1953)、《法国生存主义》(1958)、《尼采》(研究版4卷本)(1968—1974)、《与卢卡奇谈话》(合著,1975)、《逻各斯的精华:E. 布洛赫的"尚未"世界哲学》(1975)、《冒险的叛逆——哲学中的资产阶级抗议运动:M. 施蒂纳、尼采、萨特、马尔库塞、新左派》(1976)、《X. 莎温斯基：在空间中运动，空间的运动》(1981)、《辩证法与反映论》(1983)、《A. 斯达考维斯基：现实的隐喻＝实在的隐喻》(1986)、《社会主义的失败与未来》(1991)、《辩证法的结构》(1992)、《莱布尼兹（导论)》(1992)、《破碎世界的哲学：关于本雅明的反思》(1992)、《笛卡尔》(1994)、《文化比较中的中国：哲学比较学文献》(1994)、《今天共产主义：政党及其世界观》(1995)、《造型艺术中的哲学理论》(第1卷：《审美对象：现实性的在场》，1996；第2卷：《描述的结构》，1997；第3卷：《意义的瓦解》，1997)、《统一与矛盾：现代辩证法问题史》(1997)、《最大的强盗团伙：中世纪的宗教与阶级斗争》(1999)、《社会主义代替野蛮：关于未来论争的文献》(1999)、《形而上学笔记：法国与德国》(2000)、《存在形式：艺术的严密建构主义》(2001)、《隐喻对辩证法理论形成的意义》(2001)、《霍尔茨50年来的文集》(2003)、《人—自然：普莱斯纳及其辩证人类学构想》(2003)、《世界构想与反思：辩证法的基础》(2005)、《差异与矛盾：从霍尔茨著作视角看》(合著，2007)、《走向马克思的途中》(2008)、《关于艺术与艺术家的图像—语言文集》(2009)、《辩证法：从古希腊罗马时期到当代》(2010)、《哲学的扬弃与实现：从黑格尔到马克思的革命代数学》(2010)等。

7. 哈恩（Erich Hahn，1930—　）

德国正统马克思主义哲学家，马克思列宁主义捍卫者，德国马克思主义大会协调小组成员。

主要著作：《论直接劳动的社会特征对农民阶级社会主义意识形成的意义》(1961)、《复杂的供应计划：市民议会及其机构保障居民好的供应》(1962)、《社会现实与社会主义认识：社会主义理论的哲学方法论方面》(1965)、《历史唯物主义与马克思主义社会学：社会研究的方法论基础与认识论基础》(1968)、《意识形态：马克思主义意识形态理论与资产阶级意识形态理论之间的论争》(1969)、《唯物主义辩证法与阶级意识》(1974)、《马克思主义社会学的理论问题》(1974)、《社会主义的客观规律性与意识行为》(1975)、《论革命行动的意义》(1983)、《意识形态与艺术》(合著，1984)、《马克思列宁主义哲学导论》(合著，1987)、《意识形态与自由》(1988)、《没有意识形态的自由斗争？》(1988)、《人的发展与阶级利益的辩证法》(1989)、《意识形态》（1998）、《德国统一社会党与德国社会民主党：1984—1989 年之间的意识形态对话》（2002）等。

8. 迈彻尔（Thomas Metscher，1934—　）

德国马克思主义文学家、美学家，被视为"一体化马克思主义设计师"。

主要著作：《艺术与社会过程：美学认知理论研究》（1977）、《民主智利的艺术与文化》（1977）、《欧洲文学中的和平思维：文学与人性关系研究》（1984）、《时代的挑战：关于当代哲学与文学的讲演集》（1989）、《传统与先锋之间的历史遗产：不来梅学术研讨会》（1991）、《巴黎沉思：关于解放美学》（1991）、《莎士比亚之镜：历史与文学观念》（4 卷本，1995—2005）、《模仿与表达》（合著，1999）、《现代世界文学与非洲的声音》（2001）、《世界戏剧与历史进程：论歌德的〈浮士德〉》（2003）、《社会主义先锋派与现实主义：肖斯塔克维奇的音乐美学》（2007）、《帝国主义与现代性：论当代艺术生产的条件》（2009）、《逻各斯与现实：一个社会意识理论文献》（2010）等。

9. 特雅登（Karl Hermann Tjaden，1935—　）

德国马克思主义社会学家。

主要著作：《"德国共产党反对派"的结构与功能：对魏玛共和国时期德国共产主义反对派的组织社会学研究》（合著，1964）、《社会制度与社会变迁：这两个概念的历史与含义研究》（1969）、《社会制度：文献材料与社会意识形态批判》（1971）、《以劳动为取向的区域政策》（1978）、《法西斯主义讨论》（1979）、《经济体制研究中的经济科学与社会科学》（1988）、《人、社会形态、生物圈：关于人与自然关系的社会辩证法》（1990）、《从罗马到 Ffm 社会：西欧的不平等关系与利比亚的独特道路》（2001）等。

10. W. F. 豪克（Wolfgang Fritz Haug，1936—　）

德国马克思学家、马克思主义哲学家，《论据：哲学社会科学》杂志出版人，《马克思主义历史批判辞典》主编，被视为"马克思主义独行侠"。

主要著作：《萨特与荒谬的结构》（1966）、《孤立无援的反法西斯主义：对德国大学关于科学与民族社会主义系列讲座的批评》（1967）、《商品美学批判：外貌、性与资本主义社会中的广告》（1971，2009 版

附 "高科技资本主义中的商品美学")、《商品美学、性与统治》（1972）、《〈资本论〉导论讲座》（1974）、《商品美学：关于讨论文献、进一步阐发以及对其批评的报道》（1974）、《意识形态、商品美学、大众文化：理论综合构想》（1979）、《商品美学与资本主义大众文化》（第1卷：《"推销"体系与"消费"体系导论》，1980）、《生产、商品消费、生活方式》（1981—1982）、《复数的马克思主义：对政治文化的贡献》（2卷本，1985—1987）、《资产阶级主体的法西斯主义化：健康规范的意识形态与德国法西斯主义大屠杀政策》（1986）、《从孤立无援的反法西斯主义到后代人赦免》（1987）、《感受实验：关于社会主义危机理解的文献》（1990）、《德国意识形态理论要素》（1993）、《后结构主义情境中的决定论》（1993）、《与布莱希特、葛兰西一起进行哲学思考》（1996）、《政治上正确或者正确的政治：跨国高科技资本主义中的左翼政治》（1999）、《马克思主义创新的13个尝试》（2001）、《高科技资本主义：对生产方式、劳动、性、战争与霸权的分析》（2003）、《〈资本论〉导论新讲座》（2006）、《马克思主义哲学研究导论》（2006）、《巨大危机中的高科技资本主义》（2009）等。

11. P. 罗默（Peter Römer, 1936— ）

德国分析马克思主义法学家、政治学家，曾为《法律批判杂志》《民主与法治》共同创办人与出版人。

主要著作：《国会议员犯罪惩罚问题》（1964）、《为宪法而斗争：宪法阐释的政治意义》（合著，1977）、《资本主义私有制：形成、法律形式、功能》（1978）、《W. 阿本德罗特那里的法律与民主》（1986）、《以宪法的名义：民主论争文集》（1989）、《W. 阿本德罗特与 C. 施密特》（2009）、《捍卫宪法》（2009）、《资本主义私有制：概念、发展规律、法律》（2009）、《社会法与德国法》（2009）等。

12. 利贝拉姆（Ekkehard Lieberam, 1937— ）

德国政治学家，左翼党萨克森马克思主义论坛主席，德国阶级分析规划项目负责人之一，德国马克思主义大会协调小组成员。

主要著作：《联邦德国对结社自由的破坏，并为争取与扩大这一宪法保障的公民基本权利而斗争》（1965）、《适应联邦德国帝国主义新状况的政党机制的政治法律问题》（1971）、《联邦德国政治权力机制中的议会党团》（合著，1974）、《联邦德国帝国主义政治统治体系》（合著，

1975)、《政府危机：资产阶级国家意识形态新主题》（1977）、《联邦德国：一个帝国主义国家》（合著，1987）、《欧洲社会主义失败原因》（2005）、《贫困无处不在：批评性论争》（2008）、《第三次大萧条》（2009）、《德国工人阶级：雇佣劳动者的权力与无能为力》（合著，2011）、《走出斯大林主义的阴影：关于未来社会主义构想》（合著，2012）等。

13. 阿尔特法特（Elmar Altvater，1938—2018）

德国具有马克思主义取向的政治学家、经济学家，"总体危机论"提出者。

主要著作：《社会生产与经济合理性：社会主义经济体制中央计划与外部效果》（1969）、《国际信贷危机》（1969）、《教育部门的政治经济学资料》（1971）、《我们的经济：基础、丛林、教条——当代论争中的市场经济》（合著，1971）、《通货膨胀、资本积累、危机》（合著，第1卷：《通货膨胀与资本的再生产》，1976；第2卷：《通货膨胀的国内外条件与危机》，1976）、《国家》（合著，1977）、《从经济奇迹走向经济危机：联邦德国的经济与政治》（合著，1979）、《我们应该选择什么？》（1979）、《新自由主义的反革命：美国对世界市场的新挑战？》（1981）、《政治创新：民主、群众性政党、国家》（1982）、《超越凯恩斯主义的经济政策选择》（合著，1983）、《危机理论论争：过度积累、债务、供需政策、替代性选择》（合著，1986）、《劳动、人、自然：劳动与环境的市场化》（Elmar Altvater，Erika Hickel & Jürgen Hoffmann，1986)、《国家贫困：从阿根廷到扎伊尔》（合著，1987）、《世界的重新划分》（1991）、《市场的未来：关于现实社会主义失败后货币调控与自然调控文集》（1991）、《富裕的代价或环境掠夺与世界新秩序》（合著，1992）、《欧洲挑战面前的工会》（合著，1993）、《世界社会的区域化》（合著，1993）、《第二种社会形态：27个辩护》（合著，1994）、《纠补的可持续发展？——发展中国家对生态负责的经济增长道路与前景》（1995）、《全球化的限度：世界社会中的经济学、生态学、政治学》（1996）、《涡轮——资本主义：向21世纪过渡中的社会》（合著，1997）、《联合与纠结：非政府组织作为社会生产力》（合著，1997）、《前定和谐："看不见的手"与现代全球化——历史与道德法则》（合著，1998）、《国际金融市场与改革政策：谁控制谁？》（1999）、《和平欧洲经济：目标、阻力、道路》（Elmar Altvater & Birgit Mahnkopf, 2000）、《种族化与经济》（2000）、《新自由主义、军国主义、右翼极端主义：相互作用的暴力》（合著，2001）、《劳动与劳动力市场》(2002)、《欧洲边缘国家的资本主义》（2002）、《不安全的全球化：幕后操纵、洗钱与情报政治》（合著，2002）、《团结社会或新曼彻斯特资本主义？》(2003)、《新自由主义中的健康问题》（2003）、《帝国主义全球化》（合著，2003）、《工会：为了阳光，为了自由？》（2003）、《政治经济学批判的统一》（第1卷：《福利国家转型》，2004；第2卷：《资源冲突》，2004）、《资本主义的"屠宰场"》（2006）、《我们如何认识资本主义终结？——一个激进的资本主义批判》（2006）、《一种被迫的声音：阅读全球化》（2006）、《帝国竞争：全球化世界中欧盟的未来》（合著，2007）、《不平等、排斥与社会正义》（合著，2007）、《应对气候变化？全球气候政策及其抉择中的市场因素》（2008）、《危机分析》（合著，2009）、《大崩溃或经济与金融、政治与自然的世纪危机》(2010)、《国家对回归？：金融危机之后》（2010）等。

14. 胡弗施密特（Jörg Huffschmid，1940—2009）

德国左翼马克思主义经济学家，《马克思主义创新杂志》创办人之一、编委会顾问、卢森堡基金会顾问、美茵河畔法兰克福马克思主义研究所学术顾问、（慕尼黑）社会生态经济研究所顾问、《德国政治与国际政治杂志》编委，曾为德国共产党主席团成员，"欧元备忘录集团"（Memorandum-Gruppe）创始成员。

主要著作：《数据作为社会科学方法的地位》（1967）、《斯普林格康采恩的政治经济学》（1968）、《资本的政治：联邦德国的集中与经济政策》（1969）、《联邦德国的矛盾：关于联邦德国工人阶级状况》(1970)、《英国的集中政策》（1971）、《联邦德国的帝国主义》(1973)、《危机与资产阶级经济学的局限性》（合著，1975）、《论垄断理论》（合著，1975）、《国家与垄断》（合著，1975—1977）、《垄断概念在马克思主义政治经济学中的论证与意义》（1976）、《为和平而生产：对联邦德国为战争而生产的替代性选择》（1981）、《军备与资本主义：所有人都谈论和平，我们不谈！》（1986）、《改革的抉择：一个马克思主义者的辩护》（合著，1988）、《欧洲属于谁？——经济政策与资本战略》（第1卷：《欧共体经济政策》；第2卷：《欧洲资本战略》）

(1994)、《金融市场的政治经济学》(1999)、《欧洲国家：金融资本统治，新经济机会》(合著，1999)、《金融市场：作用方式、效果、政治形态》(2001)、《全球化并非不可避免》(2004)、《公共财政：崇尚正义！》(2004)、《世界的私有化——背景、后果、反对战略》(2004)、《私有化如何？——背景、抵抗、替代性选择》(2007)、《资本主义批判的时代诊断：从国家垄断资本主义到金融市场推动的资本主义》(2010) 等。

15. 德佩（Frank Deppe，1941— ）

德国政治学家，《"社会主义"杂志》出版人，《马克思主义创新杂志》编委会顾问，卢森堡基金会顾问，(慕尼黑) 社会生态经济研究所顾问，美茵河畔法兰克福马克思主义研究所学术顾问。

主要著作：《共同决策批判》(1969)、《新工人阶级：有组织的资本主义中的技术知识分子与工会》(合著，1970)、《工人意识：工人意识的政治社会学研究》(合著，1971)、《反帝国主义》(1975)、《工人运动与西欧整合》(合著，1976)、《国家与垄断：唯物主义国家理论问题》(2 卷本，1977)、《自主与整合：工会分析资料》(1979)、《马克思主义与工人运动：J. 施莱弗斯泰因诞辰 65 周年纪念文集》(合著，1980)、《德国工会运动史》(合著，1981)、《经济危机、法西斯主义、工会：1929—1933 年工会政策文献》(1981)、《工人阶级的统一与分裂：工人政治运动历史思考》(1981)、《和平运动与工人运动：与 W. 阿本德罗特对话》(1982)、《统一工会：源泉、基础、问题》(合著，1982)、《工人运动的终结或未来？——转向后的工会政策》(1984)、《葛兰西》(1988)、《转型中的工会：20 世纪 90 年代的前景》(合著，1989)、《超越体系竞争：对世界新秩序的思考》(1991)、《西欧工人失业与福利国家：9 个国家比较》(合著，1997)、《新帝国主义》(合著，2004)、《20 世纪的政治思维》[第 1 卷：《20 世纪初的政治思维》，1999；第 2 卷：《两次世界大战之间的政治思维》，2003；第 3 卷：《冷战期间的政治思维》第 1 部《体系对抗》(2006)、第 2 部《体系对抗、黄金时代、反帝国主义解放运动》(2008)；第 4 卷：《向 21 世纪过渡中的政治思维》，2008]、《马克思主义理论危机与创新》(2007)、《帝国主义：基础知识》(合著，2010)、《巨大转型中的工会：20 世纪 70 年代至今（导论）》(2012) 等。

16. 鲍里斯（Dieter Boris，1943— ）

拉美裔德国社会学家、拉美问题研究专家，《马克思主义创新杂志》编委会顾问，曾经兼任美茵河畔法兰克福马克思主义研究所学术顾问。

主要著作：《K. 曼海姆后期著作中的政治社会学》（1968）、《智利通往社会主义之路》（合著，1971）、《玻利维亚状况》（1971）、《阿根廷工会》（1975）、《阿根廷：当代历史与政治》（1978）、《债务危机与第三世界：来自边缘国家的声音》（1987）、《拉美工人运动》（1990）、《20 世纪 80—90 年代拉美社会变化与危机》（1991）、《欧洲征服世界的源起》（1992）、《没人谈论社会主义，但是我们：马克思主义地思考未来》（合著，1992）、《拉美民主化：幻想抑或希望？》（1993）、《北美自由贸易协定（NAFTA）：墨西哥、加拿大新自由主义市场战略的结果》（合著，1996）、《转型中的墨西哥：一个失败的发展战略模型》（1996）、《拉美的社会运动》（1998）、《拉美的政治经济：20 世纪世界经济连续性》（2001）、《墨西哥的摇摆：民主化或新民粹主义化》（合著，2002）、《全球化时代的核心国家与边缘国家》（2002）、《阿根廷的悲剧》（2002）、《巴西的转型》（2003）、《拉美：新自由主义霸权的沉沦》（合编，2005）、《阿根廷状况：危机、社会运动与替代性选择》（合著，2006）、《拉美的政治经济：从 21 世纪历史依附出发》（2007）、《拉美的左翼化趋向》（2007）、《拉美社会结构：概览》（2008）、《向 21 世纪过渡中的金融危机：边缘化问题或全球危险？》（2010）、《玻利维亚的遗产：拉美左翼政府》（2014） 等。

17. 比朔夫（Joachim Bischoff，1944— ）

德国经济学家、政治家，《"社会主义"杂志》编辑、出版人，《马克思主义创新杂志》编委会顾问，德国左翼党员，曾任汉堡州议会议员。

主要著作：《作为制度概念的社会劳动：关于科学辩证法》（1973）、《马克思主义工会理论：导论》（1976）、《联邦德国的阶级结构：联邦德国社会制度手册》（1976）、《马克思主义与国家：马克思主义国家理论引论》（1977）、《马克思主义理论基本概念：市民社会理论手册》（1978）、《异化与劳动：经济学哲学手稿注释》（1980）、《葛兰西引论》（1981）、《德意志意识形态：注释》（1981）、《超越阶级：后期资本主义中的社会与国家》（1982）、《在新保守主义与右翼极端主义之间：联邦德国右翼民粹主义政治趋向》（1986）、《市场经济与社会主义：第三条道路》（1990）、《现实社会主义瓦解之后：国际资本主义与世界新秩序》（1992）、《国家社会主义、市场社会主义：中国对苏联道路的替代》（1993）、《今天的政治经济学问题》（合著，1994）、《竞争与对立：恩格斯的政治经济学批判构想的几个方面》（1995）、《资本主义现实性：左翼的定位》（合著，1995）、《全球化：世界经济结构转型分析》（1996）、《纯粹资本主义或体系右转？社会矛盾与政治战略》（1997）、《新自由主义终结：联邦德国是如何变化的？》（合著，1998）、《未来战略：新自由主义与社会民主主义政治战略批判》（1998）、《21世纪的资本主义：系统危机或回归繁荣？》（1999）、《新经济学神话：知识社会的政治经济学》（2001）、《全球化时代的社会正义》（合编，2001）、《我们的阶级社会：隐藏的与公开的社会不平等结构》（合著，2002）、《从帝国主义到混乱的世界秩序》（2002）、《21世纪社会主义：非资本主义社会的政治经济》（合著，2003）、《解除束缚的资本主义：欧洲社会模式转型》（2003）、《全球化、新自由主义、替代性选择》（合著，2003）、《阶级与社会运动：现代资本主义结构》（合著，2003）、《金融市场资本主义的未来：结构、矛盾、替代性选择》（2006）、《停滞陷阱：资本主义发展前景》（2006）、《一般的基本收入：社会保障的基础？》（2007）、《新自由主义在中国！？——或"社会主义市场经济"？》（2007）、《欧洲社会模式与工会》（合著，2007）、《金融市场资本主义中劳动社会的破裂》（合著，2008）、《全球金融危机：可能的泡沫、实体经济与资本的"新束缚"》（2008）、《金融危机、过度积累与国家回归？》（合著，2008）《资本主义世界危机：在萧条中衰落或向另一种经济过渡？》（2009）、《巨大危机：金融市场崩溃、被固定的下层阶级、日常意识、团结经济》（2010）、《金融市场拖累中的欧洲》（合著，2011）、《21世纪的巨大转型》（合著，2013）、《金融推动的资本主义：形成、危机、发展趋向》（2014）等。

18. 诺伊豪斯（Manfred Neuhaus，1946— ）

德国历史学家、马克思学家，曾任柏林布兰登堡科学院 MEGA 编委会主任、MEGA^2 主编、《马克思恩格斯年鉴》主编、萨克森卢森堡基金会学术顾问团主席，国际马克思恩格斯基金会秘书长。

680　附　录

主要著作:《马克思恩格斯研究报告》(1981)、《马克思关于共产主义以及蒲鲁东对 19 世纪 40 年代初社会思想发展贡献的第一次公开表态》(1982)、《马克思恩格斯著作历史批判版编辑成果与方法,以及计算机信息处理的应用》(1986)、《一个人如果没有大脑还能保留意识吗? W. 马科夫①著作的贡献与影响》(合著,1995)、《错误、洞见、行为:左翼政治的意识形态与历史文献》(1997)、《E. 布洛赫的莱比锡时代》(2001)、《通过通信建立的政治网络:19 世纪早期工人运动与政治反对派运动的通信文化》(合著,2002)、《诗歌只是嬉戏:E. 奥特莱普早期出版物(1822—1830)》(2003)、《彗星、北极光与 E. 奥特莱普 1830—1833 年的文献》(2005)、《"坚强是人向往的":E. 奥特莱普给编辑人与出版人的信(1838—1857)》(2009)、《您不能诗化一切,但是您想判断一切:E. 奥特莱普在同时代人意见与批评中的反映》(合著,2010)、《"我写的这些东西,它们将永远存在于此":关于 E. 奥特莱普 1822—1864 年及其以后的文章(补遗)》(2012)等。

19. 泽普曼(Werner Seppmann,1950—)

德国社会学家,《马克思主义杂志》出版人②,德国阶级分析规划项目负责人之一,德国马克思主义大会协调小组成员。

主要著作:《马克思主义与人类学:纪念 L. 柯夫勒》(合著,1980)、《结构与主体:批判的马克思主义的论证问题》(1991)、《主体与体系:对结构主义的马克思主义的批判》(1993)、《去文明化的辩证法:危机、非理性主义与暴力》(1995)、《社会批判的终结?——作为现实与意识形态的"后现代性"》(2000)、《文明化的资本主义?危机中的社会与批判》(2001)、《资本主义批判的现实意义》(2002)、《新技术—新社会?关于互联网—资本主义的尝试》(2002)、《边缘化与剥削》(2005)、《没有抵抗的危机?》(2010)、《被否定的阶级:今日工人阶级》(2011)、《主体与体系:在客观主义阴影下》(2011)、《风险资本主义:危机过程、矛盾体验与抵抗前景》(2011)、《马克思

---

① W. 马科夫(Walter Markov,1909—1993),德国历史学家。
② 《马克思主义杂志》2010 年第 1 期"告读者书":W. 泽普曼退出《马克思主义杂志》出版集团,并向德国共产党解释说,因为自 1990 年以来并未实质性参与杂志的编辑出版工作。不过,该杂志编委会不相信这个退出理由并表示遗憾。(Vgl. Marxistische Blätter, 01/2010, S. 4.)

主义与哲学：论 L. 卡夫勒与霍尔茨》（2012）；等。

20. 福尔格拉夫（Carl-E. Vollgraf, 1950—　）

德国马克思学家，柏林 MEGA 编辑出版资助协会第一任主席，柏林布兰登堡科学院 MEGA 编委，MEGA^2 编辑部成员，《马克思恩格斯研究文献：新系列》编辑部成员，梁赞诺夫奖评委。

主要著作：《马克思恩格斯著作研究》（合著，1991）、《MEGA：历史与批评》（合著，1992）、《历史张力域中的马克思恩格斯研究》（合著，1993）、《对马克思科学理解的源泉与限度》（合著，1994）、《〈资本论〉第 3 卷：马克思手稿与恩格斯编辑稿、刊印稿》（合著，1995）、《马克思那里的历史与唯物主义历史理论》（合著，1996）、《D. 梁赞诺夫与 MEGA^1》（合著，1997）、《马克思与恩格斯：趋同与分歧——为马克思早期著作阐释而斗争》（合著，1997）、《历史认知与批判的经济学》（1998）、《马克思〈资本论〉中的政治经济学批判》（合著，1999）、《马克思恩格斯著作编辑出版与传记研究》（合著，2000）、《新文本、新问题：MEGA^2 中〈资本论〉的编辑出版》（合著，2001）、《马克思恩格斯研究文献：新系列特刊 3——斯大林主义与 MEGA^1 中断（1931—1941）》（合著，2001）、《马克思遗稿编辑出版：19 世纪马克思遗稿流传及其科学编辑》（合著，2003）、《马克思与 19 世纪的自然科学》（合著，2006）、《UdSSR und DDR（1945—1968）的〈马克思恩格斯全集〉》（合著，2006）、《晚年恩格斯著作：MEGA^2 中的编辑出版》（合著，2008）等。

21. 黑克尔（Rolf Hecker, 1953—　）

德国经济学家、马克思学家，柏林 MEGA 编辑出版资助协会主席，MEGA^2 编辑部成员，《马克思恩格斯研究文献：新系列》编辑部成员，梁赞诺夫奖评委。

主要著作：《价值理论在经济学手稿（"1861—1863 年政治经济学批判"与〈资本论〉第 1 卷）中的发展：〈资本论〉第 1 卷第 3 版在经济学发展史与工人运动史上的意义》（1988）、《〈资本论〉第 1 卷：形成史、发展史、效果史，及其在 MEGA 中的编辑出版》（1988）、《法兰克福大学社会研究所与苏共中央马克思恩格斯研究院富有成效的合作（1923—1929）》（合著，2000）、《阶级、革命、民主：马克思的〈路易·波拿巴与雾月十八日〉第一次出版 150 周年》（合著，2002）、《马克思资本批判新方面》（合著，2004）、《作为记者的马克思恩格斯》（合著，2005）、《伟大的上帝！我又在这里了！动画片中的马克思》（合著，2008）、《作为思想家的马克思：1990年以来马克思生平著述研究新成果》（2008）、《〈资本论〉资料与阐释、手稿传播、回忆》（合著，2009）、《马克思的〈资本论〉1.1：第六章——直接生产过程的结果——马克思撰写的〈资本论〉第1卷的总结》（2009）、《马克思的〈资本论〉1.2："所谓原始积累"章的编辑加工与注释》（合著，2009）、《马克思的〈资本论〉1.3：关于〈资本论〉的通信》（2010）《马克思的〈资本论〉1.4：恩格斯论〈资本论〉》（2011）等。

21世纪法国马克思主义学者（吴猛）

1. 伽罗蒂（Roger Garaudy，1913—2012）

法国马克思主义哲学家、政治活动家，法共马克思主义研究中心创始人与负责人，多次担任法共理论杂志《共产主义手册》主编，后被法共开除出党，晚期成为伊斯兰教思想家。

主要著作：《一种掘墓人的文学》（1947）、《科学社会主义的法国渊源》（1948）、《自由的语法》（1950）、《唯物主义认识论》（1953）、《马克思主义的人道主义：五篇论战文章》（1957）、《人的视角：存在主义、天主教思想与马克思主义》（1959）、《上帝死了：黑格尔研究》（1962）、《黑格尔的思想》（1966）、《中国问题》（1968）、《共产主义的危机》（1970）、《人的话语》（1975）、《文明间的对话：西方是一种偶然》（1977）、《伊斯兰的诺言》（1981）、《我们需要神吗？》（1993）、《走向一种宗教战争？——世纪之辩》（1995）、《以色列复国主义的过程》（1998）、《未来：使用说明》（1998）、《20世纪的实在论》（2014）、《重获希望》（2014）等。

2. 塞夫（Lucien Sève，1926—　）

法国马克思主义哲学家。

主要著作：《差异：论文两篇》（1960）、《现代法国哲学》（1962）、《学校与政教分离》（1965）、《马克思主义与人格理论》（1969）、《共产主义与国家》（1977）、《马克思主义哲学导论》（1980）、《结构主义与辩证法》（1984）、《共产主义第二波？》（1990）、《生命伦理理性批判》（1994）、

《经由终点的开端：共产主义新问题》（1999）、《异化与解放》（2012）、《今天与马克思一起思考》（第 1 卷第 1 部：《马克思与我们》（2004）；第 1 卷第 2 部：《什么是人？——生命伦理学与民主》（2006）；第 2 卷：《人？》，2008；第 3 卷：《哲学？》，2014）等。

3. 拉比卡（Georges Labica，1930—2009）

法国西巴黎大学（原巴黎十大）荣休教授，政治哲学家。

主要著作：《伊本·卡尔顿思想中的政治与宗教：论伊斯兰意识形态》（1968）、《无师自通的哲学家：哈伊·伊本·雅克赞的故事》（1969）、《马克思主义的哲学地位》（主编，1976）、《蓝皮书：马克思主义论国家》（1977）、《马克思主义历史批评辞典》（合编，1982—1999）、《拉布里奥拉：从一个世纪到另一个世纪》（合编，1988）、《马克思：〈关于费尔巴哈的提纲〉》（1987）、《格朗霍奴的困境：论意识形态》（1987）、《罗伯斯庇尔：一种哲学的政治》（1990）、《恩格斯：学者与革命家》（主编，1997）、《伊本·卡尔顿的理性主义》（主编，2007）、《暴力论》（2007）等。

4. O. 布洛赫（Olivier Bloch，1930— ）

法国巴黎一大荣休教授，唯物主义史与马克思主义思想史专家。

主要著作：《伽桑狄的哲学：唯名论、唯物主义与形而上学》（1971）、《18 世纪唯物主义的 19 世纪肖像》（1979）、《18 世纪唯物主义与地下文学》（1982）、《斯宾诺莎在 18 世纪》（1990）、《生死齐一：高尔提耶医生的回复》（1993）、《唯物主义》（1995）、《历史中的物质》（1997）、《作为哲学家的莫里哀》（2000）、《革命观念：在 21 世纪占据有什么位置？》（2009）、《莫里哀：诙谐与交流》（2009）等。

5. J. 泰克希耶（Jacques Texier，1932—2011）

法国社会科学高等研究院研究员、政治哲学家、葛兰西研究专家。

主要著作：《葛兰西》（1967）、《认识生产的结构与历史》（1968）、《关于葛兰西的评注》（1974）、《论哲学的地位：马克思是马克思主义者吗？》（1978）、《拉布里奥拉：从一个世纪到另一个世纪》（合编，1988）、《共产主义的结束？马克思主义的现实？》（合编，1991）、《马克思恩格斯思想中的革命与民主》（1998）等。

6. J. 比岱（Jacques Bidet，1935— ）

法国西巴黎大学荣休教授、法国左翼社会理论家、政治哲学家、社会活动家，（巴黎）国际马克思大会两主席之一。

主要著作：《如何对待〈资本论〉》（1985）、《现代性理论》（1990）、《罗尔斯与正义理论》（1995）、《一般理论》（1999）、《当代马克思词典》（合编，2001）、《〈资本论〉的阐释与重建》（2004）、《另一种马克思主义》（合著，2007）、《世界—国家》（2011）、《马克思与福柯》（2014年）等。

7. P. 马舍雷（Pierre Macherey，1938—　）

法国里尔三大荣休教授、哲学家、文艺理论家、斯宾诺莎研究专家。

主要著作：《阅读〈资本论〉》（合著，1965）、《文学生产理论》（1966）、《黑格尔或斯宾诺莎》（1977）、《黑格尔与社会》（合著，1984）、《孔德：哲学与科学》（1989）、《为何思考文学?》（1990）、《与斯宾诺莎一道：论斯宾诺莎主义的观点与历史》（1992）、《斯宾诺莎〈伦理学〉导论》（五卷）（1994—1998）、《马克思的〈关于费尔巴哈的提纲〉》（2008）、《从康吉朗到福柯：规范的力量》（2009）、《普鲁斯特：文学与哲学之间》（2013）、《"法国"哲学研究：从西耶斯到巴尔尼》（2013）、《身份》（2013）、《笛卡尔式争论》（2014）、《规范的主体》（2014）、《文艺哲学研究》（2014）等。

8. 朗西埃（Jacques Rancière，1940—　）

法国巴黎八大荣休教授、哲学家、政治理论家、美学家。

主要著作：《阅读〈资本论〉》（合著，1965）、《阿尔都塞的教训》（1975）、《工人的言语》（合著，1976）、《无产阶级的黑夜》（1981）、《哲学及其贫困》（1983）、《路易—加布里埃尔·高尼：平民哲学家》（1985）、《无知的导师：知识分子解放五论》（1987）、《漫游人民的国度》（1990）、《历史的名字：论认知的诗学》（1992）、《不与》（1995）、《马拉美：美人鱼的政治》（1996）、《语词的肉身：政治与书写》（1998）、《哑语：论文学的矛盾》（1998）、《电影摄影的寓言》（2001）、《感性的分享》（2000）、《美学无意识》（2001）、《图像的命运》（2003）、《人民的舞台：1975—1985》（2003）、《美学中的困顿》（2004）、《民主之恨》（2005）、《语词的领域：从马拉美到布鲁德塔尔》（2005）、《协商一致时代的编年史》（2005）、《美学的政治》（2006）、《文学的政治》（2007）、《被解放的观众》（2008）、《政治时刻：1977—2009年文集》（2009）、《电影的间距》（2011）、《历史的形象》(2012)、《平等的方法》(2012)、《丢失的主线》(2014)、《次要的图像》(合著,2015)、《如何使民主再生?》(合著,2015)、《诗的纹路:阅读菲利普·贝克》(2016)等。

9. A. 托塞尔(André Tosel,1941—2017)

法国尼斯大学教授、哲学家。

主要著作:《马克思思想中的政治批判》(合著,1979)、《实践:为马克思主义哲学重新奠基》(1984)、《斯宾诺莎或奴役的黄昏:论〈神学政治论〉》(1984)、《作为革命家的康德:权利与政治》(1988)、《分裂的精神:马克思、葛兰西与卢卡奇研究》(1991)、《马克思恩格斯研究:走向一种有限性的共产主义》(1991)、《论斯宾诺莎的唯物主义》(1994)、《民主与自由主义》(1995)、《思考历史:〈路易·波拿巴的雾月十八日〉》(2007)、《一个处于深渊中的世界:论资本主义全球化》(2008)、《20世纪的马克思主义》(2009)、《斯宾诺莎或另一种无限性》(2009)、《宗教界的转向:文化全球化概要(1)》(2011)、《文明、文化与冲突:文化全球化概要(2)》(2011)、《我们公民是世俗的与情同手足的吗?》(2015)、《葛兰西研究:对资本主义被动革命的持续批判》(2016)等。

10. 巴里巴尔(Étienne Balibar,1942—)

法国西巴黎大学荣休教授、哲学家、左翼思想家。

主要著作:《阅读〈资本论〉》(合著,1965)、《历史唯物主义五论》(1974)、《论无产阶级专政》(1976)、《斯宾诺莎与政治》(1985)、《种族、民族与阶级》(合著,1988)、《为阿尔都塞辩护》(1991)、《马克思的哲学》(1993)、《大众的恐惧》(1997年)、《平民区的权利:民主制中的文化与政治》(1998)、《我们是欧洲公民?》(2001)、《欧洲、宪法与边界》(2005)、《论平等》(2010)、《暴力与礼貌》(2010)、《公民主体,以及其他哲学人类学论文》、《世纪:文化、宗教与意识形态》(2012)等。

11. 杜梅尼尔(Gérard Duménil,1942—)

法国高等社会研究院研究员、马克思主义经济学家。

主要著作:《面对危机的马克思与凯恩斯》(1977)、《〈资本论〉中的经济规律概念》(1978)、《利润率的经济学:资本主义中的竞争、危机与历史趋势》(合著,1993)、《资本的动力:一个世纪的美国经济》（合著，1996）、《超越资本主义》（合著，1998）、《危机与走出危机：新自由主义秩序与失序》（合著，2000）、《新自由主义的危机》（合著，2011）等。

12. G. 邦舒桑（Gérard Bensussan，1948—　）

法国斯特拉斯堡大学哲学教授。

主要著作：《马克思主义历史批评辞典》（合编，1982，1985，1999）、《赫斯：哲学家与社会主义者》（1985）、《犹太人问题》（1988）、《犹太思想中的德国哲学》（主编，1997 年）、《罗森茨威格：存在与哲学》（2000）、《弥赛亚时代：历史与现时代》（2001）、《何谓犹太哲学》（2004）、《海德格尔：危险与诺言》（主编、2006）、《胜出者马克思》（2007）、《伦理与经验：政治视野中的莱维纳斯》（2008）、《在世界的形式中：论罗森茨威格》（2009）、《语言的焦躁》（2010）等。

13. G. 伽斯陶（Georges Gastaud，1951—　）

法国中学哲学教师、哲学家、政治活动家、活跃的共产主义者。

主要著作：《资本主义全球化与共产主义方案》（1997）、《革命的智慧：戕害革命还是使智慧革命化？》（2008）、《爱国主义与国际主义》（2010）、《马克思主义与普遍主义：阶级、民族与人类》（2015）、《共同的光：辩证唯物主义视野下的通俗哲学讲座》（2016，第 1 卷：《哲学与辩证唯物主义》；第 2 卷：《对认识的辩证唯物主义考察》；第 3 卷：《科学与辩证唯物主义》；第 4 卷：《对人的马克思主义考察》）等。

14. Ch. 拉瓦尔（Christian Laval，1953—　）

法国西巴黎大学社会学教授、马克思主义社会学家、边沁研究专家。

主要著作：《边沁：虚构的权力》（1994）、《社会学的抱负：圣西门、孔德、托克维尔、马克思、涂尔干与 M. 韦伯》（2002）、《边沁辞典》（合编，2002）、《边沁：资本主义的狡计》（2003）、《学校不是企业：新自由主义对公共教育的进攻》（2004）、《经济是所有人的事：如何培养公民？》（合著，2004）、《教育企业：新教理与科学精神》（合著，2005）、《拯救马克思？帝国、诸众与非物质劳动》（合著，2007）、《新世界理性》（合著，2009）、《呼唤：良心的反抗》（2009）、《大变局》（合著，2011）、《新型资本主义学校》（合著，2011）、《马克思：

名卡尔》（合著，2012）、《战斗的马克思》（2012）、《共同体：论 21 世纪的革命》（合著，2014）、《未结束的噩梦：新自由主义如何拆解民主》（合著，2016）等。

15. I. 伽沃（Isabelle Garo, 1963— ）

法国中学哲学教师，《马克思恩格斯全集》法文版主编，马克思恩格斯研究专家。

主要著作：《马克思：一种哲学批判》（2000）、《意识形态：启程的思想》（2009）、《福柯、德勒兹、阿尔都塞与马克思》（2011）、《21 世纪共产主义导引》（2011）、《马克思与历史创造》（2012）、《图像的财富：艺术、货币与资本》（2013）、《作为政治家的马克思》（合编，2015）等。

16. E. 雷诺（Emmanuel Renault, 1967— ）

法国西巴黎大学哲学教授、政治哲学家、马克思哲学与黑格尔哲学研究专家。

主要著作：《马克思与批判观念》（1995）、《社会蔑视》（2001）、《化学哲学：黑格尔与他那个时代的动力物理学》（2002）、《黑格尔：辩证法的自然化》（2002）、《非正义的体验：非正义的肯认与诊断》（2004）、《哈贝马斯与福柯》（合著，2006）、《社会苦难：社会学、心理学与政治学》（2008）、《马克思主义百词》（2009）、《阅读马克思》（合著，2009）、《认识存在者：黑格尔当下性思想探究》（2015）等。

17. F. 费什巴赫（Franck Fischbach, 1967— ）

法国斯特拉斯堡大学哲学教授、社会哲学家、德国古典哲学研究专家。

主要著作：《哲学的开端：黑格尔与谢林研究》（1999）、《承认：费希特与黑格尔》（1999）、《费希特：自然权利的基础》（2000）、《存在与行动：现代行动本体论的基础》（2002）、《人的生产：马克思与斯宾诺莎》（2005）、《无对象：资本主义、主体性与异化》（2009）、《马克思：重读〈资本论〉》（2009）、《一个社会哲学宣言》（2009）、《世界的剥夺：时间、空间与资本》（2011）、《关于电影的社会批判》（2011）、《社会哲学的历史与定义》（2013）、《马克思的哲学》（2015）、《社会之物的意义：合作的力量》（2015）、《何谓社会主义治理？社会主义中的"活东西"与"死东西"》（2017）等。

18. St. 阿贝尔（Stéphane Haber，1968— ）

法国西巴黎大学哲学教授、社会哲学家、德国哲学研究专家。

主要著作：《人文科学》（1995）、《哈贝马斯与社会学》（1998）、《哈贝马斯导论》（2001）、《法兰克福学派辞典》（合编，2001）、《反自然主义批判》（2006）、《异化》（2007）、《被剥夺的人：批判传统——从马克思到霍耐特》（2009）、《作为社会学家的弗洛伊德》（2012）、《弗洛伊德与社会理论》（2012）、《思考新资本主义：生活、资本与异化》（2013）等。

21 世纪意大利马克思主义学者（李凯旋）

1. 奈格里（Antonio Negri，1933— ）

意大利马克思主义哲学家、社会学家。

主要著作：《酒神：国家形式批判》（1994）、《帝国》（2000）、《诸众》（2004）、《大同世界》（2011）等。

2. 瓦卡（Giuseppe Vacca，1939— ）

意大利左翼历史学家、政治理论家、葛兰西基金会研究院主席（1988—2016）。

主要著作：《马克思主义与社会分析》（1969）、《关于陶里亚蒂与意大利共产党》（1974）、《意大利共产党、南方与知识分子：从同盟到组织化》（1973）、《马克思主义与知识分子：从世纪末危机到〈狱中札记〉》（1985）、《在妥协与团结之间：20 世纪 70 年代的意大利共产党》（1987）、《意大利与欧洲之间：政策与替代性文化》（1990）、《不为人知的陶里亚蒂》（1994）、《二十年之后：在转型与修正之间的左翼》（1997）、《与葛兰西约会：葛兰西〈狱中札记〉简介》（1999）、《新旧改良主义》（2001）、《社会聚合的困境：社会欧洲模式的未来》（2006）、《意大利的改良主义，从冷战结束到未来的挑战》（2006）、《墨索里尼与斯大林之间的葛兰西》（2007）、《葛兰西研究在全世界（2000—2005）》（2007）、《葛兰西研究在全世界：文化研究》（2008）、《葛兰西研究在拉丁美洲》（2011）、《葛兰西的生活与思想（1926—1937）》（2011）、《另一种现代性：葛兰西的 20 世纪》（2017）等。

3. 洛苏尔多（Domenico Losurdo，1942—2018）

意大利乌尔比诺大学教授、左翼马克思主义历史哲学家、国际黑格尔—马克思辩证法协会主席、意大利21世纪马克思政治文化协会主席与创始人之一。

主要著作：《康德政治思想中的自我审查与妥协》（1983）、《在黑格尔与俾斯麦之间：1848年革命与德国文化危机》（1983）、《德国灾难与黑格尔形象》（1987）、《黑格尔、马克思与自由传统：自由、平等与国家》（1988）、《共同体、死亡、西方：海德格尔与战争意识形态》（1991）、《黑格尔与现代自由》（1992）、《第二共和国、联邦主义、自由主义与后法西斯主义》（1994）、《历史修正主义：问题与神话》（1996）、《葛兰西：从自由主义到"批判的共产主义"》（1997）、《马克思与20世纪的历史平衡》（2009）、《左翼、中国与帝国主义》（2000）、《自由主义批判史》（2005）、《现代的合法性与批判：论葛兰西的马克思主义》（2007）、《帝国的语言、美国意识形态词典》（2007）、《非暴力：一段神话之外的历史》（2010）、《缺席的左翼：危机、表演型社会与战争》（2014）、《西方马克思主义：如何诞生、死亡并重生》（2017）等。

4. 阿甘本（Giorgio Agamben，1942—   ）

意大利维罗拉大学美学教授、欧洲研究生院（EGS）斯宾诺莎讲座教授、哲学家。

主要著作：《牲人：主权权力与赤裸生命》（1995）、《例外状态》（2003）、《王国与荣耀》（2007）、《语言的圣礼》（2008）、《主业》（2012）、《最高的贫困》（2011）、《身体之用》（2014）等。

5. 里郭利（Guido Liguori，1954—   ）

意大利卡拉布里亚大学当代政治思想史教授、国际葛兰西学会—意大利分会主席、拉布里奥拉著作编委会成员、《马克思主义批评》杂志主编。

主要著作：《倍受争议的葛兰西——一部充满争论的历史（1922—2012）》（2012）、《葛兰西著作导读》（2005）、《通向葛兰西思想之路》（2006）；《意大利共产党的终结》（2009）、《葛兰西之语——〈狱中札记〉词汇汇编》（合编，2004）、《葛兰西著作辞典》（合编，2009）、《葛兰西与实用主义》（2011）等。

6. 里卡尔多（Bellofiore Ricardo, 1953— ）

意大利贝尔加莫大学教授、马克思主义政治经济学家。

主要著作：《马克思主义理论：意大利的论争》（1997）、《传统政治经济学与马克思主义政治经济学：对克劳迪奥·拿破来奥尼观点的辨析》（1999）、《新资本主义中的劳动》（2005）、《马克思与危机》（2011）、《全球危机、欧洲、欧元、左翼》（2012）、《资本主义危机：暴行在继续》（2012）、《大衰退与当代资本主义矛盾》（2014）、《经济危机与政治经济学》（2014）等。

7. S. 彭斯（Silvio Pons, 1955— ）

意大利罗马第二大学东欧史系教授、葛兰西基金会主席；哈佛大学《冷战研究》编委、意大利《历史研究》学术委员、"葛兰西著作"意大利国家编委会成员。

主要著作：《不可能的霸权：苏联、意大利共产党与冷战的起源（1946—1948）》（1999）、《斯大林与不可避免的战争（1936—1941）》（2002）、《斯大林、陶里亚蒂与欧洲冷战的起源》（2001）、《贝林格与共产主义的终结》（2006）、《欧洲共产主义的兴起与衰落》（2010）、《全球革命：国际共产主义的历史（1917—1991）》（2012）等。

8. V. 贾凯（Vladimiro Giacché, 1963— ）

（罗马）意大利欧洲研究中心主任、马克思主义政治经济学研究者。

主要著作：《虚假工厂——当代政治中的谎言策略》（第1版，2008；第2版，2016）、《资本主义与危机——马克思著作选编》（编，2009）、《泰坦尼克号——欧洲：他们不曾告诉我们的危机》（编，2012）、《联合：德国统一与欧洲的未来》（编，2013）、《反欧盟条约的意大利宪法：不可避免的冲突》（编，2015）等。

21世纪英国马克思主义学者（孙秀丽）

1. 霍布斯鲍姆（Eric John Ernest Hobsbawm, 1917—2012）

英国左翼马克思主义历史学家、思想家。

主要著作：《原始的叛乱》（1959）、《革命的年代》（1962）、《资本的年代》（1975）、《帝国的年代》（1987）、《民族与民族主义》（1991）、《极端的年代》（1994）、《论历史》（1997）、《全球化、民主与恐怖主义》(2007)、《如何改变世界:马克思与马克思主义的传奇》(2011)、《断裂的年代:20 世纪的文化与社会》(2013)、《文化》(2016)、《唯物主义》(2017) 等。

2. 霍加特(Richard Hoggart,1918—2014)

英国马克思主义文化理论家、英国伯明翰大学当代文化研究中心创立者之一。

主要著作:《识字的用途:工人阶级生活面貌》(1957)、《当代文化研究》(1969)、《自由与立法》(1989)、《两个世界之间:文集》(2001)、《日常语言与日常生活》(2003)、《大众社会中的大众传媒》(2006) 等。

3. 霍尔(Stuart Hall,1932—2014)

英国马克思主义文化理论家、媒体理论家、文化批评家,被称为"当代文化研究之父"。

主要著作:《电视话语中的编码与解码》(1973)、《仪式抵抗:战后英国的青年亚文化》(1976)、《文化研究:两种范式》(1980)、《文化、传媒、语言》(1980)、《"意识形态"的再发现:媒介研究中被压抑者的回归》(1982)、《艰难的复兴之路:撒切尔主义与左翼的危机》(1988)、《意识形态与传播理论》(1989)、《现代性及其未来》(1992) 等。

4. 莱博维茨(Michael Lebowitz,1937—)

英国马克思主义经济学家。

主要著作:《超越资本论:马克思的工人阶级政治经济学》(1992)、《跟随马克思:方法、批判与危机》(2009)、《人类发展道路:资本主义还是社会主义》(2009)、《社会主义者的选择:真正的人类发展》(2010)、《"现实社会主义"的悖论:管理者与被管理者》(2012)、《社会主义紧要的事:从"哥达纲领批判"到现在》(2015) 等。

5. P. 安德森(Perry Anderson,1938—)

英国马克思主义历史学家、新左派理论家与政论家、长期担任《新左派评论》主编。

主要著作:《从古代到封建主义的过渡》(1974)、《绝对主义国家的谱系》(1979)、《西方马克思主义探讨》(1980)、《后现代性的起源》(1998)、《思想的谱系:西方思潮左与右》(2005)、《新的旧世界》（2009）、《安东尼奥·葛兰西的二律背反》（2017）、《这个 H 词：霸权的诸次突变》（2017）；等。

6. 麦克莱伦（David Mclellan，1940— ）

英国肯特大学教授、马克思学家。

主要著作：《青年黑格尔派与马克思》（1969）、《马克思主义以前的马克思》（1972）、《马克思的生平与思想》（1974）、《马克思之后的马克思主义》（1979）、《马克思思想导论》（1987）、《卡尔·马克思传》（2010）等。

7. 阿瑟（Christopher John Arthur，1940— ）

英国马克思主义者、新辩证法学派主要代表。

主要著作：《劳动辩证法：马克思及其与黑格尔的关联》（1986）、《新辩证法与马克思的〈资本论〉》（2002）、《金融人文教育：新自由主义、消费者与公民》（2012）等。

8. 佩珀（David Pepper，1940— ）

英国牛津布鲁克斯大学教授、英国生态学马克思主义主要代表。

主要著作：《现代环境主义的根源》（1984）、《生态社会主义：从深生态学到社会正义》（1993）、《定义环境主义》（1996）、《现代环境主义：导论》（2002）、《环境主义：地理学与环境中的批判性概念》（2002）、《乌托邦主义与环境主义》（2005）、《论当代生态——社会主义》（2010）等。

9. G. A. 科恩（G. A. Cohen，1941—2009）

英国左翼政治哲学家、分析的马克思主义领军人物。

主要著作：《卡尔·马克思的历史理论：一个辩护》（1978）、《历史、劳动与自由：来自马克思的主题》（1988）、《自我所有权、自由与平等》（1995）、《如果你是平等主义者，怎么你那么富裕？》（2000）、《拯救正义与平等》（2008）、（《社会主义、有何不可》（2009）等。

10. S. 塞耶斯（Sean Sayers，1942— ）

英国肯特大学教授、黑格尔主义的马克思主义者、新辩证法学派主要代表、《激进哲学》与《马克思与哲学协会》的创始人之一、《马克思与哲学评论》创始人兼主编。

主要著作：《黑格尔、马克思与辩证法》（1980）、《社会主义与道德》（1990）、《社会主义与民主》（1991）、《柏拉图的〈理想国〉导言》(1999)、《马克思主义与人性》(1998)、《社会主义、女性主义与哲学：激进哲学读本》(1991)、《马克思与异化》(2011)等。

11. 格拉斯（Norman Geras，1943—2013）

英国马克思主义政治理论家。

主要著作：《罗莎·卢森堡的遗产》(1976)、《马克思与人性》(1983)、《革命的文献：论马克思主义》(1986)、《极端的话语》(1990)、《启蒙与现代性》(2000)等。

12. 伊格尔顿（Terry Egaleton，1943— ）

英国马克思主义文化理论家、文学批评家、英国国家学术学院院士。

主要著作：《马克思主义与文学批评》(1976)、《本雅明或走向革命批评》(1981)、《文学理论：导论》(1983)、《批判的功能》(1984)、《民族主义、殖民主义与文学》(1990)、《审美意识形态》(1990)、《文学理论》(1996)、《卡尔·马克思》(1997)、《后现代主义的幻象》(1996)、《文化的观念》(2000)、《理论之后》(2003)、《马克思为什么是对的》(2011)等。

13. D. 希尔（Dave Hill，1945— ）

英国安格利亚鲁斯金大学教育学教授、国际研究与教育研究所研究员、马克思主义理论家、教育家与活动家、《批判教育政策研究杂志》主编。

主要著作：《教育中的阶级：知识、教育学与主体性》(2010)、《马克思主义论教育：阶级与"种族"、新自由主义与资本主义》(2013)、《批判教育学与马克思主义》(2016)、《新自由资本主义下的阶级、种族与教育》(2017)等。

14. T. 卡弗（Terrell Carver，1946— ）

英国布里斯托大学教授、MEGA^{2}编委、马克思学家。

主要著作：《卡尔·马克思：文本与方法》(1975)、《马克思的社会理论》(1982)、《马克思与恩格斯：学术思想关系》(1983)、《弗里德里希·恩格斯：他的生活及思想》(1989)、《马克思剑桥读本》(1991)、《理性选择的马克思主义》(1995)、《性别不是女性的同义词》(1996)、《政治性写作：后现代视野中的马克思形象》(1998)、《弗里德里希·恩格斯简介》(2003)、《政治理论中的人》(2004)、《〈共产党宣言〉剑桥指南》(2015)等。

15. 霍洛威（John Holloway，1947— ）

英国马克思主义社会学家。

主要著作：《国家与资本：一场马克思主义的论争》（1978）、《全球资本、民族国家与货币政治》（1995）、《开放的马克思主义：解放马克思》（1995）、《无需通过夺权改变世界》（2002）、《否定性与革命：阿多尔诺与政治行动主义》（2008）、《裂解资本主义》（2010）、《居于、反对与超越资本主义》（2016）、《我们是资本的危机》（2018）等。

16. 卡利尼科斯（Alex Callinicos，1950— ）

英国伦敦国王学院教授、左翼政治理论家、马克思主义学者、《国际社会主义》杂志主编。

主要著作：《卡尔·马克思的革命性观念》（1983）、《反对后现代主义：马克思主义的批判》（1989）、《反对第三条道路》（2001）、《反资本主义宣言》（2003）、《批判的资源》（2006）、《帝国主义与全球政治经济》（2009）、《解密资本》（2014）等。

17. J. 史密斯（John Smith，1956— ）

英国左翼马克思主义学者。

主要著作：《GDP幻象：价值增殖与价值获取》（2012）、《21世纪的帝国主义：全球化、超级剥削与资本主义的最后危机》（2015）等。

18. P. 奥斯伯恩（Peter Osborne，1958— ）

英国现代欧洲哲学研究中心主席、马克思主义学者、《激进哲学》编辑。

主要著作：《时间政治》（1995）、《文化理论中的哲学》（2000）、《如何阅读马克思》（2005）、《后概念境况：批判性文集》（2018）等。

19. M. 肯尼（Michael Kenny）

英国新生代政治学家、马克思主义学者、英国新左派研究者。

主要著作：《自由之路》（1993）、《第一代英国新左派（1956—1964）：斯大林逝世后的英国知识分子》（1995）、《战后英国政治思想名著评注》（1995）、《再思英国的衰落》（1999）、《身份政治学》（2004）、《政治意识形态：读本与指南》（2005）、《英国政治牛津读本》（2009）、《英国的民族性政治》（2014）、《帝国的阴影：美国政治的盎格鲁圈》（2018）等。

21 世纪美国马克思主义学者（贺羡）

1. 阿普尔比（Joyce Oldham Appleby，1929—2016）

美国加利福尼亚大学洛杉矶分校荣誉教授、左翼历史学家。

主要著作：《17 世纪英国的经济思想与意识形态》（1978）、《资本主义与新的社会秩序》（1984）、《历史想象中的自由主义与共和主义》（1992）、《继承革命：第一代美国人》（2000）、《无情的革命：一部资本主义的历史》（2010）、《知识的海岸：新世界的发现与科学想象》（2013）等。

2. 哈鲁图涅（Harry Harootunian，1929—   ）

美国芝加哥大学荣休教授、马克思主义历史学家。

主要著作：《被现代性征服：两次大战之间日本的历史、文化与社群》（2002）、《历史的焦虑》（2002）、《帝国的新衣：失却与重获范式》（2004）、《马克思之后的马克思：资本主义扩张中的历史与时间》（2015）等。

3. 詹姆逊（Fredric Jameson，1934—   ）

美国杜克大学教授、马克思主义文化批评家。

主要著作：《萨特：一种风格的起源》（1961）、《马克思主义与形式：20 世纪文学辩证理论》（1971）、《语言的牢房：关于结构主义与俄国形式主义的批判论述》（1972）、《政治无意识：作为社会象征行为的叙事》（1981）、《后现代主义与文化理论》（1987）、《国家主义、殖民主义与文学》（1988）、《后期马克思主义：阿多尔诺或辩证法的韧性》（1990）、《后现代主义或后期资本主义的文化逻辑》（1991）、《理论意识形态》（2009）、《黑格尔的变种：论精神现象学》（2010）、《现实主义的二律背反》（2013）、《古代与后现代：论形式的历史性》（2015）、《美国乌托邦：双重权力与环球军队》（2016）等。

4. P. C. 罗伯茨（Paul Craig Roberts，1939—   ）

美国乔治敦大学教授、经济学家、记者。

主要著作：《异化与苏联经济》（1971）、《马克思的交换、异化与危机理论》（1973）、《供给侧革命：知情人评华盛顿的决策》（1984）、《灾难：苏联经济内情》（1990）、《拉美的资本主义革命》（1997）、

《新种族界限：配额与特权如何破坏民主》（1995）、《经济如何迷失：世界战争》（2010）、《自由资本主义失败与西方经济解体》（2012）、《美国如何迷失：从 9·11 到警察（福利）国家》（2014）等。

5. 埃尔斯特（Jon Elster，1940— ）

美国哥伦比亚大学教授、分析的马克思主义理论家。

主要著作：《逻辑与社会》（1978）、《解释技术变化：科技哲学的案例分析》（1983）、《理解马克思》（1985）、《社会凝聚：论社会秩序》（1989）、《社会科学的基本要素》（1989）、《政治心理学》（1993）、《医疗选择的伦理学》（合著，1994）、《理性与合理性》（2009）、《托克维尔：第一位社会科学家》（2009）、《防止恶政：陪审团、集会、选举》（2013）；等。

6. D. K. 富利（Duncan K. Foley，1942— ）

美国纽约社会研究新学院教授、马克思主义经济学家、"无嫉资源分配"概念提出者。

主要著作：《经济增长中的货币政策与财政政策》（合著，1967）、《货币、积累与危机》（1986）、《理解资本：马克思的经济理论》（1986）、《理性的界限：论交互系统中的经济复杂性与动力学》（合著，1998）、《发展与分配》（合著，1999）、《邪恶的三位一体：新经济中的劳动、资本与土地》（2003）、《亚当的谬误：经济神学指南》（2008）等。

7. R. D. 沃尔夫（Richard D. Wolff，1942— ）

美国纽约社会研究新学院教授、马克思主义经济学家、《重思马克思主义》杂志创办人。

主要著作：《殖民主义的经济学》（1974）、《重思马克思主义：纪念 H. 麦格道夫与斯威齐文集》（合著，1985）、《经济学：马克思主义对抗新古典主义》（合著，1987）、《知识与阶级：对政治经济学的马克思主义批判》（合著，1987）、《危机与转变：对国家经济秩序的批判》（合著，1988）、《把所有带回家——现代家庭中的阶级、性别与权力》（合著，1994）、《阶级及其他》（合著，2000）、《马克思主义理论的新征程》（合著，2006）、《经济理论论争：新古典主义、凯恩斯主义与马克思主义》（合著，2012）、《有效的民主：对资本主义的治疗》（2012）等。

8. 斯皮瓦克（Gayatri Chakravorty Spivak，1942— ）

美国哥伦比亚大学教授、后殖民主义的女性主义理论家。

主要著作：《其他世界：文化政治学文集》（1987）、《后殖民主义理性批判：关于消逝当下的历史》（1999）、《规训的死亡》（2003）、《谁在歌颂民族国家？语言、政治与归属》（合著，2007）、《别样的亚洲》（2008）、《全球化时代的审美教育》（2012）等。

9. Ch. 德柏（Charles Derber，1944—　）

美国波士顿学院教授、左翼作家。

主要著作：《道德战争：帝国如何重生以及政治正确如何以善之名行恶》（合著，2010）、《马克思的幽灵：改变世界的夜谭》（2011）、《过剩的美国人：1%的人如何把我们变成多余的》（2012）、《反社会的社会：美国人民的社会学》（2013）、《贪婪绿色：解决气候变化与重制经济》（2015）等。

10. J. E. 罗默（John E. Roemer，1945—　）

美国耶鲁大学政治经济学教授、经济学家、政治科学家。主要著作：《剥削和阶级的一般理论》（1982）、《分析的马克思主义：马克思主义和社会理论研究》（1986）、《失去自由：马克思主义经济哲学引论》（1988）、《马克思经济理论的分析基础》（1989）、《马克思经济理论的分析基础》（1989）、《平等主义观点：哲学经济学论文集》（1994）、《社会主义的未来》（1994）、《分配正义理论》（1996）、《财产关系、奖励和福利：国际经济协会在西班牙巴塞罗那举行的会议记录》（1997，编著）、《机会平等》（1998）、《政治竞争》（2001）、《民主、教育和平等：描述和预演》（2006）、《种族主义、仇外心理和分配：发达民主国家的多元议题政治》（2007，合著）、《价值、剥削和阶级》（2013）、《我们如何合作：康德的优化理论》（2019）。

11. M. D. 叶芝（Michael D. Yates，1946—　）

美国社会主义经济学家、《每月评论》编辑。

主要著作：《向上斗争：坎布里亚与萨默塞特劳工运动200周年献词》（1976）、《劳动法手册》（1987）、《更长的时间、更少的工作：美国的就业与失业》（1994）、《工作中的权利：工人的法律权利》（1994）、《联盟为何重要》（1998）、《定义系统：全球经济的不平等与工作》（2003）、《更加不平等：美国的阶级面向》（2007）、《工人阶级内外》（2009）、《经济危机ABC：工人需要知道什么》（2009）、《威斯康星起义：工人回击》（2012）、《所有美国人的自由预算：当今经济正义斗争中的民权运动承诺》（2013）、《巨大的不平等》（2016）等。

12. E. O. 赖特（Eric Olin Wright，1947—2019）

美国威斯康星大学麦迪逊分校教授、美国社会学学会主席、分析的马克思主义社会学家。

主要著作：《惩罚的政治学：关于美国监狱的批判性分析》（1973）、《阶级、危机与国家》（1978）、《阶级结构与收入规定》（1979）、《阶级》（1997）、《关于阶级的争论》（1989）、《阶级分析的比较研究》（1997）、《深化民主：授权的参与统治中的制度创新》（合著，2003）、《阶级分析的方法》（2005）、《性别平等：转变家庭劳动分工》（合著，2009）、《想象真正的乌托邦》（2010）、《资本主义的替代性选择：就一种民主经济与罗宾·汉内尔商榷》（2014）、《理解阶级》（2015）等。

13. J. C. 亚历山大（Jeffrey C. Alexander，1947— ）

美国耶鲁大学教授、新功能主义理论家。

主要著作：《社会生活的意义：一种文化社会学》（2003）、《文化创作与集体认同》（合著，2004）、《社会述行：象征行为》（合著，2006）、《政治述行：奥巴马的胜利与为权力进行民主斗争》（2010）、《叙述创伤：论集体痛苦的影响》（合著，2011）、《现代性的黑暗面》（2013）、《古典理想的二律背反：马克思与涂尔干》（2016）等。

14. N. 弗雷泽（Nancy Fraser，1947— ）

美国纽约社会研究新学院教授、新马克思主义政治哲学家、女性主义批判理论家。

主要著作：《无羁的实践》（1989）、《重新评价法国女性主义》（1992）、《正义的中断》（1997）、《再分配还是承认？》（合著，2003）、《伤害＋侮辱》（2008）、《正义的尺度》（2009）、《女性主义的境遇》（2013）等。

15. K. B. 安德森（Kevin B. Anderson，1948— ）

美国加利福尼亚大学教授、马克思主义人类学家、社会学家。

主要著作：《列宁、黑格尔与西方马克思主义：一个批判性研究》（合著，1995）、《马克思在边缘：论民族主义、种族与非西方社会》（2010）、《卡尔·马克思》（2012）等。

16. 艾里斯·扬（Iris Marion Young，1949—2006）

美国芝加哥大学教授、政治哲学家、社会主义的女性主义理论家。

主要著作:《沉思的缪斯:女性主义与现代法国哲学》(合著,1989)、《正义与差异民主》(1990)、《交互的声音:性别困境、政治哲学与政策》(1997)、《女性主义伦理学与社会政策》(合著,1997)、《女性主义哲学手册》(合著,2000)、《包容与民主》(2000)、《像女孩一样抛球及其他女性主义哲学与社会理论相关论文》(2002)、《儿童、家庭与国家》(合著,2003)、《全球挑战:战争、自决与正义责任》(2007)、《正义的责任》(2011)、《殖民主义及其遗产》(2011)等。

17. S. 本哈比(Seyla Benhabib, 1950—   )

土耳其犹太裔美国哲学家、耶鲁大学教授、"伦理学、政治学与经济学"项目主任。

主要著作:《批判、规范与乌托邦:批判理论的规范基础研究》(1986)、《定位自我:当代伦理学中的性别、社群与后现代主义》(1992)、《阿伦特欲迎还拒的现代主义》(1996)、《民主与差异:挑战政治的边界》(1996)、《文化诉求:全球化时代的平等与多元主义》(2002)、《他者的权利:外国人、公民与居民》(2004)、《另一种世界主义:款待、主权与民主的循环》(2006)、《逆境中的尊严:乱世中的人权》(2011)等。

18. 阿格尔(Ben Agger, 1952—   )

加拿大裔美国哲学家、得克萨斯大学教授、生态学马克思主义奠基人之一、批判理论与法兰克福学派研究者。

主要著作:《论幸福与被毁灭的生活》(1975)、《西方马克思主义导论》(1979)、《冲突与秩序中的社会问题》(合著,1982)、《社会(本体)论:一种多学科解读》(1989)、《快节奏的资本主义:关于意义的批判理论》(1989)、《阅读科学:文学、政治与社会学的分析》(1989)、《话语的衰落:后现代资本主义的阅读、写作与抵抗》(1990)、《公共生活的批判理论:衰落时代的知识、话语与政治》(1991)、《作为批判理论的文化研究》(1992)、《关于控制的论述:从法兰克福学派到后现代主义》(1992)、《性、文化与权力:走向一种女性主义的后现代主义批判理论》(1993)、《著作书写作者吗?——对文本的社会分析》(1994)、《为快节奏的资本主义提速:文化、工作、家庭、学校与身体》(2004)等。

19. J. B. 福斯特(John Bellamy Foster, 1953—   )

美国俄勒冈大学教授、生态学马克思主义经济学家、《每月评论》

编辑。

主要著作：《马克思的生态学：唯物主义与自然》（2000）、《金融风暴：原因与影响》（合著，2009）、《生态裂谷：资本主义对地球的战争》（合著，2010）、《垄断资本主义理论：对马克思主义政治经济学的阐释》（2014）等。

20. J. 巴特勒（Judith butler, 1956— ）

美国加利福尼亚大学伯克利分校教授、后现代主义的女性主义政治哲学家、酷儿运动理论先驱。

主要著作：《欲望的主体：20世纪法国哲学的黑格尔式反思》（1987）、《性别麻烦：女性主义与身份的颠覆》（1990）、《身体之重：论"性别"的话语界限》（1993）、《权力的精神生活：服从的理论》（1997）、《激动的言辞》（1997）、《女性主义论争》（合著，1995）、《安提戈涅的要求：生命与死亡的血亲关系》（2000）、《霸权、偶然性与普遍性》（合著，2000）、《脆弱不安的生命：哀悼与暴力的力量》（2004）、《消解性别》（2004）、《说明自身》（2005）、《谁在歌颂民族国家？语言、政治与归属》（合著，2007）、《战争的框架》（2009）、《性别问题》（合著，2011）、《公共领域的宗教权力》（合著，2011）《主体的感觉》（2015）、《集会的述行理论札记》（2015）等。

21. R. 詹森（Robert Jensen, 1958— ）

美国得克萨斯大学教授、激进主义的女性主义理论家。

主要著作：《修改宪法第一修正案：关于表达自由的批判性视角》（合著，1995）、《色情文学：不平等的生产与消费》（1997）、《帝国的公民：宣示人性的斗争》（2004）、《白人的心：直面种族、种族歧视与白人特权》（2007）、《全身震颤：寻找通向先知之声的进步路径》（2009）、《论我们的生活：危机时代的批判性反思》（2013）、《父权制的终结：为男性而写的激进女性主义》（2017）等。

22. M. P. 沃雷尔（Mark P. Worrell）

美国纽约州立大学教授、马克思主义社会学家。

主要著作：《团结的辩证法：劳动、反犹主义与法兰克福学派》（2008）、《为什么国家会参战：军事冲突的社会学》（2010）、《恐怖：社会、政治与经济视角》（2012）、《资本主义的未来：异化、解放与批判》（合编，2017）等。

21 世纪加拿大马克思主义学者（杨龙波）

1. M. A. 本格（邦格）（Mario Augusto Bunge，1919—2020）

加拿大理论物理学家、哲学家、《精确哲学文库》和《一般系统论国际杂志》主编。

主要著作：《因果性》（1959）、《元科学探究》（1959）、《直觉与科学》（1962）、《简单性的神话》（1963）、《科学的研究》（2卷，1967）、《物理学基础》（1967）、《物理学哲学》（1973）、《方法、模型与物质》（1973）、《精确哲学》（1973）、《基础哲学论》（第1—4卷，1979；第5—6卷，1983；第7卷，1985）等。

2. K. 尼尔森（Kai Nielsen，1926— ）

加拿大马克思主义哲学家、分析的马克思主义代表人物、《加拿大哲学杂志》创办人与主编。

主要著作：《认真对待历史唯物主义》（1978）、《平等与自由—激进平等主义辩护》（1985）、《论道德哲学的贫乏》（1987）、《社会主义道德》（1989）、《马克思主义与道德观念——道德、意识形态与历史唯物主义》（1989）、《上帝、怀疑论与现代性》（1989）、《没有基础的自然主义》（1996）、《分析的马克思主义新论》（2002）、《全球化与正义》（2003）等

3. 莱斯（William Leiss，1939— ）[①]

加拿大生态学马克思主义先驱。

主要著作：《自然的控制》（1972）、《满足的极限：需求和商品问题研究》（1976，修订版1979，新版1988）、《C. B. 麦克弗森：自由主义的困境与社会主义》（1988—2009）、《技术统治》（1990—1994）、《风险聚议厅：认识风险争议》（2001）、《赫拉或移情：乌托邦小说（赫拉传奇第1部）》（第2版，2006）、《科学的祭师：乌托邦小说（赫拉传奇第2部）》（第2版，2008）、《金融领域的厄运循环和其他风险黑洞》（2010）、《赫拉和佛陀（赫拉传奇第3部）》（亚马逊电子书，2017）、《风险黑洞：风险管理文集（1995—2017）》（第1卷：《风险

[①] 该词条由郭剑仁提供，本书主编整理。

无处不在》；第 2 卷：《核废料储存》)（亚马逊电子书，2017）等。

4. R. 韦尔（Robert Ware, 1941— ）

加拿大马克思主义哲学家、伦理学家、马克思主义道德理论捍卫者、《加拿大哲学杂志》编辑。

主要著作：《分析的马克思主义新论》（1989）、《道德内容与社会解释：分析的马克思主义的视角》（1995）、《民主与身份认同》（1996）、《公共道德价值观、身份虚构与权力的丧失》（1999）、《马克思论解放与社会主义目标：为未来找回马克思》（2019）等。

5. E. M. 伍德（Ellen Meiksins Wood, 1942—2016）

加拿大马克思主义历史学家、政治理论家、"政治的马克思主义者"、《新左派评论》《每月评论》编委。

主要著作：《从类撤退：一个"真正的"新社会主义》（1986）、《农民与奴隶：雅典民主的基础》（1988）、《阶级的退却：新社会主义》（1989）、《资本主义的原始文化》（1991）、《资本主义文化精粹》（1992）、《民主反对资本主义：重建历史唯物主义》（1995）、《政治理论与资本主义的起源：1509—1688》（1997）、《资本主义的起源》（1999）、《资本的帝国》（2006）、《西方政治思想的社会史》（2008）等。

6. V. 莫斯可（Vincent Mosco, 1948— ）

加拿大左翼学者、曾任加拿大皇后大学社会学系主任、民主传播联盟创始成员、马克思主义传播政治经济学第二代领军人物。

主要著作：《大陆秩序》（2001）、《数字崇高》（2004）、《信息社会的知识劳动》（2008）、《传播政治经济学》（2009）、《获取信息：通信工作者与全球价值链》（2010）、《马克思归来》（2012）、《到云端》（2014）、《成为数字》（2017）、《数字资本主义时代的马克思》（2017）、《数字世界中的智慧城市》（2019）等

7. G. S. 基利（Gregory S. Kealey, 1948— ）

加拿大新马克思主义劳工史学家、《劳工》杂志主编。

主要著作：《世纪之交多伦多的工人阶级》（1973）、《加拿大工人阶级史文集》（1976）、《多伦多工人回应工业资本主义（1867—1892）》（1980）、《工人的梦想：1880—1900 年安大略劳工骑士团》（合著，1982）、《阶级、性别与地区：加拿大历史社会学文集》（1988）、《阶级、社区与劳工运动：威尔士与加拿大（1850—1930）》

（合著，1989）、《劳工与加拿大史》（1995）、《加拿大大西洋沿岸地区劳工与工人阶级史》（合编，1995）、《加拿大政府对劳工与左翼的镇压（1914—1922）》（2006）等。

8. M. E. G. 史密斯（Murray E. G. Smith，1950— ）

加拿大布洛克大学教授、马克思主义研究者。

主要著作：《看不见的利维坦》（1994）、《早期的现代社会理论：诠释读本选》（1998）、《偏见文化：批判的社会科学论争》（2003）、《危机中的全球资本主义：卡尔·马克思与利润系统的衰败》（2010）等。

9. B. 帕尔默（Bryan. D. Palmer，1951— ）

加拿大新马克思主义史学家、《劳工》杂志主编。

主要著作：《E. P. 汤普森的形成：马克思主义、人道主义与历史》（1981）、《工人的梦想：1880—1900年安大略劳工骑士团》（合著，1982）、《工人阶级的经历：1800—1980年加拿大工人阶级的兴起与再塑造》（1983）、《加拿大的工作与工会》（1983）、《阶级斗争的特点：加拿大工人阶级史文集》（1986）、《贬值为话语：语言的具体化与社会史写作》（1990）、《古德伊尔侵入乡村—公司接管一个村镇》（1994）、《E. P. 汤普森：抗议与对立》（1994）、《黑暗的文化：违法历程中的黑夜之旅》（2000）等。

10. I. 安格斯（Ian Angus，1955— ）

加拿大左翼马克思主义作家、左翼生态社会主义者、"气候与资本主义"网站编辑、全球生态社会主义网络创始人。

主要著作：《为"气候正义"的全球斗争——反对资本主义者对全球变暖与生态破坏的回应》（2008）、《是否太多的人口、移民导致环境危机？》（2011）、《面对人类世：化石资本主义与地球系统危机》（2016）等。

11. 理查德·戴伊（Richard J. F. Day，1964— ）

加拿大皇后大学教授、反全球化运动活动家、激进社会变革的拥护者。

主要著作：《多元文化主义与加拿大的多元历史》（2000）、《葛兰西死了：最新社会运动中的无政府主义潮流》（2005）、《乌托邦式教育：反新自由主义全球化的激进实验》（2007）等。

12. P. 艾夫斯（Peter Ives，1968— ）

加拿大温伯格大学教授、当代语言政治学家、葛兰西研究者。

主要著作：《葛兰西的语言与霸权》（2004）、《葛兰西的语言政治学：加入巴赫金的圈子与法兰克福学派》（2004）、《葛兰西、语言与翻译》（合编，2010）、《语言政策与政治理论：建立桥梁、评估缺口》（合编，2015）等。

21 世纪俄罗斯马克思主义学者（杜宇鹏）

1. 奥伊泽尔曼（Т. И. Ойзерман，1914—2017）

俄罗斯科学院院士、马克思主义哲学家、哲学史家，俄罗斯马克思主义反思派领军人物。

主要著作：《卡尔·马克思——辩证唯物主义与历史唯物主义的创始人》（1958）、《马克思主义关于异化与资产阶级神话的问题》（1965）、《历史唯物主义与技术悲观主义思想》（1976）、《辩证的马克思主义与哲学史》（1979）、《黑格尔的历史哲学理论》（1982）、《批判的理性主义批判》（1988）、《康德的认识论思想》（1991）、《马克思主义与乌托邦主义》（2003）、《为修正主义辩护》（2005）等。

2. 普列特尼科夫（Ю. К. Плетников，1926—2013）

俄罗斯马克思主义哲学家、社会哲学家。

主要著作：《社会运动形式的实质》（1971）、《未来—社会主义：当代新面貌》（2000）、《历史唯物主义概念与社会主义理论问题》（2008）等。

3. 托尔斯特赫（В. И. Толстых，1929—2019）

俄罗斯马克思主义伦理学家、美学家、社会哲学家，马克思学家。

主要著作：《科学与道德》（1969）、《道德的与非道德的艺术》（1971）、《艺术与道德（关于社会存在与艺术功能）》（1973）、《精神生产》（1981）、《马克思主义：赞成与反对》（1992）、《改革：二十年之后》（2005）、《伊里因科夫（20 世纪下半叶俄罗斯哲学文集）》（2008）、《我们曾经是作为他者而存在的苏联人》（2008）、《真正的未来：非乌托邦与重返过去》（2009）、《变革时代中的俄罗斯》（2012）等。

4. 梅茹耶夫（В. М. Межуев，1933—2019）

俄罗斯马克思主义文化理论家、文化哲学家，俄罗斯马克思主义反思派主要代表人物。

主要著作：《文化与历史》（1977）、《精神生产》（1981）、《在过去与未来之间》（1996）、《从生命哲学到文化哲学》（2001）、《文化哲学：古典时代》（2003）、《文化之思：文化哲学概观》（2006）、《历史与文化学》（2006）、《马克思反对马克思主义》（2007）、《文化的现代知识》（2008）、《历史、文明、文化：哲学阐释的尝试》（2011）等。

5. 斯焦宾（В. С. Стёпин，1934—2018）

俄罗斯哲学家、俄罗斯科学院院士、马克思主义科技哲学家、文化哲学家。

主要著作：《科学认识的方法》（1974）、《科学研究的理想与规则》（1981）、《科学认识的特征与社会文化》（1984）、《文化进程中的哲学认识——科学系统中的人》（1989）、《文化进程中的科学革命》（1990）、《文明前景：从暴力范畴到对话与协商的转变——非暴力伦理》（1991）、《技术文明文化中的科学世界图景》（1994）、《当代世界图景：俄罗斯的宇宙无际观与东西方文化的对话——俄罗斯宇宙无际观哲学》（1996）、《变革时代与未来取向》（1996）、《俄罗斯的文明选择与世界发展方向——新千年俄罗斯发展战略》（1998）、《文化对话中的科学、宗教与现代问题——理性与生存主义》（1999）、《技术文明的价值基础与前景》（1999）、《理论知识（结构、历史演变）》（2000）等。

6. 留布金（К. Н. Любутин，1935— ）

俄罗斯马克思主义正统派人类学家、哲学家，乌拉尔学派领军人物。

主要著作：《人——世界——哲学》（1970）、《哲学人类学批判》（1971）、《德国古典哲学与马克思——列宁哲学的主客体问题》（1973）、《历史哲学导论》（1987）、《人的哲学之维》（1990）、《主体与客体辩证法》（1993）、《西方哲学人类学：从费尔巴哈到弗洛姆》（1994）、《俄罗斯马克思主义阐释：波格丹诺夫》（2000）、《俄罗斯马克思主义阐释：布哈林》等。

7. 舍甫琴科（В. Н. Шевченко，1939— ）

俄罗斯马克思主义正统派哲学家。

主要著作：《社会发展的社会—哲学分析》（1984）、《俄罗斯：社会、国家、历史》（2005）、《现代国家命运》（2005）、《现代世界官僚政治：理论与生活现实》（2008）、《俄罗斯国家的人类学之维》

(2009)、《现代国家、社会、人：俄罗斯的特殊性》（2010）、《作为哲学问题的俄罗斯国家政治战略》（2011）、《现代俄罗斯国家的社会—历史与思想基础》（2014）、《俄罗斯国家：哲学解读的尝试》（2012）、《俄罗斯国家的现代问题：哲学评论》（2015）、《作为国家—文明的俄罗斯：哲学—政治分析》（2016）、《〈新现代〉与多极世界传统：哲学—政治分析》（2018）等。

8. 斯拉温（Б. Ф. Славин., 1941— ）

俄罗斯批判的马克思主义哲学家、政治理论家、政治评论家。

主要著作：《作为社会过程的目标管理理论与实践问题》（1985）、《后社会主义》（1997）、《马克思的社会理想》（2004）、《社会主义与俄罗斯》（2004）、《意识形态的回归》（2009）、《十月神话与苏联历史——1917年10月：21世纪的召唤》（2009）、《关于社会主义、自由与极权主义》（2009）、《列宁反对斯大林：革命家的最后之战》（2010）、《通往自由之路：批判的马克思主义关于社会解放的理论与实践》（2013）、《未完成的蓝图——理解苏联历史》（2013）、《回到马克思》（2018）等。

9. 孔德拉绍夫（П. Н. Кондрашов，1941— ）

俄罗斯马克思主义正统派人类学家、乌拉尔学派标志性人物。

主要著作：《非人道的历史现象》（合著，2010）、《日常生活的历史结构——马克思主义分析的尝试》（2012）、《历史本体论构建——马克思的历史哲学研究》（合著，2014）、《日常生活的辩证法——马克思主义分析的尝试》（合著，2015）、《马克思主义哲学人类学》（2017）、《马克思的哲学——生存主义人学视角》（2019）等。

10. 布兹加林（А. В. Бузгалин，1954— ）

俄罗斯批判的马克思主义经济学家、哲学家，俄罗斯马克思主义创新派、批判派、新马克思主义学派领军人物，《抉择》杂志主编。

主要著作：《社会主义的复兴》（2003）、《社会经济转型理论》（合著，2003）、《斯大林与苏联解体》（2003）、《全球资本》（2004）、《后苏联的马克思主义：回应21世纪的挑战》（合著，2005）、《资本的界限：方法论与本体论》（合著，2009）、《马克思主义：21世纪的抉择（后苏联批判的马克思主义学派的争论）》（2009）、《关于苏联的十个神话》（合著，2010）等。

11. 科尔加诺夫（А. И. Колганов，1955—　）

俄罗斯莫斯科大学经济学院高级研究员、批判的马克思主义经济学家、左翼政治论家。

主要著作：《集体财产与集体经营》（1993）、《21世纪社会：信息社会中的市场、公司与人（社会经济转型论）》（1999）、《后苏联的马克思主义：回应21世纪的挑战》（合著，2005）、《我们走向另一条道路！从"侏罗纪时期的资本主义"到未来俄罗斯》（2009）、《资本主义的局限性：方法论与本体论——古典哲学与政治经济学的复兴》（2009）、《关于苏联的十个神话》（合著，2010）、《什么是社会主义：马克思主义的解释》（2012）等。

21世纪中东欧马克思主义学者（赵司空）

1. 马尔科维奇（Mihailo Marković，1923—2010）
南斯拉夫实践派主要代表人物，马克思主义哲学家。
主要著作：《当代的马克思》（1974）、《从富裕到实践——哲学与社会批判》（1974）等。

2. 斯托扬诺维奇（Svetozar Stojanocić，1931—2010）
南斯拉夫实践派主要代表人物，马克思主义哲学家。
主要著作：《在理想与现实之间——对社会主义及其未来的批判》（1973）、《寻找社会主义中的民主——历史与党的意识》（1981）、《民主革命》（2003）等。

3. 赫勒（Agnes Heller，1929—2019）
匈牙利布达佩斯学派领军人物，马克思主义哲学家、伦理学家。
主要著作：《文艺复兴的人》（1967）、《日常生活》（1968）、《马克思的需要理论》（1974）、《激进哲学》（1984）、《论本能》（1979）、《情感理论》（1979）、《历史理论》（1982）、《对需要的专政》（1983）、《羞愧的力量》（1985）、《超越正义》（1987）、《一般伦理学》（1988）、《后现代政治状况》（1988）、《道德哲学》（1990）、《现代性能够幸存吗?》（1990）、《历史哲学片段》（1993）、《生态政治学：公共政策和社会福利》（1994）、《个性伦理学》（1996）、《现代性理论》（1999）、《混乱的时代》（2002）、《审美哲学》（2004）、《审美与现代性》（2011）等。

4. 马尔库什（György Markus，1934—2016）

匈牙利布达佩斯学派主要代表人物、马克思主义文化哲学家。

主要著作：《马克思主义与人类学》（1978）、《语言与生产——范式批判》（1986）、《文化、科学与社会——文化现代性的构成》（2011）等。

5. M. 瓦伊达（Mihaly Vajda，1935— ）

匈牙利布达佩斯学派主要代表人物、马克思主义哲学家。

主要著作：《作为群众运动的法西斯主义》（1976）、《国家与社会主义—政治文集》（1981）等。

6. A. 沙夫（Adam Schaff，1913—2006）

波兰新马克思主义哲学家。

主要著作：《人的哲学》（1963）、《作为社会现象的异化》（1980）、《历史与真理》（1976）、《马克思主义与人类个体》（1965）等。

7. 科西克（Karel Kosik，1926—2003）

捷克新马克思主义哲学家。

主要著作：《具体的辩证法——关于人与世界问题的研究》（1976）、《现代性的危机——来自 1968 时代的评论与观察》（1995）等。

8. 科拉科夫斯基（Leszak Kolakowski，1927—2009）

波兰新马克思主义哲学家。

主要著作：《走向马克思主义的人道主义——关于当代左翼的文集》（1968）、《马克思主义的主要流派》（3 卷本）（1978）、《经受无穷拷问的现代性》（1990）、《自由、名誉、欺骗与背叛——日常生活札记》（1999）等。

21 世纪日本马克思主义学者（张利军）

1. 岩崎允胤（1921—2009）

日本一桥大学名誉教授、左翼思想家。

主要著作：《现代社会科学方法论批判——经济学与哲学的起点》（1965）、《中国哲学与苏维埃哲学》（1967）、《"新左派"与非合理主义》（1970）、《日本马克思主义哲学史序说》（1971）、《当代唯物论及其历史传统》（1973）、《核武器与人的伦理》（1986）、《"新思考"与历史唯物论》（1989）、《日本思想史序说》（1991）、《日本近代思想史序说》（1997）等。

2. 城冢登（1927—2003）

日本伦理学家、社会思想史家、日本伦理学会原会长。

主要著作：《社会主义思想的成立——青年马克思的足迹》（1955）、《近代社会思想史》（1960）、《黑格尔：人类的知识遗产》（1980）、《社会思想史》（1983）、《青年马克思的思想——社会主义思想的创立》（1986）、《社会思想史讲义》（1998）等。

3. 望月清司（1929— ）

日本马克思主义经济学家、历史学家、"市民社会派马克思主义"代表人物、曾任日本专修大学校长、日本私立大学联盟主席。

主要著作：《马克思历史理论研究》（1973）、《支撑宇野经济学的宇野史学——与大冢资本主义论的对比》（1977）、《市民社会论与马克思理论》（1978）、《包含第三世界的世界史像——新世界史论争与再版的农奴制》（1981）等。

4. 大谷祯之介（1934— ）

日本法政大学名誉教授、马克思主义经济学家、MEGA 编辑与翻译专家、国际马克思恩格斯基金会委员、日本 MEGA 编委会原负责人、经济理论学会原会长。

主要著作：《什么是苏联的"社会主义"》（1996）、《按照马克思编辑马克思》（2003）、《21 世纪与马克思》（2007）、《马克思的联合论》（2011）、《马克思的生息资本论》（2016）等。

5. 伊藤诚（1936— ）

日本东京大学名誉教授、马克思主义经济学家、日本学士院会员、宇野学派的中坚力量。

主要著作：《信用与恐慌》（1973）、《〈资本论〉研究的世界》（1977）、《价值与资本的理论》（1981）、《资本主义经济的理论》（1989）、《逆流的资本主义》（1990）、《日本资本主义的歧路》（1995）、《幻灭的资本主义》（2006）、《日本经济为何衰退》（2013）、《马克思经济学方法与现代世界》（2016）等。

6. 内田弘（1939— ）

日本专修大学名誉教授、马克思主义经济学家、《资本论》研究专家。

主要著作：《〈资本论〉与现代》（1970）、《危机的文明与日本马克思主义》（1974）、《〈经济学批判大纲〉的研究》（1982）、《中期马克思的经济学批判——〈大纲〉与黑格尔〈逻辑学〉》（1985）、《三木清：个性者的构想力》（2004）、《啄木与秋瑾——啄木歌诞生的真实》（2010）、《〈资本论〉的对称性》等。

7. 岩渊庆一（1940— ）

早期马克思思想与南斯拉夫实践派哲学研究专家、东京唯物论研究会原委员长。

主要著作：《早期马克思的批判哲学》（1986）、《神话与真实：马克思的异化论》（1998）、《马克思的21世纪》（2001）、《马克思的异化论：为了能准确地理解它》（2007）等。

8. 柄谷行人（1941— ）

日本左翼思想家、哲学家、文艺评论家、日本新联合主义运动发起人。

主要著作：《马克思——其可能性的中心》（1978）、《作为隐喻的建筑》（1979）、《日本现代文学的起源》（1980）、《内省与溯行》（1985）、《关于"终结"》（1990）、《幽默的唯物论》（1993）、《跨越性批判——康德与马克思》（2001）、《走向世界共和国》（2006）、《世界史的构造》（2010）、《哲学的起源》（2012）、《帝国的构造》（2014）等。

9. 小谷汪之（1942— ）

日本东京都立大学名誉教授、印度史专家、马克思的东方社会理论研究专家。

主要著作：《马克思与亚细亚——亚细亚生产方式论争批判》（1979）、《共同体与近代》（1982）、《关于历史的方法》（1985）、《大地之子——现代印度的抵抗与背离》（1986）、《污秽与规范——贱民歧视的历史脉络》（1999）、《罪文化：印度史的暗流》（2005）、《印度社会、文化史论：从"传统"社会到殖民地性质的现代》（2010）等。

10. 岛崎隆（1946— ）

日本马克思主义哲学家、马克思主义生态学研究专家、生态学马克思主义代表人物。

主要著作：《对话的哲学——讨论、说服力、辩证法》（1988）、《思想的最低标准》（1991）、《黑格尔辩证法与近代认识论——对哲学的发问》（1993）、《后马克思主义的思想与方法》（1997）、《生态学马克思主义——以环境论的转向为目标》《2004》等。

11. 平子友长（1951—　）

日本一桥大学名誉教授、西方社会思想史研究专家、马克思哲学研究专家、日本 MEGA 编委会负责人。

主要著作：《社会主义与现代世界》（1991）、《资本主义的起源》（2002）、《作为遗产的三木清》（2008）等。

12. 熊野纯彦（1958—　）

日本东京大学人文社会系研究科学部长、哲学家、伦理学家、翻译家。

主要著作：《莱维纳斯：追随移动的视线》（1999）、《黑格尔：关于"他者"的思考》（2002）、《西方哲学史——从古代到中世纪》（2006）、《西方哲学史——从近代到现代》（2006）、《与辻哲郎——文人哲学家的轨迹》（2009）、《马克思：〈资本论〉的思考》、《康德：在美与伦理的缝隙间》（2017）等。

21 世纪拉美国家马克思主义学者（袁东振）

1. 冈萨雷斯·卡萨诺瓦（Pablo González Casanova，1922—　）

墨西哥国立自治大学前校长、拉美社会学学会主席、拉美新社会学代表人物。

主要著作：《墨西哥的民主》（1965）、《剥削社会学》（1980）、《帝国主义与拉美的解放》（1983）、《墨西哥政党现状》（1983）、《人民主权与中美洲的斗争》（1984）、《新科学与新人文：从学术到政治》（2004）等。

2. 多明戈·恩里克·杜塞尔（Enrique Domingo Dussel Ambrosini，1934—　）

墨西哥籍阿根廷哲学家、历史学家、神学家、拉美解放哲学主要创立者。

主要著作：《拉美的依附与解放》（1973）、《拉美解放伦理》（1973）、《拉美的道德哲学》（1977）、《拉美解放哲学导论》（1977）、《解放哲学》（1990）、《马克思的最后年代与拉美的解放》（1990）、

《哲学史与解放哲学》（1994）、《面向批判的政治哲学》（2001）、《解放政治》（2009）、《拉美哲学思想史》（2009）等。

3. 拉克劳（Ernesto Laclau，1935—2014）

阿根廷政治理论家、后马克思主义主要代表人物。

主要著作：《马克思主义理论中的政治与意识形态》（1977）、《霸权与社会主义策略》（1985）、《对我们时代革命的新反思》（1990）、《政治身份的创造》（1994）、《民粹主义的根源》（2005）、《社会的语言基础》（2014）等。

4. 多斯桑托斯（Theotônio dos Santos，1936— ）

巴西社会学家、依附理论主要创立者之一，曾任联合国教科文组织与联合国大学相关项目负责人。

主要著作：《经济危机与政治危机》（1966）、《依附的新特征》（1967）、《社会主义或法西斯主义：拉美的困境》（1969）、《依附与社会变革》（1972）、《当代资本主义理论》（1983）、《世界经济与拉美一体化》（2004）、《依附理论：评估与前景》（2000）、《新自由主义的兴衰》（2004）等。

5. M. 哈内克（Marta Harnecker，1937— ）

智利学者、拉美正统马克思主义代表人物、拉美 21 世纪社会主义理论主要阐释者之一。

主要著作：《历史唯物主义的基本要义》（1969）、《拉美左翼与现实的危机》（1990）、《21 世纪拉美左翼》（1999）、《查韦斯：一个人物与一个民族》（2002）、《建设性的社会运动》（2003）、《与人民战斗在一起》（2003）、《解读委内瑞拉革命》（2005）、《左翼的重建》（2008）、《建设新世界的道路》（2014）等。

6. M. 洛威（Michael Löwy，1938— ）[①]

法裔巴西学者、拉美马克思主义社会学家、哲学家，生态社会主义者。

主要著作：《切·格瓦拉思想》（1970）、《青年马克思思想中的革命理论》（1970）、《L. 戈德曼或悲剧辩证法》（1973）、《辩证法与革命：马克思主义社会学与历史学文集》（1974）、《革命知识分子的社会学：卢卡奇的政治革命（1909—1929）》（1976）、《马克思主义与革命浪漫主义》（1979）、《与不平等政治联系在一起的发展：不断革命理

[①] 该词条主要由吴猛提供，根据需要，由本书主编调整至此。

论》（1981）、《真理的国度：批判的知识社会学引论》（1985）、《今日社会学》（1988）、《1909年以来的拉美马克思主义》（1992）、《马克思主义与解放神学》（1989）、《革命与忧郁：作为现代性逆流的浪漫主义》（合著，1989）、《论改变世界：政治哲学文集——从马克思到本雅明》（1993）、《诸神之战：拉丁美洲的宗教与政治》（1996）、《祖国还是星球？从马克思至当代的民族主义与国际主义》（1997）、《白昼之星：超现实主义与马克思主义》（2000）、《本雅明：火警——对关于历史概念诸文的解读》（2001）、《卡夫卡：不屈的幻想者》（2004）、《解读本雅明的〈历史概念〉》（2005）、《救赎与乌托邦：中欧的极端自由主义犹太教》（2010）、《犹太异端：弥赛亚主义、浪漫主义与乌托邦》（2010）、《批判的广告生态学》（合编，2010）、《生态社会主义》（2011）、《M. 韦伯与现代性困境》（2013）等。

7. 费尔南多·马丁内斯（Fernando Martínez Heredia，1939—2017）

"我们的美洲"革命思想家、卡斯特罗思想宣传者；曾任古巴文化研究所所长、古巴葛兰西研究会主席。

主要著作：《古巴社会主义的挑战》（1988）、《格瓦拉与社会主义》（1989）、《社会主义、文化与革命》（1991）、《社会主义再思考：20世纪90年代古巴的困境》（2001）、《社会主义、解放与民主》（2007）、《20世纪30年代的古巴革命》（2007）、《思想训练》（2010）、《古巴史》（2011）、《社会科学》（2015）、《21世纪的古巴革命》（2017）等。

8. 加莱亚诺（Eduardo Germán María Hughes Galeano，1940—2015）

乌拉圭作家、拉美左翼思想家。

主要著作：《拉美被切开的血管》（1971）、《火的记忆》（1986）、《更好地理解拉美》（1990）、《镜子》（2008）等。

9. H. 迪特里希（Heinz Dieterich，1943— ）

德裔墨西哥学者、自称"拉美21世纪社会主义"理论创立者。

主要著作：《21世纪社会主义》（2006）、《拉美民族社会主义的终结》（2010）等。

10. 阿尔贝托·博隆（Atilio Alberto Borón，1943— ）

阿根廷政治活动家与社会学家、拉美左翼学者，2009年获联合国教科文组织"何塞·马蒂国际奖"。

主要著作：《拉美的国家、资本主义与民主》（1991）、《帝国与帝国主义》（2002）、《马克思主义政治哲学》（2003）、《对权力、国家与革命的反思》（2007）、《21世纪社会主义：新自由主义之后的出路》、《帝国主义地缘政治中的拉美》（2012）等。

11. 埃米尔·萨德尔（Emir Simão Sader 1943— ）

黎巴嫩裔巴西具有马克思主义倾向的社会学、政治学家，曾任拉美社会学会主席；新自由主义批评者、"后新自由主义"理论奠基人。

主要著作：《超越公民社会》（2002）、《拉美的新自由主义》（2008）、《重建国家：拉美的后新自由主义》（2008）、《拉美左翼的道路》（2011）等。

12. 卡洛斯·尼尔逊·科蒂尼奥（Carlos Nilson Coutinho, 1943—2012）

巴西里约大学教授、葛兰西研究学者。

主要著作：《卢卡斯、马克思与文学理论》（1968）、《巴西的意识形态文化》（1986）、《葛兰西与拉美》（1998）、《葛兰西的政治思想》（1999）、《葛兰西评介》（2011）等。

13. 豪尔赫·卡斯塔涅达（Jorge Castañeda Gutman, 1953— ）

墨西哥政治家、学者、拉美左翼反新自由主义理论代表人物。

主要著作：《最后的资本主义：墨西哥与新兴工业化国家的金融资本主义》（1982）、《非武装的乌托邦》（1995）、《格瓦拉生平》（1997）、《拉美向左转》（2006）等。

14. 阿尔瓦罗·加西亚·利内拉（Álvaro García Linera, 1962— ）

玻利维亚副总统、拉美马克思主义知识分子、"辩证本质主义"者、社群社会主义理论主要解释者。

主要著作：《马克思的民族研究导论》（1988）、《国家的批判与批判的国家》（1989）、《乌托邦的灵魂》（1996）、《玻利维亚社会运动的社会学》（2004）、《多民族国家》（2005）等。

15. 拉斐尔·科雷亚（Rafael Vicente Correa Delgado, 1963— ）

厄瓜多尔政治家、经济学家、前总统、"21世纪社会主义"与"美好生活社会主义"主要倡导者。

主要著作：《发展的挑战》（1996）、《厄瓜多尔：香蕉共和国的迷失》（2009）、《华盛顿共识与拉美》（2002）、《结构性改革与拉美的增长》（2002）、《厄瓜多尔经济的脆弱性》（2004）等。

16. 内斯托尔·科汉（Néstor Kohan，1967— ）

阿根廷马克思主义哲学家、拉美新生代马克思主义者。

主要著作：《第三世界马克思主义》（1998）、《阿根廷及拉美马克思主义文集》（1999）、《葛兰西的实践哲学与霸权理论》（2000）、《格瓦拉：主体与权力》（2003）、《马克思主义思想导论》（2003）、《社会主义思想导论》（2003）、《拉美的社会科学与马克思主义》（2014）、《今日批判理论》（2015）等。

参考文献*

庄福龄：《中国马克思主义哲学传播史论》，中国人民大学出版社2015年版。

周新城：《当代中国马克思主义政治经济学的若干理论问题》，社会科学文献出版社2016年版。

赵义良：《中国马克思主义与当代》，北京师范大学出版社2015年版。

赵明义等：《理论与实际结合：马克思主义·科学社会主义当代化与本国化研究》，山东人民出版社2009年版。

赵剑英：《中国马克思主义研究前沿》，中国社会科学出版社2011年版。

张雷声：《马克思主义基本原理与当代中国》，经济科学出版社2017年版。

曾柏苓、溥德书等：《变革性与多样性：当代国外社会主义探析》，云南人民出版社2005年版。

越南共产党：《第十一次全国代表大会文件》，越南国家政治出版社2011年版。

越南共产党：《第十二次全国代表大会文件》，越南国家政治出版社2016年版。

越南共产党：《第十次全国代表大会文件》，越南国家政治出版社2006年版。

许宝友主编：《世界主要政党规章制度文献：越南、老挝、朝鲜、古巴》，中央编译出版社2016年版。

于洪君主编：《当代世界政党文献2012》，党建读物出版社2013年版。

---

* "参考文献"包括"已阅读文献"与"进一步阅读文献"，特此说明。

肖巍、顾钰民：《当代中国马克思主义研究报告》，人民出版社 2017 年版。

肖贵清：《中国化马克思主义整体性研究》，中国人民大学出版社 2017 年版。

卫兴华：《马克思与〈资本论〉》，中国人民大学出版社 2019 年版。

王晓平、刘务勇：《当代国外社会主义理论与实践研究》，甘肃人民出版社 2004 年版。

王伟光：《当代中国马克思主义的最新理论成果》，中国社会科学出版社 2018 年版。

王凤才：《重新发现马克思——柏林墙倒塌后德国马克思主义发展趋向》，人民出版社 2015 年版。

田克勤：《中国化马克思主义概论》（第二版），中国人民大学出版社 2016 年版。

孙洪敏：《当代中国马克思主义理论研究》，人民出版社 2011 年版。

苏辉若、黄志宝、陈克月、黎玉丛主编：《1986—2005 党的理论思维革新过程回顾》（上、下），越南国家政治出版社 2005 年版。

宋涛：《21 世纪马克思主义与新时代中国特色社会主义》，人民出版社 2019 年版。

申旭：《老挝史》，云南人民出版社 2011 年版。

阮富仲：《决心防止和遏制腐败》，越南国家政治真理出版社 2019 年版。

阮德平主编：《关于社会主义与越南走向社会主义的道路》，越南国家政治出版社 2003 年版。

任平：《当代中国马克思主义研究》，北京师范大学出版社 2017 年版。

潘金娥等：《越南革新与中越改革比较》，社会科学文献出版社 2015 年版。

潘金娥等：《马克思主义本土化的国际经验与启示》，社会科学文献出版社 2017 年版。

潘金娥：《越南政治经济与中越关系前沿》，社会科学文献出版社 2011 年版。

马树洪编著：《当代老挝经济》，云南大学出版社 2000 年版。

厉以宁：《中国道路丛书》，商务印书馆 2014 年版。

李慎明主编：《社会主义：理论与实践》，社会科学文献出版社 2001 年版。

李慎明主编：《世界社会主义黄皮书：世界社会主义跟踪研究报告（2018—2019）》，社会科学文献出版社 2019 年版。

姜辉、潘金娥：《国际共运黄皮书：国际共产主义运动发展报告（2018—2019）》，社会科学文献出版社 2019 年版。

郭业洲主编：《当代世界政党文献（2015）》，党建读物出版社 2016 年版。

顾海良：《马克思主义中国化史》（第四卷），中国人民大学出版社 2015 年版。

冯友富等主编：《党的第十二次全国代表大会文件中的术语解读》，越南国家政治出版社 2016 年版。

崔桂田：《当代社会主义发展模式比较研究》，山东人民出版社 2005 年版。

程恩富：《当代中国马克思主义的新发展》，中国言实出版社 2015 年版。

陈先达：《马克思主义十五讲》，人民出版社 2016 年版。

柴尚金，《老挝：在革新中腾飞》，社会科学文献出版社 2015 年版。

北京市中国特色社会主义理论体系研究中心：《当代中国马克思主义研究》，社会科学文献出版社 2017 年版。

Ю. И. Семенов, Введение в науку философии, Трудная судьба философии диалектического материализма (конец XIX – начало XXI в.), URSS, 2014.

С. Кремлёв, Мировой социализм, Единственная гарантия сохранения и развития человечества, URSS, 2017.

С. В. Шачин, Философия Франкфуртской школы и Россия, Опыт синтеза немецкого рационализма и российской духовности, URSS, 2017.

Р. К. Баландин, Карл Маркс и Капитал в XXI веке. В чем ошибался родоначальник, Вече, 2016.

П. Н. Кондрашов, Онтологические структуры историчности, исследование философии истории Карла Маркса, URSS, 2014.

М. И. Воейков, Социализм после социализма. Новый интеллектуальный вектор. Алетейя（Санкт－Петербург）, 2011.

М. И. Воейков, Критический марксизм, Профессор А. В. Бузгалин и интеллектуальная современность, URSS, 2015.

М. И. Воейков, За критический марксизм, Полемика с учеными, URSS, 2011.

Л. С. Филиппов, Ленинизм－марксизм XXI века и дальнего будущего, Вече, 2013.

Л. К. Науменко, "Наше" и "моё". Диалектика гуманистического материализма, URSS, 2012.

Л. И. Аксельрод, Философские очерки. Ответ философским критикам исторического материализма, URSS, 2010.

Д. В. Джохадзе, Учение Маркса. XXI век, URSS, 2010.

В. В. Мухачев, Недосягаемый МАРКС, Концепция идеологии создателей марксизма как "TERRA INCOGNITA", URSS, 2018.

Б. Ф. Славин（Ред.）, Дорога к свободе. КРИТИЧЕСКИЙ МАРКСИЗМ о теории и практике социального освобождения, URSS, 2013.

Б. Ф. Славин, Возвращение Маркса, О социальном идеале Маркса и исторических судьбах социализма, URSS, 2019.

А. М. Ковалев, Человеческое сообщество на рубеже столетий. Дилемма "капитализм－социализм", URSS, 2009.

А. И. Колганов, Что такое социализм? марксистская версия, URSS, 2011.

А. В. Бузгалин（Ред.）, СССР. незавершенный проект, URSS, 2012.

А. В. Бузгалин, Русский марксизм. Георгий Валентинович Плеханов. Владимир Ильич Ульянов（Ленин）, РОССПЭН, 2013.

А. В. Бузгалин, Марксизм. Альтернативы XXI века（дебаты постсоветской школы критического марксизма）, URSS, 2009.

А. В. Бузгалин, Л. А. Булавка, А. И. Колганов, СССР, Оптимистическая трагедия, URSS, 2018.

А. В. Бузгалин, А. И. Колганов. ГЛОБАЛЬНЫЙ КАПИТАЛ.（В 2－х томах）.（Т. 1, Методология, По ту сторону позитивизма, постмодернизма и экономического империализма. Т. 2, Теория,

Глобальная гегемония капитала и её пределы), URSS, 2015.

А. В. Бузгалин, А. И. Колганов, Пределы капитализма. методология и онтология. Реактуализация классической философии и политической экономии (избранные тексты), Культурная революция, 2009.

А. В. Бузгалин, А. И. Колганов, О. В. Барашкова, Классическая политическая экономия, Современное марксистское направление. Базовый уровень. Продвинутый уровень, URSS, 2019.

А. В. Акимович, Исходные положения современной коммунистической теории, Галлея – Принт, 2010.

Zygmunt Bauman, Community. *Seeking Safety in an Insecure World*, Cambridge, Polity, 2001.

Zygmunt Bauman, Collateral Damage. *Social Inequalities in a Global Age.* Cambridge, Polity, 2001.

Yvon Quiniou, *L'homme selon Marx. Pour une anthropologie matéri-aliste.* Editions Kimé. 2011.

Xesús Alonso Montero, *Intelectuales marxistas y militantes comunistas en Galicia (1926 – 2006)*, Xerais. Vigo, 2007.

Wolfgang Streeck, Buying Time. *The Delayed Crisis of Democratic Capitalism.* London and New York: Verso, 2014.

Wolfgang F. Haug, *Vorlesungen zur Einführung ins Kapital. Argument Verlag mit Ariadne*, 2005.

William Robinson, *Into the Tempest. Essays on the New Global Capitalism.* Chicago: Haymarket Books, 2018.

William I. Robinson, *Global Capitalism and the Crisis of Humanity.* Cambridge University Press, 2014.

William I. Robinson, *Global capitalism and the crisis of humanity.* Cambridge University Press, 2014.

Will Daddario and Karoline Gritzner (ed.), *Adorno and Performance.* Palgrave Macmillan, 2014.

Werner Bonefeld, *Critical Theory and the Critique of Political Economy. on Subversion and Negative Reason.* Bloomsbury Academic, 2014.

Wale Adebanwi, *The Political Economy of Everyday Life in Africa.* Beyond the

Margins. Oxford: James Currey, 2017.

Václav Havel, John Keane, *The Power of the Powerless. Citizens against the State in Central-eastern Europe*. Taylor & Francis, 2009.

Václav Havel, *The Intellectual Conscience of International Politics: An Introduction, Appreciation and Critique*. James W. Sire. InterVarsity Press, 2001.

VV. AA., Dígaselo con Marx, Bicentenario del nacimiento de Karl Marx, GPS MADRID, 2018.

Vivek Chibber, *Postcolonial Theory and the Specter of Capital*. London and New York: Verso, 2013.

Victor Wallis, *Socialist Practice: Histories and Theories*. London: Palgrave Macmillan, 2020.

Vicenc Navarro, Juan Torres López y Alberto Garzón Espinosa, *Hay alternativas: propuestas para crear empleo y binestar en España*, SEQUITUR, Madrid, 2011.

Vanzulli Marco, *Il marxismo e l'idealismo. Studi su Labriola, Croce, Gentile, Gramsci*, Roma: Aracne, 2013.

Vacca Giuseppe, *Vita e pensieri di Antonio Gramsci 1926 – 1937*, Torino: Einaudi, 2014.

Tony Myers, Slavoj Žižek, *Routledge Critical Thinkers Critical Thinkers Series*. Routledge, 2003.

Tommie Crowell Anderson-Jaquest, *Restructuring the Soviet-Ethiopian relationship. A case study in asymmetric exchange*, London School of Economics and Political Science, May 2002.

Tom Frost (ed.), Giorgio Agamben. *Legal, Political and Philosophical Perspectives*. New York: Routledge, 2013.

Timothy H. Parsons, *Race, Resistance and the Boy Scout Movement in British Colonial Africa*. Ohio University Press, 2004.

Thorstein Veblen, *The Later Marxism*. Kessinger Publishing, 2010.

Thomas Sakmyster, A Communist Odyssey, *The Life of József Pogány/John Pepper*, Budapest, CEU Press, 2012.

Thembela Kepe, and Lungisile Ntsebeza (edited), *Rural Resistance in South Africa*. BRILL, 2014.

Terry Lovell, (Mis) recognition, *Social Inequality and Social Justice*. Routledge, 2007.

Tatah Mentan, *The New World Order Ideology and Africa*. Langaa RPCIG, 2010.

Tadeusz Buksinski, *Transformations and Continuations*. Poznan, University Publishing House. 2011.

Tadeusz Buksinski, *Religions in the Public Spheres*. Peter Lang Publishing House. 2011.

Tadeusz Buksinski, *Liberalization and Transformation of Morality in Post-Communist Countries*. Washington. D. C. The Council for Research in Values and Philosophy. 2003.

S. Petrucciani, Storia del marxismo. Vol. 3: Economia, politica, cultura: Marx oggi, Roma: Carocci, 2015.

S. Petrucciani, Storia del marxismo. Vol. 2: Comunismi e teorie critiche nel secondo Novecento, Roma: Carocci, 2015.

S. Petrucciani, Storia del marxismo. Vol. 1: Socialdemocrazia, revisionismo, rivoluzione (1848 – 1945), Roma: Carocci, 2015.

Søren Juul, *Solidarity in Individualized Societies: Recognition, Justice and Good Judgement*. New York: Routledge, 2013.

Stijn De Cauwer (ed), *Critical Theory at a Crossroads. Conversations on Resistance in Times of Crisis*. New York: Columbia University Press, 2018.

Stewart Clegg, Paul Boreham, Geoff Dow, *Class, Politics and the Economy*. New York: Routledge, 2013.

Stephan Lessenich, Neben uns die Sintflut. Die Externalisierungsgesellschaft und ihr Preis. München: Hanser Verlag, 2016.

Stefano Petrucciani, Marx critique du liberalism, Editions Mimesis, 2018.

Slavoj Žižek, Kunsthalle Wien, Repeating Lenin. Arkzin, 2001.

Slavojiek, *Trouble in Paradise. From the End of History to the End of Capitalism*. Penguin, 2014.

Simon Tormey, Agnes Heller. *Socialism, Autonomy and the Postmodern*. Manchester University Press, 2001.

Silvia Federici, *Patriarchy of the Wage: Notes on Marx, Gender, and Femi nism*. Silvia Federici. London: PM Press, 2020.

Sigfredo Hillers de Luque, Doctrinas y regímenes políticos contemporáneos: I / 1. El Socialismo (Socialismo marxista-Socialismo democrático), Palibrio, March 13, 2014.

Shoshana Zuboff, *The Age of Surveillance Capitalism: The Fight for a Human Future at the New Frontier of Power*. London: Profile Books, 2019.

Shlomo Avineri, *Karl Marx: Philosophy and Revolution*. New Haven: Yale University Press, 2019.

Shahrzad Mojab, *Marxism and Feminism*. Zed Books, 2015.

Seyla Benhabib, *Dignity in Adversity. Human Rights in Troubled Times*. Polity Press, 2011.

Seve Lucien, *Le Communisme ? - Penser avec Marx Aujourd'Hui* (Vol. 4), Snedit la Dispu, 2019.

Sara R. Farris, *Returns of Marxism. Marxist theory in a time of crisis*. IIRE, 2014.

Sara R. Farris, Beverley Skeggs, Albero Toscano, The SAGE Handbook of Marxism. SAGE Publications, 2020.

Santiago Armesilla, *El marxismo y la cuestión nacional español*, El Viejo Topo, Barcelona, 2018.

Santiago Alvárez Cantalapiedra yÓscar Carpintero (eds), *Economía ecológica: Reflexiones y perspectivas*, Círculo de Bellas Artes, Madrid, 2009.

Santiago Alba Rico, Carlos Fernández Liria, *El naufragio del Hombre*, Hiru Argitaletxea, 2010.

Samuel Hollander, *Friedrich Engels and Marxian Political Economy*. New York: Cambridge University Press, 2011.

Samir Amin, *Three Essays on Marx's Value Theory*. New York: Monthly Review Press, 2013.

Samir Amin, *The Implosion of Contemporary Capitalism*. New York: Monthly Review Press, 2013.

Sameh Dellai, *Marx Critique de Feuerbach*. L'Harmattan. 2011.

Salvatore Bragantini, *Capitalismo all'italiana. Come i furbi comandano con i soldi degli ingenui*, Milano: Dalai Editore, 2005.

Saeed Rahnema, *The Transition from Capitalism. Marxist Perspectives.* Springer International Publishing, 2017.

Sabelo J. Ndlovu-Gatsheni, *Coloniality of Power in Postcolonial Africa.* CODESRIA, 2013.

Ruxandra Boicu, Silvia Branea, Adriana Stefanel (edited), *Political communication and European Parliamentary Elections in Times of Crisis.* Palgrave Macmillan, 2017.

Roland Boer, *Criticism of earth: on Marx, Engels and theology.* Leiden: Brill, 2012.

Rodolphe Gasché, *De l'Éclat du Monde: La "valeur" chez Marx et Nancy*, Hermann, 2019.

Robert X. Ware, *Marx on Emancipation and Socialist Goals. Retrieving Marx for the Future.* Palgrave Macmilla, 2019.

Robert Jensen, *The End of Patriarchy. Radical Feminism for Men.* Spinifex Press, 2016.

Robert Hassan, *The Condition of Digitality: A Post-Modern Marxism for the Practice of Digital Life.* London: University of Westminster Press, 2020.

Robert C. Robinson, *Justice and Responsibility-sensitive Egalitarianism.* Palgrave Macmillan, 2014.

Rick Kuhn, *Henryk Grossman and the Recovery of Marxism.* Illinois: Univerisity of Illinois Press, 2007.

Richard Westra, *Periodizing Capitalism and Capitalist Extinction.* London: Palgrave Macmillan, 2019.

Richard D. Wolff, *Understanding Marxism.* Lulu. com, 2019.

Richard A. Schroeder, *Africa after Apartheid.* Indiana University Press, 2012.

Ricciuti Stefano, *Marx oltre il marxismo. Tentativo di ricostruzione critica di un pensiero*, Milano: Franco Angeli, 2012.

Reiland Rabaka, Africana Critical Theory: Reconstructing the Black Radical Tradition, from W. E. B. Du Bois and C. L. R. James to Frantz Fanon and Amilcar Cabral. , Lexington Books, 2009.

Rahel Jaeggi/Daniel Loick (Hg.), *Karl Marx-Perspektiven der Gesellschaftskritik.* Akademie Verlag, 2013.

Rahel Jaeggi, *Fortschritt und Regression*. Berlin: Suhrkamp, 2019.

Rahel Jaeggi, *Entfremdung. Zur Aktualität eines sozialphilosophischen Problems*. Frankfurt/M: Suhrkamp 2005.

Rahel Jaeggi, *Alienation*. tr. Frederick Neuhouser and Alan E. Smith, Columbia University Press, 2014.

Pnina Werbner, *The Making of an African Working Class*. Pluto Press, 2014.

Pietro Grifone, *Capitalismo di Stato e imperialismo fascista*, Napoli: La Città del Sole, 2006.

Piet Konings, *Crisis and Neoliberal Reforms in Africa. Civil Society and Agro-Industry in Anglophone Cameroon's Plantation Economy*. Langaa RPCIG, 2010.

Pierre Rodrigo, Sur l'ontologie de Marx. auto-production, travail aliéné et capital. Vrin. 2015.

Pierre Dardot, *Marx, prénom. Karl*. Gallimard. 2012.

Philip Bounds and David Berry (eds.), *British Marxism and Cultural Studies. Essays on a living tradition*. London: Routledge, 2016.

Peter W. Sichangi, International Economic Sanctions in the Political Change of Apartheid South Africa, 1960–1990, Department of political science public administration. University of Nairobi, 2003.

Peter Thompson and Slavoj Zizek (eds.), *The Privatization of Hope: Ernst Bloch and the Future of Utopia*. Durham NC: Duke University Press, 2013.

Peter Sloterdijk, *In the World Interior of Capital. Towards a Philosophical Theory of Globalization*. Cambridge: Polity, 2013.

Peter Hudis, *Marx's Concept of the Alternative to Capitalism*. Leiden: Brill, 2012.

Peter Graeff/Guido Mehlkop (eds.), *Capitalism, Democracy and the Prevention of War and Poverty*. London: Routledge, 2014.

Peter Flaschel and Sigrid Luchtenberg, *Roads to Social Capitalism: Theory, Evidence and Policy*. London: Edward Elgar, 2012.

Peter Flaschel and Alfred Grenier, *Cheltenham. A Future for Capitalism: Classical, Neoclassical and Keynesian Perspectives*. UK; Northampton, MA:

Edward Elgar, 2011.

Penelope Deutscher/Cristina Lafont (eds.), *Critical Theory in Critical Times. Transforming the Global Political and Economic Order*. New York: Columbia University Press, 2017.

Paul Swanson, *An Introduction to Capitalism*. London/New York: Routledge, 2012.

Paul D'Amato, *The Meaning of Marxism*. Chicago, Illinois: Haymarket books, 2007.

Paul Cobben, Value in Capitalist Society. Rethinking Marx's Criticism of Capitalism. Leiden: Brill, 2015.

Paul Burkett, Marx and Nature. A Red and Green Perspective. Haymarket Books. 2014.

Pablo Huerga Melcón, *Comunismo y Globalización*, La Nueva España, 24 de marzo de 2007.

One Hundred Years of the ANC, edited by Arianna Lissoni, and Jon Soske, Wits University Press, 2009.

Olúfémi Táíwò, *How Colonialism Preempted Modernity in Africa*. Indiana University Press, 2010.

Olga Oleinikova, Jumana Bayeh, *Democracy, Diaspora, Territory. Europe and Cross-Border Politics*. Routledge, 2019.

Ola Sigurdson, *Theology and Marxism in Eagleton and Zizek. A Conspiracy of Hope*. New York: Palgrave Macmillan, 2012.

N. I. Bukharin et al., *Marxism and Modern Thought*. London and New York: Routledge, 2012.

Nikos Foufas, La critique de l'aliénation chez le jeune Mar. Editions L'Harmattan. 2016.

Nigel Worden, The Making of Modern South Africa. John Wiley & Sons, Incorporated, 2011.

Nicholas Rush Smith, *Contradictions of Democracy: Vigilantism and Rights in Post-Apartheid South Africa*. Oxford University Press, 2019.

Nicholas M. Creary (edited), *African Intellectuals and Decolonization*. Ohio University Press, 2012.

Ned Dobos, *Christian Barry and Thomas Pogge. Global Financial Crisis: The Ethical Issues*. Basingstoke and New York: Palgrave Macmillan, 2011.

Nancy Fraser, *Scales of Justice. Reimagining Political Space in a Globalizing World*. Columbia University Press, 2009.

Nancy Fraser, Fortunes of Feminism. From State-Managed Capitalism to Neoliberal Crisis. Verso, 2013.

Nancy Fraser and Rahel Jaeggi, *Capitalism. A Conversation in Critical Theory*. Polity Press, 2018.

M. Pala (eds.), *Narrazioni egemoniche. Gramsci, letteratura e società civile*, Bologna: Il Mulino, 2014.

M. Nowak and Luca Antonio Ricci, Post-Apartheid South Africa. International Monetary Fund, 2006.

Munyaradzi Mawere and Tapuwa R. Mubaya (edited), African Cultures, Memory and Space. Langaa RPCIG, 2014.

Mthembi Phillip, Repositioning of the South Africa Communist Party (SACP) in the politics of post-apartheid South Africa, a critical of SACP from 1990 to 2010. University of Limpopo, 2014.

Monica Moorehead (edited), *Marxism, Reparations & the Black Freedom Struggle*. World View Forum, 2007.

Mikhail Bakunin, *Marxism. Freedom and the State*. Kessinger Pbulishing, 2010.

Mike Cole, *Marxism and Educational Theory. Origins and Issues*. London: Routledge, 2007.

Miguel Mellino, Andrea Ruben Pomella (eds.), Marx nei margini. Dal marxismo nero al femminismo postcoloniale. Roma: Edizioni Alegre, 2020.

Miguel Manzanera Salavert, Atravesando el desierto. Balance y perspectivas del marxismo en el siglo XXI, Editorial El Viejo Topo, Barcelona, 2015.

Michael Quante/David P. Schweikard (Hg.), Marx-Handbuch. Stuttgart: J. B. Metzler Verlag, 2016.

Michael Quante, Der unversöhnte Marx. Die Welt in Aufruhr. mentis Verlag, 2018.

Michael Löwy, *On Changing the World. Essays in Marxist Political Philosophy, from Karl Marx to Walter Benjamin*. Chicago: Haymarket Books, 2013.

Michael Lowy, The Theory of Revolution in the Young Marx. Haymarket Books, 2016.

Michael Lebowitz, *The Socialist Imperative. From Gotha to Now*. Monthly Review Press, 2015.

Michael Kim/ Michael Schoenhals/Yong-Woo Kim (eds), Mass Dictatorship and Modernity. London: Palgrave Macmillan, 2013.

Michael J. Thompson (ed.), Constructing Marxist ethics. critique, normativity, praxis. Leiden: Brill, 2015.

Michael H. Allen, Globalization, Negotiation and the Failure of Transformation in South Africa. Palgrave Macmillan US, 2006.

Michael Heinrich, Kritik der politischen Ökonomie. Eine Einführung. Stuttgart: Schmetterling Verlag, 2005.

Michael Heinrich, Die Wissenschaft vom Wert. Münster: Verlag Westfälisches Dampfboot, 5. korr. Auflage, 2011.

Michael Hart & Antonio Negri, *Commonwealth*. Harvard University Press, 2009.

Maurizio Ricciardi, Il potere temporaneo. Karl Marx e la politica come critica della società, Roma: Meltemi, 2019.

Matthias Schwartz, Heike Winkel (edited), Eastern European youth cultures in a global context. Palgrave Macmillan, 2016.

Matthias Bohlender, Metamorphosen des liberalen Regierungsdenkens. Politische Ökonomie, Polizei und Pauperismus. 2007.

Massimiliano Tomba, *Insurgent Universality*: *An Alternative Legacy of Modernity*, Oxford: Oxford University Press, 2019.

Mary-Alice Waters and Martin Koppel, *Capitalism and the Transformation of Africa*: *Reports from Equatorial Guinea*. Pathfinder Press, 2009.

Mark Olssen and Michael A. Peters, *Dialogue and Critique with Marx, Nietzsche, and Foucault*: *Reviving Radical Political Economy and Education in the 21st Century*. New York: Palgrave Macmillan, 2011.

Mario Cingoli, *Marxismo, empirismo, materialismo*, Milano: Mimesis, 2008.

Mario Caligiuri, *Egemonia culturale. Dal progetto di Gramsci alla dissoluzione di Salvini*, Bologna: Luca Sossella Editore, 2019.

Marcus E. Green, *Rethinking Gramsci*. New York: Routledge, 2011.

Marco Iorio, *Karl Marx-Geschichte, Gesellschaft, Politik. de Gruyter*, 2003.

Marcello Mustè, *Marxismo e filosofia della praxis. Da Labriola a Gramsci*, Roma: Viella, 2019.

Marcello Musto (eds.), *Marx revival. Concetti essenziali e nuove letture*, Roma: Donzelli, 2020

ManuelSacristán Luzón, Salvador López Arnal (ed), *Seis conferencias: sobre la tradición marxista y los nuevos problemas*, Ediciones de Intervención Cultural, 2005.

Madina Tlostanova, *Postcolonialism and Postsocialism in Fiction and Art. Resistance and Re-Existence*. New York & London: Palgrave Macmillan, 2017.

Lynn Turgeon, *The Advanced Capitalist System: A Revisionist View*. London: Routledge, 2015.

Luca Mocarelli, Sebastiano Nerozzi, *Karl Marx. Fra storia, interpretazione, attualità (1818 – 2018)*, Firenze: Nerbini, 2019.

Luca Basso, *Marx and Singularity. From the Early Writings to the Grundrisse*. Leiden and Boston: Brill, 2012.

Luc Ferry, Marx et l'hypothèse communiste. transformer le monde. Le Figaro Editions. 2013.

Louis Mpala Mbabula, *Hegel et Marx face au sens de l'histoire*, Edilivre, 2017.

Lois Tyson, *Critical Theory Today*. Routledge, 2006.

Lloyd Thrall, China's Expanding African Relations: Implications for U. S. National Security. RAND Corporation, 2015.

Leszek Kolakowski, *The Two Eyes of Spinoza & Other Essays on Philosophers*, St. Augustines Press, 2004.

Leszek Kolakowski, *Is God Happy? Selected Essays*, Penguin Classics, 2012.

Leo Zeilig (edited), *Class Struggle and Resistance in Africa*. Haymarket Books, 2004.

Leo Panitch/Greg Albo and Vivek Chibber (eds), Socialist Register 2014. Registering Class. New York: Monthly Review Press, 2013.

Leo de Haan, *African Alternatives*, edited by Patrick Chabal and Ulf Engel,

Koninklijke Brill NV, 2007.

Lenny Flank, *Philosophy of Revolution. Towrds a Non-Leninist Marxism*. Red and Black Publishers, 2007.

Lawrence Wilde, *Critical and Post-Critical Political Economy*. Palgrave Macmillan, 2006.

Laurent Baronian, *Marx and Living Labour*. New York: Routledge, 2013.

Laurence Cox and Alf Gunvald Nilsen, *We Make Our Own History: Marxism and Social Movements in the Twilight of Neoliberalism*. Pluto Press, 2014.

Kostas Axelos, *Marx, penseur de la technique*. Encre Marine (15 janvier 2015)

Kiss Viktor, *Marx & ideológia. Budapest*, L' Harmattan Kiadó, 2011.

Kieran Allen, *Marx and the Alternative to Capitalism*. London: Pluto Press, 2011.

Khayaat Fakier, Diana Mulinari, Nora Rathzel (eds), Marxist-Feminist Theories and Struggles Today: Essential writings on Intersectionality, Labour and Ecofeminism. London: Zed Books, 2020.

Kevin Olson (ed.), *Adding Insult to Injury*. Verso, 2008.

J. M. Barbalet, *Marx's Construction of Social Theory*. London: Routledge, 2015.

J. F. Dorahy, *The Budapest School: Beyond Marxism*. Boston: Brill, 2019.

Jürgen Habermas, Auch eine Geschichte der Philosophie. Berlin: Suhrkamp, 2019.

Jürgen Habermas and Judith Bulter, *The Power of Religion in the Public Sphere*. Columbia University Press, 2011.

Justin Williams, *Pan-Africanism in One Country: African Socialism, Neoliberalism and Globalization in Ghana*. Stony Brook University, 2011.

Juan Andrade, Fernando Hernández Sánchez (ed.), 1917 La Revolución rusa cien años después, AKAL, 2017.

José Manuel Rivas, Adrián Tarín (coords), La clase trabajadora. Sujeto de cambio en el Siglo XXI?, Siglo XXI de España Editores, Madrid, 2018.

José Daniel Lacalle, Conflictividad y Crisis. España 2008–2013, El Viejo Topo – F. I. M. , Madrid, 2015.

Jose Luis Monereo Perez, Modernidad Y Capitalismo (El Viejo Topo), Intervencion Cultural, Barcelona, 2013.

Jonathan Sperber, *Karl Marx. Sein Leben und sein Jahrhundert*. München: C. H. Beck Verlag, 2013.

Jonathan Sperber, *Karl Marx. A Nineteenth-Century Life*. Liveright. 2014.

Jonathan Martineau, *Time, Capitalism and Alienation. a Socio-historical Inquiry into the Making of Modern Time*. Leiden: Brill, 2015.

Jon E. Illescas Martinez, *La Dictadura del Videoclip. Industria musical y sueños prefabricados*, El Viejo Topo, Madrid, 2015.

John W. Forje, *State Building and Democracy in Africa. Nova Science Publishers*, Inc., 2009.

John S. Dryzek, *Foundations and Frontiers of Deliberative Governance*. Oxford University Press, 2012.

John Smith, *Imperialism in the Twenty-First Century. Globalization, Super-Exploitation, and Capitalism's Final Crisis*. Monthly Review Press, 2016.

John H. Kautsky, *Marxism and Leninism: An Essay in the Sociology of Knowledge*. London and New York: Routledge, 2020.

John Holloway, *We are the Crisis of Capital: A John Holloway Reader*. London: PM press, 2019.

John Holloway, *Crack Capitalism*, London: Pluto Press, 2010.

John Grumley, *Culture and Enlightenment. Essays for Gyorgy Markus*. Aldershot, Ashgate, 2002.

John Girling, *Corruption, Capitalism and Democracy*. London: Routledge, 2015.

Johanna Bockman, *Markets in the Name of Socialism: The Left-wing Origins of neoliberalism*. Stanford, California: Stanford University Press, 2011.

Jodi Dean, *Crowds and Party*. London & New York: Verso, 2016.

Jim McGuigan, *Raymond Williams: Cultural Analyst*. Bristol: Intellect, 2019.

Jeremy Seekings and Nicoli Nattrass, *Class, Race and Inequality in South Africa*. Yale University Press, 2005.

Jeremiah Morelock, *Critical Theory and Authoritarian Populism*. University of Westminster Press, 2018.

Jeffrey C. Alexander, *The Antinomies of Classical Thought. Marx and Durkheim*. Routledge, 2016.

Jean-Marie Harribey, *Pouvoir et crise du capital. Marx, penseur du XXIe siècle*. Editions Le Bord de l'eau. 2012.

Jean Vioulac, *Science et révolution. Recherches sur Marx, Husserl et la phénoménologie*. Presses Universitaires de France. 2015.

Javier Tébar Hurtado, *Movimiento obrero en la gran ciudad, El " De la movilización sociopolítica a la crisis económica, Ediciones de Intervención Cultural*, S. L, 2011.

Javier Martínez Peinado, *Conflictos en el capitalismo global, ciclo del capital y alternativas*, Editorial F. I. M, 2016.

Jan Rehmann, *Einführung in die Ideologietheorie. Argument Verlag mit Ariadne*, 2018.

Jamil Khader/Molly Anne Rothenberg, *Zizek Now. Current Perspectives in Zizek Studies*. Cambridge: Polity, 2013.

James Gordon Finlayson, *Fabian Freyenhagen* (eds.), *Habermas and Rawls: Disputing the Political*. New York: Routledge, 2013.

Jairus Banaji, *A Brief History of Commercial Capitalism*. Haymarket Books, 2020.

Jacques Ranciere, *Althusser's Lesson*. London and New York: Continuum, 2011.

Jacques de Monleon, *L' homme selon Marx*, Les Editions Du Cerf, 2018.

Jacques Bidet, *Marx et la Loi travail. Le corps biopolitique du Capital*. Les Editions sociales. 2016.

Jacques Bidet, *Foucault avec Marx*. La Fabrique Editions. 2014.

Jacques Bidet, *Exploring Marx's Capital. Philosophical, Economic and Political Dimensions*. Trans. by David Fernbach, Brill, 2007.

Jack Jacobs, *The Frankfurt School, Jewish lives and anti-Semitism*. Cambridge University Press, 2015.

István Mészáros, *The Work of Sartre. Search for Freedom and the Challenge of History*, Monthly Review Press, New York, 2012.

István Mészáros, *Socialism or barbarism. From the American century to the Crossroads*, Monthly Review Press, 2001.

István Mészáros, *Social Structure and Forms of Consciousness, Volume II: The Dialectic of Structure and History*. New York: Monthly Review

Press, 2011.

Isabella Bertmann, Taking Well - Being and Quality of Life for Granted? . An Empirical Study on Social Protection and Disability in South Africa. Springer Nature, 2018.

Isaac Johsua, *La révolution selon Karl Marx. Page Deux.* 2012.

Iris Marion Young, *Responsibility for Justice.* Oxford University Press, 2010.

Ian Tayor, China and Africa: Engagement and compromise. Routledge Taylor & Francis Group, 2006.

Ian Forbes, Marx and the New Individual. London: Routledge, 2015.

Howard Zinn, Karl Marx, le retour. Agone. 2015.

Holly Lewis, The Politics of Everybody. Feminism, Queer Theory and Marxism at the Intersection. Zed Books, 2016.

Hilary Sapire and Chris Saunders (edited), *Southern African Liberation Struggles.* University of Cape Town Press, 2001.

Henry A Giroux, *Zombie Politics and Culture in the Age of Casino Capitalism.* New York: Peter Lang, 2011.

Henri Lefebvre, trans. David Fernbach, *Hegel, Marx, Nietzsche: or The Realm of Shadows.* London& New York: Verso, 2020.

Henning Melber (edited), *Limits to Liberation in Southern Africa: The Unfinished Business of Democratic Consolidation.* HSRC press, 2003.

Helmut Willke and Gerhard Willke, *Political Governance of Capitalism: A Reassessment beyond the Global Crisis.* London: Edward Elgar, 2012.

Heidi Brooks, In Opposition and in Power: The African National Congress and the Theory and Practice of Participatory Democracy. University of the Witwatersrand, Johannesburg, March 2015.

Heather A. Brown, *Marx on Gender and the Family. A Critical Study.* Leiden and Boston: Brill, 2012.

Hauke Brunkhorst/Regina Kreide/Cristina Lafont (eds.), *The Habermas Handbook.* New York: Columbia University Press, 2017.

Hartmut Rosa, *Resonanz. Eine Soziologie der Weltbeziehung.* Berlin: Suhrkamp, 2016.

Harry Harootunian, *Marx after Marx. History and Time in the Expansion of*

Capitalism. Columbia University Press, 2015.

G. Shivji, Accumulation in an African Periphery. Mkuki na Nyota Publishers, 2009.

Gyorgy Markus, Culture, Science, Society. The constitution of Cultural Modernity, Brill, 2011.

Guido Liguori (eds.), *Gramsci e il populismo*, Milano: Unicopli, 2019.

Guido Liguori, *Gramsci conteso, Interpretazioni, dibattiti e polemiche*. 1922 – 2012. Roma: Editori Riuniti-University Press, 2012.

Gregory Sholette/Dark Matter, *Art and Politics in the Age of Enterprise Culture*. Pluto Press, 2010.

Graham Harrison, *Neoliberal Africa*. Zed Books, 2010.

Goran Therborn, *From Marxism to Post-Marxism*. London: Verso, 2010.

Goldstone Brian and Obarrio Juan eds., *African Futures*: Essays on Crisis, Emergence, and Possibility. University of Chicago Press, 2016.

Glenn Morgan and Richard Whitley. *Capitalisms and Capitalism in the Twenty-first Century*. Oxford: Oxford University Press, 2012.

Giuseppe Maione, *Le merci intelligenti. Miti e realtà del capitalismo contemporaneo*, Torino: Mondadori Bruno, 2001.

Giovanni Razzu. (ed.) *Gender Inequality in the Eastern European Labour Market*. Routledge Taylor & Francis Group, 2017.

Giorgio Nebbia, *Le merci e i valori. Per una critica ecologica al Capitalismo*, Milano: Jaca Book, 2002.

Giorgio Baratta, *Le rose e i quaderni. Saggio sul pensiero di Antonio Gramsci*, Roma: Gamberetti, 2000.

Gillian Rose, *The Melancholy Science. An Introduction to the Thought of Theodor W. Adorno*. London and New York: Verso, 2013.

Gillian Hart, *Rethinking the South African Crisis*: Nationalism, Populism, Hegemony, University of Georgia Press, 2014.

Gilbert Achcar, *Marxism, Orientalism, Cosmopolitanism*. Chicago: Haymarket Books, 2013.

Gianfranco La Grassa/Costanzo Preve, *La fine di una teoria. Il collasso del marxismo storico del Novecento*, Milano: Unicopli, 2003.

Gianfranco La Grassa, *Il capitalismo oggi. Dalla proprietà al conflitto strategico. Per una teoria del capitalismo*, Pistoia: Petite Plaisance, 2004.

George Lichtheim, *Marxism: An Historical and Critical Study*. London: Routledge, 2015.

George Comninel/Marcello Musto and Victor Wallis (eds.), The International after 150 Years. Labor vs Capital, Then and Now. Routledge, 2017.

Gareth Stedman Jones, *Karl Marx: Greatness and Illusion*. Penguin UK, 2016.

Fredric Jameson, Late Marxism. *Adorno Or the Persistence of the Dialectic*. London: Verso Books, 2007.

Frederick Harry Pitts, *Critiquing Capitalism Today: New Ways to Read Marx*. New York: Palgrave Macmillan, 2017.

Franziska Dübgen and Stefan Skupien, Paulin Hountondji: African Philosophy as Critical Universalism. Springer Nature, 2019.

Frankfurt/M: Suhrkamp, 2013.

Frank Deppe, Der neue Imperialismus. Verlag: Distel, 2004.

Franck Fischbach, Philosophies de Marx. Vrin. 2015.

Francisco Fernández Buey, *Utopías e ilusiones naturales*, el viejo topo, Barcelona, 2007.

Francisco Fernández Buey, Reading Gramsci. Leiden: Brill, 2015.

Francisco Fernández Buey, *por Una Universidad Democrática. Escritos Sobre la Universidad y los Movimientos Universitarios (1965 – 2009)*, El Viejo Topo, Barcelona, 2009.

Francisco Fernández Buey, *de la Primavera de Praga al Marxismo Ecologista Entrevistas con Manuel Sacristán Luzón*, Catarata Libros, 2004.

Francis Farrugia, Connaissance et Libération. La socio-anthropologie de Marx, Freud et Marcuse. Editions L'Harmattan. 2016.

Francesco Maria Iposi, *Sentire e comprendere. La filosofia biografica di Antonio Gramsci*, Vicenza: Ronzani Editore, 2020.

Firoze Manji, *China's New Role in Africa and the South*, edited by Dorothy-Grace Guerrero. Pambazuka Press, 2008.

Firoze Manji and Patrick Burnett (edited), *African Voices on Development and Social Justice*. Pambazuka Press, 2005.

Filippini Michele, *Una politica di massa. Antonio Gramsci e la rivoluzione della società*, Roma: Carocci, 2015.

Fernando Hernández Sánchez, *Guerra o revolución. El Partido Comunista de España en la guerra civil*, CRITICA, Barcelona, 2010.

Federico Chicchi, *Karl Marx. La soggettività come prassi*, Milano: Feltrinelli, 2019.

Fabio Frosini, Francesco Giasi (eds.), *Egemonia e modernità. Gramsci in Italia e nella cultura internazionale*, Roma: Viella, 2019.

Evald Ilyenkov, *Intelligent Materialism: Essays on Hegel and Dialectics*. Haymarket Books, 2020.

Eugene Kamenka, *The Ethical foundations of Marxism*. London: Routledge, 2015.

Erzsébet Szalai, Globális válság, magyar válság, alternatívák, L'Harmattan Kiadó, 2012.

Ernst Bloch, *Avicenna and the Aristotelian Left*. Tr. Loren Goldman, Peter Thompson. New York: Columbia University Press, 2019.

Ernesto Screpanti, *Global Imperialism and the Great Crisis. the Uncertain Future of Capitalism*. Monthly Review Press, 2014.

Ernesto Laclau/Mauro Cerbino, *Marxismo e populismo. Conversazione con Mauro Cerbino*, Roma: Castelvecchi, 2018.

Erin McCandless and Tony Karbo, *Peace, Conflict and Development in Africa: A Reader*. University for Peace, 2011.

Edward P. Antonio, *Inculturation and Postcolonial Discourse in African Theology*. Peter Lang Publishing, 2006.

Eduardo Sánchez Iglesias, Empresas transnacionales, capitalismo español y periferia europea. Causas y consecuencias de la dependencia tecnológica de la economía española, Editorial Los libros de la Catarata, diciembre 2016.

Ebrima Sall, Africa and the Challenges of the Twenty-first Century. CODESRIA, 2015.

E J Hobsbawm, Fractured Times. Culture and Society in the Twentieth Century. London: Little, Brown, 2013.

Domenico Losurdo, La lotta di classe. Una storia politica e filosofica, Roma: Laterza, 2015.

Domenico Losurdo, Il Marxismo occidentale. Come nacque, come morì, come può rinascere, Roma: Laterza, 2017.

Diego Fusaro, *Marx, Epicurus and the Origins of Historical Materialism*. Tr. Anna Carnesecchi, Oxford: The Pertinent Press, 2018.

Derek Wall, *The Rise of the Green Left. Inside the Worldwide Ecosocialist Movement*, Pluto Press, 2010.

David Roediger, *Class, Race and Marxism*. London & New York: Verso, 2017.

David Mclellan, *Marxism After Marx*. New York: Palgrave Macmillan, 2007.

David Levine, *Pathology of the Capitalist Spirit: an Essay on Greed, Hope, and Loss*. New York: Palgrave Macmillan, 2013.

David Harvey, *Seventeen Contradictions and the End of Capitalism*. Oxford University Press, 2014.

David Harvey, *Memory. That Powerful Political Force*. Palgrave Macmillan, 2014.

David Harvey, *A Companion to Marx's Capital*. Verso Press, 2010.

David Harvey, *A Companion to Marx's Capital*, Volume 2. Verso, 2013.

David Black, *The Philosophical Roots of Anti-Capitalism. Essays on History, Culture and Dialectical Thought*. Lexington Books, 2016.

Darren Webb, *Marx, Marxism and Utopia*. London: Routledge, 2019.

Daniela Koleva (ed.), *Negotiating Normality: Everyday Lives in Socialist Institutions*. London: Transaction Publishers, 2012.

Daniel Loick, Juridismus. Konturen einer kritischen Theorie des Rechts. Berlin: Suhrkamp, 2017.

Daniel Lacalle, "*Quién va a pagar la crisis económica?*", Noticias Obreras" no 1459, Madrid, Julio 2008.

Daniel Lacalle, *Trabajadores precarios, trabajadores sin derechos*, El Viejo Topo, Barcelona, 2009.

Daniel Lacalle, *La Clase Obrera En España, Continuidades, Transformaciones, Cambios*, El Viejo Topo-Fundación de Investigaciones Marxistas, Barcelona, 2006.

César Ruiz Sanjuán, Historia y sistema en Marx Hacia una teoría crítica del capitalismo, Siglo XXI de España Editores, Madrid, 2019.

Cristina Corradi, *Storia dei marxismi in Italia*, Roma: Manifestolibri, 2011.

Crawford Young, Africanism, Nationalism and Ethnicity: The Ambiguous Triple Helix of Identity in Postcolonial State in Africa. University of Wisconsin Press, 2012.

Costanzo Preve, Storia Critica del Marxismo, Napoli: il città del sole, 2007.

Costanzo Preve, Il marxismo e la tradizione culturale europea, Pistoia: Petite Plaisance, 2009.

Cosimo Zene (eds), The Political Philosophies of Antonio Gramsci and B. R. Ambedkar. Itineraries of Dalits and Subalterns. New York: Routledge, 2013.

Claude Morilhat, Marx: la formation du concept de force du travail, Presses Universitaires de Franche-Comté, 2017.

Cinzia Arruzza, Tithi Bhattacharya, Nancy Fraser, Feminism for the 99%: A Manifesto. London and New York: Verso, 2019.

Christophe Dejours/etc., *The Return of Work in Critical Theory. Self, Society, Politics*. New York: Columbia University Press, 2018.

Christoph Menke, *Kritik der Rechte*. Berlin: Suhrkamp, 2015.

Christoph Henning, Marx und die Folgen. Stuttgart: J. B. Metzler Verlag, 2017.

Christine Lotz/Lanham, The Capitalist Schema: Time, Money and the Culture of Abstraction. MD: Lexington Books, 2014.

Christian F. Rostbøll, *Deliberative Freedom. Deliberative Democracy as Critical Theory*. State University of New York Press, 2008.

Christian Fuchs, *Rereading Marx in the Age of Digital Capitalism*. London: Pluto Press, 2019.

Chris Saunders (edited), Documenting Liberation Struggles in Southern Africa. Nordic Africa Institute, Uppsala, 2010.

Chris Harman, Zombie capitalism: Global Crisis and the Relevance of Marx. Chicago, Illinois: Haymarket Books, 2010.

Charles Derber and Yale R. Magrass, *Capitalism: Should You Buy It?: An Invitation to Political Economy*. Paradigm Publishers, 2014.

Charles A. Prusik, *Adorno and Neoliberalism: The Critique of Exchange Society*. London, Oxford and New York: Bloomsbury Academic, 2020.

Central and Eastern European Forum of Young Legal (edited), Global governance and its effects on state and law. Pl Academic Research 2016.

Cedric J. Robinson, *Black Marxism: The Making of the Black Radical Tradition*. The University of North Carolina Press, 2000.

Carlos Glez, Penalva, Pablo Infiesta, *El PCE de hoy y mañana*, Mundo Obrero, diciembre de 2006.

Calos Fernández Liria, Luis Alegre Zahonero, *El Orden de 'El Capital'. Por qué seguir leyendo a Marx*, Akal, Madrid, 2010.

B. Nyamnjoh, Modernising Traditions and Traditionalising Modernity in Africa. Langaa RPCIG, 2015.

Buchet Chastel, Retour à Marx. Pour une société post-capitaliste. Yvon Quiniou. 2013.

Bruno Iossa, Esiste un'alternativa al capitalismo? L'impresa democratica e l'attualità del marxismo, Roma: Manifestolibri, 2010.

Bruno Bosteels, *The Actuality of Communism*. London: Verso Books, 2011.

Bruce Mutsvairo eds., Digital Activism in the Social Media Era: Critical Reflections on Emerging Trends in Sub-Saharan Africa. Palgrave Macmillan, 2016.

Bhikhu Parekh, *Marx's Theory of Ldeology*. London: Routledge, 2015.

Bellofiore Riccardo, La crisi capitalistica, la barbarie che avanza, Trieste: Asterios, 2012.

Barry Hallen, *Socialism and Marxism*, *in A Short History of African Philosophy*. Indiana University Press, 2002.

Barry Emslie, Marxist Humanism. Hegel, Marx, Lukács, Eagleton, Habermas. Palgrave Macmillan, 2012.

Band 2: Vernünftige Freiheit. Spuren des Diskurses über Glauben und Wissen.

Band 1 Die okzidentale Konstellation von Glauben und Wissen.

Axel Honneth, *Die Idee des Sozialismus*. Berlin: Suhrkamp, 2015.

Axel Honneth, *Das Recht der Freiheit*. Berlin: Suhrkamp, 2011.

Augustine C. Ohanwe, *Post-Cold War Conflicts in Africa: Case studies of Liberia and Somalia*. Adonis & Abbey Publishers Ltd, 2009.

April Biccum, *Global Citizenship and the Legacy of Empire: Marketing Development*. New York: Routledge, 2013.

Antonio Negri, *Trilogy of Resistance*. Minneapolis: University of Minnesota Press, 2011.

Anton Pannekoek, *Marxism and Darwinism*. Forgotten Books, 2016.

Anthony Butler, *Idea of the ANC*. Ohio University Press, 2013.

Andrés Solimano, *Economic Elites, Crises and Democracy: Alternatives beyond Neoliberal Capitalism*. Oxford University Press, 2014.

Andrew Siddle and Thomas A. Koelble, *Failure of Decentralisation in South African Local Government*. University of Cape Town Press, 2013.

Andrew J. Nathan, *Africa Yesterday, Today and Tomorrow*. Cambridge Scholars Publishing, 2013.

Andrew Feenberg, *The Philosophy of Praxis. Marx, Lukacs, and the Frankfut School*. London and New York: Verso, 2014.

Andrew Collier, *Christianity and Marxism. A Philosophical Contribution to their Reconciliation*. London: Routledge, 2007.

Andrew Bowie, *Adorno and the Ends of Philosophy*. Cambridge: Polity, 2013.

Andreas Bieler and Adam David Morton, *Global Capitalism, Global War, Global Crisis*. Cambridge University Press, 2018.

Alyson Cole, Estelle Ferrarese (eds.), *How Capitalism Forms Our Lives*. New York: Routledge, 2019.

Alison Jill King, *Domestic Service in Post-Apartheid South Africa*. Ashgate Publishing Ltd, 2007.

Alfredo Saad-Filho, *Value and Crisis: Essays on Labor, Money and Contemporary Capitalism*. Leiden: Brill, 2019.

Alex Callinicos, *Making History. Agency, Structure and Change in Social Theory*. Haymarket Books, 2016.

Alessio Panichi (eds.), *Antonio Gramsci e la favola. Un itinerario tra letteratura, politica e pedagogia*, Pisa: Edizioni ETS, 2019.

Aleks Szczerbiak, *Politicising the Communist Past: The Politics of Truth Revelation in Post-Communist Poland*. Routledge, 2018.

Alain Badiou, Qu'est-ce que j'entends par marxisme ? Une conférence donnée le 18 avril 2016 au séminaire Lectures de Marx à l'Ecole normale supérieure de la rue d'Ulm. Les Editions sociales. 2016.

Alain Badiou and Peter Engelmann, *For a Politics of the Common Good*. Cambridge and Medford: Polity Press, 2019.

Akwasi Asabere-Ameyaw (edited), *Indigenist African Development and Related Issues*. Sense Publishers, 2014.

Agnes Heller, A mai történelmi regény. Budapest, Múlt és Jövö Kiadó, 2011.

Adoración Guamán, Héctor Illueca, El huracán neoliberal: una reforma laboral contra el trabajo, la editorial Sequitur, 2012.

Wolfgang Streeck, Gekaufte Zeit. Die vertagte Krise des demokratischen Kapitalismus.

富塚良三：『経済原論：資本主義経済の構造と動態』，有斐閣，2007。

石見徹：『グローバル資本主義を考える』．ミネルヴァ書房，2007。

山田鋭夫/宇仁宏幸/鍋島直樹：『現代資本主義への新視角：多様性と構造変化の分析』，昭和堂，2007。

東一真：『中国の不思議な資本主義』，中央公論新社2007年版。

菅原陽心：『中国社会主義市場経済の現在』，御茶の水書房，2011。

西部忠：『資本主義はどこへ向かうのか：内部化する市場と自由投資主義』，NHK出版2011年版。

鎌倉孝夫：『資本主義の国家破綻』，長周新聞社2011年版。

高村是懿：『21世紀の科学的社会主義を考える』，一粒の麦社2011年版。

大西広：『マルクス経済学』，慶應義塾大学出版会2012年版。

新井洋：『社会主義はどこへ行くのだろうか』，文芸社，2012。

清宮孝治：『日本崩壊するシナリオ：日本型資本主義の終焉』，中央公論事業出版2013年版。

大谷禎之介/平子友長：『マルクス抜粋ノートからマルクスを読む，MEGA第4部門の編集と所収ノートの研究』，桜井書店2013年版。

加藤弘之/渡邉真理子/大橋英夫，『国家資本主義の光と影』，朝日新聞出版2013年版。

水野和夫：『資本主義の終焉と歴史の危機』，集英社2014。

正村俊之：『変貌する資本主義と現代社会』．有斐閣．2014。

友寄英隆：『アベノミクスと日本資本主義』．新日本出版社．2014。

山村耕造：『資本主義活性化の道：アベノミクスの愚策との訣別』．時潮社．2014。

大村泉/渋谷正/窪俊一：『新 MEGA と『ドイツ・イデオロギー』の現代的探究：廣松版からオンライン版へ』．八朔社．2015。

延近充：『21 世紀のマルクス経済学』．慶應義塾大学出版会．2015。

豊福裕二：『資本主義の現在：資本蓄積の変容とその社会的影響』．文理閣．2015。

高口英茂：『戦後の資本主義化の進行と持続』．芙蓉書房出版．2016。

伊藤誠：『マルクス経済学の方法と現代世界』．桜井書店．2016。

原丈人：『「公益」資本主義，英米型資本主義の終焉』．文藝春秋．2017。

友寄英隆：『「『資本論』を読むための年表：世界と日本の資本主義発達史：「資本論」初版 150 年』．学習の友社．2017。

橋本直樹：『1850 年のマルクスによる経済学研究の再出発』．八朔社．2018。

聽濤弘：『200 歳のマルクスならどう新しく共産主義を論じるか』．かもがわ出版．2018。

荒谷 大輔：『資本主義に出口はあるか』．講談社．2019。

植村邦彦：『隠された奴隷制』．集英社．2019。

斎藤幸平：『大洪水の前に：マルクスと惑星の物質代謝』．堀之内出版．2019。

大谷禎之介、前畑憲子編：「マルクスの恐慌論：久留間鮫造編『マルクス経済学レキシコン』を軸に」．桜井書店．2019。

大谷禎之介、佐々木隆治ら：『21 世紀のマルクス——マルクス研究の到達点』．新泉社．2019。

磯前順一：『石母田正と戦後マルクス主義史学：アジア的生産様式論争を中心に』．三元社．2019。

松本潤一郎：『ドゥルーズとマルクス——近傍のコミュニズム』．みすず書房．2019。

森田成也：「『資本論』とロシア革命」．柘植書房新社．2019。

鍋島直樹：『現代の政治経済学――マルクスとケインズの総合』．ナカニシヤ出版．2020。

不破哲三：「マルクス 弁証法観の進化を探る：『資本論』と諸草稿から」．新日本出版社．2020。

中川弘：「『資本論』研究序説」．八朔社．2020。

김수행, 자본론의 현대적 해석, 서울대학교출판부. 2002.

정문길, 한국 마르크스학의 지평, 마르크스 - 앵겔스 텍스트의 편찬과 연구, 문학과지성사. 2004.

장시복.세계화 시대 초국적기업의 실체.책세상. 2004.

장시복.세계화 시대 초국적기업의 실체.책세상. 2004.

김동수.자본의 두 얼굴.한얼미디어. 2005.

이진경.미-래의 맑스주의.그린비. 2006.

윤소영.일반화된 마르크스주의의 쟁점들.공감. 2007.

정문길, 니벨룽의 보물, 마르크스-엥겔스의 문서로 된 유산과 그 출판, 문학과지성사. 2008.

정성진 외.21세기 대공황과 마르크스주의.책갈피. 2009.

장상환 외.대안세계화운동의 조직과 전략.한울아카데미. 2010.

정진상 외.대안세계화의 운동, 정치, 그리고 연대.한울아카데미. 2011.

정성진 외.세계화와 자본축적 체제의 모순.한울아카데미. 2012.

이원보.한국노동운동사 100년의 기록.한국노동사회연구소. 2013.

강내희.신자유주의 금융화와 문화정치경제.문화과학사. 2014.

김성구.신자유주의와 공모자들. 나름북스. 2014.

강내희.신자유주의 금융화와 문화정치경제.문화과학사. 2014.

정진성 외.자본의 세계화와 한국사회의 계급구조 변화.한울아카데미. 2015.

정진성 외.자본의 세계화와 한국사회의 계급구조 변화.한울아카데미. 2015.

곽노완.도시정의론과 공유도시.라움. 2016.

백승욱.생각하는 마르크스, 무엇이 아니라 어떻게.북콤마. 2017.

김성구.마르크스의 정치경제학 비판과 공황론.나름북스. 2018.

김성구.마르크스의 정치경제학 비판과 공황론.나름북스.. 2018.

장지글러.왜 세계의 가난은 사라지지 않는가, 유엔인권자문위원이 손녀

에게 들려주는 자본주의 이야기. 시공사. 2019.
장길수. 마르크스와 함께 노동을 생각해요. 삼성비엔씨. 2019.
김택환. 세계 경제패권전쟁과 한반도의 미래. 김영사. 2019.
유해숙. 사회복지정의론. 한국방송통신대학교출판문화원. 2019.
한성안. 진보 집권 경제학. 생각의길. 2020.
탁양현. 21세기 자본주의 시장경제 철학사상. e퍼플. 2020.

后　　记

本书是国家社科基金重大项目"21世纪世界马克思主义发展状况与前景研究"之最终成果，由课题组首席专家王凤才设计总体框架和基本思路，并对各章节的逻辑结构、语言文字、注释规范等问题做了精心修改、增删、加工、完善。该项目立足于第一手最新资料、运用第一语言（例如，德语、法语、意大利语、西班牙语、英语、俄语、汉语、日语、韩语、越南语等），对世界各国马克思主义在21世纪的最新发展进行了全方位、跨学科、整体性、系统性、多维度的探讨，从而成为国内外学界第一个关于"21世纪世界马克思主义"的前沿性、追踪性、反思性、批判性研究成果。

各章具体分工如下：

代总序　　王凤才（复旦大学）

导论　　王凤才；刘利霞（四川大学）

第1章　　王凤才；周爱民（同济大学）

第2章　　吴　猛（复旦大学）

第3章　　李凯旋（中国社会科学院）

第4章　　贺　钦（中国社会科学院）

第5章　　孙秀丽（上海外国语大学）；鲁绍臣（复旦大学）

第6章　　贺　羡（东华大学）；林　晖（复旦大学）

第7章　　杨龙波（上海师范大学）

第8章　　孙秀丽；R. 波尔（Roland Boer，澳大利亚纽卡斯尔大学）

第9章　　户晓坤（复旦大学）

第10章　　孙建茵（黑龙江大学）；赵司空（上海社会科学院）

第11章　　林子赛（浙江师范大学）

第12章　　袁东振（中国社会科学院）

第 13 章

第 1 节　张利军（中央党史和文献研究院）

第 2 节　焦　佩（山东大学〔威海〕）

第 3 节　李　丽（上海对外贸易大学）

第 14 章

第 1 节　潘金娥（中国社会科学院）；周增亮（中国社会科学院）

第 2 节　莫放春（广西民族大学）

第 15 章

一、二、三　闫宇豪（上海应用技术大学）

四　何怀远（国防大学政治学院）

五　邱仁富（上海大学）

结语　陈先达（中国人民大学）；孙乐强（南京大学）

附录　王凤才等

参考文献　王凤才等

在这里，除了衷心地感谢直接参与撰写的课题组成员之外，还要真诚地感谢该项目子课题负责人——山西大学乔瑞金教授、复旦大学顾钰民教授、海南大学隽鸿飞教授、南京大学张亮教授，以及直接或间接地支持本课题研究的所有人；也要感谢周爱民、孙秀丽、贺羡、闫宇豪、杜宇鹏、杨丽、孙一洲、高红明、彭海龙、杨潇潇、郝健亚等人的付出，以及中国社会科学出版社的大力支持。另外，需要说明的是，因篇幅所限，课题组其他成员（例如，李春敏、蓝江、郭剑仁、赵瑞林、齐艳红等）的研究成果，将呈现在本人主编的其他著作当中。